U0785389

Bertrand Russell

WISDOM OF THE WEST

西方的智慧

〔英〕伯特兰·罗素 著
张卜天 译

商务印书馆
创于1897 The Commercial Press

Bertrand Russell

WISDOM OF THE WEST

Copyright © 1959 Rathbone Books Ltd.

This edition published 1989 by Bloomsbury Books

根据布鲁姆斯伯里出版社 1989 年版译出

本书翻译受北京大学人文社会科学研究院资助

目 录

前言

亚历山大城的诗人卡里马科斯（Callimachus）说：“一部大书就是一大祸害。”总体而言，我倾向于赞同。我之所以敢把这本书写出来，是因为就祸害而言，它还不算大。不过前一段时间，我曾写过一本同主题的书，因此要特别说明一下：《西方的智慧》是一部全新作品。当然，要是没有之前的《西方哲学史》，本书可能永远不会问世。

本书试图概述从泰勒斯（Thales）到维特根斯坦（Wittgenstein）的西方哲学，并对其中涉及的历史背景做些提示。为此，书中收录了一些人物、地点和文件的图片，这些图片尽可能选自它们所属那个时代的资料。尤其是，凡有可能，我都会尝试把通常用文字表达的哲学思想变成图表，用几何隐喻来传递同样的信息。在这方面我所依靠的东西不多，因此结果常常不能令人完全满意。但这种阐述方法似乎是值得探索的。尽可能用图表来阐述还有一个好处，那就是可以不受任何特殊语种的束缚。

至于又有一部哲学史出现，我想可以做两点辩解。首先，同时顾及简明和全面的著作极少；诚然，有许多哲学史著作涉及范围更广，每一个细目都有更大篇幅的讨论。对于这些著作，本书当然无意与之争锋。对哲学有更深兴趣的读者无疑可在适当的时候参考它们，甚至去查阅原著。其次，当前日益强劲的专门化趋势使我们忘记了从祖先那里得到的思想恩惠。本书旨在反对这种数典忘祖的现象。严格说来，整个西方哲学都是希腊哲学；割断我们与往昔这些大思想家之间的联系进行哲学思考是徒劳无益的。从前认为，哲学家对于任何东西都要有所了解，要求哲学包罗一切，这也许是不正确的。但时下盛行一种看法，认为哲学家对于一切都无需晓得，这当然亦是非常错误的。那些认为哲学“真正”始于 1921 年或此前不久的人没有看到，当今的哲学问题绝不是凭空突然出现的。因此，本书理所当然要对希腊哲学多费些笔墨。

哲学史的写作可以通过两种方式来进行：要么是纯叙述式的，显示某人说过什么，某人受到什么影响；要么夹叙夹议，以表明哲学讨论如何进行。本书采用第二种方式。也许还应补充一点：读者不应因此而误以为，仅仅因为发现某位思想家的观点不够完善就可以对其不理不睬。康德曾经说过，比起受到驳斥，他更怕遭到误解。在将哲学家束之高阁之前，我们先要尽力弄懂他们在说些什么。同样必须承认，有时付出的努力与获得的洞见似乎不成比例。这终究是一个判断的问题，每个人都只能自己拿主意。

本书的主题在范围和处理方式上都不同于我之前的那本书。新材料在很大程度上归功于我的编辑保罗·福尔克斯（Paul Foulkes）博士，他协助我撰写正文，选择了许多插图，还设计了大多数图表。本书旨在考察哲学家们已经讨论过的一些重要问题。读者们读罢若有兴趣进一步研究哲学，本书的主要目的也就达到了。

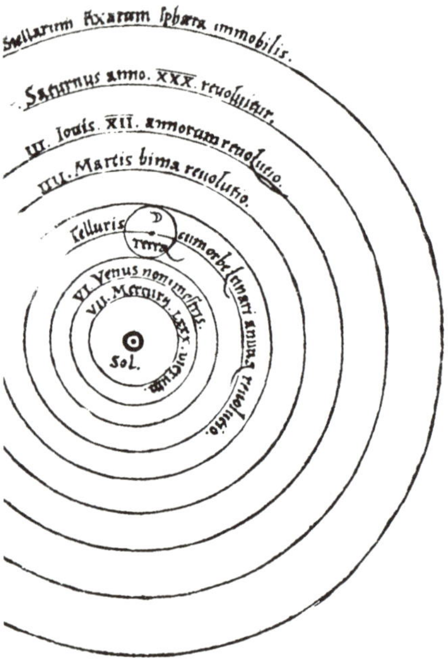

6 # 开篇

哲学家的工作究竟是做什么？这的确是个奇怪的问题。为了回答它，也许我们先要弄清楚他们没有做什么。在这个世界上，我们对周围的很多事物已经非常了解。比如蒸汽机的运转方式，这属于力学和热力学领域。我们对人体的结构和功能也很熟悉，这些是解剖学和生理学的研究对象。再比如星辰的运行，我们也知道很多，这属于天文学领域。所有这些定义明确的知识片段都属于某一门科学。

但所有这些知识领域又都被一个紧邻的未知区域环绕着。一旦你跨进并深入这个边界区域，你就从科学转向了思辨。这种思辨活动是一种探索，撇开别的不谈，这就属于哲学。我们稍后会看到，在这个意义上，科学的各个领域无不发端于哲学探索。除了一些边界问题和方法问题，某种科学一旦有了牢固的基础，就多多少少可以独立发展。而探索过程本身却不会这样发展，它只是继续下去，寻找新的用武之地。

与此同时，我们必须把哲学和其他种类的思辨区分开来。哲学本身既不打算消除我们的烦恼，也不打算拯救我们的灵魂。正如希腊人所说，哲学是一种出于自身原因而进行的探险旅行。因此，虽然个别哲学家可能会固执于教条，但原则上并没有什么教条、礼仪或神圣的东西。事实上，对于未知的事物有两种态度：一是基于书本、玄理或其他灵感来源接受一些道听途说的东西；二是自己亲自走出去看一看，而这正是科学和哲学的方法。

7 最后，我们可能注意到了哲学的一个特性。如果有人问什么是数学，我们可以给他一个词典上的定义，比如出于辩论的

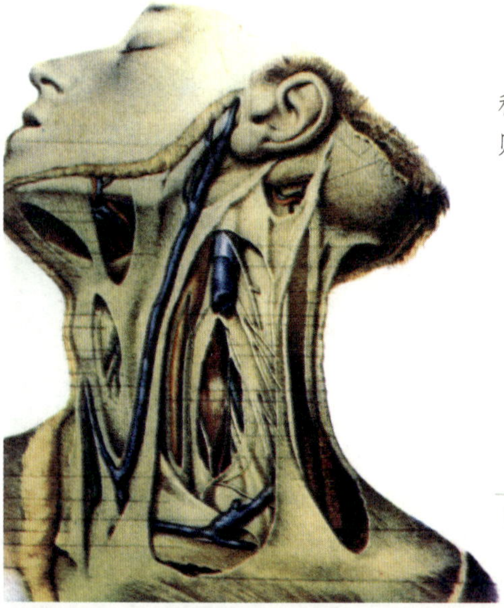

科学处理已知的事实，哲学则处理思辨。

需要，我们可以说数学就是关于数的科学。这样说不仅无可非议，而且提问者即使对数学一窍不通，也很容易理解。对于任何一个存在着明确知识的领域，我们都可以用这种方式给出定义；但我们却不能这样定义哲学。关于哲学的任何一个定义都会引起争议，都已经体现了一种哲学态度。要想弄清楚哲学究竟是什么，唯一的途径就是做哲学。本书的主要目的就是表明前人是如何做哲学的。

人们时常会提出很多科学无法解答的问题，而善于独立思 8
考的人又不愿轻信预言家提供的现成答案。哲学的任务正是探索这些问题，有时甚至是消除这样的问题。

我们可以试着问自己一些这样的问题，比如生活的意义是什么（如果真有的话）？世界是否有一个目的？历史要走向何处？或者，以上是否是无意义的问题？

此外还有这样一些问题：自然界真的受规律支配吗？抑或

因为我们愿意看到万物有某种秩序而认为本应如此？还有一个一般的疑问：世界是否被分成心灵和物质这两个分离的部分？如果是，它们又是如何结合在一起的？

关于人，我们又该说些什么呢？是否如天文学家所说，人只是在一个渺小的行星上无助爬行的几许尘埃？或如化学家所说，人只是以某种奇妙的方式组合起来的一堆化合物？或如哈姆雷特所认为的那样，人有着高贵的理性和无限的能力？或许，人同时具备所有这些特点？

同时，还存在着关于善与恶的伦理问题。是否有某种生活方式是善的，另一种是恶的，或者无论哪种生活方式都无所谓？如果真有一种善的生活方式，它是什么？我们如何才能学会过这种生活？是否存在着某种我们可以称之为“智慧”的东西？或者这种所谓的智慧只是空虚的癫狂而已？

所有这些问题都让人困惑不已。我们无法通过实验室的实验来解决，有独立思想的人又不愿苟同那些兜售万灵药者的说法。对于这些问题，哲学史提供了各式各样的回答。研究这门艰深的学科时，我们会了解到过去的人是怎样思考这些问题的。如此一来，我们对这些人就有了更深的理解，因为他们处理哲学的方式是其生活方式的一个重要方面。即使知之不多，这最终也会引导我们如何生活。

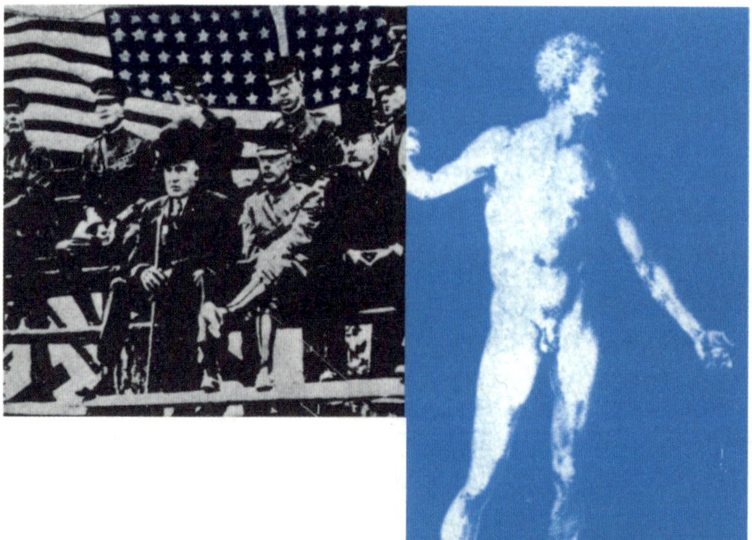

人是无助的侏儒？
是几许尘埃？
还是哈姆雷特眼中之所见？

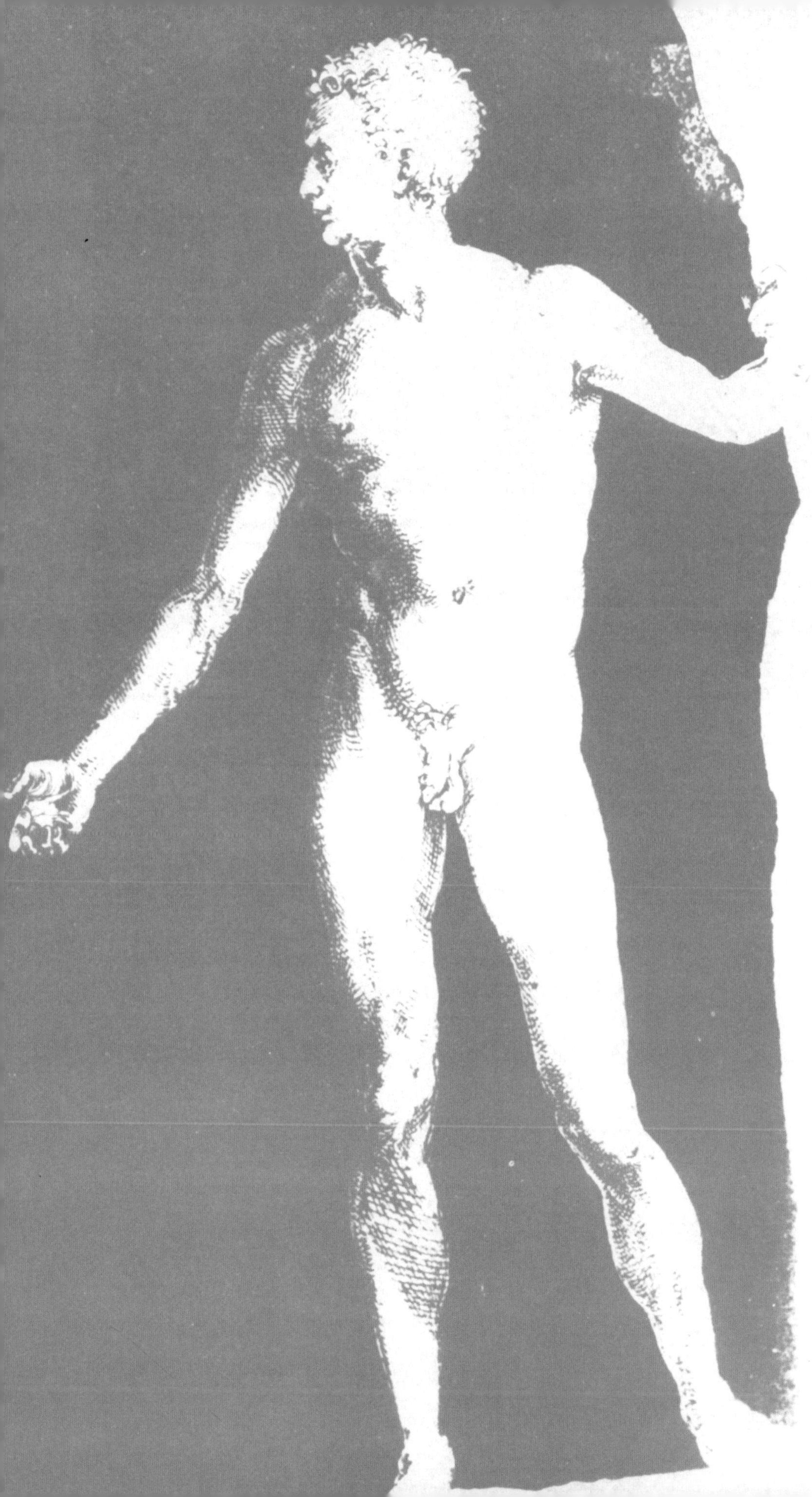

克里特岛的克诺索斯宫殿，
希腊文明的祖先

10 苏格拉底之前

当一个带有普遍性的问题被人提出时，哲学就开始了，科学也是如此。最早表现出这种好奇心的是希腊人。我们现在所了解的哲学和科学都是希腊人的发明。希腊文明的兴起促成了思想活动的大繁荣，这是人类历史上最引人注目的事件之一，也是空前绝后的。在短短两个世纪里，希腊人在艺术、文学、科学和哲学领域创造出一系列令人惊叹的伟大杰作，为西方文明设定了普遍标准。

哲学和科学始于公元前 6 世纪初米利都的泰勒斯。在此之前，究竟是哪些事件使得希腊人的天才突然显现的呢？我们必须尽力找到答案。自 20 世纪以来，考古学取得了很大进展，借助于考古学，我们也许可以拼接出一幅比较可靠的希腊世界发展图像。

在世界各大文明中，希腊文明属于后起之秀。埃及和美索不达米亚文明要比希腊文明早几千年。这些农业社会沿着各大河流发展起来，其统治者是神圣的国王、军事贵族和掌管着精心设计的多神教宗教制度的祭司阶层，占据大多数的人则是种地的农奴。

埃及和巴比伦都曾为后来的希腊人提供知识，但都没有发 11
展出科学或哲学。这究竟是由于缺乏天才人物还是因社会条件所限？这里暂不探讨，尽管这两点无疑都有影响。重要的是，宗教的功能无益于思想探险。

在埃及，宗教更关注死后的生活，金字塔就是葬礼的纪念物。有效地预言尼罗河泛滥需要用到一些天文学知识。作为管理者的祭司创造了象形文字。但却没有为其他方面的发展留下多少有价值的遗产。

在美索不达米亚，强大的闪米特帝国取代了先前的苏美尔人，并且采用了苏美尔人的楔形文字。在宗教方面，主要兴趣更多在于此世的幸福。记录星辰的运行以及与之相关联的巫术和占卜活动，都服务于这些目的。

没过多久，商业社会发展起来。其中最主要的是克里特的居民，他们的文明直到最近才重现于世。克里特人可能来自小亚细亚的海岸地带，他们很快就在整个爱琴海诸岛占据了主导地位。公元前 2500 年左右，一股新的移民潮使克里特文化得到了异乎寻常的发展。克里特人在克诺索斯（Cnossos）和菲斯托斯（Phaestos）兴建了宏伟的宫殿，他们的船队在地中海各地穿梭往返。

迈锡尼的狮门，克里特岛的影响在这里扎根

从公元前 1700 年开始，频繁的地震和火山喷发迫使克里特人移居到邻近的希腊和小亚细亚。克里特的手工技艺改变了希腊大陆的文化。在希腊，能表明这一点的最著名的遗址是阿尔哥里德的迈锡尼，也就是传说中阿伽门农（Agamemnon）的故乡。《荷马史诗》中记载的正是迈锡尼时代的历史。公元前 1400 年左右，一场强烈地震袭击了克里特，其霸权地位随之戛然而止。

此前，希腊大陆已经相继遭到了两次入侵。第一次是北部的爱奥尼亚人（Ionians）于公元前 2000 年左右，这些人似乎与当地居民逐渐融合在一起。300 年后是亚该亚人（Achaean）

已知最早的希腊铭文，刻于锡拉岛一块公元前 8 世纪的石头上

的入侵，这一次他们成了统治阶层。迈锡尼的统治者和《荷马
12 史诗》中的希腊人一般都属于这个阶层。

克里特－亚该亚人在整个地中海地区都有着广泛的商贸往来。即便是公元前1400年的大地震也没有中断这种联系。在公元前1200年左右威胁到埃及的“海洋民族”中就有克里特人，埃及人称他们为“巴利塞特”（Peliset）。他们是最早的非利士人（Philistines），其定居地“巴勒斯坦”（Palestine）也因此得名。

狄奥尼索斯，色雷斯的神，神秘与暴力的象征

公元前1100年左右，进一步的入侵导致了自然灾害未能导致的结果。在多利安人（Dorian）入侵的影响下，强大的尚未开化的游牧部落征服了整个希腊和爱琴海。亚该亚人早在公元前12世纪初的特洛伊战争中就已精疲力竭，根本抵挡不住这波猛烈袭击。海上霸权落入腓尼基人之手，希腊从此进入默默无闻的时期。大约就在这个时候，希腊人从腓尼基商人那里学会了闪米特字母，并且补充了元音。

希腊本土地势起伏，气候变化无常。贫瘠的山脉将国土划分开来，山谷之间的陆路交通十分不便，分散的聚落在肥沃的平原上发展起来。当土地再也养活不了更多的人口时，一些人开始漂洋过海寻找殖民地。从公元前8世纪中叶到公元前6世纪中叶，希腊城市零星地散布在西西里海岸、意大利南部和黑海沿岸。随着殖民地贸易的兴起，希腊人与东方又有了新的接触。

在政治上，多利安人以后的希腊发生了一系列定期的变迁，起初是王权。权力逐渐落入贵族手中，接下来是非世袭的君主或僭主时期，最后政权落入公民手中，“公民”的字面含义即为“民主”。从此，专制与民主制交替进行。只要能把全体公民召集到市场上，纯粹的民主就可以发挥作用。在我们这个时代，纯粹的民主只幸存于瑞士的几个小州。

希腊世界最早、最伟大的文学丰碑是荷马的作品。关于荷马，我们没有任何可靠的了解。甚至有人认为后来有很多诗人都用这个名字。无论如何，荷马的两部伟大史诗——《伊利亚特》和《奥德赛》似乎在公元前800年左右就已经完成。诗中记述的特洛伊战争发生在公元前1200年以后不久。于是，我们拥有的乃是后多利安时期对一个前多利安事件的记述，因此其中会有一些不一致的地方。就目前的形式来看，荷马史诗追溯到了公元前6世纪雅典的暴君庇西斯特拉托斯（Peisistratus）的退位。在《荷马史诗》中，较早时期的暴行已经有所淡化，尽管还留有一些痕迹。《荷马史诗》反映了一个获得解放的统治阶层的理性态度。我们知道，在迈锡尼时代，尸体是要埋葬的，而在这一时期，尸体却是火葬的。奥林匹斯山的众神是一

群吵吵闹闹、辛苦度日的主宰者。

宗教形同虚设，而如好客之类的矫饰习俗却很盛行。一些更原始的要素，比如处死囚犯做人祭，虽然偶尔也有，但已经十分罕见。总的说来，那时的基调是克制。

在某种意义上，这象征着希腊人灵魂的张力。一方面是秩序和理性，另一方面则是冲动和本能。前者孕育了哲学、艺术和科学，后者则出现在与祈求丰收的仪式相联系的更原始的宗教中。这个要素在《荷马史诗》中似乎受到了很大抑制，后来，尤其是与东方重新接触之后，它又再次出现。这与对狄奥尼索斯（Dionysus）或酒神巴克斯（Bacchus，最初是色雷斯的一个神）的崇拜有关。由于受到传说中的人物俄耳甫斯（Orpheus）的影响，这种原始的野蛮状态得以革新，据说俄耳甫斯被酒神巴克斯的喝醉的女祭祀们所肢解。俄耳甫斯教义主张禁欲，强调心灵的狂喜，希望进入一种“被神充满”或与神合一的状态，从而获得用其他方式得不到的神秘知识。俄耳甫斯教以这种精致的形式对希腊哲学产生了深远的影响。它最早出现在毕达哥拉斯（Pythagoras）那里，毕达哥拉斯的神秘主义学说采用了这种宗教，接着，它那些并非纯科学的要素又从毕达哥拉斯进入了柏拉图和其他大多数希腊哲学中。

但即使在俄耳甫斯传统中也存在着更原始的要素，这实际上是希腊悲剧的来源。在希腊悲剧中，被强烈的情感和激情所鼓荡的一方总能得到同情。亚里士多德正确地把悲剧称为“情感的净化”（catharsis）。最终，正是希腊人特征的这两个方面彻底改变了世界。尼采称这两个要素为“阿波罗式的”和“狄奥尼索斯式的”。单凭任何一个要素都不可能使希腊文化发扬光大。在东方，主宰一切的是神秘主义要素。将希腊人从其独特魔咒中拯救出来的乃是爱奥尼亚（Ionia）科学学派的兴起。但要使思想发生革命，不能只靠神秘主义或宁静安详，还要有对真与美的热情追求。俄耳甫斯的影响似乎恰恰提供了这种观念。对苏格拉底来说，哲学是一种生活方式。值得注意的是，表示“理论”的希腊词最初有“观看”的意思。希罗多德（Herodotus）正是在这个意义上使用这个词的。生气勃勃的好奇心，以及专心致志于热情而无私欲的研究，使古希腊人在历史上占据了独一无二的地位。

西方文明源于希腊，其基础就是2500年前始于米利都的哲学和科学传统。正是在这一点上，西方文明有别于世界上其他伟大文明。整个希腊哲学的主导概念是“逻各斯”（logos），含有“言词”和“量度”等意思。因此，哲学话语与科学研究

阿波罗，奥林匹亚的神，光明与理性的象征

哲学家追问有关万物秩序的普遍问题

是密切相关的。从这种关联中产生的伦理学说重视知识中的善，而知识正是无私利的研究所讨论的议题。

14 前面说过，提出带有普遍性的问题是哲学和科学的开端。那么，这些问题的形式是什么呢？在最宽泛的意义上，这些问题就相当于在漫不经心的观察者看来是一连串杂乱的偶然事件中寻找一种秩序。我们不妨看看秩序概念最初源自何处。根据亚里士多德的说法，人是一种政治动物，他不是独自生活，而是在社会中生活。即使在最原始的层次上，这也涉及某种组织结构，秩序概念正是来源于此。秩序首先是社会秩序。自然之中的一些规律变化，比如昼夜更替、四季循环等，无疑很早以前就被发现了。但起初，这些变化只有借助于某种人为的解释才能得到理解。所谓天体就是神灵，是自然精灵的力量，这些都是人依照自己的形象创造出来的说法。

生存问题首先意味着人必须努力让自然的力量服从自己的意志。在用我们今天所谓的科学方法做到这一点之前，人们依靠的是巫术。两者背后的一般观念是相同的。巫术试图通过某些严格规定的仪式来得到特定的结果。它基于对因果原则的认识，认为给定同样的前提条件，就会出现同样的结果。因此，巫术是原始科学。而宗教的来源则不同，它试图违反常规或不顾常规来得到结果。它只在奇迹领域起作用，其中包含对因果性的废除。因此，这两种思维方式非常不同，即使它们在原始思维中往往混杂在一起。

从群体参与的公共活动中产生了被我们称为语言的交流方式。语言的基本目标是使人们致力于一个共同目的，因此这里的基本观念就是同意。也可以把这视为逻辑的起点。它源于这样一个事实：人们通过交流最终达成了一致，即使有时只是同意保留分歧。如果出现僵局，我们的祖先无疑会用武力来解决问题。一旦杀死对话者，他自然就不再能进行反驳。有时候也采取另一种办法，那就是通过讨论来解决问题。这便是科学和哲学的方法。读者可以自己判断从古至今人类在这方面取得了多大进展。

希腊哲学在各个阶段都显示出某些二元论的影响，它们不断以各种形式成为哲学家写作或争论的主题。其中最根本的在于真与假的区分。在希腊思想中，和真与假密切相关的是善与恶、和谐与冲突的二元论，然后还有至今仍然热门的现象与实在的二元论，此外还有心灵与物质的问题，自由与必然性的问题，关于事物是“一”还是“多”、简单还是复杂的宇宙论问题，最后还有混沌与秩序、无限与有限的二元论。

早期哲学家对这些问题的处理方式具有教育意义。一个学 15
派可能会支持某个二元论中的一方；随后另一个学派则可能提出批评，并且采用相反的观点；最后也许会出现第三个学派做出某种折中，以取代前面两种观点。正是通过观察前苏格拉底哲学家竞争学说之间的这种拉锯战，黑格尔才提出了自己的辩证法概念。

诸如此类的二元论都以某种方式相互关联，但我们可以用一种粗糙而简便的方式将其彼此分开，以表明哲学一直在处理什么样的不同类型的问题。真与假在逻辑学中得到讨论；善与恶、和谐与冲突，表面上都属于伦理学问题；现象与实在、心灵与物质则可以视为知识论或认识论的传统问题；其余的二元论都或多或少属于本体论或存在论。当然，这些划分并不严格。事实上，希腊哲学的一些更典型的特征正在于打破这些界限所使用的方式。

第一个科学哲学家的学派产生于米利都，这座位于爱奥尼 16

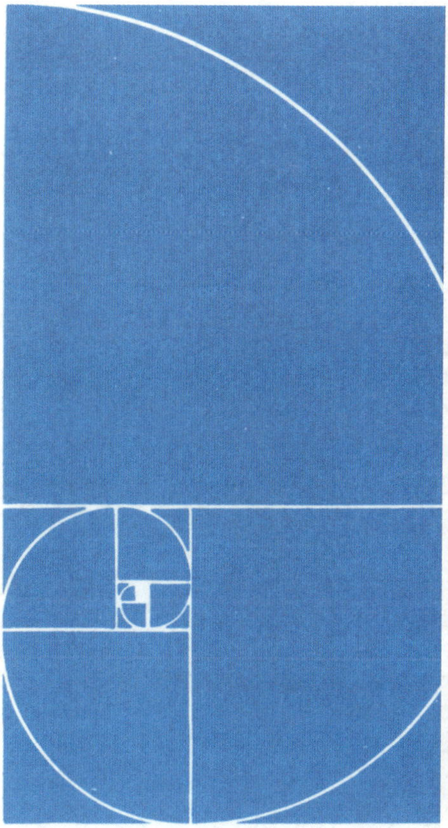

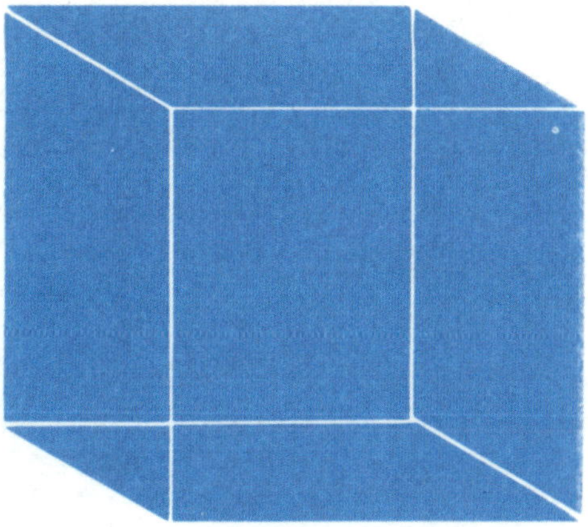

宇宙简单还是复杂？是秩序井然还是混乱无序？

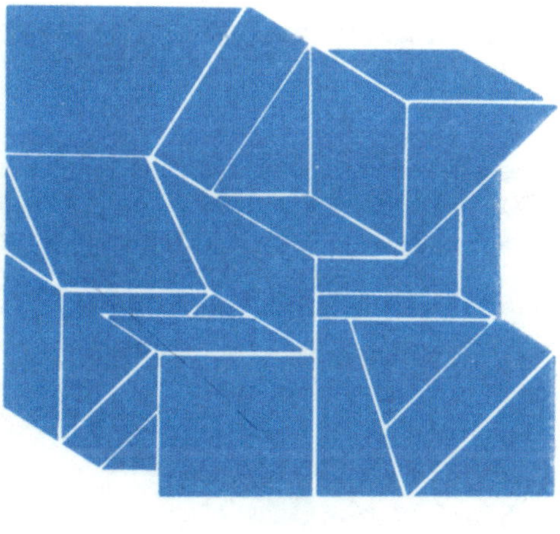

亚海岸的城镇是一个生气勃勃的商业贸易中心。米利都的东南是塞浦路斯、腓尼基和埃及，北边是爱琴海和黑海，向西越过爱琴海是希腊大陆和克里特岛，东边紧邻吕底亚，并通过吕底亚与美索不达米亚的各个帝国有着密切联系。米利都人从吕底亚学会了铸造金币。米利都港挤满了各国船只，仓库里也堆满了来自世界各地的货物。有了货币这样一种用来储藏价值和商品交换的普遍手段，米利都的哲学家们提出万物由什么构成的问题也就不足为奇了。

米利都的泰勒斯

据称米利都的泰勒斯曾说，万物皆由水构成。哲学和科学就这样产生了。希腊传统把泰勒斯列为七贤之一。我们从希罗多德那里得知，泰勒斯曾预言过一次日食。据天文学家计算，那次日食发生在公元前585年，这一年遂被定为他的盛年。泰勒斯不大可能有一种日食理论，但他一定熟悉巴比伦人对日食现象的记录，因此知道什么时候要留心日食。幸运的是，这次日食能在米利都看到，它不仅有利于编写年表，也使泰勒斯本人声名远扬。同样，他是否在几何学领域确立了三角形相似性定理很值得怀疑，但在测量海上船只和其他难以接近的目标的距离时，他肯定运用了埃及人测量金字塔高度的经验规则。可见他对几何学规则具有普遍应用范围的观念已经有了一定认识。这种普遍性的观念正是希腊人的原创。

据说泰勒斯曾声称磁石有灵魂，因为磁石能使铁移动。至于说他认为万物都充满了神，就更加可疑了。这很可能是人们根据他的前一说法归于他的，但这样做似乎使前一说法变得多余，因为只有当其他事物没有灵魂时，说磁石有灵魂才有意义。

米利都学派的唯物主义渗透着一种逻辑的发展。泰勒斯声称万物皆由水构成，但并未解释如何构成

和泰勒斯有关的故事还有很多，其中一些也许是真的。据说一次有人质疑他的能力，他就通过垄断橄榄油市场而显示了自己的涉世才能。对气象学的了解使他预见到橄榄会大丰收，于是他租下了所有能弄到手的榨油机，待橄榄成熟再高价租出去，从而大赚了一笔，并且向嘲笑者表明，哲学家想赚钱就能赚钱。

泰勒斯最重要的观点是声称世界由水构成。这既不是一眼就能看出的结论，也不是脱离观察的纯粹臆想。生成水的原料——氢，今天我们认为是一种化学元素，所有其他元素都能与之合成。这种万物归一的观点是一种非常可贵的科学假说。对海面附近的观察使这一假说显得更加合理。我们看到，太阳
17 蒸发了海水，雾从海面升起形成云，云又化成雨落入海中。按

米利都的港口设施

照这种观点，大地就是一种凝聚的水。其细节也许显得富于幻想，但发现有一种实体能在不同的聚集状态中保持不变，仍然是一项了不起的成就。

接下来的一位米利都哲学家是阿那克西曼德（Anaximander），他出生于公元前 610 年左右。和泰勒斯一样，他既是发明家又是实干家。此外，他还是第一位地图绘制者和黑海沿岸某个米利都殖民地的首领。

阿那克西曼德批评了他的前辈泰勒斯的宇宙论。是啊，为什么要选中水呢？构成事物的基本原料不可能是事物自身的一种特殊形式，而必定是某种与所有这些形式都不同的东西、某种更基本的东西。因为物质的各种形式一直在彼此冲突，如冷与热，湿与干。它们总是彼此侵犯，或者犯了希腊意义上的“非正义”，即缺乏平衡。如果其中任何一种形式是基本物质，那它早就战胜其他形式了。原初物质即亚里士多德所谓的质料因，阿那克西曼德则称之为“无定”，也就是沿各个方向延展的无限量的物质。世界由此而生，最终也将归回其中。

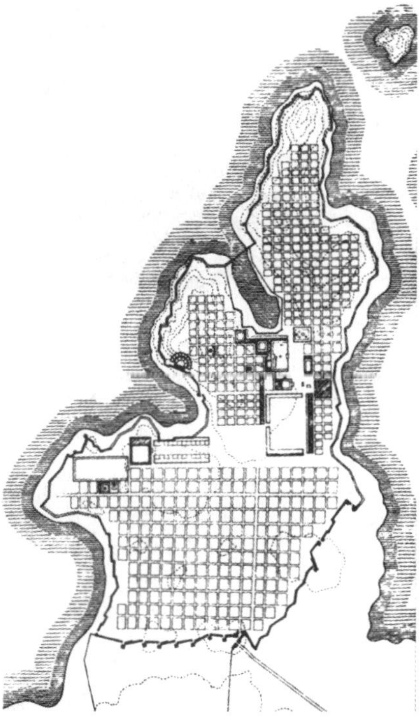

阿那克西曼德认为地球是一个自由漂浮的圆柱体，我们就
生活在其中的一个端面上。而且，我们的世界据说被无数其他世界包围着。这里的世界就是我们现在所谓的银河系，每一个

世界的内部功能都受制于一种把地球引向中心的涡旋运动。天体就是除一点外均被气遮蔽的火轮。我们可以把天体想象成自行车轮胎，未被遮蔽的那一点就是气门嘴。当然我们还记得，在当时的希腊人看来，气是某种能使事物看不见的东西。

阿那克西曼德试图解释万物是如何构成的：“无定”是万物之源；张力从其中产生，使湿与干、热与冷分离开来。它们的混合物构成了万物，变化是对立面的争斗。

关于人的起源，阿那克西曼德持一种极为“现代”的观点。他注意到年幼的人需要长期的照料和看护，从而断言：人若一直是现在这个样子，就不可能幸存下来。因此，以前的人一定不同于现在的人，也就是说，人一定是从一种能够更快学会独立生活的动物演化而来。这种论证方法被称为“归谬法”，即由给定的假设推出明显错误的结论，这里结论是指人没有幸存下来。因此，假设必然不成立。如果该论证是可靠的，也就是说，如果从人一直是现在这个样子这一假设可以推出人不可能幸存下来，那么由该论证便立即可以得出：一定发生了某种演化过程。但阿那克西曼德并不满足于这则论证。他进而指出，人是由海洋中的鱼演变而来的，并以他对化石遗迹和鲨鱼喂养幼鲨的观察来证明这一点。无疑是基于这些理由，阿那克西曼德告诫我们不要吃鱼。至于我们的深海同胞对我们是否也抱持着同样温柔的情怀，那就无迹可寻了。

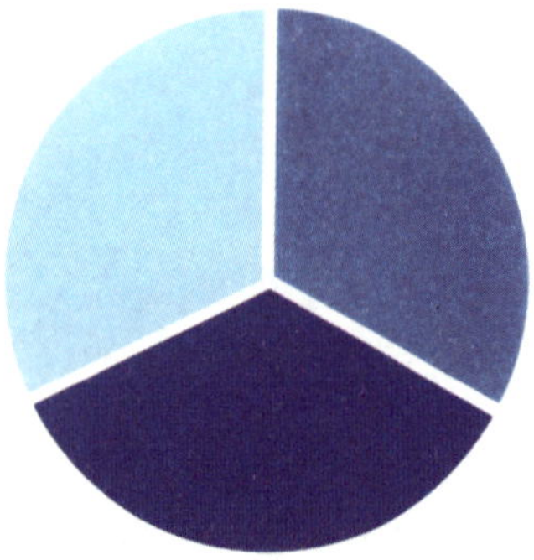

阿那克西美尼认为变化是凝聚和稀疏的外力作用于物质的结果。因此任何形式的物质都可以充当基础。他选择了气。

第三位著名的米利都思想家是阿那克西美尼（Anaximenes）。除了知道他是三位哲学家中最年轻的，我们对他生活的具体年代一无所知。与他的前辈相比，他的理论在某种意义上是一种倒退。不过，他的思想虽然不够大胆，但总体而言更加持久。和阿那克西曼德一样，他也主张存在着一种基本物质，不过他是从气这种具体物质中发现这一点的。我们周围各种形式的物质都是通过凝聚和稀疏过程从气中产生出来的。既然认为一切差异都是量的差异，那么就完全有理由把某种具体的物质看成基本的。气是构成灵魂的东西，既维持我们的生命，也维持世界的生命。后来，这种观点为毕达哥拉斯学派所采用。在宇宙论方面，阿那克西美尼走错了路。幸运的是，毕达哥拉斯学派在这方面追随了阿那克西曼德，而在其他方面则倾向于阿那克西美尼，在某种意义上这是有道理的。阿那克西美尼是米利都学派的最后一位代表人物，他继承了该学派的整个传统。此外，正是他的凝聚和稀疏理论真正完成了米利都学派的世界观。

米利都哲学家与今天冠以哲学家头衔的专家们有着不同的气质。他们忙于城邦的实际事务，能够应对各种紧急情况。据说阿那克西曼德的理论曾在一部地理学论著中得到过广义的
19 阐述。现已遗失的他的早期论著的标题是“论事物的物理本

性”，可见其主题范围之广，但讨论可能不够深入。赫拉克利特（Heraclitus）后来反对的无疑是这种“对诸多事物的认识”。

对哲学而言，重要的不是给出答案，而是提出问题。在这个意义上，米利都学派的享誉名副其实。孕育了荷马的爱奥尼亚也是科学和哲学的摇篮，这不足为奇。正如我们所见，《荷马史诗》中的宗教是奥林匹斯的，后来也是如此。只要神秘主义未对社会产生很大影响，科学思辨就更有可能得到发展。虽然后来许多希腊哲学学派都带有神秘主义色彩，但不要忘了，它们全都得益于米利都人。

米利都学派与任何宗教运动都没有关系。事实上，前苏格拉底哲学家的一个显著特征是，他们都与盛行的宗教传统相左。甚至连毕达哥拉斯学派这种本身并不反对宗教的学派都是如此。总体而言，希腊人的宗教活动与各个城邦的习俗有关。哲学家一旦开辟并走上自己的道路，就很可能与所在城邦的宗教发生冲突。无论何时何地，那些具有独立思想的人都可能突然遭遇这种厄运。

萨摩斯岛与爱奥尼亚只有一箭之隔。虽然在地理上邻近，

阿那克西曼德

爱琴海诸岛

大希腊

毕达哥拉斯，公元 4 世纪雅典的一块钱币上。背面是一只猫头鹰，它是智慧和雅典的象征。

但在某些重要方面，岛上的传统却比大陆城邦更加保守。萨摩斯岛上似乎保留了与昔日的爱琴海文明更大的连续性。接下来我们最好记住这种差异。总体而言，荷马笔下的爱奥尼亚和早期的米利都学派并没有把宗教看得太认真，而岛国世界却从一开始就更容易接受俄耳甫斯教的影响，这种影响逐渐与从克里特－爱琴海时代留存下来的信念结合在一起。

对奥林匹斯诸神的崇拜基本上是一项没有严格宗教教条的国家事务，而俄耳甫斯教却拥有神圣的文本，其信徒因为有共同的信仰而团结在一起。在这种背景下，哲学变成了一种生活方式，这种观点后来被苏格拉底所采纳。

萨摩斯人毕达哥拉斯正是这种新哲学精神的先驱。我们对他生活的年代和细节知之甚少。据说他的盛年为公元前 532 年，当时萨摩斯的统治者是波吕克拉底（Polycrates）。萨摩斯城是米利都和其他大陆城邦的竞争对手，公元前 544 年波斯人占领萨迪斯（Sardis）后陷落。萨摩斯的船队在整个地中海区域往来穿梭。波吕克拉底一度是埃及国王阿玛西斯（Amasis）的亲密盟友，于是就有了这样一则故事，说毕达哥拉斯曾经游历埃及，并从那里获得了数学知识。无论如
21 何，他离开萨摩斯是因为无法忍受波吕克拉底的暴虐统治。
毕达哥拉斯于意大利南部的希腊城市克罗顿（Croton）定居，

并在那里建立了自己的社团。他在克罗顿生活了 20 年。公元前 510 年发生了反对该学派的叛乱，之后他退居梅塔庞提翁（Metapontion）直到去世。

我们看到，对米利都人而言，哲学是一种非常实际的东西，哲学家可以是而且的确是行动者。而在毕达哥拉斯传统中则出现了对立的观念，即哲学成了对世界的超然沉思。这与毕达哥拉斯学派的生活态度中所体现的俄耳甫斯教的影响有关。如果把人按照生活方式分为三种，那么就像参加奥林匹克运动会的有三种人一样，社会中也有三种人：最低一层是来做生意的，其次是来参加比赛的，第三种是旁观者，即字面意义上的理论家。哲学家就对应于最后一种人。只有采用哲学的生活方式，才有希望超越生存的偶然性，摆脱轮回。因为按照毕达哥拉斯学派的说法，灵魂要经历一系列转世。

该传统的这个方面与一些原始禁忌和禁欲规定有关。不仅在毕达哥拉斯学派和其他前苏格拉底学派的许多地方，而且在柏拉图的《理想国》里，我们都会看到这种对生活方式的三分。可以说，柏拉图对早期哲学家的学说纷争做出了总结。

另一方面，毕达哥拉斯学派产生了一种科学传统，更具体地说是一种数学传统。毕达哥拉斯学派的真正继承者是数学家。尽管存在着源于俄耳甫斯教复兴的神秘要素，但宗教观念其实并没有扭曲该学派的这个科学层面。科学本身并没有变成宗教的，即使对科学生活方式的追求被赋予了宗教意义。

这种生活方式之所以能产生净化作用，音乐是一个强有力的动因。毕达哥拉斯学派对音乐的兴趣很可能源自这种影响。无论如何，毕达哥拉斯发现了被我们称为“音程”的简单数值关系。若将一根琴弦的长度减半，则可以奏出八度音；同样，若将长度减为四分之三，则可奏出四度音；若减为三分之二，则可奏出五度音；四度和五度合在一起可构成八度，即 ${}^4/_3 \times {}^3/_2 = 2/1$。于是，这些音程对应于和声进行中的比 $2 : {}^4/_3 : 1$。据说琴弦的三个音程可以与三种生活方式相比。虽然这种比较必定是一种思辨，但从此以后琴弦肯定在希腊哲学思想中起着核心作用。平衡意义上的和谐观念，对立面的调整与结合，伦理学的中道观念，还有四种性情的学说，所有这些最终都可以追溯到毕达哥拉斯的发现。其中许多内容我们还将在柏拉图那里看到。

毕达哥拉斯“万物皆数”的观点很可能源于他在音乐中的 22
发现。根据这种观点，要想理解我们周围的世界，就必须找出事物中的数。一旦把握了数的结构，我们就控制了世界。这的

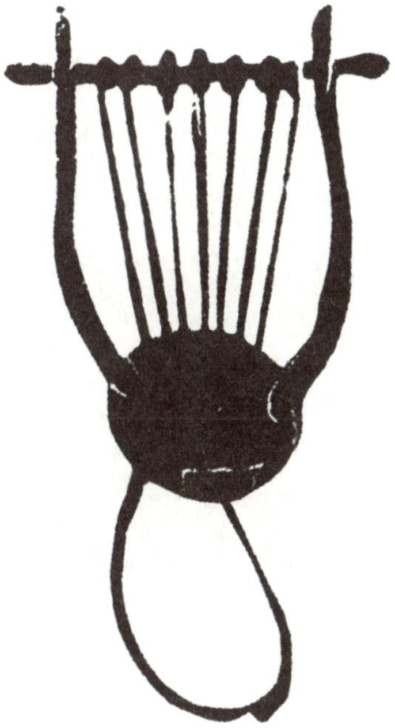

整根弦奏出一个主音。在 3/4 处夹住，奏出的音比之前高四度；继续在这根较短的弦的 2/3 处夹住，奏出的音会比之前再高五度。最终弦长是原长的 1/2，奏出的音比最初的主音高八度。

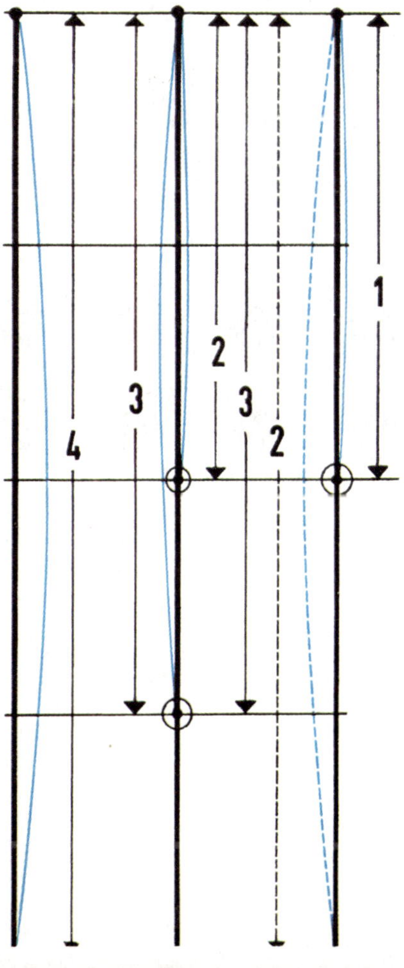

确是一种非常重要的观念。虽然希腊化时代之后它的意义暂时失去了，但是到了学术复兴之时，人们对古代资料重新产生了兴趣，此时便再次认识到了它的价值。这是近代科学观的一个主要特征。同样在毕达哥拉斯那里，我们第一次看到有一种数学兴趣并非主要受制于实际需要。埃及人掌握了一定的数学知识，但只是用它来建造金字塔或丈量土地。用希罗多德的话说，希腊人则开始“为了研究”而对数学进行研究，毕达哥拉斯是他们当中最重要的一位。

圣十结构，四行的“三角形”数，是毕达哥拉斯学派极其信赖并经常使用的标志

毕达哥拉斯发展出一种表示数的方法，那就是用点或石子进行排列。事实上，这种计算方法以各种形式存在了很久。拉丁词“计算”（calculation）的意思就是“摆弄石子”。

与此相关的是对某些算术级数的研究。如果把石子排成行，第一行放一个，下面每一行都比上一行多放一个，我们就得到了一个“三角形”数。圣十结构（Tetractys）被赋予了特殊意义，它由四条线组成，显示 1+2+3+4=10。类似地，连续的奇数之和可以得出一个“正方形”数，连续的偶数之和可以出现一个“长方形”数。

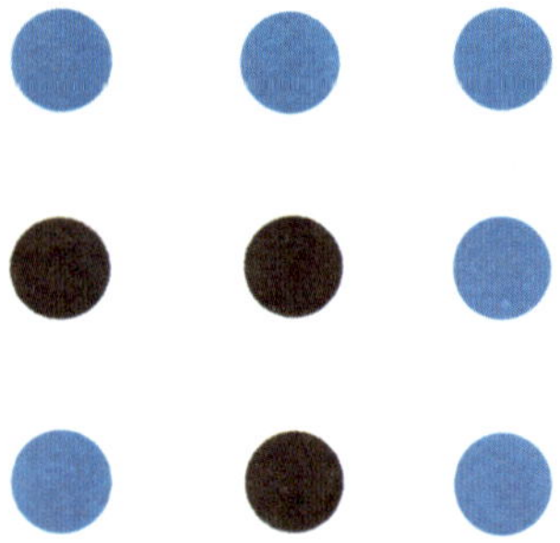

“正方形”数，连续的奇数之和

毕达哥拉斯发现了一个著名的几何学定理，那就是直角三角形斜边的平方等于另外两边的平方之和，虽然我们不知道他是怎么证明这一点的。这里，我们又看到了一个与经验规则相反的一般方法和证明的例子。然而，这个命题的发现却给毕达哥拉斯学派带来了一个极大的丑闻，因为它的一个推论是，正方形对角线的平方等于边长平方的二倍，但任何“正方形”数都不能分解成两个相等的正方形数。因此，这个问题不能通过我们现在所谓的有理数来解决。对角线与边长是不可公度的。要想解决这个问题，需要用到后来的毕达哥拉斯主义者所提出的无理数理论。这种背景下的“无理”一词显然可以追溯到这桩早期的数学丑闻。据说当时有一个学派成员因为泄露了这个秘密而被沉入大海淹死。

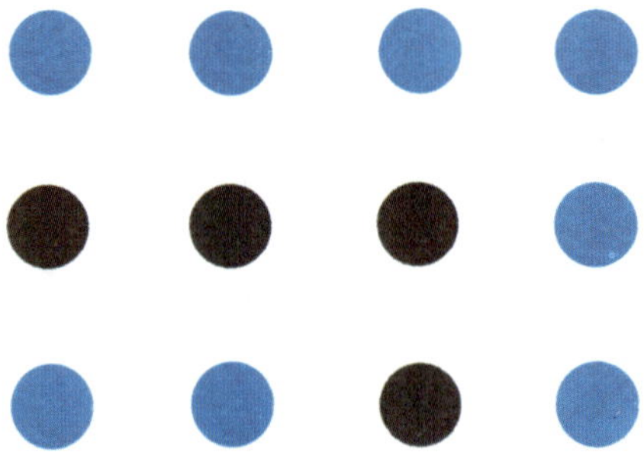

“长方形”数，连续的偶数之和

至于宇宙论，毕达哥拉斯直接基于米利都学派，且与自己关于数的理论结合起来。前面提到的排列的数被称为“界石”（boundary stones），这无疑是因为这种观念可以追溯到丈量土地或字面意义上的“几何学”。拉丁文的“期限”（term）一词也有同样的字面含义。按照毕达哥拉斯的说法，无界的气将各个单元隔开，而各个单元又为无界提供了量度。不仅如此，
23 无界被等同于黑暗，有界被等同于火。这种观念显然来自于天空和星辰。毕达哥拉斯和米利都人一样认为存在着许多世界，尽管根据他对数的看法，他不大可能认为有无数个世界。毕达

哥拉斯发展了阿那克西曼德的观点，认为大地是一个球体，从而抛弃了米利都人的涡旋理论。但日心说还要留待另一个萨摩斯人去提出。

毕达哥拉斯学派对数学的着迷产生了我们以后会碰到的理念论或共相论。数学家在证明关于三角形的命题时，所涉及的并不是画在某个地方的他正在谈论的任何图形，而是他用心灵之眼看到的某种东西。这样便产生了理智事物与可感事物之间的区分。而且由此确立的命题毫无保留地永远为真。从这里到下述观点只有一步之遥：只有理智事物才是真实、完美和永恒的，而可感事物只是表观的、有缺陷和暂时的。这些都是毕达哥拉斯学说的直接推论，自那以后，这些观点一直支配着神学和哲学思想。

我们还要记得，毕达哥拉斯学派的主神是阿波罗，尽管其信仰中有俄耳甫斯要素。将欧洲理性主义神学与东方神秘主义区分开来的正是这种阿波罗倾向。

在早期毕达哥拉斯学派的影响下，旧有的奥林匹斯教被一 24
种新的宗教观所取代。克塞诺芬尼（Xenophanes）对传统诸神发起了更为猛烈的抨击。他于公元前 565 年左右出生在爱奥尼亚，公元前 540 年波斯人入侵时逃往西西里。其主要目标似乎

毕达哥拉斯

$c^2=(a-b)^2+4\times\frac{1}{2}ab=a^2+b^2$

著名的毕达哥拉斯定理，但他是如何证明的尚不为人知。

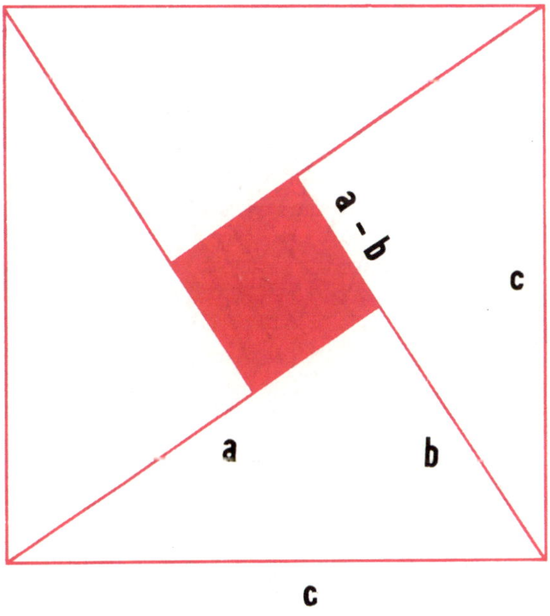

直角边为 1 的等腰直角三角形的斜边无法表示为有理数。

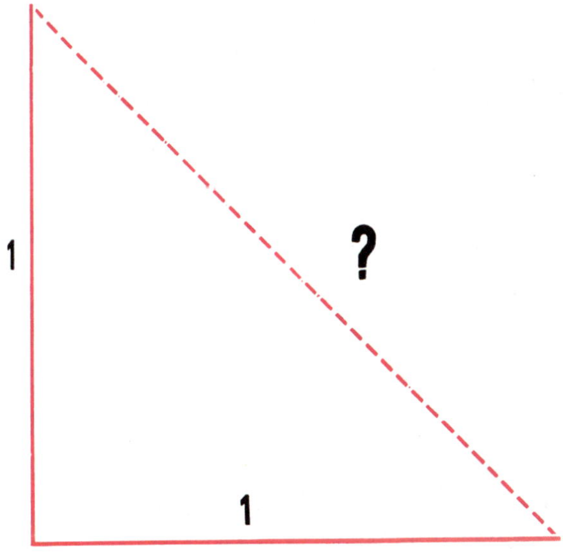

是彻底根除奥林匹斯的万神庙以及依照人的形象塑造的诸神。同样，他也反对俄耳甫斯教复兴的神秘主义，并且嘲笑毕达哥拉斯。

这种哲学传统的下一个代表人物赫拉克利特也是爱奥尼亚人，其盛年在公元前6世纪末。关于他的生平，我们只知道他出生于一个贵族家庭。不过他有一些著作残篇流传了下来，从中不难看出他为什么会被认为晦涩难解。他的一些说法带有预言的口气，其残篇简练优雅，充满了生动的隐喻。在谈到永恒的生死轮回时，赫拉克利特说："时间是一个下跳棋的孩子，他手中掌握着威严的权力。"他在轻蔑地嘲笑感觉迟钝的人时，会肆意说出刻薄的话："傻子即使听得见也像聋子，在场如不在。""如果人有灵魂却听不懂话，那么眼睛和耳朵就只是摆设。"

为了提醒我们，做出有价值的成就需要付出巨大的努力，赫拉克利特说："采金者要挖很多土才能找到一点点金子。"有人觉得这项工作过于艰难，他说这些人就像"驴子，宁要草料不要黄金"。此外，他还预示了后来苏格拉底在一句名言中表达的思想，即我们不要因为学到一些东西而自鸣得意："孩子在成人眼里是幼稚的，成人在神的眼里也是幼稚的。"

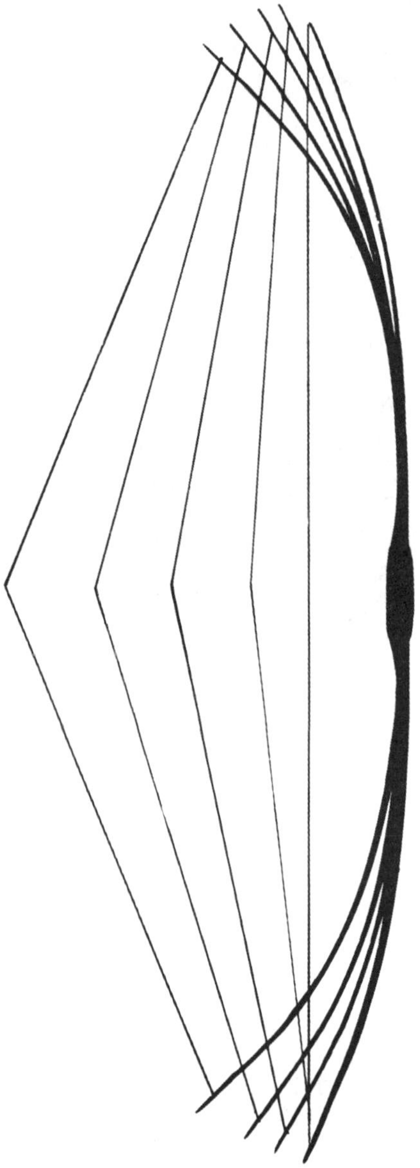

阿那克西曼德的对立面和毕达哥拉斯的调音的弦引出了赫拉克利特的观点：如同在一张弓中那样，和谐来自对立的力量。

更进一步研究赫拉克利特的理论会有助于澄清一些格言的意思。虽然赫拉克利特并不具有那些爱奥尼亚前辈的科学兴趣，但他的理论仍然基于爱奥尼亚学派和毕达哥拉斯的学说。阿那克西曼德曾说，相互竞争的对立双方终将回到"无定"，以抵偿其相互侵犯。从毕达哥拉斯那里产生出和谐的概念。赫拉克利特由这些成分发展出一种新的理论，这是他的重大发现和对哲学的卓越贡献：真实的世界在于平衡地调节对立倾向。在对立双方的冲突背后不同程度地存在着一种隐秘的和谐，这就是世界。

这一普遍概念往往并不明显，因为"自然爱隐藏"。赫拉克利特似乎的确主张，在某种意义上和谐必定是某种不能立刻引人注目的东西。"隐秘的和谐胜于公开的和谐"。事实上，和谐的存在通常会被忽视。"人们不了解相反者如何相成。对立的力量可以造成和谐，正如弓与琴一样。"

25 因此，冲突是使世界保持生机的原动力。"荷马说'但愿诸神与人之间再也没有冲突！'是错误的。他没有看到他是在祈求宇宙毁灭，因为如果他的祈求被听到，一切事物都将消亡。"我们必须从这种逻辑的意义上来理解他所说的"战争乃万物之父"，而不是把它当成一则军事格言。这种观点要求有一种新的基本物质来强调活动的重要性。他在原则上而不是细节上追随米利都学派，选择了火。他说："万物化成火，火又化成万物，有如货物换成黄金，黄金又换成货物。"这种商业性的比喻显示了理论的要旨。一盏油灯的火焰看起来像是一个固定不变的东西。但油一直被吸上来，燃料化为火焰，油烟随着燃烧而落下来。因此，世间万物都处于这种转换过程中，没有什么东西能够保持不变。"你不能两次踏入同一条河流，因为你面前流动的总是新的河水。"正是由于这种例证，后世作者才把"一切皆流"这句名言归于赫拉克利特。苏格拉底则用"流动者"来称呼赫拉克利特及其信徒。

赫拉克利特，公元 4 世纪其家乡以弗所的一枚钱币上

我们不妨把这一名言与赫拉克利特的另一名言进行对比，后者是："我们既踏入又不踏入同一条河流，我们既存在又不存在。"初看起来，这句话似乎与前一句话不一致，但它其实只是同一理论的不同方面。线索在于后半部分。"我们既存在又不存在"是在用有些神秘的方式说，我们存在的统一性在于永恒的变化，或者用柏拉图后来创造的语言来说，我们的存在是一种永恒的流变。同样以河流为例。如果我今天踏入泰晤士河，明天再踏入一次，虽然我踏入的是同一条河，但我踏入的河水已经不同了。我想要点已经足够清楚了，读者们不必去试验一番。另一种表述可见于这样一条格言："上坡路与下坡路是同一条路。"在火焰的例子中我们已经看到这一点：油被吸上来，油烟落下去，两者都是燃烧过程的一部分。这句话很可能首先要从字面上来理解。一个斜坡是上坡路还是下坡路，取决于你怎么走。赫拉克利特这里的对立理论提醒我们，看似冲突的特征其实是某种情形的本质部分。关于这一点，最引人注目的一个表述是"善恶为一"。这当然不是说善与恶是同样的东西；相反，就像不能设想一条没有下坡的上坡路一样，我们也不可能在不理解恶的概念的情况下理解善的概念。事实上，如果你把坡铲平，那么在消除上坡路的同时，你也消除了下坡路；善与恶也是如此。

就此而言，"一切皆流"的理论其实并不新鲜，阿那克西曼德也曾持有非常类似的观点。但赫拉克利特对事物为什么会保持同一的解释却比米利都学派前进了一步。主要的量度概念源自毕达哥拉斯。万物虽然在不断变化，但由于保持了适当的量度，所以仍能维持原样。世界如此，人亦如此。

自然之中的事物依量度而发生转化。同样，人的灵魂中也 26
有着干湿之间的变化。如果没有火的抑制，湿的灵魂就会堕落，且有蜕变的危险。从醉酒的人身上大概可以看到这一点。而"干

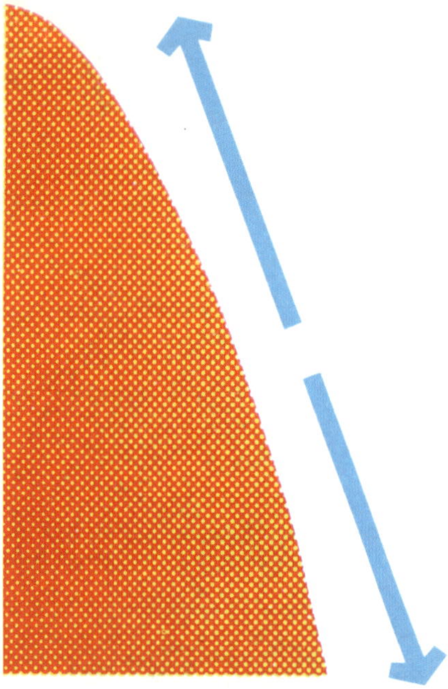

上坡路与下坡路是同一条路，消除了其中之一，也就同时消除了两者。

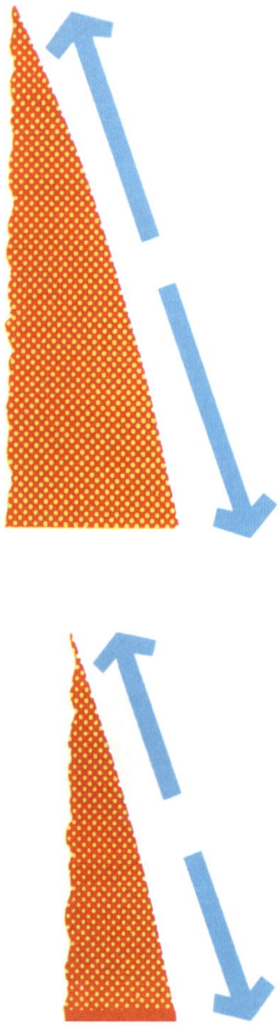

的灵魂是最智慧、最优秀的”，但我们不应失之过誉，因为过量的火和过量的湿一样会扼杀灵魂。不过，被火毁灭似乎更有光彩，因为“死得越伟大，得到的就越多”。其原因大概在于火是永恒的物质：“这个世界，对于一切存在物都是一样的，它不是任何神创造的，也不是任何人创造的；它过去、现在和将来永远是一团永恒的活火，在一定的量度上燃烧，在一定的量度上熄灭”。

自然的种种过程无不遵守各自的量度。正如阿那克西曼德所说，“不义”并非因为对立面之间的冲突，而是因为对量度的漠视。“太阳不会超出其量度，否则复仇女神会觉察”。但量度并非绝对严格，只要不超出界限就可以。它们实际上能在一定范围内摆动，这可以解释日夜交替、人的睡与醒等一些周期现象。我们不妨把这种量度摆动的想法与毕达哥拉斯学派用连分数构造无理数的方法联系起来，后者接连的近似值交替地大于或小于精确值。但我们不知道早期毕达哥拉斯学派是否总结出了这种方法；虽然它在柏拉图时代肯定已经众所周知，但我们不确定是否应把这种知识归于赫拉克利特。

和克塞诺芬尼一样，赫拉克利特也很藐视当时的宗教，无论后者表现为奥林匹斯教还是俄耳甫斯教。仪式和献祭并不能使人变得良善。他清楚地认识到仪式活动的肤浅和原始。“为了净化自己，他们徒劳地用血来弄脏自己，就像一个跳进泥坑的人要在污泥里洗脚一样。任何人看到这种行为，都会认为他发疯了。”这样做是行不通的。

然而，有一条道路可以获得智慧，即掌握事物背后的原理。这个原理就是对立面的和谐，虽然它无所不在，人们却不识得它。“我所说的原理，人们在听说之前和听说之后都不能理解。因为虽然万物都依它而生，但人们对它浑然不觉；即使他们经历了我所解释的这些话和行为，即使我把每一个事物按照类别区分开，以显示它是如何存在的，他们也体会不到。”如果不识这个原则，任何学问都是无用的。“学习很多东西并不能教人理解。”这种观点我们还会在黑格尔那里看到，赫拉克利特则是它的来源。

于是，智慧在于把握背后的原理，该原理是万物所共有的。
27 我们必须遵守它，就像城市必须遵守自己的法律一样。事实上，我们甚至必须更严格地遵守它，因为共同的原理是普遍的，而法律则是因城市而异的。因此，赫拉克利特坚持共同者的绝对性，反对当时基于对不同民族的不同习俗进行比较而发展出来的相对主义概念。他的学说与智者派的实用主义观点相对立，后来普罗泰戈拉（Protagoras）将后一观点表述为“人是万物的量度”。

尽管这种普遍原理或“逻各斯”无处不在，许多人却看不到它的存在，看他们的表现，就好像每个人都有自己的智慧似的。因此，共同的原理绝不是公众的意见。赫拉克利特瞧不起公众的这种盲目。他是一位不折不扣的贵族，主张让最好的人掌权。“如果以弗所的成年人统统上吊，把他们的城邦丢给乳臭未干的孩子去管，那就对了。他们放逐了他们中间最优秀的人赫尔谟多罗（Hermodorus），并且说，‘我们中间不要什么最优秀的人，要是有的话，就让他去别处同别人在一起吧。’”

赫拉克利特无疑自视甚高，这一点我们或许可以原谅。撇开个人的乖僻不谈，他的确是一位强有力的思想家。他汇集了前人的主要观念，并且对柏拉图产生了重要影响。

赫拉克利特的流变学说使人注意到，万物都在作某种运动。希腊哲学的下一次转折又把我们带到了另一个极端，即彻底否定了运动。

迄今为止我们考察的所有理论都有一个特征，即都试图仅仅凭借一种本原来解释世界。虽然不同学派提出了不同的解决方案，但它们都认为万物由一种基本本原所构成。然而，尚未有人对这种一般观点做出批判性的考察。承担这项任务的批判

以弗所遗址景观

者是巴门尼德（Parmenides）。

和其他许多哲学家一样，我们对巴门尼德的生平也缺乏了解。他是意大利南部的爱利亚（Elea）人，创建了所谓的“爱利亚”学派。其盛年在公元前5世纪上半叶。如果我们相信柏拉图的说法，那么可以知道巴门尼德曾和他的弟子芝诺（Zeno）访问过雅典，两人在公元前450年左右见过苏格拉底。在所有希腊哲学家中，只有巴门尼德和恩培多克勒（Empedocles）是以诗歌形式提出理论的。和早期哲学家的许多其他作品一样，巴门尼德的诗也叫《论自然》。全诗分为两部分，前一部分叫“真理之路”，包含着我们这里主要感兴趣的逻辑学说；后一部分叫“意见之路”，提出了一种本质上是毕达哥拉斯主义的宇宙论，但他非常明确地指出，我们必须把所有这一切看成幻相。他虽然曾是毕达哥拉斯学说的追随者，但在提出自己的一般批评时抛弃了它。于是，诗歌的这个部分有意列出了他已经摆脱的一系列错误。

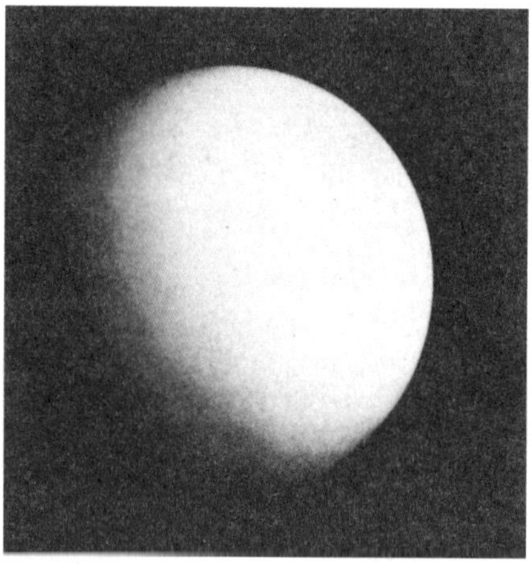

巴门尼德“存在者存在”引出了一个坚实的球形世界，坚固、均匀、没有运动。

巴门尼德从所有前辈理论的一个共同弱点开始批判。他认为这个弱点在于，主张万物皆由某种基本物质所构成，这与同时谈及虚空之间是不一致的。对于物质，我们可以说“它存在”；对于虚空，我们则说“它不存在”。而他之前的所有哲学家都误把不存在的东西说成好像存在一般。甚至可以说赫拉克利特是在主张“它既存在又不存在”。巴门尼德则径直断言“它存在”。要点在于，不存在的东西甚至连思考都不能，因为人无法思考“无”。不能被思考的东西不可能存在，能被思考的东西则可以存在。这就是巴门尼德论证的总体导向。

由此立即可以得出一些推论。“它存在”意味着世界到处充满了物质。虚空根本不存在，无论在世界内部还是外部。而且，各个地方必然有同样多的物质，否则我们就不得不说，在密度较小的地方“它”不存在，而这是不可能的。“它”一定沿各个方向都相同，也不可能达至无限，因为这将意味着“它”是不完整的。“它”是永恒的、非受造的，既不可能产生于无或消解于无，也不可能产生于某种东西，因为和“它”一起的别无他物。这样一来，我们的世界就是一个坚固、有限、均匀的物质球体，没有时间、运动或变化。对于我们的常识而言，这的确是一次可怕的打击，但它却是一种彻底的物质一元论的逻辑结论。如果这冒犯了我们的感官，那么对感官来说就更糟了；我们必须把感觉经验当作幻觉一笔勾销，而这正是巴门尼
29 德所做的事情。通过把一元论推到底，他迫使后来的思想家重新开始。巴门尼德的球体说明了赫拉克利特的话是什么意思，

他说若冲突结束，世界也将结束。

值得注意的是，巴门尼德的批判并没有触及正确理解的赫拉克利特理论，因为万物由火构成的观点其实并非其理论的本质。它的功能是隐喻性的，因为火焰以各种方式说明了一个重要观点：无物常驻，一切皆流。前面我们已经解释过像“它既存在又不存在”这样的陈述在赫拉克利特那里应当如何理解。事实上，赫拉克利特的学说已经暗含了对巴门尼德语言形而上学的批判。

简单地说，巴门尼德的理论就其语言形式而言是这样的：你在思考或说话的时候，想到或说到的是某种东西，那么一定有某种独立的、永恒的东西可供思考或谈论。你可以在许多不同场合这样做，因此思想对象或言说对象必定总是存在。如果任何时候它们都不可能不存在，那么变化必定是不可能的。巴门尼德所忽视的是，按照他的观点，他永远也不可能否定任何事物，因为这将意味着他在说某种不存在的东西。但假如真是这样，他也就不再能断言任何东西，于是一切言说和思想都将是不可能的。除了“它存在”，没有任何东西存在，这是一个空洞的恒等式。

不过，该理论引出了一个重要观点：如果我们能够合理地运用某个词语，它就必定有某种含义，而这种含义必定在某种意义上是存在的。如果我们还记得赫拉克利特所说的话，就不会出现这个悖论。一旦事情弄得足够清楚，我们就会发现并没有人真的说过它不存在，而是说它不是某一类的。于是，当我说“草不是红色的”时，我并不是在说草不存在，而是说它与那些红色的东西不是同一类的。事实上，如果我找不到其他红色的东西做例子，比如汽车，我就不能说“草不是红色的”。赫拉克利特的观点是，现在是红色的东西也许明天就成了绿色的，你可以把一辆红色的汽车漆成绿色。

这又引出了语词在何种条件下有意义这个一般问题。这个问题过于庞大，在此无法讨论。不过，巴门尼德对变化的否定是后来所有唯物论的源头。被巴门尼德赋予存在性的“它”后来被称为“实体”，唯物论者认为所有事物都是由这种不变、不灭的实体构成的。

巴门尼德和赫拉克利特构成了所有前苏格拉底思想家中的两极。值得注意的是，除了柏拉图，原子论者也综合了这两种对立观点。他们从巴门尼德那里借用了不变的基本微粒，从赫拉克利特那里则获得了持续运动的观念。这是最早暗示黑格尔辩证法的经典例子之一。只有先对极端立场进行不懈的探究，

爱利亚的遗址；公元前6世纪福西亚人的殖民地，巴门尼德的出生地。

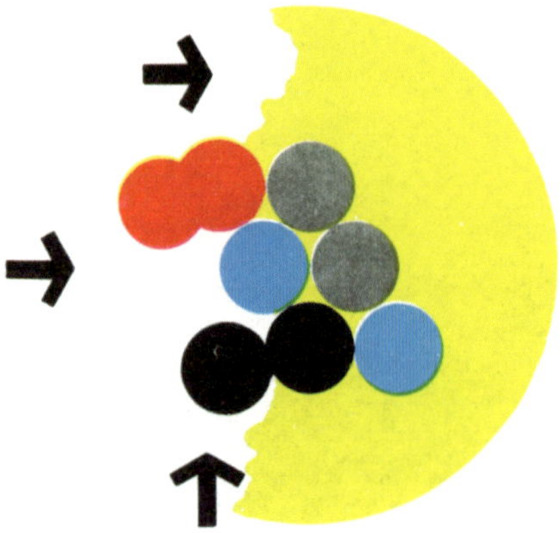

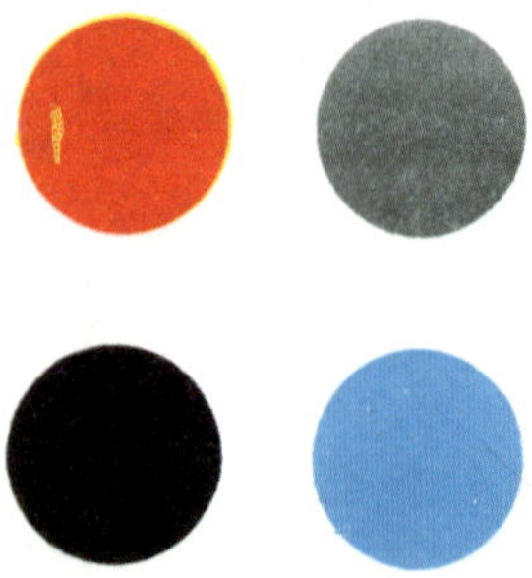

再做出这样一种综合，才能获得思想上的进步。

要批判巴门尼德，就需要用新的方案来解决世界是由什么
30 构成的这个问题。恩培多克勒给出了这样一种方案。我们同样对他的生平知之甚少。他的盛年在公元前5世纪上半叶。在政治上，他站在多数人一边，据说曾是一位民主领袖。与此同时，他身上还带有几分神秘色彩，似乎与毕达哥拉斯学派的俄耳甫斯教影响有关。和巴门尼德一样，恩培多克勒起初似乎非常迷恋毕达哥拉斯学派的教诲，后来也和巴门尼德一样与之分道扬镳。关于他有一些离奇的故事流传至今，据说他会影响天气。无疑是凭借着精湛的医术，他成功地控制了塞利努斯（Selinus）的一次疟疾流行。后来人们出于感激，把这件事铭刻在这座城市的钱币上作为纪念。据说他以神自居，有人说他死后升了天，另一些人则说他跳进了埃特纳火山口，这自然很不可信，因为任何称职的政治家都不会跳入火山。

为了调和爱利亚派的学说与日常的感官证据，恩培多克勒采用了迄今为止尝试过的所有基本物质，并且增加了第四种。他称这些东西为事物的“根”，亚里士多德则称之为“元素”。这就是著名的水、气、火、土四元素理论，它统治了化学领域近两千年。该理论实际上假定了两组对立面——干与湿、热与冷——作为基础。

我们也许注意到，为了应对巴门尼德的批判，仅仅增加基本实体的种类是不够的，还必须有某种东西能以各种方式将基本材料混合起来。恩培多克勒遂提出“爱”与“争斗”这两个活动本原，它们的唯一功能就是统一和分离。但由于当时尚未发展出非物质动因的概念，爱与争斗只能被视为物质。因此，它们本身被视为物质性或实体性的，并且与其他四根加在一起组成了六个。于是当四根分离时，争斗就占据了它们之间的空间；而当四根统一时，爱就把它们粘合在一起。顺便说一句，认为动因必须是物质性的，这不无道理。虽然这种观点后来得到了某种完善，但现代科学仍然认为，动因必须在某处有一个物质性的源泉，即使不是在它起作用的地方。

阿那克西美尼已经把气当作实体性的，尽管我们不知道他的依据是什么。恩培多克勒找到了不同的依据，因为他发现气是物质性的。他是用滴漏做实验而发现这一点的。因此需要注意，在其前辈谈到“气”的地方，恩培多克勒称这种实体为“以太”，两者都是希腊词。后者在19世纪下半叶获得了新的科学地位，当时电磁理论要求波的传播有某种介质。

在作这些创新的时候，恩培多克勒保留了爱利亚派理论

中的很多东西。比如基本实体是永恒不变的，它们本身不能被进一步解释。这也是一个重要的、往往未曾明说的科学解 31
释原则。举一个大家熟悉的例子，我们用原子来解释化学事实，而这些原子本身不能再继续解释。要想解释原子，就必须认为原子是由更小的粒子构成的，而这些更小的粒子则不能再继续解释。

如前所述，没有任何东西能够从“不存在”中产生出来，也没有任何东西能够变成“不存在”。所有这些听起来都是纯粹的爱利亚派唯物论。这里我们也许可以注意到，在一个一般观点上，恩培多克勒对唯物论学说所作的修正未能应对巴门尼德的批判。这个观点是，一旦承认变化，就必须也承认虚空。因为如果变化是可能的，那么把给定空间中物质的量减少到什么也不剩，原则上也是可能的。仅仅增加实体的数目是没有用的。于是，巴门尼德一否认虚空的可能性便否认了变化的可能性，这是非常正确的。恩培多克勒实际上无益于克服这个困难。我们后面会看到原子论者是如何解决这个问题的。

恩培多克勒知道光的传播需要时间，也知道月亮并非直接发光，尽管我们不清楚他是从哪里获得这些知识的。他的宇宙论建立在一系列循环的基础上，以外部的“争斗”和内部的“爱”使世界开始运转。“爱”把其他元素结合在一起，然后“争斗”不断驱逐“爱”，直至各种元素分离，“爱”也到了外部；然后再反过来，世界又回到起点。他的生命理论与这种循环相联系。在循环的最后阶段，当“爱”侵入球体时，动物的不同部分便各自形成。接下来，当“争斗”再度在外面时，我们就有了遵循“适者生存”原则的各种任意组合；当“争斗”再次开始进入时，分化过程就开始了。我们自己的世界处在这个过程的高级阶段，它再次被“适者生存”的进化原则所支配。

塞利努斯的钱币，为了纪念恩培多克勒对一场流行病的遏制

最后，我们必须注意恩培多克勒对医学和生理学的兴趣。他从毕达哥拉斯学派的弟子——克罗顿的阿尔克迈翁（Alcmaeon）医生那里继承了一种理论，认为健康就是对立成分之间的恰当平衡，如果其中任一成分占了上风就会生病。同样，他还接受了整个人体通过微孔或通道进行呼吸的理论，正是这些微孔使我们有了感知。特别是，在很长时间里占主导地位的他的视觉理论提出，所视对象发出的流溢与眼中发出的射线相遇产生了视觉。

恩培多克勒的宗教观属于俄耳甫斯传统，与其哲学相去甚远，这里不必多费笔墨。不过有意思的是，他在宗教著作中所主张的一些观点与他的世界理论不相容。这种不一致尤其常见于那些不习惯对自己的信念作严格考察的人。要同时接受这些相互冲突的看法的确不可能，但有人就喜欢今天相信一种看法，明天又相信相反的看法，甚至从不怀疑其中可能存在着不一致。

32 我们讲述的故事已经把我们带到了公元前 5 世纪。许多只能在前苏格拉底哲学的标题下讨论的内容其实与苏格拉底是同时代的，因此我们常常不可避免会有所重复。要想给出连贯的叙述，常常要超越纯粹编年史的界限。这个难题困扰着一切历史研究，因为历史很少为编年史作者的方便着想。

稍后我们还要更具体地讨论雅典。现在，我们须对公元前 5 世纪希腊的社会政治状况作简要概览。

虽然波斯战争使希腊人对其语言、文化和国家的共同纽带有了更深的理解，但城邦在很大程度上仍然是利益的中心。除了说希腊语的人共同属于的传统之外，每个城邦的地方性习俗都继续保持着活力和独特性。《荷马史诗》也许是一种共同遗产，但斯巴达与雅典的区别就如同监狱与操场的区别一样大，而它们又有别于科林斯或第比斯。

斯巴达战士

斯巴达的发展有自己的独特性。人口的增长迫使斯巴达人对临近的迈锡尼部落进行征服，使其沦为仆从。就这样，斯巴达城邦逐渐变成了一个军营。

政府由一个公民大会所组成，大会选举出长老院，并任命两名长官或监督官。此外还有两位国王，他们均来自贵族家庭，但实权掌握在长官手中。斯巴达教育的全部目的就在于造就训练有素的士兵。斯巴达的重甲步兵闻名整个希腊，是一支名副其实的强大军队。列奥尼达斯（Leonidas）和他的三百士兵在温泉关顽强抵抗薛西斯（Xerxes）的波斯大军当属其最值得纪念的历史壮举之一。斯巴达人并非情感柔懦的病态民族。他们纪律严明，压制个人情感。为了不削弱种族的活力，他们将畸形婴儿遗弃。年轻人很小的时候就得离开父母，到类似于军营的机构里培养长大。女孩的待遇总体上和男孩一样，妇女基本上享有平等的社会地位。柏拉图的理想城邦有很多地方都受到了斯巴达范例的启发。

位于地峡之上的科林斯城在贸易和商业方面处于主导地位。它由一个寡头所统治，曾参加过斯巴达领导下的伯罗奔尼撒联盟。在波斯战争中，科林斯人虽然也有自己的分遣队，但没有行使过领导权。他们的主要兴趣是商业。科林斯并非以出政治家和思想家而是以娱乐圣地而闻名。它也是希腊最大的殖民地之一——西西里的叙拉古的起源城市。沿着科林斯海湾受保护的航道，这两座城市之间以及与整个大希腊有着活跃的贸易往来。

在西西里，希腊人是强大的腓尼基城迦太基的近邻。与薛西斯入侵希腊相呼应，公元前 480 年迦太基人曾试图攻占这个岛屿。就像希腊本土避开了被薛西斯大王征服的危险一样，资源丰富的叙拉古也在盖拉（Gela）暴君的领导下挫败了这次企图。

来自科林斯的商船，此地寄希望于贸易

公元前 5 世纪，科林斯逐渐被雅典所取代，这无疑是伯罗奔尼撒战争的导火索，正是灾难性的叙拉古战役使雅典最终败北。

在雅典西北部的皮奥夏平原上坐落着古第比斯城，著名的俄狄浦斯传说就与这座城市有关。公元前 5 世纪，第比斯也由一位贵族寡头所统治。它在波斯战争中扮演的角色并不十分光彩。一支第比斯分遣队曾与列奥尼达斯一起战死，但在薛西斯占领了国家之后，他们却在普拉蒂亚与波斯人联手作战。为了惩罚这种背叛行为，雅典人剥夺了第比斯人在皮奥夏的领导权。从此以后，雅典人对第比斯人一直有些蔑视。但随着雅典的势力不断增强，斯巴达站在了第比斯一边与雅典抗衡。在伯罗奔尼撒战争中，虽然第比斯周围的乡村被雅典人攻占，但他们仍然坚持抵抗。而当斯巴达人获胜时，第比斯人又倒戈支持雅典。

大多数城邦都控制着自己的周边地带。生活在乡村的人可以耕种田地，政府的权力则集中在城里。像在实行民主的城邦中，公民都有机会参与公共事务。对政治漠不关心的人会受到鄙视，并且被称为“白痴”，希腊语的意思是“自私自利”的人。

收割橄榄——希腊主要的出口物

希腊的土地不适合大规模耕作。随着人口增长，它必须从别处进口粮食。主要的供应来源是黑海沿岸附近的地方。几个世纪以来，希腊人在那里建立了许多殖民地，并且出口橄榄油和陶器作为交换。

希腊人强烈的个性表现在他们对法律的态度上。在这方面，他们非常独立，完全不同于同时代的亚洲人。在亚洲，统治者的权威来自于被认为神授的法律，而希腊人则认为法律是被人和为人制定的。如果一项法律已经不合时宜，那么经公众同意就可以改变；但只要它被公众支持，就必须得到遵守。这种尊重法律的经典案例就是苏格拉底拒绝逃避雅典法院对他的死刑判决。

这也意味着不同城市有着不同的法律，没有权威能以和平方式解决城市之间的争端。

34 于是，内部的猜忌和破坏性的个人主义使希腊分崩离析，国家一直无法实现稳定。希腊曾先后被亚历山大大帝和罗马所征服，但共同的制度和理想使它能够作为一个文化整体留存下来。我们已经提到它的民族史诗，此外还有其他一些纽带。所有希腊人都尊崇科林斯海湾北部小山上的德尔菲神庙，对德尔菲神谕都怀有几分敬畏。

位于德尔菲的雅典娜神庙。德尔菲是神谕的故乡，所有希腊人的圣地

德尔菲是供奉阿波罗神的中心，阿波罗神代表光明与理性的力量。据古代传说，阿波罗杀死了象征黑暗的巨蟒皮同（Python），人们因此建造了德尔菲神庙来纪念他的功绩。阿波罗神在这里守护着希腊精神的种种成就。此外，阿波罗崇拜还包含着一种与净化仪式相关的伦理倾向。阿波罗神自己不得不为战胜皮同而招致的瘴气赎罪，现在他又为那些沾染鲜血的人提供帮助。但有一个例外：弑母者不能得到宽恕。我们在埃斯库罗斯的悲剧中发现，奥列斯特（Orestes）犯了弑母罪，最终却被雅典娜和雅典最高法庭宣判无罪，这是雅典人自信心增强的一个明显征兆。另一座重要的阿波罗神庙在提洛岛上，该岛曾是爱奥尼亚部落的一个宗教集会点，还一度成为提洛同盟的金库所在地。

在西伯罗奔尼撒举行的奥林匹克运动会是另一种伟大的泛希腊风俗。运动会每四年举行一次，包括战争在内的任何其他活动都要为此让路。再没有比赢得奥林匹克胜利更大的荣誉了。获胜者将戴上桂冠，其所在城市还要在自己的奥林匹亚神庙里立一尊雕像以纪念这一事件。第一届竞赛是在公元前 776 年，此后希腊人就用奥林匹克运动会来纪年。

奥林匹克运动会生动地表明了希腊人对身体的重视，也代表着他们对和谐的典型强调。人既有心灵又有身体，两者都必须受到训练。不要忘了，希腊思想家不同于现代社会那种继承自中世纪经院传统的象牙塔里的知识分子。

最后我们再就奴隶制说几句。人们常说希腊人因为怕弄脏手而不擅实践，遂把这种消遣留给奴隶去做。再没有什么能比这样的总结更误导人了。无论是他们科学成就的记录，还是雕刻和建筑遗存，都清楚地表明事实并非如此。尽管存在着那种自命不凡的感觉，认为绅士不必动手，但奴隶的重要性不应过分高估。诚然，在劳里昂（Laurion）银矿干活的奴隶们过着非人的生活，但总体而言，城市里的奴隶并没有受到蓄意的虐待。一个原因在于，奴隶太值钱了，尤其是当他擅长某种手艺的时候。许多奴隶最终都成了自由人。大规模的奴隶制出现在公元前 5 世纪之后的希腊。

思想实验和发明的突然涌现也许是公元前 5 世纪最令人惊讶的现象，无论在哲学上还是技艺上都是如此。前一世纪的雕刻在遵循着埃及原型那生硬刻板的形式，如今却突然有了生气。在文学方面，以前呆板的老一套变成了雅典戏剧那更为灵活的风格。一切都在扩展，似乎没有什么目标是人达不到的。这种强烈的自信感在索福克勒斯《安提戈涅》的著名合唱中表现得最为突出：“世界上活着许多强大的生物，但谁也没有人强大。”这种情感后来消失了，但在近代文艺复兴时期又得以恢复。关于人的地位，我们可以在意大利人文主义者阿尔贝蒂（Alberti）的作品中看到非常相似的观点。这样一个生气勃勃的时代并没有对自己进行反思，但自信容易导致傲慢。正是在公元前 5 世纪的后期，苏格拉底开始提醒人们注意善的形式。

正是在这些背景下，希腊文明到达了无与伦比的高度。它以背后的和谐原则为基础，虽然内部纷争使其遭受蹂躏，但也许因此而更显伟大。虽然它从未发展成为一个泛希腊国家，但它征服了所有曾经占领过希腊土地的人，直到今天仍然是西方文明的参照标准。

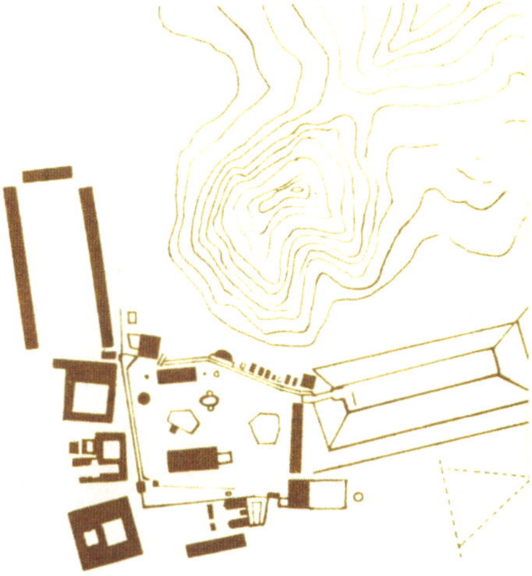

奥林匹亚的景观，每四年在此地举行一次泛希腊的运动会

第一位来到雅典生活的哲学家是阿那克萨哥拉（Anaxagoras），从波斯战争结束到那个世纪中叶，他在雅典待了 30 年左右。阿那克萨哥拉是出生在克拉佐美纳伊的爱奥尼亚人，在兴趣上继承了米利都的爱奥尼亚学派。其家乡在爱奥尼亚人起义时被波斯人占领，他似乎是随波斯军队来到雅典的。据记载，他成了伯里克利的老师和朋友，甚至有人说欧里庇得斯也曾是他的学生。

阿那克萨哥拉主要关注科学和宇宙论方面的问题。至少有一个证据可以表明他是一位敏锐的观察者。公元前 468 年至公元前 467 年间，一块硕大的陨石坠入了埃哥斯波塔摩河。无疑部分是由于这个原因，阿那克萨哥拉提出星辰是由发光的灼热岩石构成的。

虽然他在雅典结交了一些有地位的朋友，但还是激起了心胸狭隘的雅典保守者的敌意。即使在最有利的情况下，独立的、不受欢迎的思想也是不安全的。当它违背了那些自命无所不知的人所笃信的偏见时，就可能给不墨守成规者带来实实在在的危险。更有甚者，阿那克萨哥拉年轻时曾经同情波斯人。在过去的 2500 年里，这种模式似乎并没有多大改变。无论如何，阿那克萨哥拉因被控渎神和同情波斯而受到了审判。至于他受到了什么惩罚以及如何逃脱，我们并不很清楚。也许是他的朋友伯里克利从狱中劫走了他并迅速将其转移。此后阿那克萨哥拉在兰萨库斯定居下来，在那里继续讲学直到去世。值得称道的是，该城的居民对他的活动持更开明的态度。阿那克萨哥拉死后，学校放假一年予以纪念，他肯定是历史上唯一享此殊荣的哲学家。他的教诲被载入书本，其中一些残篇在其他资料中得以保存。后来同样以渎神之罪受到审判的苏格拉底告诉法官，他被控坚持的这种不合传统的观点其实来自阿那克萨哥拉，任何人只要花一个银币就可以买到阿那克萨哥拉的书。

和之前的恩培多克勒一样，阿那克萨哥拉的理论也是化解巴门尼德批判的新尝试。恩培多克勒认为基本原料是对立双方的各个部分：热与冷、干与湿，而阿那克萨哥拉则认为这些东西以不同的比例包含在每一块无论多么小的物质中。为了证明这一点，他借助于物质的无限可分性。他会说，仅把事物切得更小并不能使我们最终得到不同的事物，因为巴门尼德已经表明，存在的东西无论如何也不能不存在，也不能变成不存在。物质的无限可分性假设非常有趣，这是它的第一次登场。在这里，它是错误的并不重要，重要的是，无限可分性概念的确适

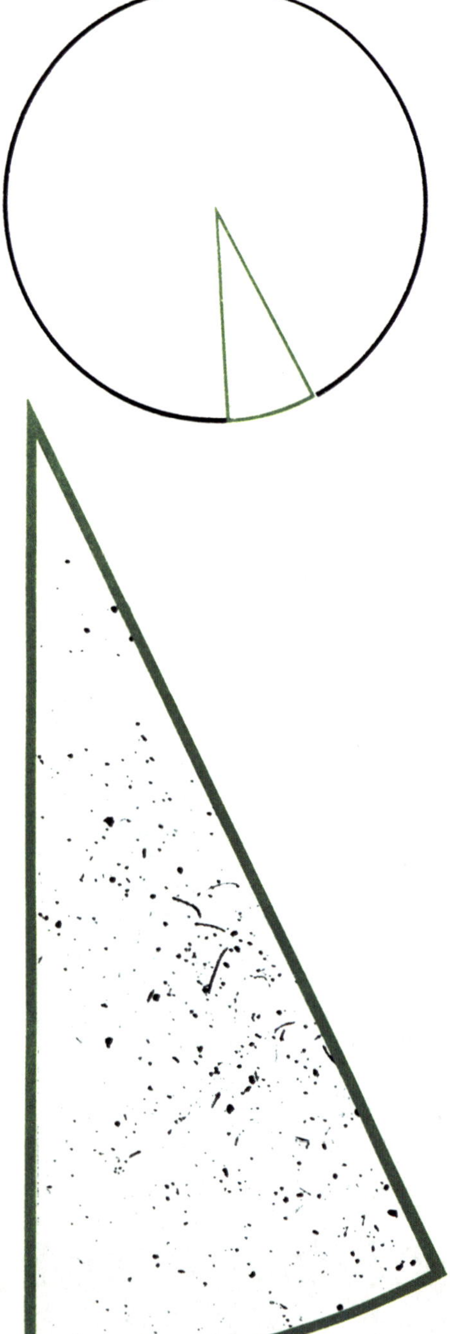

每一个事物都含有一切事物的一部分。如果仔细考察，看起来是白色的东西当中也有一部分黑色。

用于空间。原子论者似乎从这里找到了一个出发点，后来提出
了虚空概念。尽管如此，如果我们承认这一假设，那么阿那克 37
萨哥拉对恩培多克勒的批判到目前为止还是合理的。

事物之间有差异是因为对立双方中的某一方占据较大优势。因此阿那克萨哥拉会说，在一定程度上雪是黑色的，除非白色占了优势。在某种意义上，这带有些许赫拉克利特的风格。对立双方结合在一起，每一个事物都可以变成其他任何事物。阿那克萨哥拉说，“世上的事物既不是分离的，也不能用斧子彼此隔断”，“除了努斯（Nous），每一个事物中都有一部分别的事物，某些事物中也有努斯”。

这里所说的努斯就是取代恩培多克勒的“爱”与“争斗”的活动本原。但努斯仍然被视为一种物质，尽管它非常稀薄和精细。努斯不同于其他物质，因为它是纯粹的、不掺杂的。正是努斯驱动着事物，而且拥有努斯可以把生命体与无生命体区分开来。

阿那克萨哥拉；来自克拉佐美纳伊的一枚钱币，这座爱奥尼亚的城邦是他的出生地

关于世界的起源，阿那克萨哥拉提出的观点与更为晚近的思辨有些类似：努斯在某处激起旋涡运动，随着力量的聚积，不同事物会按照轻重大小分离开来。地球的旋转把沉重的大石头抛得比其他物体更远。由于运动太快，它们开始发光，这便解释了星辰的本性。和爱奥尼亚人一样，他认为存在着多个世界。

关于知觉，他提出了一条别出心裁的生物学原则，认为感觉取决于对比。于是，视觉就是光闯入了与之对立的黑暗，强烈的感觉会引起痛苦和不适。这些生理学观点至今仍然盛行。

于是在某些方面，阿那克萨哥拉提出了一种比前人更为完善的理论。至少有迹象表明他曾试图建立一种虚空概念。然而，尽管他有时想使努斯成为一种非物质动因，但似乎不是很成功。因此和恩培多克勒一样，他也未能应对巴门尼德的基本批判。不过在解释世界由什么构成方面，无限可分性的提出标志着新的进展。剩下的一步是认识到可分性属于空间，这为原子论做好了准备。

若以为阿那克萨哥拉是一个无神论者，那就错了。不过他对神的构想是哲学性的，与雅典的城邦宗教并不一致。正是这种非正统观点使他遭到了渎神指控，因为他把神等同于努斯，即作为一切运动之源的活动本原。这种观点必定会引起政府的不满，因为它自然会使人怀疑既有仪式活动的价值，从而触及城邦的权威。

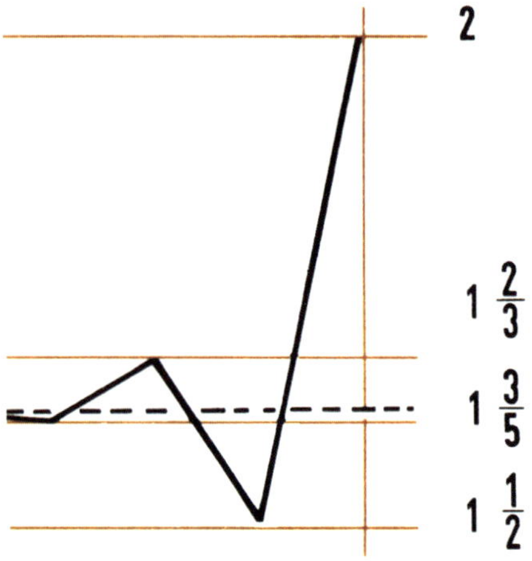

$$1+\frac{1}{1}=2$$

$$1+\frac{1}{1+\frac{1}{1}}=1\frac{1}{2}$$

$$1+\frac{1}{1+\frac{1}{1+\frac{1}{1}}}=1\frac{2}{3}$$

$$1+\frac{1}{1+\frac{1}{1+\frac{1}{1+\frac{1}{1}}}}=1\frac{3}{5}$$

$$+\frac{1}{1+\frac{1}{1+\frac{1}{1+\frac{1}{1+\cdots}}}}=\frac{1+\sqrt{5}}{2}$$

38 为什么毕达哥拉斯及其学派会在公元前510年被逐出克罗顿，我们可能永远也不会知道。但不难看出该学派在某些地方可能与正直的公民们发生了冲突。不要忘了，正如希腊哲学家们习惯的那样，毕达哥拉斯的确在插手政治。虽然总体而言，人们对哲学家持一种宽容和漠不关心的态度，但他们若是提出一种批评意见，却会搅动职业政治的浑水。最让统治者感到恼火的是，哲学家说他们可能并不像他们自以为是的那么聪明。克罗顿人无疑正是出于这样的理由烧毁了毕达哥拉斯的学校。但事实总是证明，烧毁学校甚至是烧死人丝毫无助于消灭异端。结果是，虽然原有的学校被毁，但其观点却因为那些向东返回希腊的幸存者的活动而变得更加广为人知。

我们已经看到，爱利亚派的创始人最初曾是毕达哥拉斯学派的追随者。后来，从爱利亚派哲学家芝诺开始，毕达哥拉斯学派的数论遭到了毁灭性的攻击。因此，我们先得了解一下这种理论的内容。

数被认为由单元构成，而由点表示的单元则具有空间维度。根据这种观点，点是一个有位置的单元，即它有某种维度，无论是什么样的维度。这种数论很适合处理有理数，因为总可以把一个有理数选做单元，使任何数目的有理数都是单元的整数倍。但在遇到无理数时，这种解释就失败了，因为无理数无法以这种方式来度量。值得注意的是，“无理”所对应的希腊词的意思是“无度量”，而不是“失去理性”，至少对于毕达哥拉斯来说是如此。为了克服这个困难，毕达哥拉斯发明了一种用一连串近似值找出这些难以捉摸的数的方法。这就是之前提到的构造连分数。在这样一个序列中，相继的各个步骤以不断递减的量交替地大于或小于精确值。但这个过程本质上是无限的。目标中的无理数就是这个过程的极限。这种方法的要点在于，我们可以获得与极限值无限接近的有理近似。事实上，这一特征与现代极限概念完全相同。

如此便可以依照这些思路设计出一种数论。然而，单元概念掩盖了离散数与连续量之间的一种基本混淆。一旦把毕达哥拉斯理论应用于几何学，这一点就立即暴露无遗。我们将在讨论芝诺的批判时看到其中的困难。

毕达哥拉斯数学的另一项主要遗产是理念论，后来苏格拉底接受并进一步发展了这种理论。如果柏拉图的话可靠，那么这种理论也遭到了爱利亚派的有效批判。我们已经暗示了这种理论的数学起源。以毕达哥拉斯定理为例。要想绝对
39 精确地画出一个直角三角形，并以它的每条边画出正方形，

然后测量它们的面积，这是没有用处的。无论画得多么精确，它也不可能完全精确。这样的图形是不能证明这条定理的，因为我们需要的是一种只能想象但画不出来的完美图形。任何实际图像都必定是一个有几分忠实于心灵图像的摹本。这便是理念论的要点，也是后期毕达哥拉斯学说的一个广为人知的部分。

我们已经看到毕达哥拉斯是如何从琴弦发现和谐原则的。由此又产生了把健康看成对立面之间的某种平衡的医学理论。后期毕达哥拉斯学派进一步发展了这一理论，把和谐概念用于灵魂。根据这种看法，灵魂是肉体的一种和谐，于是灵魂就成了肉体在有序状况下的一种功能。如果肉体组织坏掉，肉体分解，灵魂也会随之解体。我们可以把灵魂看成张在乐器上的弦，将肉体看成张弦的骨架。如果骨架坏掉，弦就会变得松弛、失去和谐。这种观点与早期毕达哥拉斯学派对这个主题的看法大相径庭。毕达哥拉斯似乎相信灵魂轮回，而根据这种后来的观点，灵魂肯定会和肉体一样消亡。

在天文学上，后期毕达哥拉斯学派提出了一个非常大胆的假说。根据这一假说，世界的中心不是地球，而是一团中心火。地球是围绕这团火旋转的一颗行星，但我们看不见这团火，因为我们所在的地球这一面始终背着该中心。太阳也被视为一颗行星，它的光得自中心火的反射。这朝着阿里斯塔克（Aristarchus）后来提出的日心假说迈进了一大步。但毕达哥拉斯学派提出的理论在形式上仍然有诸多困难，以致亚里士多德又恢复了一种扁平地球观。由于亚里士多德在其他问题上的权威，后来流行的乃是这个观点而不是正确的观点，而理论的来源则被遗忘了。

至于万物构成理论的发展，毕达哥拉斯学派认识到了许多早期思想家所忽视或误解的一个特征，那就是虚空概念。如果没有虚空，就不可能对运动做出令人满意的解释。在这方面，后来亚里士多德的学说同样开了倒车，认为“自然憎恶虚空”。我们需要到原子论者那里寻找物理学理论发展的正确线索。

与此同时，毕达哥拉斯学派试图吸收恩培多克勒所取得的进展。当然，他们的数学观不允许他们把这些元素当作终极元素来接受。于是他们作了一种折中，这为一种数学的物质构成理论奠定了基础。现在，元素被认为由形状为正多面体的微粒所构成。柏拉图的《蒂迈欧篇》进一步发展了这种理论。“元素”一词本身可能就是由这些后期毕达哥拉斯学派的思想家们创造出来的。

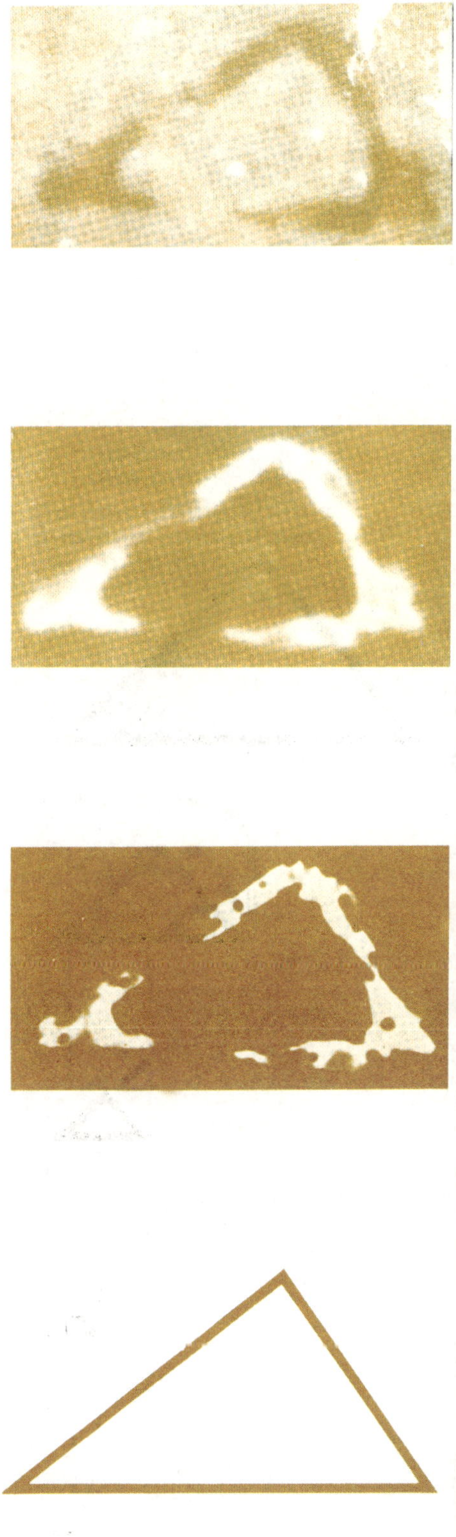

不可能画出一个完美的三角形，它只能用心灵之眼看到

40 迄今为止，唯物论者们为应对巴门尼德的批判所做的尝试都不能完全令人满意。无论爱利亚派的理论本身有什么缺陷，事实依然是，单纯增加基本实体的数量是不能解决问题的。巴门尼德的追随者们所提出的一系列论证强有力地说明了这一点。他们当中最重要的是爱利亚的芝诺（Zeno of Elea），他生于公元前490年左右，是巴门尼德的同乡和弟子。除了对政治事务感兴趣，我们还知道他和巴门尼德曾在雅典见过苏格拉底。这件重要的事情是柏拉图记载的，我们没有理由不相信他的话。

一个图形是无限可分的，没有最终的单元，无论该单元是有限的还是无尺寸的

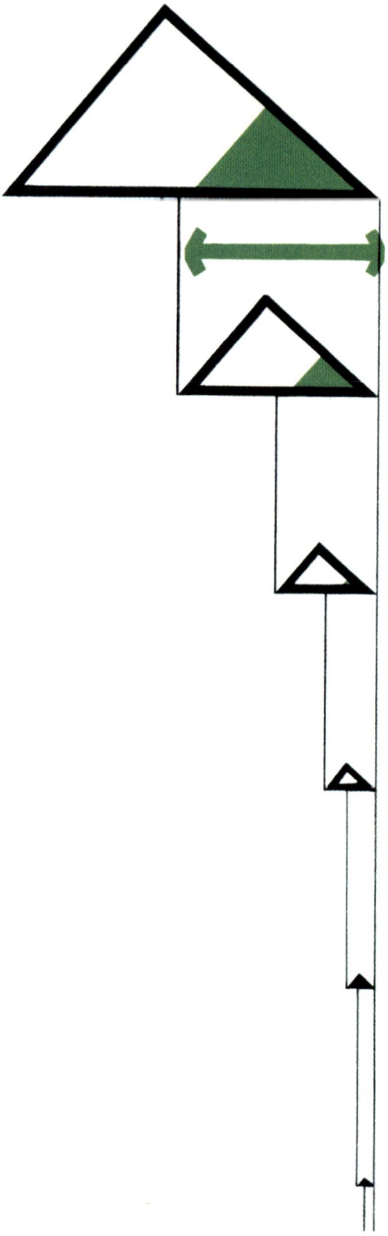

我们前面已经说过，爱利亚派的学说引出了非常惊人的结论。因此许多人都试图修补这种唯物论学说。芝诺试图表明的是，倘若爱利亚派的学说不合常识，那么声称能够打破这一僵局的其他理论只会引出更奇怪的困难。因此，芝诺不是直接为巴门尼德辩护，而是让对方陷入自相矛盾。他从对方的假设入手，用演绎论证表明其中蕴含着不可能的推论，从而使原有的假设不攻自破。

这种论证很类似于我们在讨论阿那克西曼德的演化论时提到的归谬法，但有一个重要区别。通常的归谬法会这样论证：既然结论在事实上是错误的，那么必然有一个前提在事实上也是错误的。

而芝诺则试图表明，从某一假设出发可以推出两个相互矛盾的结论。这意味着这些结论不仅在事实上不正确，而且是不可能的。因此他论证说，导出这些结论的假设本身也是不可能的。这种论证不必在结论与事实之间作任何比较。在这个意义上它是纯粹辩证的，亦即在问与答的范围之内。芝诺第一次系统地运用了辩证法，它在哲学中有非常重要的功能。苏格拉底和柏拉图从爱利亚派的学说中继承了它，又以各自的方式加以发展。自那以后，辩证法在哲学中愈加突出。

芝诺的论证主要针对的是毕达哥拉斯的单元概念。与此相关还有否定虚空和运动可能性的一些论证。

我们先看一个表明单元概念不合理的论证。芝诺会说，任何存在的事物都必然有某个大小。如果根本没有大小，它就不会存在。同样，事物的每一个部分也有某个大小。他进而指出，这种说法可以一直说下去。这是一种引入无限可分性的简洁方式；任何一个部分都不能说是最小的。于是，如果事物是“多”，那它们将不得不既是大的又是小的。事实上，它们必须小到没
41 有尺寸，因为无限可分性表明事物有无限多个部分，这就要求单元没有大小，因而任意多个单元之和也没有大小。但同时单

元又必须有某个大小，因此事物是无限大的。

这个论证的重要之处在于，它表明毕达哥拉斯学派的数论在几何学中失败了。如果我们考虑一条线，那么根据毕达哥拉斯的说法，我们当能说出其中有多少个单元。显然，如果我们假设无限可分性，单元理论就会立即失败。同时要知道，这并未证明毕达哥拉斯是错误的，而是证明单元理论和无限可分性不能同时接受，或者换句话说，它们是不相容的，必须抛弃其中一个。由于数学需要无限可分性，所以必须抛弃毕达哥拉斯的单元理论。另一点值得注意的涉及归谬法本身。一个有意义的命题不可能有不相容的直接推论。只有当它与别的命题结合在一起才可能产生矛盾，也就是说，在两个不同的论证中，当其中一个的附加命题与另一个的附加命题不相容时，才可能产生矛盾。现在，我们有两个论证：第一，事物是“多”，单元没有大小，因此事物没有大小；第二，事物是“多”，单元有大小，因此事物在大小上是无限的。两个不相容的附加前提是：单元没有大小和单元有一定大小。无论是哪种情况，结论显然都是荒谬的。可见每一个论证的前提都有错误，错误的正是毕达哥拉斯的单元概念。

芝诺否认无限的空间，因为如果地球被包含在空间中，那么又是什么包含了空间呢？

为了证实巴门尼德反对虚空的立场，芝诺提出了一个新的论证。如果空间存在，那它必然包含在某个东西里面，而这只能是更多的空间，如此以至无穷。芝诺不愿接受这种后退，遂断定不存在空间。这实际上否认了空间是一个空容器。于是按照芝诺的看法，我们不应区分物体和它所处的空间。很容易看到，容器理论可能与巴门尼德的球体相抵触。因为这样一来，说世界是一个有限的球体就意味着它在虚空之中。这里芝诺试图维护老师的理论，但让人怀疑的是，如果球体之外什么也没有，那他谈一个有限的球体是否还有意义？

这种可以不断重复下去的论证被称为“无穷后退”。它并不总是导出矛盾。事实上，今天没有人会反对这样一种观点：任何空间都是更大空间的一部分。对芝诺而言，之所以出现矛盾，是因为他想当然地认为“存在”是有限的。因此他才会面临所谓“坏的无穷后退”。

这种坏的后退论证其实是归谬法的一种形式。它表明，论证的基础与被假定为真的其他某个命题是不相容的。

芝诺最著名的论证是四个运动悖论，其中最重要的是阿喀 42
琉斯与乌龟的故事。这里他为巴门尼德的理论所作的辩护同样是间接的。他认为毕达哥拉斯学派有责任提出更好的东西，因为他们自己的理论也无法解释运动。其论证是这样的：如果阿

阿喀琉斯与乌龟

喀琉斯与乌龟进行一场让步赛跑，那么阿喀琉斯永远也追不上乌龟。假设乌龟沿跑道先跑一段距离，那么当阿喀琉斯跑到乌龟的起点时，乌龟已经往前移动了一段距离；而当阿喀琉斯跑到那个新位置时，乌龟又已经到了前面某一点。每次阿喀琉斯接近乌龟的前一位置时，这个该死的家伙又已经移开了。当然，阿喀琉斯会离乌龟越来越近，但永远也追不上它。

应当记住，此论证是针对毕达哥拉斯学派的。因此芝诺采用了该学派的假设，即线是由单元或点构成的。结论就等于说，无论乌龟跑得多慢，它在赛前就已经跑了无限长的距离。于是，这是用另一种方式去论证事物在大小上是无限的。

虽然不难表明这个结论的错误之处，但作为对毕达哥拉斯单元理论的反击，该论证显然是无可指摘的。只有抛弃这种单元理论，才能提出一种无穷级数理论表明结论错在哪里。比如一个级数若是由以恒定比率递减的各项所组成，就像比赛中相继阶段的长度一样，我们就可以算出阿喀琉斯将在什么地方追上乌龟。这样一个级数之和被定义为一个数，使得无论多少个项之和都不会超过它，但足够多个项之和会任意接近它。对于一个给定的级数，存在而且只存在这样一个数，这是我们必须不加证明地指出的。赛跑中涉及的这种级数被称为几何级数。今天，任何熟悉初等数学的人都能应对这个问题。但不要忘了，正是由于芝诺的批判性工作，才可能发展出一种关于连续量的恰当理论，作为我们轻而易举就能算出的这些和的基础。

芝诺的另一个悖论有时被称为“跑道悖论”，它展示了辩证攻击的另一面。该论证是这样的：永远不可能从跑道的一边跨到另一边，因为这意味着我们必须在有限时间内跨过无限多个点。更确切地说就是，在到达任一点之前，必须先到达半途的位置，由此类推以至无穷，因此永远也动不了。这一论证，加上阿喀琉斯与乌龟的论证，表明一旦开始起跑就永远停不下来，从而反驳了线由无限多个单元所构成这一假说。

芝诺还给出了两个悖论，以表明即使假设线上只有有限个单元也是于事无补的。先取三条相等的平行线段，它们均由同样多有限数目的单元所构成。让其中一条线保持静止，另外两条线以相同的速度沿相反方向移动，使得两条运动线经过那条
43 静止线时，三条线并列在一起。两条运动线的相对速度是任一条运动线与静止线之间相对速度的 2 倍。现在论证需要进一步假设，既存在着空间单元，也存在着时间单元。于是，通过在给定数目的时刻内经过一个给定点的点数就能测量出速度。当

一条运动线经过静止线长度的一半时，它已经经过了另一条运动线的全长。因此，后一时间就是前一时间的 2 倍。但要到达相互并列的位置，两条运动线要花同样的时间。因此，两条运动线的速度似乎是其实际运动速度的 2 倍。这个论证有点复杂，因为我们通常是从距离而不是从时刻来考虑的，但它的确是对单元理论完全合理的批判。

最后是飞矢悖论。在任何时刻，飞矢都占据着一个与它自身相等的空间，因此是静止的，因此永远是静止的。这表明运动甚至不可能开始，而前一个悖论则表明，运动总要比实际的快。这样推翻毕达哥拉斯的离散量理论之后，芝诺便为一种连续量理论奠定了基础。这正是捍卫巴门尼德的连续球体理论所需要做的事情。

另一位著名的爱利亚派哲学家是与芝诺同时代的萨摩斯的麦里梭（Melissus）。关于他的生平，我们只知道他是萨摩斯叛乱时期的一位将军，公元前 441 年击败了一支雅典舰队。麦里梭在一个重要方面对巴门尼德的理论作了修正。我们已经看到，芝诺不得不一再否认虚空。但不可能把存在称为一个有限的球体，因为这暗示球体之外还有某种东西，即虚空。一旦否认虚空，我们就不得不认为物质宇宙沿各个方向都是无限的，这就是麦里梭的结论。

在为爱利亚派的“一”的理论辩护时，麦里梭几乎预见到了原子论。他论证说，如果事物是“多”，那么每一个事物本身都必定像巴门尼德的“一”一样，因为任何事物都不可能产生或消亡。于是，只有把巴门尼德的球体打碎成许多小球体，才能得到关于存在是“多”的站得住脚的理论。这正是原子论者继续做的事情。

芝诺的辩证法主要是对毕达哥拉斯观点的驳斥，同时也为苏格拉底的辩证法、尤其是为我们后面会碰到的假说方法奠定了基础。不仅如此，他第一次就某个特定议题系统地使用了严密的论证。想必爱利亚派精通毕达哥拉斯学派的数学，正是在那个领域，我们期待看到这种方法得到运用。遗憾的是，我们对希腊数学家进行分析的实际方式知之甚少。不过在一定程度上，公元前 5 世纪下半叶数学的迅速发展显然与固定的论证规则的出现有关。

我们究竟如何才能解释这个变化无常的世界呢？显然， 44
解释的本质就在于它的基础本身不能变化。最早提出这个问题的是早期的米利都学派，我们已经看到，后来的学派逐渐对这个问题作了修改和完善。后来是另一位米利都哲学家留基伯

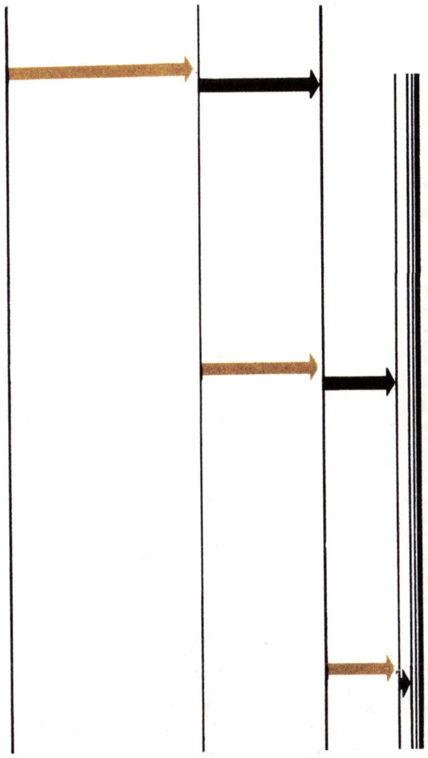

当阿喀琉斯跑到乌龟原有位置时，乌龟已经往前走了一段距离，如此以至无穷。

如果距离和时间由单元组成，中间一行就将一次以两种不同的速度行进。

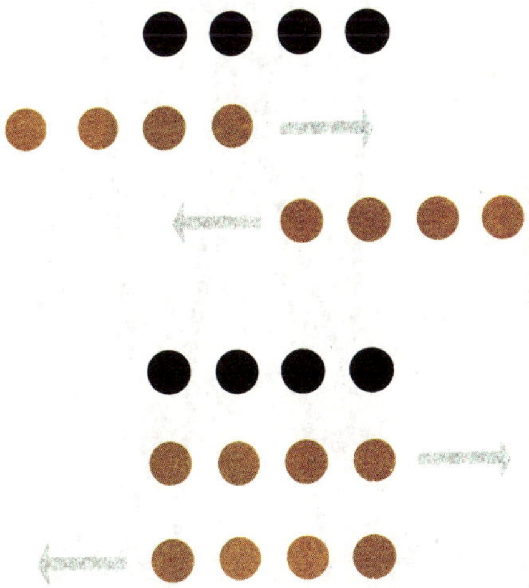

（Leucippus）对这个问题给出了最终的回答。关于留基伯，我们只知道他是原子论之父。原子论是爱利亚派学说的直接结果，麦里梭距离偶然发现它只有一步之遥。

留基伯的理论是“一”与“多”之间的折中。他引入了无数个作为组成部分的粒子的概念，每一个粒子都具有巴门尼德球体的特征：刚性、坚固、不可分。这就是“原子”，即不可分的东西。它们始终在虚空中运动。据说所有原子在成分上都相同，但在形状上可以不同。这些粒子的不可分是指无法用物理手段将它们打破。它们所占据的空间在数学上当然可以无限分割下去。原子之所以无法用日常方式看到，是因为它们极其微小。现在我们可以对事物的生成或变化做出解释了：世界的变动不居乃是源于原子的各种重新组合。

变化因原子重新排列而发生，但原子本身不发生变化

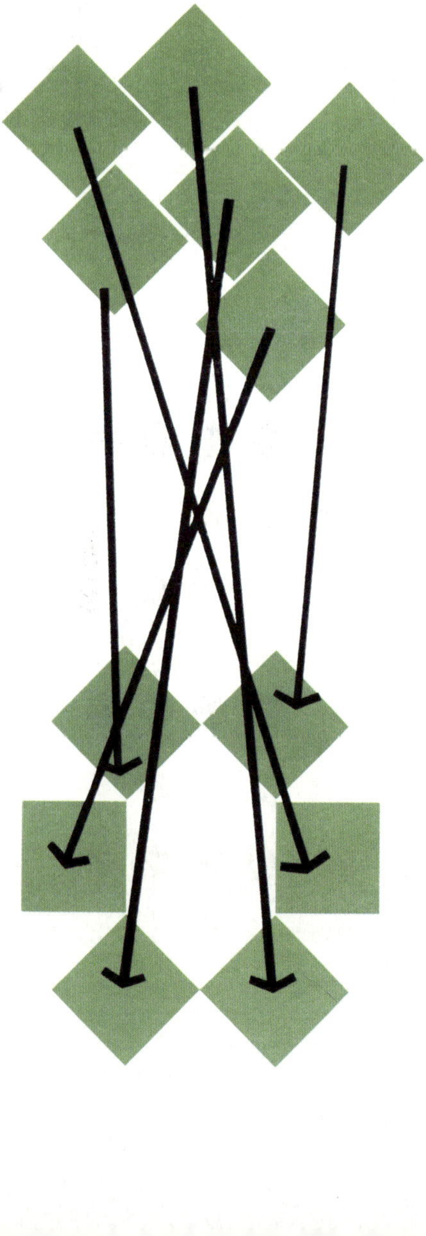

如果使用巴门尼德的语言，原子论者就不得不说，“不存在”与“存在”同样真实。换言之，存在着像空间这样的东西。至于它究竟是什么，就很难说了。在这方面，我认为今天并不比希腊人前进多少。实际上，我们只能有信心地说，虚空就是某种意义上几何学所适用的东西。唯物论早期的困难正是源于坚持任何事物都必须是有形的。只有巴门尼德清楚地认识到虚空可能是什么，当然，他否认虚空存在。但不要忘了，在希腊语里，说“不存在者存在”并不等于语词上的矛盾。原因在于，希腊语中有两个表示“不”的词，一个是定言的，比如在陈述“我不喜欢……”中；另一个是假言的，用于命令、愿望等。爱利亚派使用的短语“不存在”中出现的正是这个假言的“不”。倘若把定言的“不”用在“不存在者存在”这句话中，肯定会让人莫名其妙。由于英语中没有这种区分，这里不免要说几句题外话。

常有人问，希腊人的原子论是基于观察，还是瞎猫碰上死耗子，除哲学思辨外没有别的基础？这个问题的答案并不像我们想象的那么简单。一方面，由以上可以清楚地看出，原子论是对常识与爱利亚派学说唯一可行的折中，爱利亚理论是对早期唯物论学说的逻辑批判。另一方面，留基伯是米利都人，精通其伟大同乡和前辈们的各种理论。他本人的宇宙论就说明了这一点，因为他没有追随毕达哥拉斯学派，而是回到了阿那克西曼德的早期观点。

45 在某种程度上，阿那克西美尼的凝聚和稀疏理论显然是基于对雾气在光滑表面上凝聚等现象的观察。因此，这是一个把爱利亚派的批判纳入粒子理论的问题。同样的观察，或者看到尘埃在一束阳光中飞舞，也可以暗示原子在作永恒的运动。无

论如何，阿那克西美尼的理论并不真正管用，除非我们考虑的是一堆比较密集的粒子。因此，希腊原子论显然不只是碰运气的猜想。道尔顿（Dalton）在近代复兴原子论时很清楚希腊人对这个问题的看法，还发现这种观点为他观察到的化学物质按固定比例结合提供了一种解释。

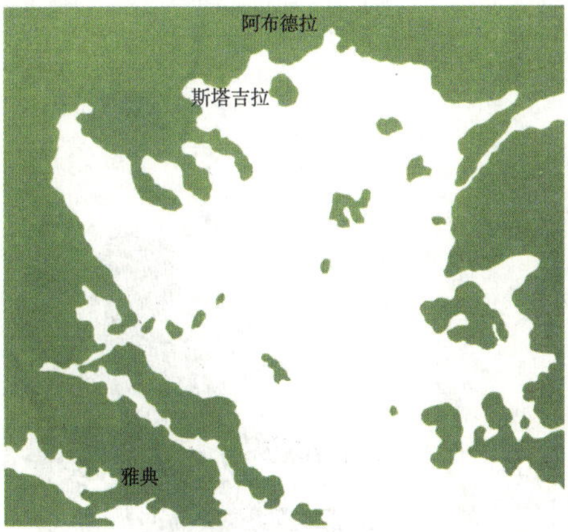

不过，还有一个更深层的理由可以表明原子论并不是一项偶然的发现。这与解释本身的逻辑结构有关。我们为什么要对某种东西做出解释？那是为了表明所出现的现象是事物构形发生改变的结果。因此，要想解释某个物体发生的变化，就必须诉诸所假设的各种组分（这些组分本身无需解释）在排列上的变化。只要不研究原子本身，原子的解释力就不会受到影响。一旦要研究原子本身，原子就成了经验研究的对象，起解释作用的东西则成了亚原子粒子，而这些亚原子粒子又无需解释了。法国哲学家梅耶松（E. Meyerson）曾详细讨论过原子论的这个方面。因此，原子论本身是符合因果解释结构的。

德谟克利特是阿布德拉人，其盛期在公元前 420 年左右。他进一步发展了原子论，特别是区分了事物的本质和现象。按照他的原子观，我们周围的世界其实是由运动的原子所构成，我们则以各种方式体验它的存在。这便产生了很久以后所谓第一性质与第二性质的区分。一方面存在着形状、大小和物质，另一方面则存在着颜色、声音、味道等。后者要通过前者来解释，而前者属于原子本身。

我们今后还会多次遇到原子论，并且会在适当的地方讨论它的局限性。这里我们只是指出，原子论并不是异想天开的结果，而是用了 150 年才发展出来的对米利都学派问题的一个严肃回答。

除了对自然科学的重要性，原子论还引出了一种新的灵魂理论，认为灵魂和其他所有事物一样也由原子构成。灵魂的这些成分比其他原子更加精细，且遍布全身。根据这种观点，死亡就意味着解体，人的不朽并不存在，这正是后来伊壁鸠鲁及其追随者所得出的推论。作为生命的目的，幸福就在于灵魂的平衡状态。

随着公元前 5 世纪各个哲学学派的发展，出现了一批在某种意义上处于哲学边缘的人。他们一般被称为智者。苏格拉底轻蔑地称他们能把弱的说成强的。我们需要知道这种运动是如何产生的以及它在希腊社会中的作用。

阿布德拉的德谟克利特

哲学争论场景的不断变化使人很难看清真理究竟在哪一方。务实者不愿把时间浪费在没有结果的议题上，讲求实效的人非常厌恶悬而未决的问题。这总体上正是智者所处的困境。哲学家们相互冲突的理论使人们对知识是否可能感到绝望。此外，与其他民族越来越多的交往经验表明，不同民族的习俗之间存在着不可逾越的间隙。对此，希罗多德曾经说过一则轶事。波斯帝国各地部落的代表们在波斯王的宫廷中会聚一堂。他们听说其他部落的丧葬习俗后都惊恐万分，因为有的部落常常将尸体火化，有的则把尸体吃得精光。希罗多德在结论中引用品达（Pindar）的话说："习俗乃一切之王。"

智者收费教学，训练的是取得实际成功

智者们觉得不可能拥有知识，所以宣称知识并不重要，重要的是有用的意见。这当然不无道理。在处理实际事务时，成功的确是最主要的考虑。这里苏格拉底的观点再次与之相反。智者们对明智的做法感兴趣，而苏格拉底则认为这还不够，未经审视的生活是不值得过的。

曾有一段时间，希腊几乎没有什么系统教育，正是智者们承担了这项任务。他们是从事专业讲课或指导的巡回教师。苏格拉底不喜欢他们的一点就是收取报酬。我们也许觉得苏格拉底在这个问题上有失公允，因为即便是空谈家也要糊口啊。但值得注意的是，学术传统今天仍然认为薪水是一种聘金，好让教授们忘掉物质问题。

智者们在教学时会强调不同的科目。他们最值得尊敬的活动就是提供了一种文学教育，但也有人在讲授更具实用意义的科目。随着民主制度在公元前5世纪的广为传播，演讲能力变得重要起来，修辞学教师迎合了这种需要。同样，政治教师会教学生们如何在集会上处理事务。还有辩论教师，他们能把坏的说成好的。在法庭上，被告要为自己做出辩护，这种技艺显然非常实用。教师们会教学生如何歪曲论证、提出反论。

47 把辩论与辩证区分开来很重要。辩论者的目的是取胜，而辩证者则要力图发现真理。其实这就是辩论与讨论的区别。

因此，虽然智者们在教育领域承担了一项重要任务，但其哲学观不利于对真理的探索。因为他们持一种绝望的怀疑论，对知识问题持否定态度。这种立场可以用普罗泰戈拉的那句名言来概括："人是万物的量度，是存在者存在的量度，也是不存在者不存在的量度。"因此每个人的观点对自己来说都是真的，人与人之间的分歧不可能通过真理来判定是非。难怪智者特拉西马科斯（Thrasymachus）会把"正义"定义为"强者的优势"。

于是，虽然普罗泰戈拉放弃了对真理的追求，但在实用的意义上，他似乎仍然承认一种意见可能比另一种更好。不过，这种立场容易遭到对实用主义的一般逻辑批判，因为如果问两种意见中哪一种实际上更好，我们立刻就会回到绝对真理的概念。无论如何，普罗泰戈拉都是实用主义的创始人。

下面这个有趣的故事可以表明人们是如何看待智者的。普罗泰戈拉确信自己的授课万无一失。他告诉一个穷学生，可以等接到第一个案子挣了钱之后再付学费。但那个年轻人学完之后却不去开业。普罗泰戈拉遂把学生告上法庭，要求偿还学费。普罗泰戈拉在法庭上说，这个学生必须付他学费：如果学生胜诉，就按原来的协议付款；如果败诉，则按判决付款。没想到这个学生更胜一筹，说如果他胜诉，按判决就不用付款；如果败诉，按协议也不用付款。

“智者”一词本身就有点“智慧的人”的含义。由于苏格拉底也是教师，难怪当时的人会不加分别地也称他为智者。我们已经表明，这种分类是错误的。但直到柏拉图的时代，人们才正确地意识到这种区分。当然在某种意义上，哲学家和智者引起了人们相似的反应。自古以来，那些没有哲学头脑的人对哲学就有一种非常奇特而矛盾的态度。一方面，他们往往会在善意中带着轻蔑，把哲学家看成无害的傻瓜或怪人——他们整天胡思乱想，问一些傻问题，对人们真正关心的事情漠不关心，不理会明白事理的公民应当参与的事务；另一方面，哲学思辨又确实会对既定的做法和习俗产生一种令人不安的深刻影响。此时，哲学家便被视为颠覆传统与习俗的异端，不肯随声附和那些在别人看来已经足够好的习惯和观点。对人所珍视的信念进行质疑会使那些不习惯这种态度的人感到不安，并抱以憎恶和敌视。苏格拉底因此才会像一般的智者，尤其是传授巧辩术的教师那样被控教唆搞颠覆活动。

苏格拉底作非正式的教导，引领人们认识自己

雅典

希腊哲学中最伟大的三个人物都与雅典有关。苏格拉底和柏拉图出生于雅典，亚里士多德则在雅典学习，后来又在那里执教。因此，在讨论他们的作品之前，我们应当先了解一下他们生活过的这座城市。公元前490年，雅典人在马拉松平原上孤军击败了大流士（Darius）的蛮族游牧部落。十年后，希腊人又联合起来击溃了薛西斯的海陆大军。斯巴达的一支后卫部队在温泉关使波斯人伤亡惨重。随后，雅典所领导的希腊舰队又在萨拉米给敌人的海军以致命打击。次年，波斯人在普拉蒂亚最终落败。

但雅典被完全损毁了。雅典人被疏散，波斯人烧毁了城市和神庙。一场伟大的重建开始了。雅典曾是战斗的主力和领导者，现在危难过去了，它又成了和平时期的领袖。希腊本土的人民获救之后，接下来就是解放爱琴海诸岛。在这方面，斯巴达的军队几乎派不上用场，因此围攻波斯大王的使命就落在了雅典海军肩上。雅典人遂渐渐控制了爱琴海。以提洛岛为中心的提洛同盟最终成为雅典帝国，财富也从提洛岛运到雅典。

雅典为共同事业蒙受了损失，因此认为用公共资金来修复它的神庙是无可非议的。于是雅典人建起了拥有帕台农神庙等建筑物的新的卫城（Acropolis，意思是“高处的城市”），其遗址一直保存至今。雅典成了希腊最壮观的城市，也是航运和商贸中心，艺术家和思想家云集此地。雕刻家菲狄亚斯（Pheidias）为新神庙制作了许多雕像，尤其是雅典娜女神巨像高耸于卫城，俯瞰着前厅和台阶。历史学家希罗多德从爱奥尼亚的哈利卡纳苏斯来到雅典定居，写出了他的波斯战争史。正是在参加过萨拉米海战的埃斯库罗斯（Aeschylus）那里，希腊悲剧才显示出了自身的特点。埃斯库罗斯讲述薛西斯战败的《波斯人》，破例没有取材于荷马。悲剧作家索福克勒斯（Sophocles）和欧里庇得斯（Euripides）在有生之年目睹了雅典的衰落，喜剧诗人阿里斯托芬（Aristophanes）也是如此，他那辛辣尖刻的讽刺从不放过任何人。修昔底德（Thucydides）是第一位科学的历史学家，他记录了斯巴达与雅典的那场大战。在波斯战争和伯罗奔尼撒战争之间的数十年里，雅典在政治和文化上都达到了顶峰。后人曾用一个人的名字来称呼这个时代，此人就是伯里克利（Pericles）。

伯里克利，雅典实际上而非名义上的领袖

伯里克利出身贵族。他的母亲是改革家克利斯提尼（Cleisthenes）的侄女，克利斯提尼开创了使雅典政制更加民主的事业。阿那克萨哥拉曾是伯里克利的老师，年轻的贵族伯里克利从阿那克萨哥拉那里学到了一种机械的宇宙论。伯里克利逐渐摆脱了当时盛行的迷信，个性含蓄而温和，大体上有点蔑视平民。但正是在他的领导下，雅典的民主才臻于成熟。当时，类似于上议院的雅典最高法院已经大权旁落。除了审判杀人罪，其全部功能已由500人议会、公民大会和法庭所取代。这些机构的所有成员都是通过简单抽签选举产生的享受俸禄的城邦官员。一套新的社会服务制度在一定程度上改变了旧的传统美德。

伯里克利天生是做领导的材料。公元前443年其对手修昔底德按“陶片放逐法”被放逐之后，伯里克利连年被选为将军之一。这位雄辩的演说家和能干的政治家深受人民爱戴，使同僚们相形见绌，几乎像独裁者一样统治着雅典。历史学家修昔底德后来写到伯里克利时期的雅典时说，民主徒有其名，雅典实际上被第一公民统治着。直到伯罗奔尼撒战争爆发前，民主派才开始要求更多的权力。到那时，人们才感觉到把公民权限制于公元前441年以前雅典父母所生的雅典人所带来的恶果，以及连年大兴土木所导致的财政紧张。斯巴达对雅典帝国作风的猜忌引发的战争从公元前431年持续到公元前404年，最后

从帕台农神庙看到的依瑞克提翁神殿，建于伯里克利时代的卫城

埃斯库罗斯

索福克勒斯

欧里庇得斯

苏格拉底

以雅典的彻底失败而告终。公元前 429 年，伯里克利在战争爆发之初死于前一年降临雅典的瘟疫。虽然在政治上衰落了，但雅典作为文化中心却长盛不衰。直到今天，它仍然象征着人类努力追求的一切伟大而美好的东西。

52 现在我们来谈谈雅典人苏格拉底。他也许是唯一一位尽人皆知的哲学家。我们对他的生平了解不多。他出生于公元前 470 年左右，是雅典公民，没有什么钱，也不想努力赚钱。他最大的消遣就是与朋友等人讨论问题，并为年轻的雅典人讲授哲学，但不像智者那样收取报酬。喜剧作家阿里斯托芬曾在《云》中取笑他，因此他必定是全城皆知的人物。公元前 399 年，他被控不敬神和腐蚀青年而被判处服毒自尽。

至于其余，则必须依靠他的两个学生——色诺芬（Xenophon）将军和哲学家柏拉图的著作了。其中柏拉图的著作更为重要。他在几篇谈话录中向我们展示了苏格拉底的生活和言论。我们从《会饮篇》中得知，苏格拉底很容易进入失神状态。他会在某个地方突然停下来陷入沉思，有时长达数小时之久。同时他体格强壮，据说在服兵役期间比别人更能忍受严寒和酷热，也更能忍饥耐渴。我们还知道他作战英勇，曾经冒着极大的危险救了已经负伤倒地的朋友阿尔西庇亚德（Alcibiades）的命。无论在战时还是和平时期，苏格拉底都是无所畏惧的人，直到临终也没有改变。他相貌丑陋，不修边幅，穿着又皱又破的短袍，总是光着脚。他做事从不偏激，对身体有着惊人的控制力。虽然他很少喝酒，但真喝起来却能让同伴们瘫倒在桌子底下，而自己却毫无醉意。

从苏格拉底身上，我们可以看到晚期希腊哲学中斯多亚派和犬儒学派的先兆。他和犬儒学派一样不关心世俗利益，和斯多亚派一样以德性为最大的善。除了年轻的时候，苏格拉底并不习惯作科学思辨，他最感兴趣的是善的问题。在苏格拉底形象最为突出的柏拉图早期的一些对话录中，我们看到他在寻找伦理学术语的定义。《卡尔米德篇》中的问题是何谓适度，《吕西斯篇》中是何谓友谊，《拉凯斯篇》中则是何谓勇气。虽然他没有给出这些问题的最终答案，但却表明了提出这些问题的重要性。

这引出了苏格拉底本人的主要思路。虽然他总是自称无知，但他并不认为知识是我们无法获得的东西，我们恰恰应该努力去寻求知识。因为苏格拉底认为一个人正是因为无知才会犯错，知道了就不会犯错。因此，无知是罪恶的首要原因。为了达到善，我们必须拥有知识，因此善就是知识。善与知识的联系是整个希腊思想的一个标志。基督教的伦理观与此完全相反，它认为重要的是一颗纯净的心，而无知者的心灵可能更纯净。

苏格拉底试图通过讨论来澄清这些伦理学问题。这种以问 53 答方式来查明事物的方法被称为辩证法，苏格拉底是一位辩证法大师，尽管他不是最早使用这一方法的人。据柏拉图的对话录《巴门尼德篇》的记载，苏格拉底年轻时曾见过芝诺和巴门尼德，领教了后来用于别人的那种辩证法。柏拉图的对话录表明，苏格拉底富有极生动的幽默感，尖刻而睿智。他的反讽既让他出名，又使人畏惧。希腊词"反讽"的字面含义有点像英语词"有意轻描淡写"（understatement）。苏格拉底说他只知道自己一无所知时就是在反讽，尽管玩笑背后总是隐藏着某个严肃的论点。苏格拉底无疑熟知希腊所有思想家、作家和艺术家的成就，但在面对浩瀚无边的未知领域时，我们知道的就太

饮酒杯；"会饮"（symposium）的希腊文意思是指"饮酒聚会"

德尔菲的阿波罗，他的神谕告诉苏格拉底，没有人比苏格拉底更智慧

少了，简直是什么也不知道。一旦看到这一点，我们的确可以说自己一无所知。

54 展示苏格拉底审判情形的《申辩篇》是行动中的苏格拉底的最佳写照。这是他为自己所作的辩护，或者毋宁说是柏拉图后来对他的话的回忆。它并非一字不差的报道，而是苏格拉底可能说和要说的一些话。这种“报道”并非异乎寻常，历史学家修昔底德就曾十分直率地使用这种方式。因此，《申辩篇》可算作一篇历史作品。

苏格拉底被指控为不服从城邦宗教的异端，并以他的学说败坏青年人。这完全是诬告。政府反对他是因为他与贵族派有联系，他的绝大多数朋友和学生都属于贵族派。但由于有大赦，法院不能正式作这项起诉，遂让民主派政客安尼托斯（Anytus）、悲剧诗人迈雷托斯（Meletus）和修辞教师吕康（Lycon）充当形式上的控告者。

从一开始苏格拉底把他的反讽发挥得淋漓尽致。他说指控他的人犯了强辩罪，所说的话华而不实。他自己已经年逾七十，以前从未上过法庭，因此请法官们容忍他讲话不合法律

荷马、赫西俄德、俄耳甫斯、穆赛俄斯，苏格拉底死后也许能与他们会面

程序。苏格拉底此时提到了一些更老练、更阴险的控告者，因为他们更加高深莫测。这些人一直四处传言苏格拉底是“一位智者，上知天文下知地理，能把坏的说成好的”。苏格拉底回 55
答说，他不是科学家，也不像智者那样为挣钱而讲课，更不知道他们懂得什么。

那么，人们为什么称他为智者呢？因为德尔菲神谕曾说，没有人比苏格拉底更智慧。他曾设法证明神谕是错误的，于是去问那些被认为智慧的人。他问过政治家、诗人、工匠，发现没有一个人能说清楚自己在做些什么，没有一个人是智慧的。在显示别人的无知时，苏格拉底树敌不少。他最终明白了神谕的意思：只有神才是智慧的，人的智慧微不足道。在人们当中，像苏格拉底那样知道自己的智慧一文不值的人才是最有智慧的。于是，他一生都在揭露那些自认为有智慧的人。尽管这样做使他成了穷人，但他必须遵守神谕。

在质问原告迈雷托斯时，苏格拉底迫使他承认，城邦中所有人都在教导青年向上，只有苏格拉底除外。但生活在好人中间要比生活在坏人中间更好，因此他不会有意败坏雅典人。如果他无意中这样做了，迈雷托斯应该纠正他，而不是控告他。苏格拉底还被指树立了自己的新神，但迈雷托斯又指责他不信神，这显然是自相矛盾。

这时苏格拉底告诉法庭，他的使命就是执行神的旨意去研究自己和别人，即使这要冒着与城邦冲突的危险。苏格拉底的这种态度提醒我们，希腊悲剧的主题之一就是“忠诚的分裂”问题。他进而把自己称为城邦的一只惹人讨厌的牛虻，并说有一种内心的声音始终指引着他，禁止他有所为，而从不命令他做什么。正是这种声音阻止他介入政治，因为没有人能保持长久的诚实。原告没让他的任何一位学生出庭，他也不会带着那些哭哭啼啼的孩子来乞求怜悯。他要说服法官，而不是乞求恩惠。

当判决有罪时，苏格拉底又冷嘲热讽了一番，提出愿意支付 30 米纳的罚金。这当然遭到了拒绝，并且被判处死刑。在最后的陈词中，苏格拉底警告那些判他刑的人，说他们会为自己的罪行而受到严惩。随后，他转向自己的朋友们，告诉他们所发生的事情并非罪恶。不必害怕死亡，死亡要么是一场无梦的睡眠，要么是在另一个世界的生活。在那里他可以不受干扰地同俄耳甫斯、穆赛俄斯（Musaeus）、赫西俄德（Hesiod）和荷马交谈，他们肯定不会杀死一个提问题的人。

喝下毒芹酒之前，苏格拉底在狱中被关了一个月，因为在每年去提洛岛作宗教旅行的船返航之前不宜处死囚犯，而那次

苏格拉底

返航因为风暴而推迟了。在此期间他拒绝越狱，《斐多篇》中说，他在临死前最后几个小时还在与朋友和弟子们讨论永生问题。

56 读完这本书后，你会发现没有哪位哲学家占有柏拉图或亚里士多德那样大的篇幅，这是因为他们在哲学史中的独特地位。首先，他们是苏格拉底之前各个学派的继承者和系统整理者。他们发展了流传下来的那些思想，并且澄清了许多在早期思想家那里未能完全显露的东西。其次，他们在各个时代都对人们的想象力产生了巨大影响。无论思辨推理在西方哪个地方兴旺起来，背后都有柏拉图和亚里士多德的影子。最后，同之前或之后的任何思想家相比，他们对哲学的贡献也许更具实质性。几乎每一个哲学问题他们都说过有价值的东西。今天，任何想做出原创性的成果而忽视雅典哲学的人都要冒巨大的风险。

柏拉图

柏拉图一生经历了雅典的衰落和马其顿的崛起。他生于公元前 428 年，也就是伯里克利去世后一年，因此他是在伯罗奔尼撒战争中长大的。他活了 80 多岁，卒于公元前 348 年。他有着贵族的家庭背景和抚养环境。其父阿里斯顿（Ariston）将其祖先追溯到古代雅典的王室，母亲伯里克蒂奥尼（Perictione）则来自长期活跃于政坛的家族。柏拉图小时候父亲就去世了，母亲随即改嫁给他的叔叔毕利兰伯（Pyrilampes），后者是伯里克利的朋友和同党。柏拉图的成长期似乎就是在继父家度过的。在这样的背景下，难怪他对公民的政治责任持有坚定的主张。他不仅在《理想国》等作品中提出了这些看法，而且还身体力行。他早年似乎有希望做一名诗人，并且多少被认为应当从政。但这种抱负在苏格拉底被判处死刑时突然消失了。这个可怕的政治阴谋在年轻的柏拉图心中留下了不可磨灭的印象。没有人能在党派政治的圈子里长期保持独立和正直。正是从这个时候起，柏拉图最终决定毕生致力于哲学。

苏格拉底一直是这个家庭的老朋友，柏拉图小时候就认识他了。苏格拉底被处死之后，柏拉图和苏格拉底的其他一些追随者逃到了梅加拉，一直待到民愤平息。此后柏拉图似乎游历了一些年，他到过西西里、意大利南部，甚至可能去过埃及，但我们对他这一时期的情况知之甚少。无论如何，我们发现公元前 387 年他又出现在雅典，并且在雅典西北不远的一个小树林里创办了一所学校。这片地方与传说中的英雄阿卡得摩斯（Academus）有关，因此学校被称为“阿卡德米”（Academy）。学校的组织仿效了意大利南部的毕达哥拉斯学校，柏拉图在旅历期间曾与之有过接触。阿卡德米是中世纪以降发展出来的大学的前身。作为一所学校，它存在了 900 多年，比历史上任何这样的机构都要长久。到了529年，它最终被皇帝查士丁尼（Justinian）关闭，因为这种幸存的古典传统违犯了他的基督 57
教原则。

阿卡德米的研究与毕达哥拉斯学派的传统科目大致相同。算术、平面几何、立体几何、天文学和音乐是教学的基本内容。也许因为与毕达哥拉斯学派有着密切联系，阿卡德米很重视数学。据说学校入口处有一块铭文，命令那些不喜欢这些研究的人不得入内。学生们要花十年来学习这些学科。

这种教育过程是为了把人们的思想从变动不居的经验世界引向其背后永恒不变的框架，或者用柏拉图的话说，从生成引向存在。

不过这些学科并不是自主的，它们最终要服从辩证法的准则，教育真正的区别性特征正是研究这些准则。

说实在的，即便到了今天，这仍然是教育的真正目标。大学的功能并不是把尽可能多的事实塞进学生的头脑，其固有任务应是引导学生们养成批判性考察的习惯，理解与一切主题相关的准则和标准。

我们不大可能知道阿卡德米的组织细节，但由一些文字线索可以推测，它与现代高等学术机构定有诸多相似之处。学校配有科学仪器和一个图书馆，除了讲课还有专题讨论。

有了这样一所学校提供教育，智者运动很快就衰落了。为使学校维持下去，来这里听课的人必定得贡献点什么。但当时钱的问题并非至关重要，更何况柏拉图比较富有，足可忽视这些问题。重要的是阿卡德米的目标，那就是训练人的心灵作理性的独立思考。计划中并没有立竿见影的实际目标，这与只追求精通实务的智者完全相反。

亚里士多德是阿卡德米最早的学生之一，也是其最著名的学生。他年轻时来到雅典这所学校求学，在那里待了近20年，直到柏拉图去世。亚里士多德告诉我们，他的老师讲课时从来不备讲稿。我们还从其他资料中得知，在专题讨论或小组讨论中，老师会提一些问题让学生们解决。柏拉图的对话录是文学性的哲学随笔，其面对的与其说是学生，不如说是更广泛的受过教育的公众。柏拉图从未写过一本教科书，也一直不肯将其哲学整理成体系。他似乎觉得整个世界过于复杂，无法将它纳入一个预先形成的文学模子。

阿卡德米开办20年的时候，柏拉图再次离开雅典。公元 58
前367年，叙拉古的统治者狄奥尼修斯一世（Dionysius Ⅰ）去世，他的儿子狄奥尼修斯二世继位。这位30岁的年轻人似乎

阿卡德米的小树林，柏拉图学校的地点，距城镇一英里

亚里士多德，阿卡德米的学生

羽翼未丰、缺乏训练，还没有足够的经验来左右像叙拉古这样一个重要政权的命运。当时实权掌握在他的姐夫狄奥（Dion）手中，狄奥是柏拉图的挚友和仰慕者。他邀请柏拉图去叙拉古，想让他考验一下狄奥尼修斯的能力，并把他培养成一个见多识广的人。即使在最好的情况下，成功完成这项任务的可能性也不大，但柏拉图同意试一试，这一方面无疑是出于他与狄奥的交情，另一方面也因为这是对阿卡德米声望的一次考验。这的确使柏拉图有机会检验其关于统治者的教育理论是否有效。至于这种科学教育是否能使一个政治家在政治事务中头脑更为清醒，这当然值得怀疑，但柏拉图显然认为能够做到。西部的希腊人要想能够对抗日益强大的迦太基，西西里必须有一位强大的统治者。如果一些数学训练能使狄奥尼修斯成为这样的强者，那就是很大的收获，而且即使失败了也不会有什么损失。起初确有一些进展，但好景不长。狄奥尼修斯并没有坚持长期接受教育的毅力，而且还是一个极讨人厌的阴谋家。由于忌妒狄奥在叙拉古的影响及其与柏拉图的友谊，他流放了狄奥。此时，柏拉图再留下来也做不成什么了，遂返回雅典的阿卡德米。身居远方的他仍然尽力挽回局面，但已无济于事。公元前361年，他再次来到叙拉古，为挽回局面作最后的努力。他花了近一年时间来制定一些实际措施，试图把受到迦太基威胁的西西里的希腊人团结起来，但事实证明，保守派的敌意到头来是不可逾越的障碍。柏拉图起初甚至有生命之虞，但最终还是在公元前360年成功离开了叙拉古回到雅典。后来，狄奥凭借武力恢复了原先的地位，但他不顾柏拉图的警告，统治失策，被人暗杀了。柏拉图曾敦促狄奥的追随者们执行原有的政策，但他的忠告未受重视。最后，西西里被外国征服，正如柏拉图所预见的那样。

体育场入口，位于叙拉古

柏拉图于公元前360年回到雅典后，继续在阿卡德米教学和写作，积极著书立说直到去世。在所有古代哲学家中，只有柏拉图的作品几乎完整地流传了下来。之前提到的那些对话录并非正式的专业哲学论著。柏拉图清楚地看到，如果像过去许多哲学家那样有志于制定一个体系来取代所有其他体系，这种研究必定会困难重重。此外，柏拉图在所有哲学家当中的独特之处还在于，他不仅是伟大的思想家，还是伟大的作家。柏拉图的作品表明他是世界文坛的耀眼明星。遗憾的是，这种特征在哲学界一直十分罕见。许多哲学著作都华而不实、索然无味、
59 夸夸其谈。事实上，有时甚至存在着一种传统：哲学作品一定要写得生硬晦涩才算高深。这着实让人遗憾，因为它吓跑了那些感兴趣的外行。当然，我们也不能设想柏拉图时代受过教育

的雅典人就一定能阅读他的对话录，并且立刻就能认识到其哲学的重要性。这就像不能指望不懂数学的门外汉拿起一本微分几何书就能比以前懂得更多。但不管怎样，你是能读柏拉图的，这已经是大多数哲学家做不到的了。

除了对话录，柏拉图还有一些书信留存下来，主要是写给叙拉古朋友们的。这些书信作为历史文献很有价值，但没有特殊的哲学意味。

这里应当说一下苏格拉底在对话录中扮演的角色。苏格拉底本人从未写过任何东西，他的哲学主要是通过柏拉图流传的。而柏拉图在后期著作中又提出了自己的理论，所以我们必须区分在对话录中哪些是柏拉图的观点，哪些是苏格拉底的观点。这项任务有些棘手，但也并非不可能。比如在我们根据独立证据断定的后期对话录中，柏拉图批评了苏格拉底的某些早期学说。过去常认为，对话录中的苏格拉底仅仅是柏拉图的传声筒，柏拉图用这种文学手法提出了当时他碰巧想到的种种观点。但这种评价不合事实，已经不再流行。

柏拉图

柏拉图对哲学的影响可能比其他任何人都大。作为苏格拉底和前苏格拉底哲学家的继承者，作为阿卡德米的创建者和亚里士多德的老师，柏拉图位于哲学思想的核心。无疑正是由于这个原因，法国逻辑学家戈布洛（E. Goblot）才写道，柏拉图的哲学不是某种形而上学，而是唯一的形而上学。如果我们还记得苏格拉底与柏拉图的区别，那么就可以更准确地说，影响哲学的主要是柏拉图作品中苏格拉底的学说。柏拉图自身的复兴要晚近得多。在科学领域，这种复兴可以追溯到17世纪初，而在哲学领域则属于我们这个时代。

在研究柏拉图的时候，务必牢记数学所起的核心作用。这是柏拉图区别于苏格拉底的特征之一，苏格拉底的兴起很早就远离了科学和数学。后世由于不能敏锐地把握柏拉图的理论，就把他严肃的研究变成了数字的神秘加以贩卖。遗憾的是，这种偏差并不像我们希望的那样少见。当然，数学仍然是逻辑学家特别感兴趣的一个领域。我们现在要考察一下对话录中讨论的一些问题。这些作品的文学价值并不容易说清楚，好在这并非我们主要关心的东西。不过即便是翻译，我们也保留了足够多的生动细节，以表明哲学不必非搞得无法卒读才有意义。

提到柏拉图，人们马上就会想起理念论。这种理论是苏格 60
拉底在几篇对话录中提出的。但究竟是苏格拉底还是柏拉图将它提出来的，这一直颇有争议。《巴门尼德篇》虽然是一篇晚期的对话录，但却描述了苏格拉底年轻时的一幕，那时柏拉图还没有出生，我们看到苏格拉底试图坚持理念论，反对芝诺和巴门尼德。在另一些地方，我们发现苏格拉底在与一些显然熟悉该理论的人交谈：理念论起源于毕达哥拉斯学派。我们来看看《理想国》对它的论述。

我们先从“什么是哲学家？”这个问题开始。从字面上看，哲学家就是爱智慧的人。但并非每一个渴求知识的人都是哲学家。这个定义必须缩小为：哲学家是爱真理本身的人。艺术收

没有哲学，我们就如同影子。是善的形式才让世界五彩斑斓

藏家爱美的事物，但他并不因此就是哲学家。哲学家爱的是美本身。爱美的事物之人在梦中，爱美本身之人则醒着。爱艺术之人只有意见，爱美本身之人则有知识。既然知识必须有对象，巴门尼德会说，知识一定涉及某个存在的东西，否则就什么也不是。知识是固定而确定的，是摆脱了谬误的真理，而意见则可能是错的。但由于意见既不是关于存在者的知识，又不是一无所有，所以赫拉克利特会说，它一定涉及某种既存在又不存在的东西。

于是苏格拉底认为，我们通过感官把握的一切特殊事物都有相反的特性。某一尊美丽的雕像也有一些丑的方面。某个事物从某个角度看是大的，从另一个角度看又是小的。所有这些都是意见的对象。但我们无法通过感官来把握美本身和大本身，它们是永恒不变的，是知识的对象。苏格拉底结合巴门尼德和赫拉克利特的观点提出了自己的理念论或形式论，这种新理论是两位早期思想家都没有的。希腊语中的“理念”就是“图画”或“样式”的意思。

61 理念论既有逻辑学的一面，又有形而上学的一面。在逻辑学方面，我们可以将某一类的特殊对象与我们称呼它的通名

区分开来。比如“马”这个通名指的就不是这匹马或那匹马，而是任何一匹马。其含义不依赖于特殊的马以及这些马的特殊情况。它不在空间中，也不在时间中，而是永恒的。在形而上学方面，它意指在某个地方存在着一匹独一无二的、永恒不变的“理想”的马或马本身，这就是通名“马”所指的东西。特殊的马之所以是马，是因为它们被归入或分有了“理想”的马。理念是完美而真实的，特殊之物则是有缺陷的和只是表面的。

为了帮助我们理解理念论，苏格拉底概述了著名的洞穴比喻：没有哲学的人就像洞穴里的囚徒，他们戴着镣铐，不能转身。他们身后有一堆火，前面是一堵白墙，隔断了空荡荡的洞穴。他们从墙上就像从屏幕一样看见了自己的影子以及他们与火之间物体的影子。由于看不到别的东西，他们就以为影子是真实的事物。最后有一个人挣脱了镣铐，摸索着爬向洞口。在那里他第一次看到阳光正照耀在真实世界的真实事物上。然后他回到洞穴，把自己的发现告诉同伴，试图说明他们所看到的东西只不过是现实的模糊反映，只是一个影子的世界而已。但是看到了灿烂的阳光之后，他有些眼花，发现此时更难辨认影子了。他试图指点同伴们走向光明，但在同伴们看来，他似乎比以前更愚蠢了，因此要说服他们绝非易事。我们若是哲学的门外汉，就会像这些囚徒一样，只看到影子或事物的表相。但如果是哲学家，我们就能在理性和真理的阳光之下看清外界的事物，这才是真实。这种光代表善的理念，赋予我们真理和认识能力。

如前所述，这里阐述的理论主要受到了毕达哥拉斯学派的 62

启发。它并非柏拉图本人的看法，至少不是柏拉图成熟期的看法，因为在柏拉图后期的对话录中，理念论先是被推翻，后来则完全不见了踪影。反驳这一理论乃是《巴门尼德篇》的核心主题之一。巴门尼德和芝诺见过苏格拉底，这种说法并非不可信，不妨把它看成历史上真实发生的事情，尽管这篇对话录不大可能记载他们当时所说的话。而且所有谈话都符合各自的性格，他们表达的观点与我们从其他资料了解到的内容相一致。我们还记得，巴门尼德年轻时曾受过毕达哥拉斯学派的影响，后来则与之决裂。因此，理念论对他来说并不新鲜，要想批评年轻的苏格拉底对这一理论的表述绝非难事。

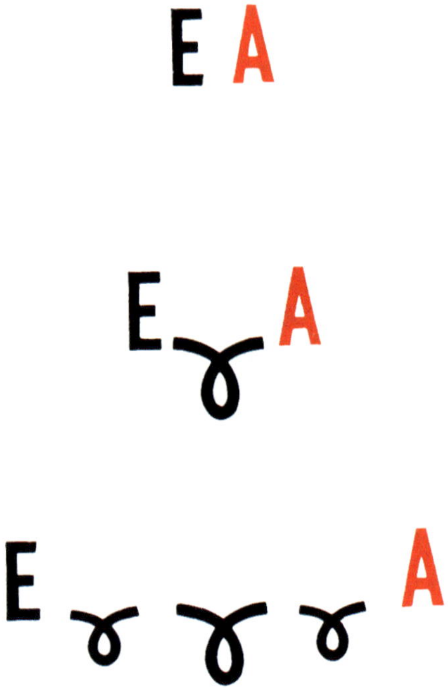

形式（E）无法与特殊事物（A）联系起来；每一次尝试都会产生两个新的缺口

首先，巴门尼德指出，苏格拉底可以将“形式”用于数学对象以及像善和美这样的概念，却拒绝把它用于元素和比较卑微的事物，这是没有道理的。这会导致一个严重得多的问题。苏格拉底形式论的核心困难在于把形式与特殊事物联系起来，因为形式是一，特殊事物则是多。苏格拉底用分有概念来解释它们之间的这种联系，但特殊事物如何可能分有形式，不免让人有些困惑。显然，整个形式无法存在于每一个特殊事物之中，因为那样一来它就不可能是一种形式。另一种方案是，每一个特殊事物都包含形式的一部分，但这样一来，形式就什么也没有解释了。

更糟的是，为了解释形式与它之下特殊事物之间的联系，苏格拉底不得不引入了分有概念，而这个有诸多例证的概念本身就是一个形式。但我们立刻会问，这个形式是如何既与原初的形式相联系，又与特殊事物相联系的？这样一来，我们似乎还需要另外两种形式，于是便陷入了恶的无穷倒退。每当我们试图通过引入一个形式来填补缺口，就会出现两个新的缺口。因此，填补缺口无异于一项赫拉克勒斯式的艰巨任务，却又无法像赫拉克勒斯（Hercules）那样逃脱。这就是著名的“第三者”论证，此名得自于所讨论的形式是“人”的特殊事例。为了摆脱困境，苏格拉底又提出形式即样式，特殊事物与之相类似。但这同样无法应对第三者论证。于是，苏格拉底始终解释不了形式是如何与其特殊事物相联系的。其实这一点也可以直接说明，因为我们已经假设形式不是可感的，而是可理解的。在其自身的领域中，联系只能发生在形式彼此之间，特殊事物也是如此。因此，形式似乎是不可知的。如果形式的确不可知，那么它们当然就是多余的，同样不能解释任何东西。于是我们不妨换一种说法：如果形式是自在的，与我们的世界无关，那它们就是空洞无意义的；另一方面，如果它们与我们的世界有关，那它们就不可能属于它们自己的世界，形而上学的形式论也就站不住脚了。

稍后我们将会看到柏拉图本人是如何解决共相问题的。这 63
里只需指出，苏格拉底的学说经不起认真考察。在《巴门尼德篇》中，这个问题没有继续追究下去。巴门尼德转到了另一个问题上，表明即使在苏格拉底的形式领域内部，也不是全都让人满意。仿芝诺风格进行的详细的辩证论证表明，苏格拉底原来主张的各种形式彼此分离的观点是错误的，这为柏拉图的解决方案打下了基础。

但还有一个困难可以追溯到理念论的毕达哥拉斯学派起源。我们之前看到，理念论的那个方面源于对数学中论证对象的解释。数学家在确立某个三角形定理时，显然不是在关心可以在纸上实际画出来的任何图形，因为任何这样的图形都有缺陷，不属于数学考虑的范围。无论怎样努力画一条精确的直线，它也永远不会完全精确。由此可以得出结论，完美的直线属于另一个世界，因此我们认为形式所属的存在层次不同于可感对象。

初看起来，这种观点不无道理。例如似乎可以合理地主张，两个可感对象近乎相等但又不完全相等，也许趋向相等但又永远达不到相等。无论如何，断定它们完全相等即使不是不可能也是极为困难的。另一方面，我们取两个不等的东西。这时我们往往一眼就能看出它们是不等的，因此“不等”这种形式在可感世界里似乎表现得非常明显。如果不用形式论术语来表述，而是用我们常见的方式，我们会非常自然地说，两个东西近乎相等但又不完全相等。而说两个东西近乎不等但又不完全不等则没有什么意义。这个批评直接暴露了形式论的漏洞。也许有人会问，既然爱利亚派已经对理念论作了如此具有破坏性的批判，苏格拉底为什么还要固守着它不放呢？他对这种批判的力量一定非常清楚。不过，把这个问题倒过来看也许更得要领。正因为这些困难，苏格拉底的思想兴趣才退避到了伦理学和美学问题。无论如何，人的善是不能在诸如头发颜色的意义上来看的。但即便在这一领域，苏格拉底最终也对分有理论感到不满，尽管他从未提出任何其他东西。不过这也暗示，解决方案绝不能到事物中寻找，而要在对事物的言说和论证中去寻找。柏拉图本人正是沿着这个方向继续研究共相问题的。

在《斐多篇》中，苏格拉底曾经顺带提到这个问题，但没有进而展开问题的这个方面。柏拉图在《泰阿泰德篇》和《智者篇》中再次提出了这个问题。

《理想国》也许是柏拉图最著名的对话录，其中包含着后 64

不等是一种形式，但这里它是在可感世界中看到的

理想国：各司其职

世思想家许多研究思路的雏形。书中讨论了如何建立一个理想国家，这篇对话录即由此得名。我们现在就来描述这种政体。我们知道，希腊人认为国家是一座城市。希腊语的“政体”一词可以表明这一点，其大意是指“城镇”，包括一个运行良好的城镇所具备的整个社会结构。这篇对话录的希腊语标题就是这个词。英语中的“政治”一词就来自它。

柏拉图把理想国里的公民分为三个阶层：管理者、士兵和平民。管理者是少数精英，只有他们行使政治权力。国家建立之初，立法者任命管理者，此后管理者可以凭血缘关系代代继承。不过，较低阶层中出色的孩子可以被提拔到统治阶层，统治阶层中没有能力的后代也可以被贬为士兵或平民。管理者的任务就是使立法者的意志得到执行。为了确保他们会这样做，柏拉图制定了一整套计划来规定他们的抚养和生活方式。他们的身心两方面都会受到教育。心灵方面有“音乐”，即缪斯女神掌管的任何技艺；身体方面有“体操”，这是无需组队的运动。接受“音乐”或文化方面的训练是为了造就有教养的人。英国人所理解的“绅士”概念即来自柏拉图。必须教育年轻人举止庄严、优雅和英勇。为此，对书籍必须严格审查。诗人的书必须查禁：荷马和赫西俄德把诸神描写成喜欢吵架、肆无忌惮的样子，这不利于敬神。不应说神创造了整个世界，而应说神只创造了世界中不邪恶的那部分事物。此外，有些诗句可能会激起对死亡的恐惧和对放荡行为的钦羡，或者让人怀疑恶人会得势、好人却会遭殃。所有这些东西都要查禁。今天狭义理解的那种音乐也应接受审查，只有那种能够激发勇气和节制的调式、韵律才被允许。管理者必须过简单朴素的生活，这样他们就不用求医。他们年轻时必须与下流的东西隔绝，到一定年纪则要学会应对恐惧和诱惑。只有能够抵制这两种东西，才适合做管理者。

管理者的社会经济生活应是严格的共产主义。他们的住所很小，拥有的东西只够个人生存所需。他们分组共餐，食物简单。男女完全平等，所有女人是所有男人共同的妻子。为了维持数量，统治者会在特定的节日将一组合适的男女聚在一起，这些男女据说是用抽签方式确定的，其实则是为了繁衍健康的后代而选出来的。孩子出生后就被抱走，在无人知晓其亲生父母的情况下被抚养长大。未经许可而出生的孩子属于非法，畸形儿或能力较差的婴儿会被杀死。这样一来，私人情感会变弱，集体精神则会变强。最优秀的孩子被选出来受哲学训练，精通哲学的人最终适合做统治者。

若为公共利益所迫，政府就有权撒谎。特别是，它会向公 65
众灌输“这个美丽的新世界是神授的”这句“高贵的谎言”。两代人之后，它将被无异议地接受，至少是被平民接受。

最后，我们来看看对正义的定义。自从柏拉图引入他的理想国概念，这个定义就是整个讨论的楔子，因为他觉得先在大范围内讨论正义可能会容易些。当每个人都专心做自己的事情时，正义就会占支配地位。每个人都做自己的本职工作而不去干涉别人的事，国家才能安定而有效地发挥作用。在这种意义上，正义是与和谐概念联系在一起的，即每一个部分的固有运作使整体平稳运行。

这里，我们的确看到了一幅可怕的国家机器图景，在这样 66

理想国的三个阶层：管理者、士兵和平民

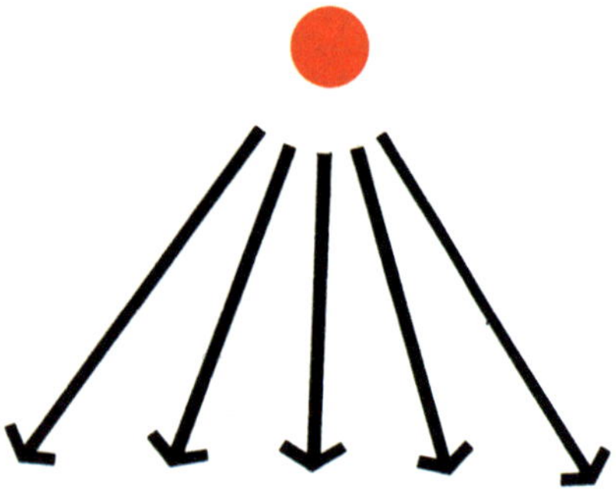

君主制，由一个人来统治；
如果以法律统治就更好

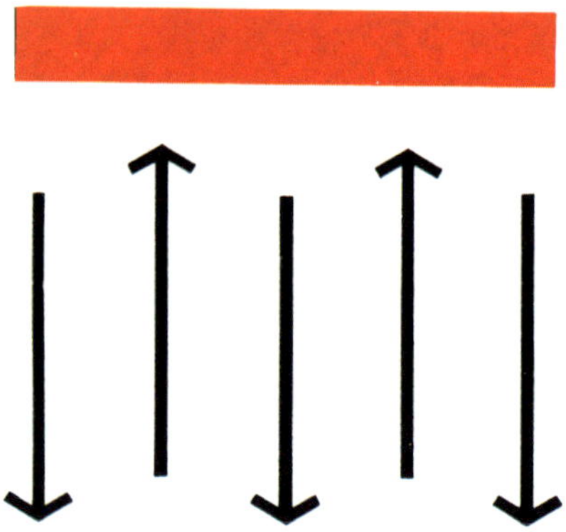

民主制，由多数人来统治，
在没有法律的情况下将产
生最少的恶

的国家中，个体的人几乎消失了。《理想国》中描述的乌托邦正是像赫胥黎（Aldous Huxley）的《美丽新世界》这类幻想的源头。它无疑启发过许多统治者，这些人能够推行重大的社会变革，却全然不顾使人遭受的苦难。无论在什么地方，只要盛行这样一种观点，认为必须让人适应预先构想的制度，就必然会产生这样的结果。即使在今天，“国家应当是公民的仆人，而不是相反”这种观点在某些地方仍被视为异端。国家与公民之间应当如何平衡，这个复杂的议题我们姑且不论。总之，《理想国》所描述的理想国家使许多反对者给柏拉图贴上了各种耸人听闻的标签，因此我们必须考察它所阐述的政治理论究竟是什么意思。

首先不要忘了，柏拉图本人在政治问题上的发展后来有过完全不同的转向。对此我们稍后再作考察。《理想国》中的理想国家更多是苏格拉底式的而不是柏拉图式的，它似乎受到了毕达哥拉斯学派理想的直接启发。这引出了问题的关键所在。理想国实际上是一个科学家对如何用恰当方式治理国家的看法。作为科学家的模型，它很可能会吸引一个社会工程师天真地相信自己是合乎科学的，从而发起巨大变革。如果让技术专家们放手去做，他们是干得出这种事的。与此同时，对理想国的构想也鼓励了这种认识。因为理想国毕竟只是一个为了讨论和澄清某些议题而设想的模型。苏格拉底提出它显然是出于这种意图。关于这一点，我们看看这个人间天堂的某些更加极端的条款就清楚了。此外，我们还应考虑某种程度上的反讽。例如，没有人真的想去查禁诗人，也没有人真的打算在性爱方面引入一种彻底的共产主义。当然，理想国的某些特征来自对斯巴达实际情况的考察，但模型毕竟只是模型，提出它并不是想充当一个实际计划去建造一座实际的城市。柏拉图后来参与叙拉古的政治时，也没有试图按这种模式建立一个理想国。正如我们所见，他的目标要更为适度和可行，也就是把一位宠坏了的王子转变成适合处理一个重要城邦事务的人。柏拉图未取得成功则另当别论，它只是表明，教育并不是人们经常想象的那种万灵药。

在后期的对话录中，柏拉图两次回到了对政治问题的讨论。在《政治家篇》中，我们看到他解释了城市中可能存在的各种政体。不同的可能性取决于统治者的数量和统治方式。我们可以有君主制、寡头制或民主制，每种制度要么遵循法律原则发挥作用，要么抛开这些原则，总共有六种不同的组合。如果不以法律来统治，那么多数人掌握的权力就会产生最少的恶，因

为没有统一的目的。另一方面，如果由法律来统治，那么民主制就是最糟糕的制度，因为现在要办成任何事情都需要一个共 67
同的目标，所以宁可实行君主制。

还可以是混合政体，也就是从六种简单政体中提取某些要素加以组合。柏拉图在他最后一部作品《法律篇》中终于认定，在我们这个世界里似乎找不到哲学王，我们充其量只能在法律的统率下把一人统治与多人统治结合起来。关于这种制度如何组织以及官员如何选举，《法律篇》都给出了非常详尽的指导。在教育问题上，他也就我们现在所说的中等教育的时间安排和内容给出了大量细节。在希腊化时代，语法学校是青年人教育的一个必经阶段。这种机构的基础正是在《法律篇》中奠定的。

如前所述，《理想国》的政治理想并不一定要付诸实施。在这方面，柏拉图的后期思想变得截然不同。他后期在政治和教育方面的建议都极为现实，其中许多观点都被后世默默采用了，而其来源却很快被人遗忘。《理想国》中的制度则有所不同。作为一种制度，它曾遭到普遍误解，但它那些引人注目的条款却不止一次找到了热心支持者，结果使豚鼠般的人深受其害。正是在这种情况下，柏拉图有时被称为一些人的先驱，这些人起初不理解他，后来又因为他的力量而匆促间误入了歧途。

尽管如此，我们还是要承认，即使是柏拉图本人也在其政治思想中显示了某种狭隘。在这方面，他只是和普通希腊人一样对野蛮民族有距离感。我们很难判断究竟是一种自觉的优越感，抑或只是一种从希腊文化无可争议的优越性中产生的自然思考方式。无论如何，柏拉图在《法律篇》中仍然认为，建立一座新城市（这是这篇对话的假想主题）时，应在远离大海的地方选址，以避免与外国人的贸易和交往产生腐化影响。当然这会导致一些困难，因为一定程度的贸易活动是必不可少的，没有独立收入的人总得以某种方式谋生。尤其在谈到他所提议的语法学校的教师时，柏拉图认为必须付给他们薪水，因此他们必须是外国人。

这种政治上的孤立态度最终导致希腊世界没能在更大范围上建立一种切实可行的组织。他们所设想的那种政治生活是静态的，而他们周围的世界则在飞速变化。这就是希腊人政治思想的主要弱点。最终，罗马帝国将会建立一个世界国家。罗马人即便缺乏希腊人的原创性，也摆脱了那种过度的城邦个人主义。

于是，虽然在政治理论方面，我们可以将苏格拉底的理论 68
与后来柏拉图的理论发展区分开来，但在一般社会理论方面，

最好的政体结合了君主制和民主制

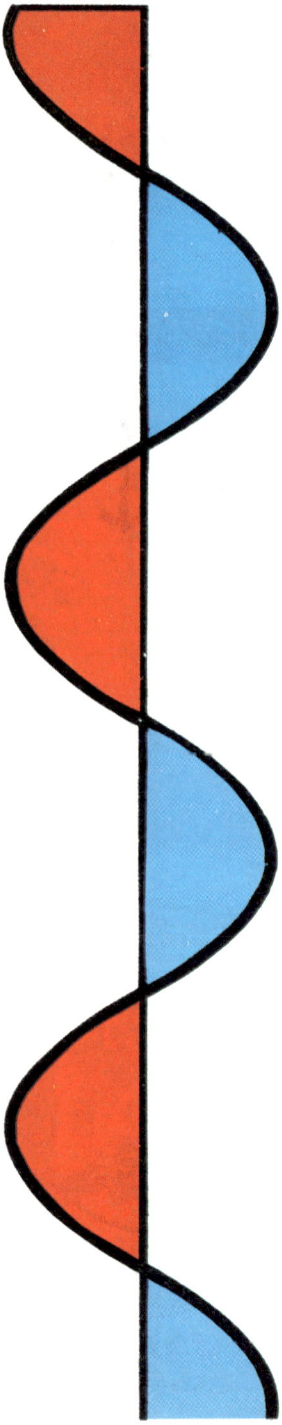

如果灵魂要交替进入肉体和脱离肉体，那么学习就是回忆。因此辩证法是很重要的

两人仍然共有某些特征，那就是他们对教育本质的看法。事实上，他们的进路只是表明了对希腊研究传统的看法而已。我们还记得，科学和哲学研究都是在师生之间有密切合作的学校或社团中进行的。一个重要的真理似乎从一开始就被认识到了，至少是被隐含地理解了，那就是教学并不是一个传授知识的过程。当然，有些知识必须要传授，但这既不是教师唯一的职能，也不是最重要的职能。与那时相比，这一点在今天更为明显，因为那时书面资料比现在更少、更难找，而我们今天有理由说，任何一个有阅读能力的人都能从图书馆收集信息。与过去相比，教师更不应该只传授知识。希腊哲学家最值得称道的是，他们早已明白真正的教育应该如何进行。教师的作用就是引导，引导学生自己去看。

但独立思考的能力并不是一下子就能学会的。要想获得它，须凭借自己的努力，同时还要有良师提供指导与帮助。这正是我们今天大学里在指导下进行研究的方法。也许可以说，学术机构的固有职能就是培养独立思考的习惯和不带成见与偏见的研究精神。一所大学若是未能完成这项任务，便沦为只会灌输的水平。这种失败还会导致更严重的后果，因为无论出于缺乏勇气还是缺乏训练，在独立思考消失的地方，宣传和权威主义的毒草就会大肆蔓延。因此，压制批评要比许多人意识到的严重得多。它非但不能在社会中营造一个生气勃勃的统一目标，反而会给国家强加一种脆弱的、不安全的无差异性。遗憾的是，那些掌权者和肩负职责的人往往并没有意识到这一点。

因此，教育就是在教师的指导下学会独立思考。事实上，爱奥尼亚学派一开始就是这样做的，毕达哥拉斯学派对此也有清楚的认识。事实上，法国哲学家索雷尔（G. Sorel）曾经指出，“哲学”最初的含义并不是“爱智慧”，而是“朋友的智慧”，这里所说的“朋友”当然是指毕达哥拉斯学派的兄弟们。无论是否如此，它至少强调科学和哲学是作为传统、而不是作为孤立的个人努力而发展起来的。同时我们还明白了苏格拉底和柏拉图为什么会强烈反对智者。因为智者只传播一些实用知识，他们的教导（如果能称之为教导的话）是肤浅的。他们也许能在某种程度上教人对各种情况做出适当反应，但这种知识的堆砌是没有根据和未经考察的。当然，这并不是说一个真正的教师就不会遇到无计可施的情况。事实上，教育过程的一个显著特征就是师生双方必须共同努力。

69 在苏格拉底那里，这种教育理论与另一个可以追溯到早期毕达哥拉斯学派的概念有关。在《美诺篇》中，学习过程被称为对前世学过而后遗忘的事物的回忆。这便需要前面说的那种共同努力。回忆概念基于这样一种观点，认为灵魂要经历交替进入肉体或脱离肉体的一系列状态，这种观点显然与毕达哥拉斯学派所持的轮回学说有关。脱离肉体的灵魂就像睡着了一样，因此当它醒来或进入肉体时，它在前世学到的东西也要被唤醒。这里苏格拉底试图通过向美诺的一个小奴隶提问来表明这一点。除了了解一些日常的希腊语，这个小奴隶可以说未受过教育。但苏格拉底只提了一些简单的问题，就成功地引导这个男孩构造出一个两倍于给定正方形面积的正方形。必须承认，这个故事作为回忆论的证据并不能完全令人信服。因为苏格拉底把图形画在沙地上，每当男孩走错路时他就指出来。但另一方面，它相当准确地描述了教育的情形。教师与学生正是按照这个例子所提出的方式相互作用，才产生了真正的学习。正是在这个意义上，可以把学习称为一种辩证过程。

需要指出的是，这里所描述的教育理论不仅在学习和哲学中，而且还在日常口语中留下了印记，比如我们常常会说某个人对某个主题的兴趣被唤醒或激发出来。这个例子说明了惯用语发展中的一个普遍现象。日常语言是过去零零星星的哲学思辨的归宿。那些对不尽符合研究规则的日常用语奉若神明的人如能偶尔想起这一点，该是一件好事。

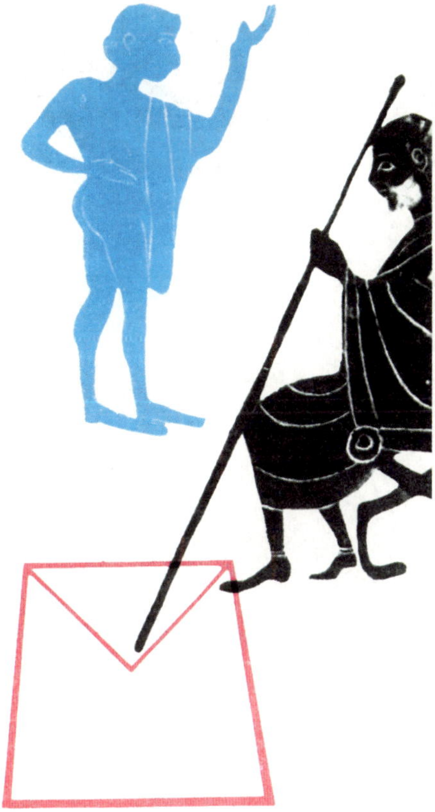

苏格拉底运用回忆理论是为了证明灵魂不朽。《斐多篇》描述了这种观点，尽管有人认为其论证并不成功。无论如何，值得注意的是，后期毕达哥拉斯学派抛弃了轮回理论。如前所述，他们接受了一种基于和谐概念的新观点，而这种观点实则导出了相反的结论，即灵魂有朽。关于回忆过程的教育方面，我们可以指出，精神分析治疗正是基于这种重新唤醒过去记忆的想法。尽管包含着更为神秘的要素，但与建立在休谟观点基础上的联想心理学相比，精神分析更好地把握了教育与治疗之间的联系。从广义上讲，对苏格拉底来说，教育就是对灵魂的治疗。

教育是引向知识的过程，从而也是引向善的过程。因此，无知可以被视为自由的障碍，自由的生活方式是通过知识和洞见来获得的。黑格尔的哲学中也有类似的观点，他认为自由就是人对必然性的认识。

《美诺篇》还讨论了一个也许更为重要的问题，尽管《欧 70
绪弗洛篇》对它的讨论更有趣。那就是定义的逻辑问题。《欧绪弗洛篇》提出了“何为神圣”这样一个问题，说欧绪弗洛试图给“神圣”下一个定义。结果，他的所有努力徒劳无功，但这并不重要，重要的是在讨论过程中，苏格拉底使他明白了构造一个定义需要什么东西，从而澄清了以“种”和“属差”来定义的形式逻辑特征。

在现代读者看来，这种对逻辑问题的讨论方式似乎有些古怪。今天，人们已经习惯了按照亚里士多德方式写成的枯燥死板的教科书论述。柏拉图发明的哲学对话体写作曾有许多人仿效，但现已不再流行。这也许是一个遗憾，因为不能说只有今天的哲学写作文体才是唯一。与其他写作形式相比，对话体要求作者具有更高的文学素养。在这方面，柏拉图的早期对话是无与伦比的。不要忘了，我们这里讨论的内容是柏拉图在苏格拉底去世后不久写的，当时柏拉图自己的思想还在形成中，而他作为一位戏剧性艺术家的能力已臻顶峰。因此，这些对话录作为文学作品比后期作品更易阅读，但其哲学内容亦更难汲取。

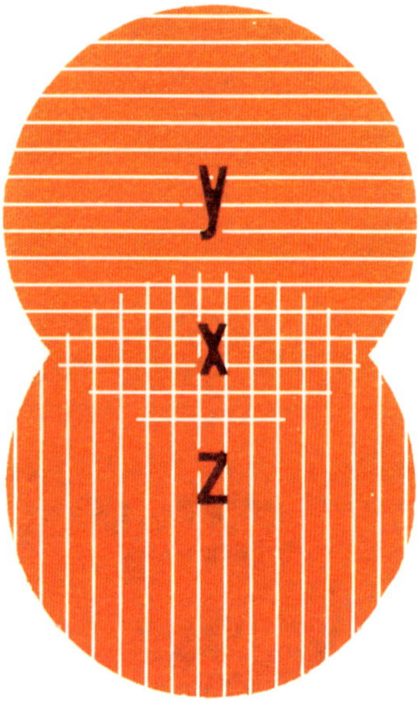

用“种”和“属差”定义：
X 被定义为 YZ

在几篇早期对话录中有一些谈话者，他们给某个术语下定义时都犯了一个常见的基本错误：他们不是在下定义，而是在举例子。像欧绪弗洛那样回答“何为神圣”的问题是没有用的。他说神圣就是检举冒犯宗教的人，但实际上这根本不是定义，而只是说检举冒犯宗教的人是一种神圣行为，但神圣行为也可以是别的。至于神圣到底是什么，我们依旧一无所知。这就像被问及什么是哲学家时回答苏格拉底是哲学家一样。我们回顾一下谈话背景，就会感到有些啼笑皆非。苏格拉底正在为弄清所受指控的本质而前往法庭，路上遇到了欧绪弗洛，他也正好要打个官司。他准备控告自己的父亲对一个死于无人照管的奴隶犯有过失杀人罪。欧绪弗洛不仅做法符合公众的正当惯例和宗教习俗，而且表现出许多盲目支持自己社会习俗的人通常具有的那种自负。苏格拉底遂夸他是专家，还假装向他征求道德方面的意见，说他一定是这方面的权威。

暂且不谈道德问题，我们发现苏格拉底成功地解释了逻辑上所需的东西。我们在寻求神圣的“形式”，也就是使神圣事物成为神圣的那个东西。用我们更熟悉的话说，我们现在要用必要条件和充分条件来陈述问题。于是，当且仅当一个动物有理性时，它才是人。这就把比如说蹒跚学步的孩子排除在外，他们和其他四足动物一样，起初也是爬行的。我们可以用两个
71 相交的圆对此做出图示。“人”这个有待定义的词是两个圆的共同部分，这两个圆分别代表有理性的东西和动物。我们是这样得出定义的：取其中一个词（这里是“动物”），用第二个词（“理性的”）对它加以限定。第一个词称为“种”，第二个词称为“属差”，它从动物中挑选出“人”这个种。如果你

愿意，可以认为人就是一种具有理性属差的动物。至少教科书上似乎是这样认为的。如果慎重考虑，我们就会怀疑，这个定义虽然在形式上是正确的，但实质上会不会是一个难于实现的谬误呢？

在道德方面，这篇对话有助于我们了解雅典的城邦宗教以及苏格拉底的道德观与它的差异。这种差异是权威主义与原教旨主义道德观之间的差异。欧绪弗洛把神圣定义为诸神的一致赞同，当苏格拉底要求对此做出澄清时，问题便得到了聚焦。苏格拉底想知道，一个事物是因为诸神赞同才神圣，还是因为它神圣，诸神才赞同？这个问题实际上隐含地批评了欧绪弗洛的观点。对他来说，关键在于诸神会发布做某件事的指令。就存在过城邦宗教的雅典而言，这实际上意味着必须不折不扣地服从公民大会的法令。奇怪的是，苏格拉底既承认这是一个政治惯例，同时又觉得自己不得不对城邦本身的活动提出道德上的质疑，这种做法是当今的欧绪弗洛们没有想到也不可能想到的。这立即引出了希腊戏剧的一大主题——古老的“忠诚的分裂”困境。法律和正义的问题始终伴随着我们，由此可以清楚地看到，“忠诚的分裂”绝不是一个已经死去和被湮没的问题。法律与正义之间有何联系？如果被要求服从某项不公正的法律，我们该怎么办？当我们盲从于政治主子，导致世界陷入无法挽回的彻底毁灭时，这个问题会比以往任何时候都更现实。

欧绪弗洛与苏格拉底的不同归根结底在于，前者认为法律是某种静态的东西，而后者的观点则暗示法律并非不可改变。虽然对此话说得不多，但苏格拉底在这里表现得像是一个社会理论方面的经验论者。这就使他必须去探究某些惯例的善与恶，不论是谁在掌管它们。他肯定知道，这会给他招来城邦的仇视和迫害。事实上，对于那些触犯了正统根基的异端思想家而言，这种命运似乎并不罕见。即使他们只是出于纯粹无私的动机去打抱不平，也会遭到同样的敌视。

苏格拉底对雅典法律的态度在《克利同篇》得到了阐述，这篇对话录讲述了他如何不愿越狱以逃避判决。法律虽然不公，但必须得到遵守，以免法律名誉扫地。他也许没有看到，正是由于不公，法律才会名誉扫地。

由于在权威问题上持有不一致的态度，苏格拉底不屑一跑 72
了之。由于他拒不妥协，控告方不得不立即动手，他也成为自由思想的殉道者。《斐多篇》是西方文学杰作，描述了他生命中的最后几个小时。对话的中心议题是试图证明灵魂的不朽。这里我们无须考虑论证的细节。作为论证，它们还不够充分，尽管引出了关于心身问题的一些有趣话题。对话录临近结束的时候，已经没有人准备再提反对意见。在场的毕达哥拉斯学派必定注意到，新的困难将会产生，但似乎是由于这件事的不祥气氛，再加上一种虔敬的感情，苏格拉底的朋友们不再对他的结论提出最后的质疑。从哲学上看，这篇对话最重要的部分也许是对假说演绎法的描述，这乃是一切科学论证的框架。

当同伴们在论证中遇到难以克服的困难而感到有些沮丧时，苏格拉底对事情做出了解释。他告诫朋友们不要厌恶讨论，不要总是怀疑和拒斥论证，随后他还就自己的方法作了形式上的概述。

假说的方法：A，B，C 是有待拯救的现象。H 无法拯救 C，X 废除了 H。H2 拯救了现象。

我们必须从某个假定（supposition）或假说（hypothesis）开始。“假定”和“假说”的含义是一样的，都是指“放在某种东西下面”。关键在于，我们必须为论证打好基础。我们从假说中演绎出推论，然后看它是否符合事实。这就是所谓“拯救现象”（saving appearances）最初的含义。如果一个假说的推论公正地对待了事实，则该假说便拯救了现象，即我们周围显现出来的事物。这个概念起初无疑与后期毕达哥拉斯学派的天文学有关，尤其是与行星的概念有关。行星的视运动是不规则的，此特征不符合形而上学对简单性的某些要求，因此需要用一个简单的假说来拯救现象。

如果事实不符合假说的推论，那么假说就是失败的，我们只得尝试其他假说。需要注意的是，假说本身仍然是未经证明的。这并不是说我们可以随意选择出发点，但它的确意味着，论证的出发点必须是所有参与者都承认的某种东西，即使不是出于信念，至少也是为了论证的需要。对假说的证明则是另一回事。这时我们的论证必须从一个更高的出发点开始，使得该假说成为它的一个推论。这正是苏格拉底所设想的辩证法的任务。我们必须废除各门科学的特殊假说，也就是把它们当成特殊性的予以废除。辩证法的最终目标是达到最高的起点，也就
73 是“善”这个形式。这种希望当然显得有些渺茫，但实际上，理论科学总是沿着更大普遍性的方向前进的，也就是把初看起来似乎并不相关的领域统一起来。尤其让数理哲学家挂怀的是算术与几何的统一。大约 2000 年后，笛卡儿以其卓越的才华最终解决了这个问题。

我们已经看到，苏格拉底并不是第一个用假设进行论证的人。爱利亚派已经用这一程序来反对主张“事物是多”的人，但总的来说，他们是出于破坏的目的。这里的新东西是拯救现象的概念。换句话说，问题在于对我们观察到的事实给出一种

正面的解释或逻各斯。我们正是通过假说来解释事实的。值得注意的是，这种进路中隐藏着一种道德规范，即得到解释的事实要比未被解释的事实更好。我们还记得，苏格拉底主张，未经审视的生活是不值得过的。这一切最终都与毕达哥拉斯关于“研究本身就是善”的道德规范有关。不仅如此，朝着越来越大的统一性努力，直到一切最终都归于“善”这个形式，这种趋势在某种程度上表明了爱利亚派学说的正面内容。“善”这个形式与爱利亚派的“一”的共同点在于，理论科学是沿着这些概念所暗示的道路而前进的。

假说演绎法在《斐多篇》中得到了最好的表述。奇怪的是，苏格拉底似乎从未意识到这种方法与他关于知识与意见的理论之间存在着一种奇特的不一致。因为从假说进行演绎的理论显然要求有待拯救的现象本身必须是明白无误的，否则就无法在现象与假说推论之间进行比较。另一方面，现象可以通过感官来把握，而感官被认为难免可能产生有错的意见。因此，如果认真对待假说演绎法，就必须抛弃苏格拉底关于知识与意见的理论。这也间接地动摇了理念论，因为理念论的基础正是知识与意见的区分。这正是经验论所做的事情。

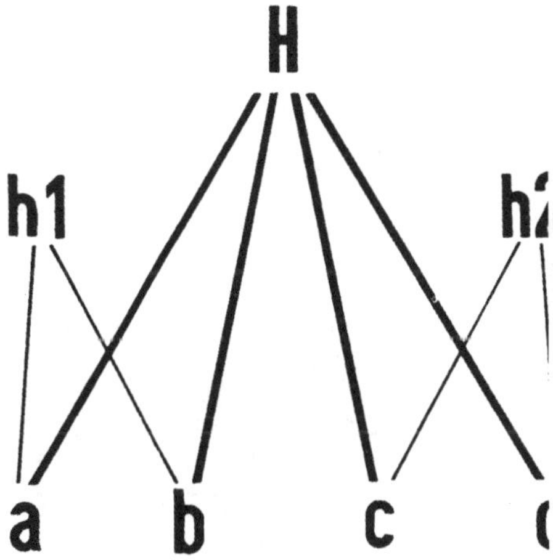

废除特殊假说：H 废除了 h1 和 h2，将迄今为止分离的领域统一在一起。

我们尚未触及的一个问题是，假说最初是如何建立起来的。对于这个问题，我们无法给出一般的回答，并没有什么形式上的规则可以确保成功。也许正是由于某种远见，苏格拉底才没有提出这个问题。像发明的逻辑这种东西根本不存在。

在某种意义上，《斐多篇》和《申辩篇》显然都属于历史文献。《斐多篇》显示了苏格拉底矢志不渝的生活态度。他总是为别人着想，有一种不自觉的自豪感，勇敢而沉着。在他看来，感情过分外露有失尊严。他责备朋友们在他喝毒芹酒之前不该紧张得近乎崩溃。他若无其事、镇定自若地饮下毒酒，躺下来静候死神来临。他的最后请求是让他的朋友克力同向医神阿斯克勒庇俄斯（Asclepius）献祭一只公鸡，就好像死亡作为灵魂从肉体中解脱出来是一种治疗似的。

我们在《巴门尼德篇》中已经讨论了巴门尼德对苏格拉底 74
理念论的批判。在大约同时写成的《泰阿泰德篇》中，我们明确远离了苏格拉底的理论，柏拉图自己的观点正开始成形。我们还记得，苏格拉底认为知识涉及形式，而感官只能产生意见。这种观点正确地强调了数学知识与感觉经验之间的某种差异，但作为一般的知识论则从未成功。事实上，《巴门尼德篇》表明了它不可能取得成功，而《泰阿泰德篇》又为解决这个问题作了新的努力。

苏格拉底仍然是《泰阿泰德篇》中的核心人物。由于这篇对话批判了《理想国》中隐含的知识论，所以这个问题由苏格拉底本人来讨论似乎并无不妥。但此时苏格拉底的观点已经不再居于统治地位。在随后的对话录中，柏拉图终于提出了自己成熟的观点。他借一个陌生人之口来阐释自己的理论，苏格拉底则退场了。

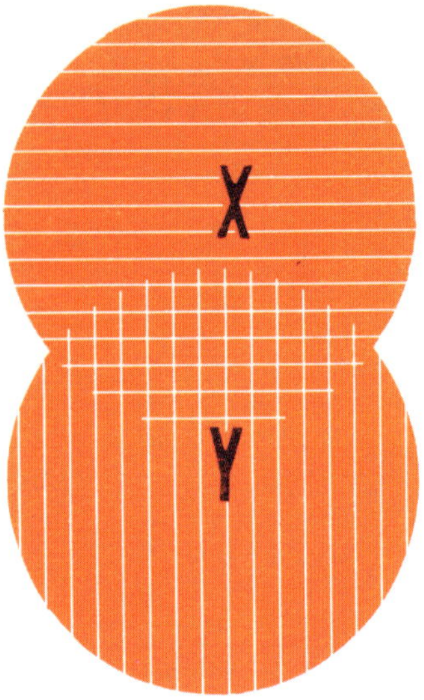

真与假属于判断。如果X和Y有重叠，那么，一部分X是Y就是真的。如果它们没有重叠，一部分X是Y就是假的。

泰阿泰德是著名数学家，以精通算术和几何学而著称。他发明了一种一般方法来计算二次不尽根，还完成了正多面体理论。从对话中我们可以看到，他在苏格拉底受审前不久已经是一个有前途的青年了。公元前369年的科林斯战役后，泰阿泰德因伤病而死。这篇对话就是为了纪念他。

对话序言中的玩笑引出了“什么是知识”这个问题。起初，泰阿泰德也犯了那个只举例而不定义的常见错误，但他很快就意识到了这个错误，并且给出了第一个定义。他说，知识就是感觉（aesthesis）。在希腊语中，这个词指任何种类的知觉。英语中的“麻醉”（anaesthetic）就是抹去知觉的意思。更具体地说，我们这里关注的是感知。“知识就是感知”这种观点与普罗泰戈拉说的“人是万物的量度”其实是一致的。在感知中，事物如实显示出来，因此我们不会弄错。在接下来的讨论中，我们清楚地看到，他所提出的知识定义是不恰当的。首先，不能说某物就是它所显现的样子，因为正如赫拉克利特所说，事物总是处于一种生成状态。事实上，感知是知觉者与被知觉者之间的一种相互作用。而且普罗泰戈拉自己也会承认，对于必须给出裁定的事情，一个人的观点不一定比另一个人的好，专家的判断也不一定就比外行准确。此外，一个未受哲学思想影响的人几乎不会同意这一准则，所以这本身就意味着普罗泰戈拉必须承认，他的理论并不适用于这样一个人。讨论的结果是：如果想用赫拉克利特的流变学说来描述知识，我们就会发现一切都不可说。每当我们用某个词去固定任一东西时，它就已经消失在别的东西中了。所以我们必须尝试用别的方法来回答“什么是知识”这个问题。

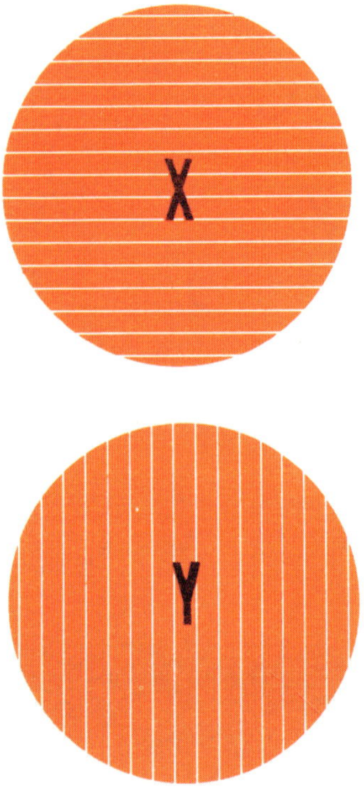

75 接下来让我们考虑这样一个事实：诸感官各有其固有对象，任何涉及通过不同感官所获知觉之间关联的东西都需要有某个总体感官起作用。这个总体感官就是灵魂或心灵，这两个词在柏拉图那里并无明显区分。灵魂把握的既有伦理和艺术的一般谓词，也有像同一、差异、存在和数这样的一般谓词。因为，不能把知识简单地定义为感知。让我们看看能否从灵魂这方面找到知识的定义。灵魂的功能是与自我对话。某个问题一旦获得解决，我们就说灵魂做出了判断。现在，我们必须考察一下能否把知识定义为正确的判断。经研究发现，这种理论不可能对错误的判断或错误做出令人满意的解释。显然，每个人都承认会犯错。真理与错误的区分在这个阶段还没有出现。柏拉图只是廓清了场地，他自己对这个问题的解释在当时很可能还没有发展成熟。

然而，倘若判断是专属于灵魂的一种活动，那么错误的判断就是不可能的。我们也许可以假定心灵就像一块板子，上面刻有记忆的标记。那样一来，错误就在于把当前的感觉与错误的印记联系起来。但对于不涉及感觉的算术错误，这就不管用了。如果假定心灵是某种鸟笼，笼中的鸟是各个知识片段，那么我们偶尔抓错鸟就是错误。但犯错不同于说出一个无关的真理，因此我们必须假定其中一些鸟代表着错误片段。但如果我们抓到了其中一只鸟，而且一抓到就知道它是某个错误，那么我们就永远不会犯错。此外，这个论证还忽视了一点：如果引入错误片段，那么作为对错误的解释，整个论证就成了循环的。

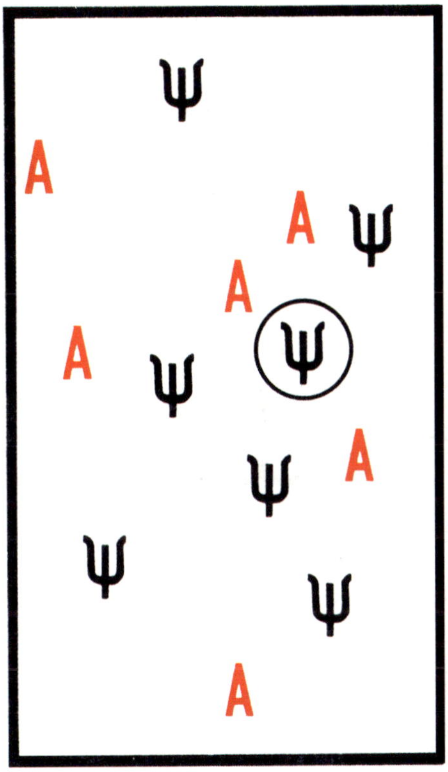

如果知识是纯粹心灵的，那么如何解释错误？鸟笼的比喻失败了：如果我们知道抓错了，那么这个错误就会立即被揭露。

再则，一个人可能会出于偶然或其他原因而说出某个正确的判断，比如坚持了某个碰巧是正确的观点。最终的知识定义试图面对这种情况：知识是有论证支持的正确判断。没有论证就没有知识。我们可以想想那些有名称但没有含义的字母。字母组合成音节，而音节又可以被分析，所以是知识的对象。但如果音节只是把字母加在一起，那么音节本身就是不可知的。如果音节不只是把字母加在一起，那么音节的这个附加特征就使音节成为可知的，于是整个陈述就成为空话。另外，这里所说的论证是什么意思呢？显然，论证是对一个事物如何区别于所有其他事物的解释。而这要么是进一步的判断，要么就是关于差异的认识。前者意味着某种后退，后者则是循环定义。虽然我们没有给出问题的答案，但也澄清了某些误解。无论感知还是推理，都不可能独自解释知识。

知识问题和错误问题显然是同一问题的两个方面。由于在目前的讨论中，哪一个方面都得不到解决，所以我们必须重新开始。现在我们就把注意力转移到这点上来。

我们来看另一篇对话录《智者篇》，据称它是《泰阿泰德 76
篇》的对话在第二天的继续。从文体上看，这篇对话的写作时间可能比《泰阿泰德篇》晚很多。聚集在一起的还是原来那些人，但现场多了一个爱利亚的陌生人。对话的中心正是这个陌生人，

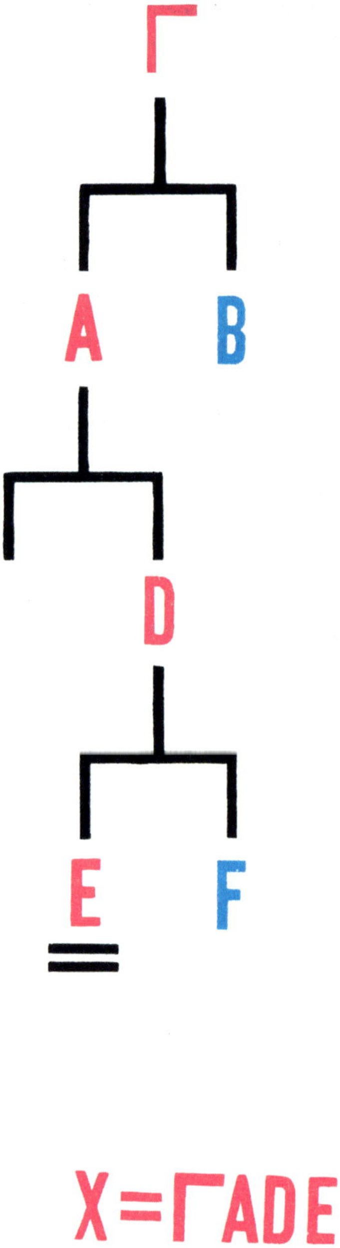

用划分法定义，划分是分类的基础。“种”在每一步都被分为两种情况。

而苏格拉底在讨论中只扮演着非常次要的角色。从外表上看，《智者篇》关注的是智者的定义问题，如何把智者与哲学家区分开。这其中隐藏的对立主要是针对麦加拉的苏格拉底学派的，该学派发展出一种片面而有害的爱利亚强词夺理模式。从这个爱利亚陌生人身上可以看出柏拉图的影子，他表现出对议题有更正确的把握，并且提出了一种出色的方法来解决错误问题。柏拉图借这个陌生人之口让我们明白，他本人继承了正确的哲学发展传统，而贩卖悖论的麦加拉智者们则已经误入歧途。

实际上，《智者篇》所讨论的问题是巴门尼德关于“不存在”的难题。在巴门尼德那里，这当然是一个主要与物理世界有关的问题。而在其追随者那里，它又扩展到逻辑领域，我们这里考察的正是这个问题。转到这篇对话的核心问题之前，我们不妨就划分方法作些评论，尤其是因为它是阿卡德米使用的分类程序。亚里士多德的动物分类工作就是在阿卡德米期间做的。这种方法为我们提供了各种词项的详细定义，其步骤是，先从“种”开始，然后通过给出一组组可选择的“属差”，每一步都将其一分为二。《智者篇》给出了一个初步的例子来解释这一步骤：假定需要定义的词是“钓鱼”。首先，钓鱼是一种技艺，因此技艺就成了第一个“种”；我们可以把技艺分成生产的和获得的，钓鱼显然属于后者；而获得又可以分成两种情况，一种是得到对象同意的，另一种是对象完全被捕获的，钓鱼属于后者；捕获又可分为公开的和隐蔽的，钓鱼属于后者；被捕获的东西可以是无生命的，也可以是有生命的，钓鱼涉及有生命的东西；动物可以是陆生，也可以是水生，钓鱼属于后者；水生动物可以是鸟，也可以是鱼；鱼可以用网来捕，也可以用钩来钓；用钩来钓可以在白天或晚上进行，钓鱼是在白天进行的；钩可以放在水上，也可以放在水下，钓鱼属于后者。回顾我们的步骤，把所有“属差”收集在一起，就可以把钓鱼定义为：在白天进行的、用隐蔽方式把钩放到水下来捕获水生动物的技艺。我们不必把这个例子看得太认真，选它做例子是因为智者也可以被看成钓鱼者，只不过他们的猎物是人的灵魂。接下来可以得出智者的种种定义，但我们不再深究了。

现在我们转到对那个爱利亚问题的讨论。正如那位陌生人敏锐指出的，之所以产生关于“不存在”的难题，是因为
77 哲学家们未能正确理解“存在”的意思。我们还记得，《泰阿泰德篇》中谈到，无论知识还要求什么，至少需要相互作用，从而需要“运动”。但知识也需要“静止”，否则就没有什么东西可以谈论了。事物要想成为研究对象，就必须在某种

意义上留在原地。这给了我们解决这个问题的暗示。运动和静止无疑都存在，但由于它们是对立的，所以无法结合在一起。似乎有三种结合的可能性：要么万物保持完全分离，在这种情况下，运动和静止都不在“存在”中起作用；要么万物可以合并在一起，在这种情况下，运动和静止也可以合并在一起，但它们显然又不能；因此只剩下一种情况，那就是某些事物可以结合，另一些事物不能结合。解决我们难题的办法就在于认识到，“存在”和“不存在”本身是毫无意义的。只有在某个判断中，它们才有意义。“形式”或种类，和运动、静止、存在一样，都是《泰阿泰德篇》中已经提到的一般谓词，它们显然不同于苏格拉底那里的“形式”。后来的范畴理论就是从柏拉图的这种形式理论中发展出来的。

辩证法的作用就是研究在这些形式或“最高种类”当中哪些结合了、哪些没有结合。正如我们所看到的，运动和静止并未彼此结合，但它们各自能与“存在”结合，而且各自存在。此外，运动与自身相同，但不同于静止。相同或同一、不同或差异，都像“存在”一样无所不在。因为它们每一个都与自身相同，而与所有其他相异。

现在我们可以看到“不存在”是什么意思了。我们可以说，运动既存在又不存在，因为它是运动，不是静止。于是在这个意义上，“不存在”和“存在”处于同一层次。但这里所说的“不存在”显然不能作完全抽象的理解。它是如此这般的“不存在”，或者更确切地说，是并非如此这般的“存在”。就这样，柏拉图找到了困难的根源。用现代行话来说，我们必须把“是”在存在方面的用法与它作为命题中系词的用法区分开来。在逻辑上重要的是后一种用法。

在此基础上，我们可以对错误做出一种简单的解释。正确的判断就是按事物的原样做出判断，否则就会做出错误的判断，从而犯错。读者们也许会感到惊讶，这个结果既不望而生畏，也不神秘。但对于任何问题，我们一旦知道答案，就都是如此。

最后要指出的是，《泰阿泰德篇》中的问题也顺便得到了解决。在某种意义上，这并不是一个恰当的问题。我们必须坚持判断，而我们现在看到，这些判断可能正确也可能错误。但我们如何知道某个判断正确与否呢？回答是，如果它与事物相符，它就是正确的，否则就是错误的。并无形式上的标准能确保我们不犯错。

从此以后，我们刚才概述的对“不存在”的解释使我们能 78
够解决变化问题。它使赫拉克利特的理论更加明确，去除了它

“柏拉图的”形式回答了巴门尼德的存在或不存在问题，但运动（K）既存在又不存在：运动存在，静止（Σ）存在，但运动不是静止。

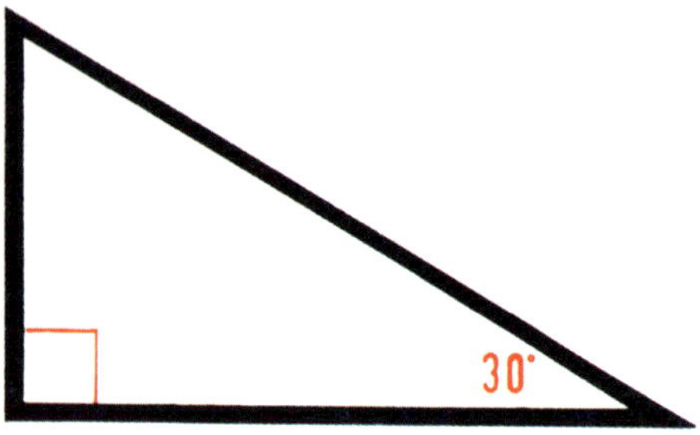

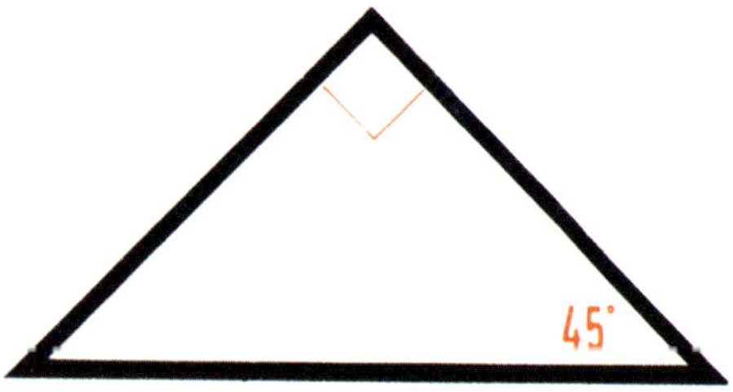

两种基本三角形。柏拉图认为基本元素由它们构成：一种几何原子论

表面的悖论色彩。但柏拉图那里还有一个变化问题，与我们今天所知的原子论和数学物理学直接相关。该理论是在柏拉图思想成熟期的最后一篇对话《蒂迈欧篇》中提出来的。若对其中阐述的宇宙产生过程做出解释将使我们离题太远，我们只需指出，其中含有大量高级的毕达哥拉斯学说，还有关于正确解释行星运动的种种提示。事实上，日心假说可能是阿卡德米的发现。这篇对话还触及了许多别的科学问题，但我们不得不将其放在一边。现在我们转到所谓柏拉图的几何原子论或数学原子论。根据这种观点，我们必须在形式、基本质料与可感世界的有形实在之间做出三重区分。这里的基本质料就是虚空，可感实在则是形式与留有形式印记的空间相混合的结果。在此基础上，柏拉图用四种元素对既是物理的又是生物的物质世界提供了解释。但这些元素现在被认为是由两种基本三角形构成的几何体，这两种基本三角形是半个等边三角形和一个等腰直角三角形（也就是半个正方形）。由这些三角形可以构造出五种正多面体中的四种。正四面体、立方体、正八面体和正十二面体分别代表火、土、气、水的基本粒子。把这些立体分解为构成它们的三角形，再将其重新排列，就可以实现元素之间的转变。此外，火粒子有锐利的尖，可以穿透其他立体；水是由平滑得多的粒子所构成，所以会流动。事实上，这里所说的转变理论乃是现代物理学理论的一个引人注目的先驱。与德谟克利特的唯物主义原子论相比，柏拉图的确前进了一大步。那些基本三角形显然对应于现代物理学中的核或基本粒子。还要注意，这些粒子并没有被称为“原子”，因为对希腊人而言，“原子”会有明显的语病。“原子”一词的字面含义是指一种不可分的东西，因此严格说来，由其他事物构成的东西不应被称为“原子”。

这里柏拉图显得像是现代科学主要传统的先驱。一切事物都可以还原为几何学，笛卡儿和爱因斯坦都以各自的方式明确持有这种观点。在某种意义上，柏拉图囿于四种元素当然是一种局限。他之所以作这种选择，是因为这是当时流行的观点。柏拉图试图对这种观点给出一种“逻各斯”或解释以“拯救现象”，他所运用的假说是数学的。正如我们看到的，藉着数，世界最终是可以理解的，这种观点是柏拉图所接受的毕达哥拉斯学说的一部分。这样我们就得到了一个可以进行物理解释的
79 数学模型。在方法上，这正是今天数学物理学的目标。

这种理论更具体地与正多面体理论联系起来，这也许是毕达哥拉斯学派神秘主义的一个特征。事实上，这种方案中没有正

十二面体的位置。在五种正多面体中，只有正十二面体的各个面不是由那两种基本三角形而是由正五边形构成的。我们还记得，正五边形是毕达哥拉斯学派的神秘符号之一，其构造涉及我们在讨论后期毕达哥拉斯学派时提到的无理数。而且，正十二面体看上去要比其他四种正多面体更圆一些，因此柏拉图就用它来表示宇宙。这种思辨并不影响这个数学模型的正确与否。

这里我们没有时间详细讨论柏拉图的数学理论了。无论如何，我们必须通过几篇对话录中的少量提示和亚里士多德的某些说法把它拼凑出来。但有两件事值得注意：首先，柏拉图或至少是阿卡德米修正了毕达哥拉斯学派的数论，以免它遭到爱利亚派的批判。这里他同样预示了一种极为现代的观点。数列的开端被认为是零而不是一，这就使发展一般的无理数理论成为可能。如果有人比较学究，现在就不应再称之为“无理数”了。同样，在几何学中，线被认为是由一个点的运动产生的，这种观点在微积分的早期形式之一——牛顿的流数理论中起了关键作用。我们可以清楚地看到，这些发展如何本着辩证法的精神促进了算术与几何学的统一。

第二件重要的事情是，根据亚里士多德的说法，柏拉图曾说数不能相加。这个优雅简洁的声明其实包含着一种极为现代的对数的看法。柏拉图追随毕达哥拉斯学派，也把数看成形式，而形式显然不能加在一起。我们做加法时，其实是把某一类东西比如石子放在一起。然而，数学家所谈论的这类东西却既不同于形式，也不同于石子，而是介于两者之间。被数学家加在一起的是某种并未指明类型的东西，它可以是任何一类东西，只要所有相加的东西在相关的方面同属一类。根据弗雷格（Frege）以及后来的怀特海（Whitehead）和我本人所给出的数的定义，所有这些都显得非常清楚了。例如，数“3”就是由所有三重物（triplets）组成的类，一个三重物是由某种对象组成的一个类。其他任何基数也是如此。数“2”就是由所有二重物（couple）组成的类，一个二重物是由某种对象组成的一个类。你可以把同一类的一个三重物和一个二重物相加，但不能把数“3”和数“2”加在一起。

这样就结束了我们对柏拉图一些更重要理论的概述。极少有哲学家能在思想的广度和深度上与柏拉图相比，而超过他的人则一个也没有。任何从事哲学研究的人忽视他都是不明智的。

在雅典居住和教学的三位伟大思想家中的最后一位是亚里士多德，他也许是第一位专业哲学家。在他生活的年代，古典时期的巅峰正在过去，雅典在政治上开始式微。马其顿的亚历

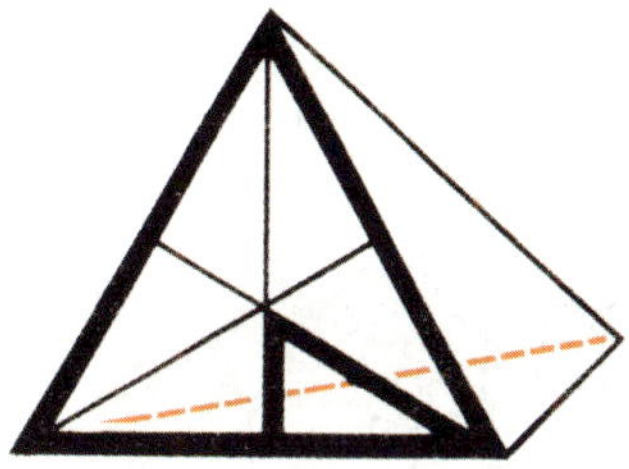

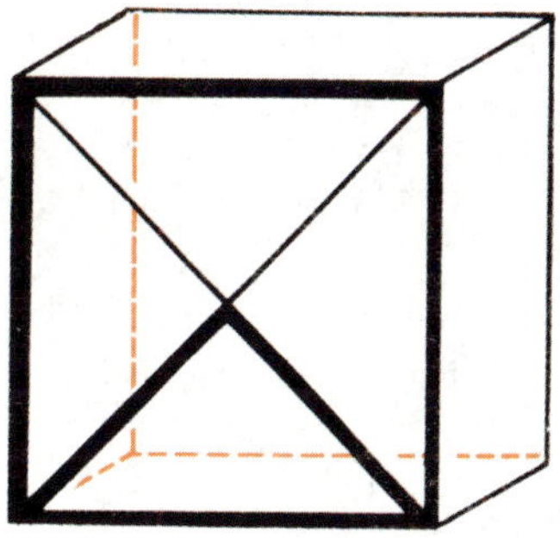

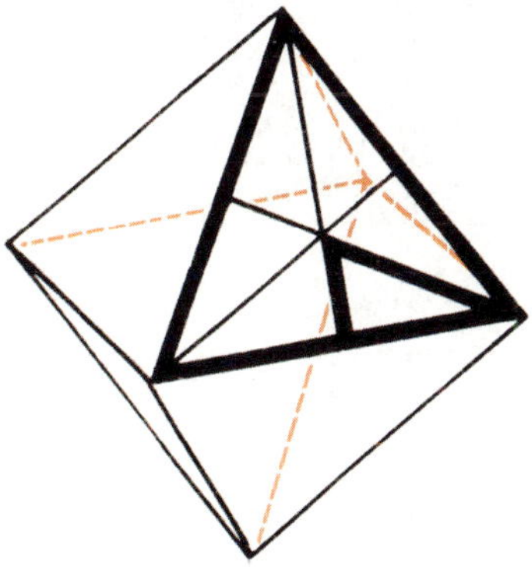

基本元素，正四面体的火、立方体的土、正八面体的气和正十二面体的水

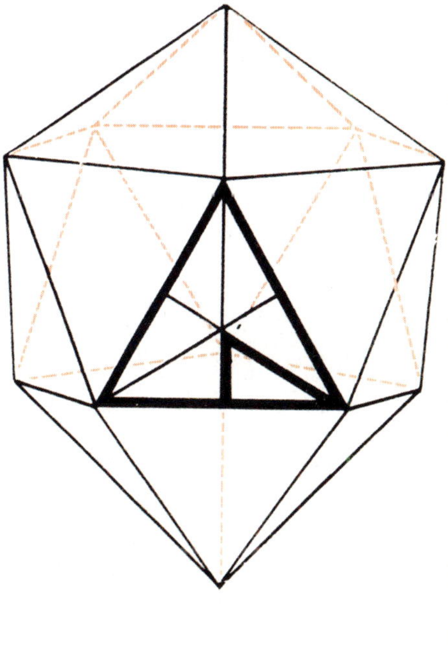

山大年轻时曾是亚里士多德的学生，他为希腊化世界的繁荣奠定了帝国基础，这一点我们以后再谈。

亚里士多德

与苏格拉底和柏拉图不同，亚里士多德是寄居在雅典的外地人。公元前 384 年左右，亚里士多德生于色雷斯的斯塔吉拉，他的父亲是马其顿国王的御医。18 岁那年，亚里士多德就被送到雅典，在阿卡德米随柏拉图学习。在近 20 年的时间里，他始终是阿卡德米的一员，直到公元前 348/347 年柏拉图去世。由于阿卡德米的新领袖斯彪西波（Speusippus）非常赞同柏拉图哲学中的数学倾向，而这种特征正是亚里士多德最不理解也是最不喜欢的，因此他离开了雅典。我们发现在接下来的 12 年里，他在不少地方工作过。小亚细亚海岸密西亚的统治者赫梅阿斯（Hermeias）曾是亚里士多德昔日的校友，亚里士多德后来应他之邀加入了当地的一个由阿卡德米学员组成的群体，并且娶了赫梅阿斯的侄女为妻。3 年后，他又去了莱斯博斯岛的米提林尼。

前面说过，亚里士多德的动物分类工作是在阿卡德米时期做的。在爱琴海上逗留期间，他肯定做过海洋生物学研究，他在这一领域的贡献直到 19 世纪才被超越。公元前 343 年，他被召到马其顿国王腓力二世的王宫，担任王子亚历山大的私人教师。亚里士多德任该职长达 3 年，但不幸的是，关于这一时期的他，我们找不到什么可信的资料。我们不禁感到好奇，这位智慧的哲学家是用什么方法管束那位任性的王子的？不过，我们似乎可以肯定地说，几乎没有一件事让这两个人看法完全一致。亚里士多德的政治观点建基于几近灭亡的希腊城邦，而在他看来（事实上是在所有希腊人看来），亚历山大大帝那种中央集权的帝国则是一种野蛮的发明。在这方面，就像在一般的文化问题上那样，希腊人对自己的优越性有一种油然的敬意。但时过境迁，城邦渐趋衰落，一个希腊化帝国即将来临。亚历山大仰慕雅典文化是不错，但那时所有人都是如此，而这并不是因为有亚里士多德的缘故。

从公元前 340 年到公元前 335 年腓力二世去世，亚里士多德再度回到家乡生活，此后一直到公元前 323 年亚历山大去世，他始终在雅典工作。正是在这一时期，他创建了自己的学校，并以附近的阿波罗·吕克俄斯（Apollo Lykeios，意为“杀狼者阿波罗”）神庙将其命名为“吕克昂”。亚里士多德在这里授课，穿行于讲堂和庭园中，边走边讲。由于这一习惯，吕克昂的教学渐渐被称为“逍遥哲学”或“漫步哲学”。有趣的是，英语词“论说”（discourse）的字面含义就是“跑来跑去”。

其拉丁文前身直到中世纪才渐渐有了现在的“推理论证”的含义。它获得这种含义也许是因为被用在与逍遥哲学有关的场合，不过这一点并没有完全定论。

亚历山大去世后，雅典人揭竿而起，反抗马其顿的统治。81
亚里士多德自然也被怀疑支持马其顿，并被指控为不敬神。苏格拉底的案子已经表明，这种法律实践有时会导致不愉快的结局。亚里士多德并非苏格拉底，他决定避开爱国者们的魔爪，以免雅典人再扣上一个反哲学的罪名。他把吕克昂交由特奥弗拉斯特（Theophrastus）来管理，自己则退居卡尔西斯（Chalcis），直到公元前 322 年去世。

阿波罗的小树林，亚里士多德的学校吕克昂的地点

亚里士多德留传至今的绝大多数作品都属于第二个雅典时期。实际上，并非所有这些作品都是书，其中一些是根据授课笔记写成的，这似乎并无疑问。如此看来，亚里士多德称得上是写教科书的第一人。有些作品简直像是学生所作的记录。因此，亚里士多德的文风相当枯燥乏味，尽管据说他也曾以柏拉图的风格写过对话录，但这些对话录没有一篇流传下来。从其作品来看，亚里士多德在文学上显然没有柏拉图那种名望。柏拉图写出了激动人心的杰作，亚里士多德著述的却是枯燥乏味的教科书；柏拉图笔端倾泻而出的是娓娓道来的对话录，亚里士多德完成的却是系统性的专论。

要了解亚里士多德，必须记住他是第一个批判柏拉图的人。但其批判并非总有充分根据。他在陈述柏拉图的学说时通常是可信的，而当他继续解释其意义时就不那么可信了。当然可以设想，亚里士多德熟知当时的数学，因为他是阿卡德米的一员。但同样清楚的是，他并不赞成甚至从未真正理解柏拉图的数学哲学。他对前苏格拉底哲学家的评论，我们也必须作同样的保留。他的直接记述可以信赖，但其解释一定不能全信。

亚历山大大帝

亚里士多德是一位著名的生物学家，他的一些非常古怪的小错误我们能够体谅，但他在物理学和天文学方面的观点却极为混乱。在这方面，结合了米利都学派传统与毕达哥拉斯学派传统的柏拉图要合格得多，后来阿里斯塔克（Aristarchus）、埃拉托色尼（Eratosthenes）等希腊化时期的科学家也都是如此。亚里士多德对系统思想最著名的贡献也许是其逻辑学著作。虽然其中有不少内容源自柏拉图，但柏拉图的逻辑学说散见于其他许多材料，而亚里士多德则把它们汇集起来，并以某种形式阐述出来。时至今日，其讲授方式几乎一成不变。从历史上看，亚里士多德的影响一直是阻碍性的，这主要是因为他的许多追随者都持一种盲从的教条主义态度。当然，这不能因此而责怪

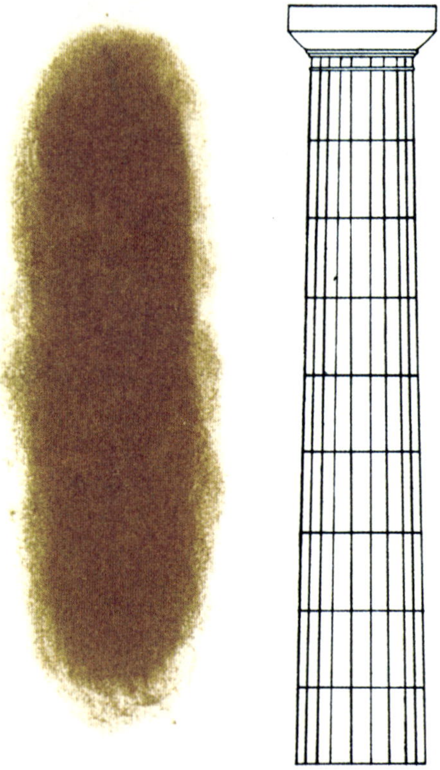

质料和形式都是抽象，实际物体是两者的结合。

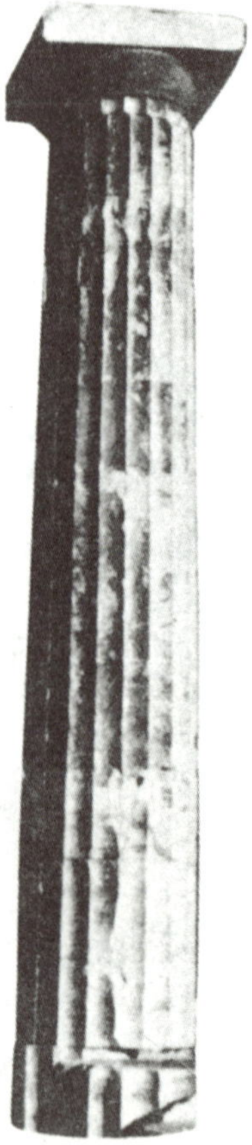

亚里士多德本人，但文艺复兴时期的科学复兴仍然是与亚里士多德决裂而回到柏拉图。亚里士多德就观点而言仍然属于古典时代，尽管他出生之前雅典就已经在衰落。他从未理解自己有生之年发生的政治变革的意义，而古典时代早已完结。

82 亚里士多德的形而上学并不容易讨论，这既是因为它散见于亚里士多德的所有作品中，也是因为他缺乏某种明确的交代。首先需要注意，我们现在所说的形而上学在亚里士多德时代并没有那个名字。“形而上学”的字面意思仅仅是“物理学之后”。以它为书名是因为一位早期的编者在编排亚里士多德的作品时将它放在了《物理学》后面。其实，将它放在物理学之前也许更为恰当，因为它的位置本该如此。亚里士多德也许会称它为“第一哲学”，讨论的是研究工作的一般前提，但“形而上学”这个名称已经流行开来。

可以认为，亚里士多德在这一领域的工作是试图以其新理论来取代苏格拉底的理念论。他的主要批判就是被用于分有学说的“第三者论证”，这不过是重新呼应了柏拉图在《巴门尼德篇》中提出的批判而已。亚里士多德提出的方案是质料形式论。例如，质料就是用来建造石柱的材料，而形式则类似于建筑师画的石柱图样。在某种意义上，这两者都是抽象，因为实际物体是两者的结合。亚里士多德会说，正是加在质料上的形式使质料成了现在的样子。形式赋予质料以特性，其实就是把质料变成了某种实体。若想正确地理解亚里士多德，一定不要把质料与实体混淆起来。“实体”一词是对亚里士多德希腊词的直译，意思是“构成基础的东西”。它是承载性质的某种不变的东西。正因为我们会自然地倾向于按照某种原子论来思考，所以容易把实体等同于质料。因为在这里所要求的意义上，原子是实体性的东西，其功能是承载性质和解释变化。这一点我们在谈到原子论者时已有所暗示。

在亚里士多德的理论中，形式终究比质料更重要，因为具有创造性的是形式。当然质料也需要，但仅仅是作为原材料。于是形式就成了字面意义上实体性的。按照刚才的解释，这显然意味着形式是现实世界背后那些永恒不变的东西。因此，这里所说的形式与苏格拉底所说的理念或形式并无太大区别。说形式是实体性的，意味着它们独立于特殊事物而存在。至于这些实体如何存在，则从来没有得到清晰的解释。无论如何，似乎还没有人尝试给它们指定一个属于它们自己的独特世界。值得注意的是，亚里士多德认为他所说的形式与共相是全然不同的。实际上，对理念论的批判与一个简单的语言观点有关。在日常会话中，有些词代表事物，有些词则描述这些事物的样子。前者是名词，后者是形容词。用专业术语来说，名词有时被称为“实体词”（substantives）。这个术语可以追溯到希腊化时代，它显示了亚里士多德的理论对语法学家们产生了多么巨大的影响。于是，名词就是实体词，而形容词则是性质词。但如果由此推断一定有单独存在的以形容词命名的共相，那就错了。亚 83
里士多德的共相观要更为有机，这是从一位生物学家身上完全可以料到的。共相会以某种方式干预事物的产生，但共相并不存在于其自身的虚幻世界中。尽管亚里士多德并不打算用他的质料形式论来取代共相，但该理论仍然与这个问题有关；而且正如我们所看到的，它实际上也并没有成功地脱离理念论。我们同样要记住，按照亚里士多德的理论，我们可以非常恰当地谈及非物质实体。灵魂即是一例，它赋予肉体以形式。灵魂是一个实体，但不是物质性的。

与共相问题相伴随的是对变化的解释。巴门尼德等人觉得这个问题过于复杂而径直否认了变化。另一些人则采用了一种改良的爱利亚派学说，并且诉诸原子论解释。还有一些人则仍然利用某种共相理论。所有这些，前面均已提及。我们发现，亚里士多德关于现实与潜能的理论更类似于共相论而非原子论。

在讨论潜能问题时，我们必须注意将它的一种非常平凡的形式撇开。有一种说法认为，潜能仅仅起了事后诸葛亮的作用。如果一瓶油开始燃烧，我们可以说这是因为它事先就有燃烧的潜能。但这显然不足以称为解释。的确，正是出于这种理由，一些哲学学派否认能就这一主题说出任何有用的东西。我们后面会看到，麦加拉的安提斯泰尼（Antisthenes）就是其中之一。根据这种观点，一个事物要么有某种性质，要么没有某种性质，除此之外都是废话。但我们显然可以做出像“油是可燃的”这样的陈述，而且它们完全有意义。亚里士多德的分析提供了正确答案。说一个事物潜在地是A，是指在某些条件下，它实际上会如此。说“油是可燃的”，就是承认如果给定一组特定条件，它就会燃烧。因此，如果温度合适，你又划一根火柴放到油面上，你就能把它点燃。当然，相关条件必须事实上可以发生，或者是现实的条件。在此意义上，现实在逻辑上要先于潜能。现在，我们可以用实体来解释变化了，实体就是能在其中相继变为现实的一系列性质的潜在载体。无论这种解释在实践中可能有什么缺陷，它至少在原则上并不平凡，如果我们还记得亚里士多德对潜能的分析。这种进路显然更让我们想起苏格拉底和柏拉图，而不是原子论者。亚里士多德的观点受到了其生物学兴趣

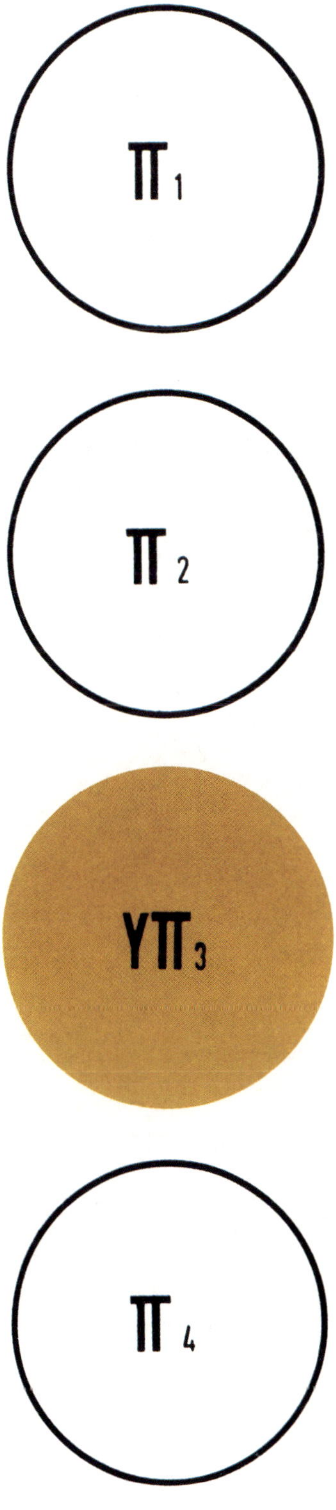

变化；在实体中潜在性质成为现实性质

所有M是P，所有S是M，
因此所有S是P
被称为“巴巴拉”的第一格三段论，采用了欧拉的圆

没有M是P，所有S是M，
因此没有S是P
被称为“西拉伦特”的第一格三段论

的某些影响，因为潜能概念在生物学中特别有用。但这里给出的解释在一个重要方面还不完整，它并没有提到变化如何发生以及为什么会发生。对此亚里士多德有非常详细的回答，我们将在讨论其因果理论时再考虑。至于宇宙的产生以及把上帝看成第一因或不动的推动者，也将在以后讨论。但我们要记住，亚里士多德把他的神学看成我们现在所谓形而上学的一部分。

84 现在我们转到亚里士多德的逻辑学。前面说过，希腊科学和哲学的一个显著特征就是证明的概念。东方天文学家只满足于记录现象，而希腊思想家却试图拯救现象。证明命题的过程涉及构造论证。当然，这种工作在亚里士多德之前很久就已经在进行了，但据我们所知，从未有人对论证的形式作过详细的一般解释。这里，亚里士多德的著作给出了一种他（和康德）认为完整的考察。在这方面他不幸弄错了，但这并不重要，重要的是他看到有可能对形式逻辑给出一般解释。我们不妨马上强调，并没有非形式逻辑这样一种东西，也就是说，研究论证的一般形式属于逻辑学领域。亚里士多德的逻辑依赖于与其形而上学有关的若干假设。首先，他想当然地认为，所有命题都是“主词－谓词”型的。日常说话中的许多命题都属于这种类型，这也是“实体与性质”形而上学的一个来源。当然，柏拉图在《泰阿泰德篇》中已经暗示了这种“主词－谓词”形式，亚里士多德大概是最先从中导出这种形式的人。共相问题正是在这种语境下出现的。命题是根据它们涉及的是共相还是个体来划分的。如果是前者，它们就可以涵盖共相的整个范围，比如“所有人都要死”，这被称为全称命题；有时命题可能只涵盖共相的一部分，比如“有些人是智慧的”，这被称为特称命题；而像“苏格拉底是一个人”这样的命题则是单称命题。当我们在一个论证中把几个命题结合起来时，须把单称命题当作全称命题来处理。根据主词被肯定还是否定，命题又分为肯定的和否定的。

根据这种分类，我们现在来看看论证中会发生什么情况。从一个或多个被称为前提的命题出发，我们演绎出其他命题或这些前提的推论。根据亚里士多德的说法，一切论证的基本类型就是他所说的三段论。三段论是这样一个论证，它有两个“主词－谓词”前提，而且这两个前提有一个共同的项。这个中项将在结论中消失。所有人都是理性的，婴儿是人，因此婴儿是理性的，这就是一个三段论的例子。在这个例子中，结论的确是从两个前提中推出来的，因此论证是有效的。至于前提是否为真，则是另一个问题。事实上，由错误的前提也可能导出正确的结论。不过重要的是，如果前提为真，那么被有效导出的任何结论也为真。因此，发现哪些三段论论证有效、哪些无效非常重要。亚里士多德对有效的三段论作了系统阐述。各种论证先是按照它们的格进行分类，格则取决于各项的排列。亚里士多德认识到有三种不同的结构，医生盖伦（Galen，约 120—200 年）后来又发现了第四种。在每个格中，有些论证有效，有些无效。18 世纪的瑞士数学家欧拉发明了一种检验三段论论 85
证的巧妙方法：用一个圆来表示某个项的范围会很容易看到某个论证是否有效。于是不难看出我们前面给出的例子是正确的。经院哲学家给这种第一格的三段论取了一个专门的名称——“巴巴拉”。同样，哺乳动物都不会飞，猪是哺乳动物，所以猪不会飞，这是一个有效的第一格论证。这种形式被称为“西拉伦特”。请注意，在这个特殊的例子中，结论为真，但有一个前提不真，因为蝙蝠就是会飞的哺乳动物。

亚里士多德的三种三段论格

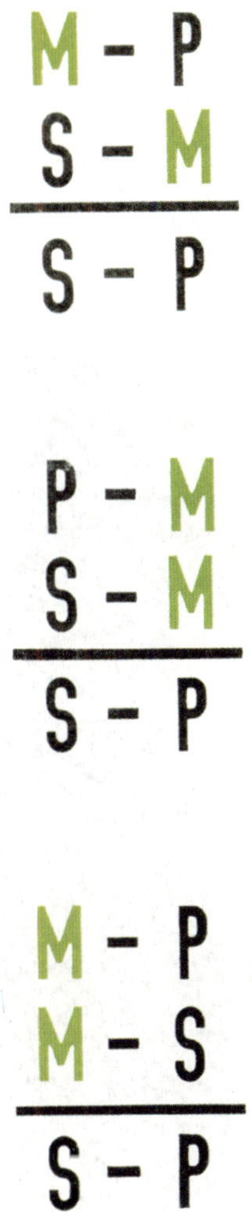

由于亚里士多德在后世的权威性，在其后的两千年里，三段论一直是唯一被逻辑学家所认可的论证类型。一些对三段论的批判最终还是亚里士多德本人预先阻止的。比如这样一个论证：所有人都会死，苏格拉底是人，所以苏格拉底会死。在这个论证中，据说要想知道第一个前提，就必须已经知道结论，因此该论证是循环论证。这基于一种误解，误解了我们是如何知道像“所有 A 都是 B”这样的陈述的。我们没有必要、通常也不会对 A 逐一考察，看它是不是 B。恰恰相反，往往考察单个样本来看出关系就够了。在几何学中显然是这样。所有三角形的内角之和等于两个直角，但在大胆做出一个全称陈述之前，任何具格的几何学家都不会逐一查看三角形以解心中疑虑。

简要地说，这就是三段论的主旨。亚里士多德还讨论了由模态命题组成的三段论，也就是包含着“也许”或“一定”、而不是“是”的陈述。模态逻辑在当代符号逻辑领域中再次引人注目。从较新的发展看来，三段论学说现在似乎远没有通常想象得那么重要。就科学而言，三段论的运作并没有使前提得到证明。这便引出了出发点的问题。根据亚里士多德的说法，科学必须始于某些无需证明的陈述。他把这种陈述称为公理。它们在经验中不一定特别常见，但一经解释就能被清楚地理解。也许有必要指出，这更多涉及对科学事实的阐述，而不是科学研究过程。阐述的顺序总是掩盖了发现的顺序。在实际研究中，一旦问题得到解决，许多模糊或不确切的东西就会被清除。

谈到公理时，亚里士多德似乎想到了几何学。到了他那个时代，几何学正开始变得系统化。亚里士多德与欧几里得只隔了几十年时间，那时还没有别的科学能够达到几何学那样的程

实体	苏格拉底
性质	哲学家
数量	五英尺八英寸
关系	柏拉图的朋友
位置	在广场上
时间	正午
姿态	站立
状态	衣衫褴褛
作用	谈话
遭受	被嘲笑

亚里士多德的十个范畴

度。各门科学可以按照某种等级来排序的想法似乎就来源于此。这里数学是最高的，而比如天文学就在其下，因为天文学必须用数学来解释它所观察到的运动。在这一领域，亚里士多德预示了后人的工作，尤其是法国实证主义者孔德（Comte）对科学的分类。

86 对亚里士多德来说，语言研究是一项重要的哲学追求，其开创性工作也是柏拉图在《泰阿泰德篇》和《智者篇》中完成的。事实上，希腊哲学的一个主导概念就是“逻各斯”，我们最早是在谈论毕达哥拉斯与赫拉克利特时碰到这个术语的。它有言辞、量度、准则、论证、叙述等各种含义。要想把握希腊哲学的精神，就必须牢记这些含义。“逻辑”一词显然来源于它。逻辑学就是关于“逻各斯”的科学。

但逻辑学有着独特的地位，它与通常所谓的科学并不完全属同一种类。亚里士多德根据每一门科学所要达到的主要目的把科学分为三类。理论科学提供（与意见相反的）知识。数学是理论科学最明显的例子，尽管亚里士多德把物理学和形而上学也包括在内。他所说的物理学与我们今天理解的物理学并不完全相同。毋宁说，它是对空间、时间和因果性的一般研究。如果理解足够宽泛，我们也许会把其中一些内容放在形而上学甚至是逻辑学名下。

然后是实践科学，比如伦理学，这些科学旨在支配人在社会中的行为。最后是创制科学，其功能在于指导我们创造出物品供我们使用或进行艺术沉思。逻辑学似乎不属于这其中任何一类，所以它并非通常意义上的科学，而是一种处理问题的一般方法，是科学所不可或缺的。它为辨别和证明提供了标准，应被视为影响科学研究的一种工具。这正是亚里士多德在谈到逻辑时使用的希腊词“organon”的含义。而“逻辑”这一术语本身则是后来斯多亚派的发明。至于对论证形式的研究，亚里士多德称之为“分析学”（analytics），字面意思是“释放”。这样被释放出来以供检验的东西就是论证的结构。

因此，虽然逻辑学与语词有关，但对亚里士多德来说，它并不仅仅涉及语词，因为大多数语词都是代表非语词事物的或多或少偶然的标记。于是，逻辑有别于语法，尽管逻辑学可以对语法产生影响。逻辑学也不同于形而上学，因为与其说逻辑学涉及存在的事物，不如说涉及我们的认识方式。正是在这里，亚里士多德拒斥理念论的重要性。在持理念论的人看来，我们正在讨论的狭义的逻辑学也许可以等同于形而上学，而亚里士多德却认为两者截然不同。他试图借助我们所说的“概念”来解决共相问题，而概念绝不存在于另一个世界。最后，逻辑学不同于心理学，这在数学中尤其明显。欧几里得《几何原本》的演绎顺序是一回事，揭示这种知识的数学研究中所涉及的曲折心路历程则是另一回事。科学的逻辑结构与科学研究的心理学是两种完全不同的东西。因此在美学中，艺术品的价值与创作的心理学毫无关系。

我们对逻辑学的考察必须在某处对语言结构和其中可说的 87
东西作一番介绍性的评估。在亚里士多德的“工具论”中，讨论这个问题的是《范畴篇》。正如我们在讨论《智者篇》时所看到的那样，这项工作也始于柏拉图。但亚里士多德的讨论更加现实，与语言事实关系更紧密。它区分了十个能在言语中识别出来的一般范畴：实体、性质、数量、关系、位置、时间、姿态、状态、作用、遭受。第一个范畴就是任何陈述都会涉及的“实体”，其他范畴则涵盖了可对实体做出的任何陈述。于是，如果谈到苏格拉底，我们可以说他有某种性质，即他是一位哲学家；他有一定身高，无论尺寸多少，这对应于数量；他与别的事物有某些关系；位于空间和时间中；通过做和遭受某些事情而与其周围环境发生相互作用。我们后面会看到，范畴理论有许多著名继承者，不过在大多数情况下，这些人更多是受到了亚里士多德形而上学的影响，而不是受到其语言研究的影响。康德和黑格尔尤其如此。

范畴的确是抽象的东西，它们回答的是那些可就任何事物提出的最一般的问题。亚里士多德认为范畴就是词的本来含义。作为知识的对象，词的含义不同于判断的含义。亚里士多德会说，我们对词的含义有一种直接领会。在现代语言学中，这有时被表达为“有了关于某个事物的概念”。而在真判断的情况下获得的知识则完全不同。这里，几个概念结合起来表示一种事态。

亚里士多德的逻辑学最早尝试系统地阐述语言和论证的一般形式。虽然其中不少内容受到了柏拉图著作的启发，但这并不能减少它的价值。柏拉图的逻辑观点散布于所有对话录中，某个特殊议题可能会随着当时的心情被提起又放下。在某种意义上，亚里士多德对逻辑做了不久以后欧几里得对几何学所做的事情。亚里士多德的逻辑学直到 19 世纪都占据着至高无上的统治地位。和亚里士多德的其他许多观点一样，那些慑于其权威而不敢提出质疑的人将他的逻辑学渐渐僵化地传承下来。文艺复兴时期的大多数近代哲学家都有一个典型特征，那就是对经院亚里士多德主义者非常不满。这导致他们反对一切与亚

$$A > B$$

$$B > C$$

$$A > C$$

一种关系论证。亚里士多德没有认识到这一点。

里士多德的名字有关的事物。这的确令人遗憾，因为亚里士多德那里仍然有很多有价值的东西可以学习。不过在一个重要方面，亚里士多德的逻辑学是非常不完整的。它没有关注在数学中尤其重要的关系论证，例如 A 大于 B，B 大于 C，所以 A 大于 C。这里的关键是“大于”这种关系的及物性。虽然通过某种巧妙的方式可以将这个论证强行纳入三段论的模型，但在更复杂的情况下似乎就不可能了。尽管如此，论证的关系性还是被忽视了。

88 现在我们要转到几个一般问题，也许可以在“自然哲学”这个标题下对它们进行讨论。主要探讨这类问题的书就叫“自然哲学”。我们还记得，“物理学”所对应的希腊词意指“自然”。亚里士多德写作时，已经有许多人发表过题为“论自然”的著作。从泰勒斯的时代起，凡自认为最终发现了世界正确运作方式的人都是以这种方式写作的。今天的物理学包含着更加具体的东西，尽管这些更一般的问题也的确介入其间。不久前，物理学还常被称为“自然哲学”，苏格兰的大学至今保留着这个术语。但不能把它混同于德国唯心论者的自然哲学，后者是物理学中的一种形而上学偏差。这一点我们稍后再讲。

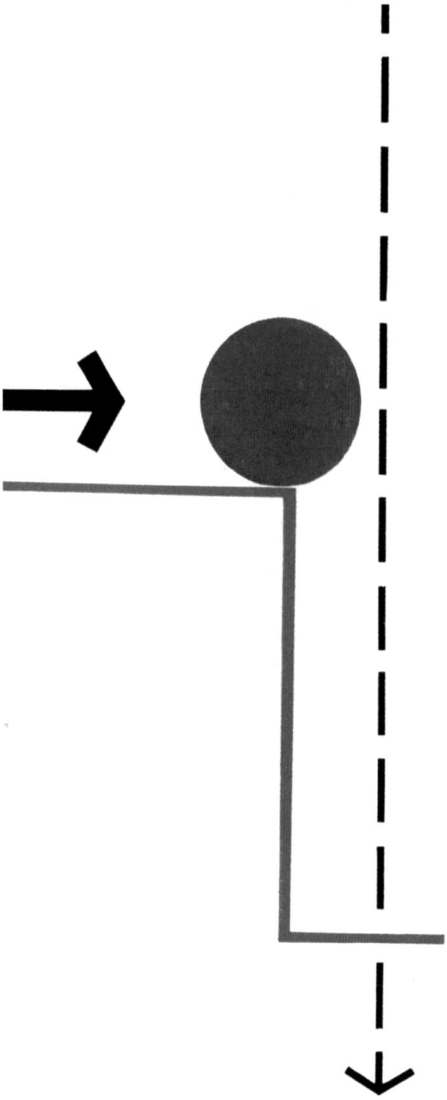

亚里士多德四因说的一个例子：一个物质球体，以某种方式被放置在某处，当它被推下台阶时就会寻求较低处的水平面

这里最重要的事项之一就是亚里士多德的因果性理论，它与质料形式论相关联。在某个因果情况下既有质料一面，又有形式一面。后者被分为三个部分：首先是严格意义上的形式方面，可以称之为构形；其次是实际引起变化的动因，就像扣动扳机使步枪发射；第三是变化所力争达到的目的。这四个方面分别被称为质料因、形式因、动力因和目的因。我们可以用一个简单的例子来说明这一点。想象一块石头在台阶边缘摇摇欲坠，如果把它推过边缘，它就会掉下去。在这种情况下，质料因就是石头本身的质料；形式因是总的地势，也就是台阶和石头在台阶上的位置；动力因是任何推动石头的东西；目的因则是石头尽可能达到最低的“渴望”，也就是地球引力。

关于质料因和形式因，我们无需多说。我们的确不再把它们称为原因。它们是某个因果情况下的必要条件，因为要想发生某件事情，就得有某个东西在某个地方。而动力因和目的因则值得说明一下。动力因就是现代术语中所谓的原因。于是，石头从台阶上落下，是因为某人或某物推了它一下。在物理学中，这是唯一被认可的因果性。科学的总体趋势就是试图用动力因来做出解释。今天物理学并不承认目的因概念，尽管它的词汇中还留有目的论的遗迹。像吸引、排斥、寻求中心等语词都是目的论概念的残余，这提醒我们，直到大约350年前，亚里士多德的因果性理论才受到质疑。目的因果性的麻烦与使用前面讨论的潜能概念所招致的危险非常相似。说石头落下来是因为它有下落的趋势，这实际上根本没有给出解释。但有些时候，目的术语的确能满足合理的目的。比如在伦理学领域，把某个目标称为某种行为或行动的原因并非没有意义。一般的人 89 类活动领域也是如此。目前对未来事件的期望就是我们行动的动机。动物也是如此，有时我们甚至想把这种说法用于植物。因此，当我们考虑生物学问题和社会问题时，目的性显然并不总是毫无意义。亚里士多德正是出于生物学兴趣才提出了目的因概念。在这种语境下，潜能与目的性显然走到了一起。生物学家面临的是种子如何长成大树、卵子如何发育成动物的问题。亚里士多德会说，橡子潜在地包含着橡树，种子长成大树是因为它有实现自我的倾向。当然，这种言说方式是平凡地运用这些概念的一个例子。一般地说，随着一门科学的发展，目的因解释会被动力因解释所取代。甚至连心理学也遵循这一趋势。精神分析（无论它有什么优缺点）就是试图通过以前发生的事情而不是即将发生的事情来解释人的行为。

必然性是盲目的，而目的性却似乎有先见之明

目的论观点的说服力最终源于我们的自然环境似乎展示出的某种秩序。与动力因有关的因果必然性似乎是一种盲目的力量，其运作并不能解释这种秩序。而目的论却好像有预见性。这里，生物学秩序可能又让人倾向于目的论观点。但无论如何，亚里士多德认识到了必然性和目的性这两者的运作。在此基础上，自然科学显然不会繁荣起来。尤其是物理学遭到了严重阻碍，直到伽利略时代在方法上回归到了柏拉图，状况才得以改善。数学家不大容易像生物学家那样能够想到目的性概念，因此柏拉图没有这个概念也就不足为奇了。目的论最终因为是拟人的或神学的而出了错。只有人才有目的，才会追求目的。因此只有在这一领域，目的性才有意义。棍子和石头并不怀有目的，即便说得好像它们有目的，也没有用处。当然，只要小心谨慎，我们完全可以使用倾向概念，就像可以使用潜能概念一样。

说一块石头有下落的趋势，就是说给定某些条件它会落下去。但亚里士多德却不这样想。对他来说，目的性与意图有关，他是由秩序的存在推断出这一点的，因为在他看来，秩序暗示着设计。基于这些原则，物理学研究显然不可能繁荣起来。因为如果研究者的好奇心被虚假的解释所满足，就不会得到对自然现象的真实解释。尤其在天文学领域，亚里士多德对科学造成了严重危害。为每一个事物指定固有位置的目的性理论使他区分了月下区和月上区。这两个区域被认为受到不同原则的支配。如果与阿卡德米先进的天文学相比，这种纯粹的臆想是十足的精神错乱。然而，真正的危害来自于这样一些人，他们不以批判的态度对待亚里士多德，不是去其糟粕，而是全盘接受他的观点，从而使其总体上名誉扫地。

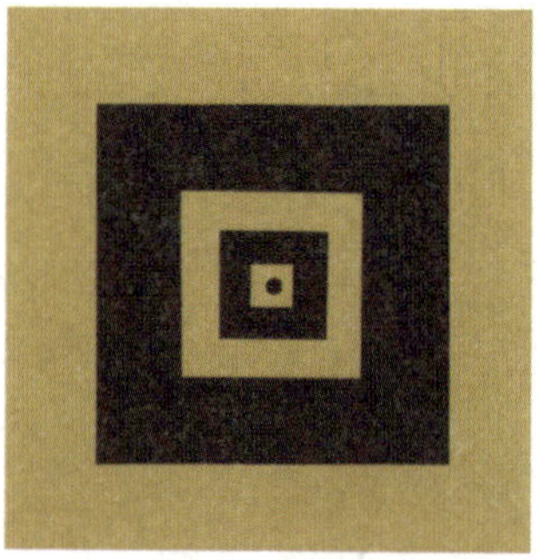

位置和时间被亚里士多德以类似的方式处理：所有位置都在其他位置之内，所有时间都在其他时间之内

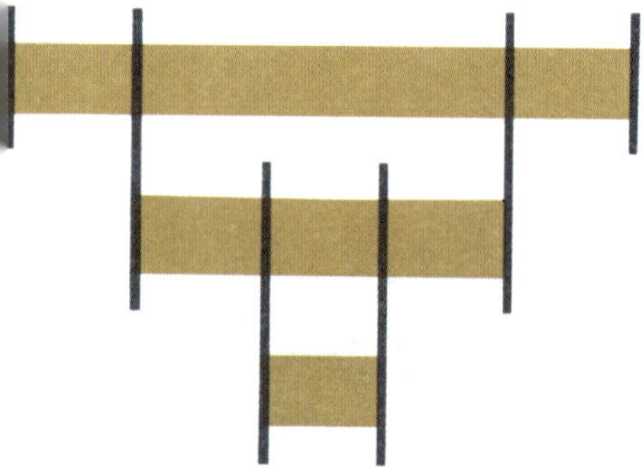

90 空间、时间和运动是自然哲学中讨论的另一个一般话题。我们讨论变化时曾经提到过运动。这里亚里士多德的做法值得注意。在试图解释运动时，爱利亚派遇到了无法克服的困难，而亚里士多德却从另一端切入了这个问题。运动确实发生了，这必须是我们的出发点。如果认为这是理所当然的，那么问题就在于如何对它做出解释。如果使用一个现代的区分，那么与爱利亚派的唯理论者相反，亚里士多德更像是一个经验论者。这一点并非全无意义，尤其是因为人们常常错误地认为，经验方法总有些欠可靠和缺乏条理。以运动为例，亚里士多德认为存在着连续性，这完全可以感觉得到。然后可以进而查明这种连续性涉及什么，但不可能由不连续的东西构造出连续性。数学家们往往会忽视后一点，从毕达哥拉斯时代起，他们就希望从无中建立起一个数学世界。虽然关于连续性的分析理论能以纯逻辑的方式构建起来，但它在几何学中的应用却依赖于连续性假定。

我们之前考虑的运动是性质的变化。此外还有两种运动，那就是数量的变化和位置的变化。运动只能属于这三个范畴。根据亚里士多德的理论，我们不可能像原子论者那样把所有变化都还原为粒子的运动，因为不可能把一个范畴还原为另一个范畴。在这里，亚里士多德的观点同样站在经验论一边，而原子论者则继承了爱利亚派传统，是按照理性主义的还原原则来思考的。

关于空间和时间，亚里士多德的理论与现代观点有诸多共通之处。根据不同物体能在不同时间占据同一空间这一事实，亚里士多德推出了存在着“位置”这样一种东西。因此，我们必须把空间和空间中的东西区分开来。为了确定某个物体的位置，我们可以先确定一个包含它的区域，然后逐渐把范围缩小，直至到达其固有位置。按此种方式进行下去，亚里士多德把一个物体的位置定义为它的边界。从表面上看，这是对一个如此艰难的问题做出的非常贫乏的结论。但在分析这种问题的时候，结果往往惊人地简单和实际。不仅如此，这种令人宽慰的答案总会带来一些有趣的推论。在目前这个例子中，我们断言：问某个物体在什么地方是有意义的，而问世界在什么地方则无意义。也就是说，一切事物都在空间之中，但宇宙除外，因为宇宙不被任何东西所包含。事实上，宇宙并不是桌椅之类的东西。因此我们可以非常自信地告诉任何希望到世界尽头旅行的人，他在白费力气。也许应当提到，在对位置的分析方面，亚里士多德并未提出一种类似于数学家或物理学家那样的空间理论，他所做的事情更像是语言分析。但这两者之间并非没有联系。分析“位置”的 91
含义显然有助于我们更好地理解关于空间的陈述。

与原子论者正相反，亚里士多德认为不存在虚空。他为这种观点提出了几则论证，所有这些论证都是不正确的。其中最有趣的是一则归谬法论证，它从以下事实入手：物体在某种介质中的速度会随着介质的密度和物体的重量而变化，由此断定，物体在虚空中应以无限的速度运动，而这是荒谬的，因为所有运动都需要一定的时间。其次还断定，重物比轻物移动得更快，但在虚空中没有理由会这样。根据这两点，亚里士多德宣称虚空不可能存在。然而，他的这些结论并不是从前提中推出来的。由“物体在较稀薄的介质中移动得更快”并不能推出“物体在虚空中会移动得无限快”。至于另外一点，观察表明，轻物和重物在抽空的空间中的确以相同的速度下落。亚里士多德关于虚空的种种错误观念直到两千年以后才得到澄清。但我们必须公平地说，即使到了现代，科学家们也对虚空感到为难。他们曾用“以太”之类的特殊物质、最近又用能量分布来填充虚空。

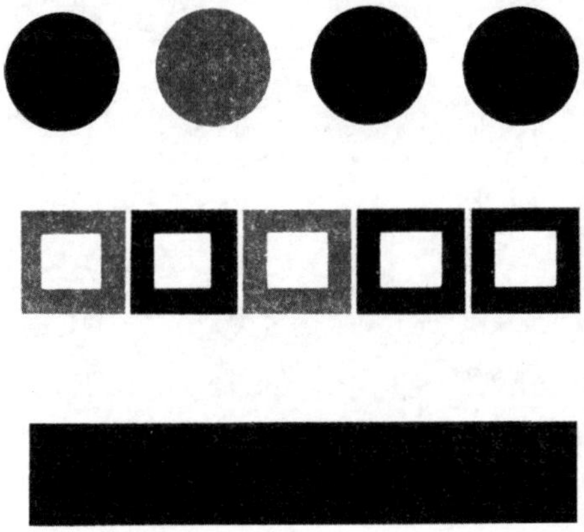

事物是 1）接续的，或 2）接触的，或 3）连续的：
如果 2）则 1）但反之不成立
如果 3）则 2）但反之不成立

亚里士多德对时间的讨论非常类似于他对位置的分析。事件都处在一个时间序列中，就像物体都处在一个位置序列中一样。一个物体有固有的位置，一个事件也有固有的时间。在连续性方面，亚里士多德区分了对事物进行安排的三种方式。首先，事物可以是接续的，一个接着一个，序列中任何插入项都不予考虑。其次，事物可以是接触的，就像接续的各项相邻一样。最后，事物的顺序可以是连续的，即相继各项实际上有共同的界限。如果两个事物是连续的，那它们就是接触的，反之则不然。同样，两个接触的事物也是接续的，但反过来不成立。

把这些预备性的概念确定之后，我们就会看到，一个连续量不可能由不可分的要素所构成。不可分的东西显然不可能有界限，否则就可以把它进一步细分。另一方面，如果不可分的东西没有大小，说它们接续、相邻或连续就没有意义。例如，在一条线的任何两点之间都有其他点；同样，在一段时间的任

灵魂的理性、感觉和营养能力；人有三种，动物有两种，植物只有一种

何两个时刻之间也都有其他时刻。因此，空间和时间是连续的和无限可分的。在这种语境下，亚里士多德解释了芝诺悖论。他所提供的解决方案其实是正确的，但没有领会芝诺论证的要旨。正如我们所看到的，芝诺并没有正面提出自己的理论，而只是表明毕达哥拉斯的整个单元理论都有问题。如果抛开自己爱利亚派的先入之见，他很可能会赞同亚里士多德的观点。

我们这不必关心亚里士多德科学理论的细节。虽然他做了一些不错的工作，尤其在生物学方面，但他的成绩却因为过分夸张而打了折扣，任何前苏格拉底哲学家都不会赞同这种夸张。

92 如前所述，从伦理学中发现目的因也许有些道理，目的论最初正是源于这个领域。在亚里士多德看来，万物都力图达到善。由于他拒绝接受理念论，我们当然也就找不到善的形式。他注意到，“善”这个词有各种不同的用法，不能都归于一个标题。然而，“善”无论有何种表现，最终都源于神的善。因此，它和理念论并不像初看起来那样有极大差别或相去甚远。这种犹豫不定在亚里士多德的哲学里俯拾皆是。一方面，他与阿卡德米决裂，另一方面，他似乎又回到了阿卡德米。在某些情况下，比如现在这个例子，我们可以把这两方面分开，只根据其自身的价值来考虑他与阿卡德米的决裂。对“善”这个词用法的分析给出了一些有时会被忽视的有价值的区分。这很有趣，但不会使我们有很大收获，尽管某些现代语言分析家会说，除此之外就无事可做了。在这方面，他们也许有些轻率，因为他们没能公正对待某些无意义词语的广泛传播。这毕竟不是少数服从多数。至于神的形而上学地位，亚里士多德认为这完全是一个客观问题。神是给世界施予第一推动的不动的原动者。这项任务完成之后，神对世间就不再有积极的兴趣，当然也就不会密切关注人类的作为。他是一个单调的、哲学家的神，不过是因果性理论的一个附属品罢了。

为了把握亚里士多德伦理学的要旨，我们需要先谈谈他的灵魂理论。他从柏拉图那里借来了三分法，谈到了营养灵魂、感觉灵魂和理性灵魂。营养灵魂属于所有生命体，它们都有所谓的新陈代谢；感觉灵魂属于动物和人，但不属于植物；理性灵魂则是人所独有。只有在理性层次，伦理学才会介入。植物只是植物那样生长，动物只是动物那样生活。灵魂赋予肉体以统一性，犹如给它的质料赋予形式。就个人而言，人死后灵魂也就不复存在，尽管理性本身是不朽的。

当我们问人生的目的是什么时，伦理学问题就产生了。亚里士多德认为人生的目的是理性灵魂的幸福。对他来说，这种

生活是一种坚持不懈的、积极而富有德性的理性活动。因此，根据亚里士多德的理论，德性是一种达到目的的手段。当然，并不是每个人都能以同样的程度达到目的，但它是一个人所能达到的最高目标。苏格拉底认为，理论生活是最好的生活。

需要注意的是，对亚里士多德时代的希腊人来说，这并不意味着离群索居、不问世事。首先，伦理生活包含活动，尽管这种活动应当公正无私。因此，理论生活并不要求搁置实验方法，尽管亚里士多德强调的是对已知真理进行沉思和回顾，而不是新的发现。这便引出了他所忽视的一个困难：为了有可供评价的东西，人必须作初始的理智努力，谁能说到什么时候这种努力才算够呢？事实上，不能以这种方式来限制研究工作。93 其次，无论在和平年代还是战争时期，好公民都应当履行自己的义务和职责。象牙塔式的哲学观缘于斯多亚派。正是由于他们脱离了感觉世界，科学运动才逐渐衰竭。

关于道德或品德，亚里士多德提出的德性论是一种中道学说。每一种情况下都可能有过或不及，两者都不是恰当的行为。德性则介于这两极之间。因此，坚定的勇气既非率性的敢作敢为，亦非怯懦的退缩不前。这种中道学说受到了毕达哥拉斯和赫拉克利特和谐学说的启发。亚里士多德进而描述了道德完满之人或具有伟大灵魂的人。这出色地刻画了当时公民们的举止中普遍受到推崇的东西。总的来说，结论有些夸张，尽管没有虚伪的谦虚让人耳目一新。一个人不应过高估计自己的价值，但也不应妄自菲薄。然而，高尚的人毕竟凤毛麟角，因为绝大多数人从来没有机会实践所有这些德性。和苏格拉底、柏拉图一样，亚里士多德侧重于道德精英。中道学说并非完全成功。例如，如何定义“诚实”？“诚实”被认为是一种德性，但我们很难说它就是“弥天大谎”与“轻微小谎”之间的折中，尽管在某些地方这种观点可能并不罕见。无论如何，这样的定义并不适用于理智德性。

德性，是两极之间的中道：沉着，是侵略与恭顺之间的中道

关于行善和作恶，亚里士多德认为，除非受到强迫或出于无知，人的行动都是自愿的。与苏格拉底的看法不同，他承认人可能故意作恶。此外，他还对选择的含义作了分析，在那种认为人从来不会故意犯罪的理论中，这个问题自然不会出现。

亚里士多德在其正义理论中采用了分配原则，该原则曾被用于《理想国》中苏格拉底所下的定义。如果人人都能得到公平的份额，正义就实现了。这种观点的内在困难在于，它没有为判定什么是公平提供依据。公平的标准是什么？苏格拉底至少还坚持了一种看似客观合理的标准，那就是教育程度。这种观点直到今天仍然大体有效，尽管中世纪并不如此。要想运用正义理论，显然必须解决什么是公平的问题。

最后，我们来谈谈亚里士多德的友谊观。他认为，要想过好的生活，必须有朋友可以商量，在环境所迫时可以依靠。在亚里士多德看来，友谊就是把自尊推及他人。为了自身的利益，你必须爱人如己。和通常一样，在这里，亚里士多德的伦理学多少有些自以为是和以自我为中心。

94 在谈到亚里士多德的政治理论时，有两件事情从一开始就引起了我们的注意。首先，我们发现，政治中的论证必然是目的论的，亚里士多德对此非常清楚。其次，他的政治理论几乎完全集中于城邦。亚里士多德不知道，在自己的有生之年希腊城邦时代正迅速消逝。马其顿正在接管希腊，并且在亚历山大的领导下建立帝国。但他对这样一个组织的政治问题并不感兴趣。当然，有少数几次他也曾轻描淡写地提到过波斯大王、埃及和巴比伦，但他就这些野蛮民族所说的只言片语却使对比更为明显。在亚里士多德看来，希腊城邦展示了最高形态的政治生活，而外国出现的仅仅是某种野蛮主义。

这种目的论方法我们曾在别处见过，它一开始就得到了运用。为了追求某种目的，种种联盟应运而生。国家是其中最大、最全面的，它必须追求最伟大的目的。当然，这就是伦理学中所谓的良善生活，它能在一定规模的社群、即由较小的群体联合而成的城邦中实现，而这些较小的群体又以户或家庭为基础。人天生是作为一种政治动物而生活的，因为他要追求良善的生活。任何凡人都不能一个人自足地生活。亚里士多德进而讨论了奴隶制问题，他说整个自然之中都有一种优越与低劣的二元论，这时我们会想到肉体与灵魂、人与动物，等等。在这些情况下，如果有统治者和被统治者，那么对双方都最有利。希腊人天生就比野蛮人优越，因此外国人而非希腊人适合做奴隶。在某种意义上，这等于已经承认奴隶制最终是不合理的。每一个野蛮部落无疑都会自认为优越，都会从自己的角度来处理问题。事实上，那些半野蛮的马其顿人当时正是这样做的。

亚里士多德的理想国家：
在山顶上必须能够尽收眼底

在讨论财富与获得财富的手段时，亚里士多德提出了一种后来在中世纪产生巨大影响的区分。据说事物有两种价值：一是它本身的价值或使用价值，比如当某人穿了一双鞋时；二是它的交换价值。这便产生了一种非自然的价值，比如当一双鞋不是用来交换其他某个具有直接用途的商品、而是拿去换货币时。货币的优点在于，它是一种更加便携和简洁的价值形式，但缺点在于，它获得了自身的某种独立价值。这方面最糟糕的例子就是用货币进行有利息的放债。亚里士多德的反对意见可能多半是出于他在经济或社会方面的偏见。一个有教养的人不能只沉溺于赚钱而不去培养良善生活。亚里士多德忽视的是，如果没有一定的财力，这些目标是不可能追求的。至于放债，他的反驳乃是基于一种对资本功能非常狭隘的看法。一个穷困的自由人在手头拮据时向放债人求助，无疑可能沦为奴隶，对此我们加以反对是完全合理的；但在为商业冒险筹资方面，资 95
本也是有建设性用途的。亚里士多德可能不会接受这种放债，因为他把大规模贸易、尤其是与外国人进行的贸易看成是一种迫不得已。

现在当我们转而讨论理想国家时，可以发现其条款要比《理想国》的蓝图中提出的更加成熟。特别是，亚里士多德强调了家庭单元的重要性。为了培养真正的爱，就必须对爱之所及的领域加以某种限制。为了得到真正的关注，孩子必须由父母照管，纯粹集体的责任感在这方面往往会导致疏忽。总的说来，《理想国》中的理想国家过于铁板一块。它忽视了一个事实：在某些限度内，国家这个共同体包含许多不同利益在内。顺便指出，如果认识到了利益的多元性，就没有必要再说冠冕堂皇的谎言。关于土地所有制，亚里士多德主张土地私有，但其产品应为社会所共享。这就相当于一种开明的私有制，所有者用自己的财富为社会谋福利。培养这种责任感的就是教育。

亚里士多德在其公民概念中采用了一种非常狭隘的观点，即只有那些既有选举权、又能直接积极参与国家管理过程的人才被称为公民。这样一来，广大的农民和工人就被排除在外，他们被认为不适合发挥政治功能。当时还没有人想过用代议制来管理国家的可能性。

关于政体的各种类型，亚里士多德在《政治篇》中基本上沿用了柏拉图的方案。但他的确凸显了财富而不是人数的重要性。是少数人统治还是多数人统治并不重要，重要的是他们是否握有财权。至于对权力的正当要求，亚里士多德认识到，每个人都会在任何情况下援引同样的正义原则为自己要求权力。这条原则就是，平等的人应当有平等的权力份额，不平等的人则不应当有。困难在于如何评价平等与不平等。在某个方面表现出色的人往往觉得自己在所有方面都高人一等。要想走出这一困境，到头来唯一的出路就是承认那条伦理原则。平等与否必须依照善的标准来判断，只有善的人才应拥有权力。

讨论了政体的各种类型之后，亚里士多德得出结论说，总体而言，最好的政体就是财富既不太多也不太少的政体。因此，

北方和东方的野蛮人，中间的是希腊人：只有希腊人将北方的强健和东方的智慧集于一身

中产阶级占优势的国家是最好、最稳定的国家。接下来，他讨论了革命的原因及其预防。革命的根本原因在于正义原则被滥用：人在某些方面平等或不平等，并不意味着人在所有方面都是如此。最后，他对理想国家作了说明：它的人口要有适当的规模，具备适当的技能；在山顶上应当能够尽收眼底；它的公民应为希腊人，只有希腊人才能将北方的活力和东方的智慧集于一身。

最后我们要提及一部作品。它虽然篇幅不长，却对艺术批评史尤其是戏剧文学产生了巨大影响。这就是亚里士多德的《诗学》，一部主要讨论悲剧和史诗的著作。应当注意，“诗学”一词的字面含义是“制作东西的过程”。因此，它一般可以用于任何生产活动，不过这里它只限于艺术创作。从今天的意义上说，诗人就是作诗的人。

根据亚里士多德的说法，一切艺术都是模仿。他的分类第一次把绘画和雕刻与其他艺术分开，将音乐、舞蹈和现代意义上的诗歌归为一组。根据“模仿”发生的不同方式，诗歌被分成不同的类型。不过，他从未对“模仿”的含义做出实际解释。从理念论来看，我们对这个概念当然很熟悉，因为理念论认为，殊相模仿了共相。在亚里士多德那里，模仿似乎意味着用人为的方式唤起真实的情感。他的全部讨论似乎都着眼于戏剧艺术，因为正是在这个领域，模仿原则才得到了最自然的运用。当亚里士多德进而谈及对人的行为的模仿时，这一点就变得更加清楚。可以用三种方式来描述人的行为：既可以如实精确地表现他们，也可以模仿高于正常行为标准的东西，还可以模仿低于正常行为标准的东西。通过这种方式，我们就可以区分悲剧和喜剧。悲剧把人表现得比实际更高大，但不能离我们太远，否则会妨碍我们对其境遇表示同情。而喜剧则把人表现得比实际更糟糕，因为喜剧强调了生活荒谬的一面。人物性格中的滑稽要素被认为是缺陷，尽管不是特别有害的缺陷。这里我们注意到艺术价值与伦理价值的某种结合。这是一种来自《理想国》的成见，《理想国》中的艺术评价与社会伦理标准密切相关。纯粹的邪恶绝不可能有审美价值，这是现代文学标准不予承认的一种限制。

接着，亚里士多德区分了讲故事的诗和表现行动的诗。这就把史诗从戏剧中分出来。戏剧艺术的起源可见于那些与宗教仪式相关的吟诵。明显，希腊悲剧始于俄耳甫斯教秘仪中念诵的某些咒语。对“悲剧”的一种可能解释是，它指一首山羊歌曲，而山羊正是俄耳甫斯的象征之一。希腊语的“tragos”是“山羊”，“ode”是“歌曲”。最初的悲剧仪式有一位领头人在吟诗，还有一群人应和，很像今天的宗教集会。亚里士多德指出，由此发展出最早的演员和合唱队。而喜剧则源于狄奥尼索斯的狂欢，“喜剧”的本义就是“狂欢之歌”。

史诗通篇使用同一格律，而悲剧则随着内容的不同而变化。但更重要的是，悲剧更受场景的限制。亚里士多德并未提出一种关于地点、时间和情节的明确理论。这更多是涉及两种写作固有的实际限制。一幕剧必须在有限的空间内一口气演完，而 97
一部史诗却可以想写多长就写多长，并可以用想象做舞台。亚里士多德把悲剧定义为对人的行为的模仿。悲剧应当具有善、完整性和合理的规模，应当使观众对恐惧和怜悯感同身受，藉此将这些东西从灵魂中清除。

关于完整性，亚里士多德坚称，悲剧应该有开头、中间和结尾。初看起来，这样说似乎没有多少内容，但它的含义其实非常合理：悲剧必须有一个可信的开头，以合理的方式展开，最后达到一个令人信服的结局。悲剧必须在自足的意义上是完整的。剧情长短很重要：太长则观众的精神难以维持；太短则不能让人铭记在心。

悲剧的最终目的是通过情感的净化使灵魂纯洁，这正是希腊词“catharsis”的意思。通过设身处地地体验恐惧和怜悯，灵魂才能卸下这个包袱。因此，悲剧有一种治疗目的。这个术语来自医学。亚里士多德观点的原创之处在于，他建议通过一种温和的疾病本身、一种精神病学的接种来进行治疗。这样解释悲剧的目的，当然要先假定所有人都会被恐惧、怜悯所烦扰，这或许是真的。

亚里士多德进而考察了悲剧作品的各个方面。其中最重要的是情节，没有情节就不会有戏剧。角色是通过情节来实现自己的，因此角色之于情节是第二位的，潜在的角色在情节中成为现实。关于情节，有两类事件尤其重要：一是命运的突然逆转，二是发现了某种与情节有关的出乎预料的情况。这些事件会突然降临到一个任何德性都不太出色的人身上，他的失败并非缘于恶行，而是缘于缺乏判断力。他从显赫高位上被拉了下来，成为被遗弃的人。这样的情况在希腊戏剧中屡见不鲜。

在角色的处理方面，亚里士多德首先要求它具有典型性。和情节一样，角色也必须给人以鲜活的印象。在这个意义上，我们必须从另一种角度来理解亚里士多德的说法，即诗歌讨论普遍，历史则描写特殊。在悲剧中，我们认识到了人生的普遍特征，这也是作品的主题。需要注意的是，亚里士多德虽然提

到了我们所谓的舞台表演，但认为它无关紧要。这样就把重点几乎全放在作品的文学质量上。他也许认为悲剧要像适合于舞台表演那样也适合于阅读。《诗学》虽然没有提出一套关于艺术和美的成熟理论，但明确提出了至今仍然有着极大影响的关于文学批评的若干标准。特别是，他没有谈论剧作者的情感和意图，而是集中于作品本身，这让人耳目一新。

98 我们知道，希腊哲学和理性科学属于同一时代。问题的实质是，哲学问题产生于科学研究的边缘。这对数学来说尤其如此。自毕达哥拉斯的时代起，算术和几何就一直在希腊哲学中扮演着重要角色。数学在哲学领域尤其重要，有这样几个原因：首先，数学问题简单、明确。这并不是说它总是容易解决，它不必在这个意义上是简单的。但与生理学等领域的问题相比，数学中的普通问题还是要简单一些；其次是有了一套既定的证明程序。当然，先得有人把这种程序找出来。证明的普遍性恰恰是希腊人的发明。证明在数学中的作用比在其他大多数科学中更明显，尽管人们对数学论证到底在做什么总是争论不休且时有误解；第三，数学论证的结论一旦被正确理解，就不容置疑。前提已被接受的任何有效论证的结论当然也是如此。数学的要旨就是，接受前提乃是论证程序的一部分，而在其他领域，由于担心某个前提是错误的，总要将结论与事实进行比较。对于数学，超出它自身之外就没有什么事实需要比较。由于这种确定性，所有时代的哲学家通常都会承认，数学提供了一种比其他任何领域更可靠的优越知识。许多人都说数学就是知识，而且拒绝把这种说法用于任何其他学问。用《理想国》中的语言来说，数学属于形式领域，所以产生知识，而其他领域只处理特殊，所以充其量只能产生意见。理念论源于毕达哥拉斯学派的数学，苏格拉底将它扩展成一种一般的共相理论，柏拉图则再次将它囿于数学领域。

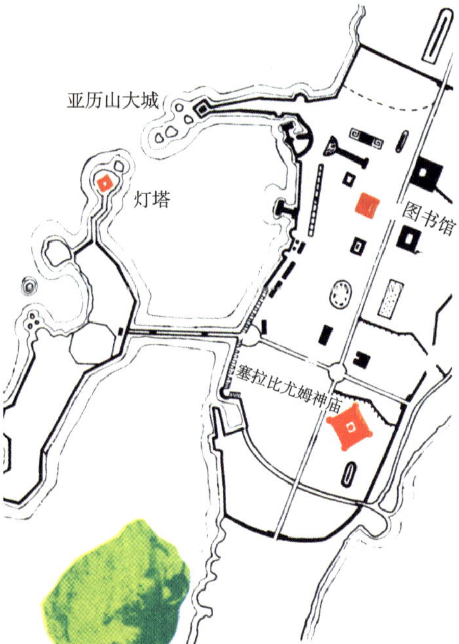

公元前 4 世纪末，数学活动的中心移到了亚历山大城。该城是亚历山大大帝于公元前 332 年所建，并且迅速成为地中海地区最重要的贸易中心之一。它位于通往东方世界的大门，是西方与巴比伦、波斯文化的交汇处。一个庞大的犹太人社群在短时期内发展起来，并且被迅速希腊化。来自希腊的学者在这里建立了一所学校和一座闻名于整个古代的图书馆，没有任何其他地方的藏书比它更丰富。不幸的是，公元前 47 年恺撒的军团占领该城时，竟将这个古代科学与哲学的独特宝库付之一炬。同时，古典时期一些伟大作家的许多资料也无可挽回地丧失了，许多价值稍逊的东西无疑亦被焚毁了。

亚历山大城最著名的数学家是欧几里得，他于公元前300年左右四处讲学。他的《几何原本》至今仍是希腊科学最伟大的丰碑之一。该书以演绎的方式收集整理了当时的几何学知识。99
其中许多内容并非欧几里得本人的发明，但其功绩在于对这门学科作了系统论述。古往今来，《几何原本》一直是许多人努力追求的榜样。当斯宾诺莎以“更加几何的方式”阐述其伦理学时，正是以欧几里得为榜样，牛顿的《自然哲学的数学原理》也是如此。

我们知道，后期毕达哥拉斯学派所处理的问题之一就是把无理数当作连分数序列的极限值来构造。然而，从未有人就这个问题提出一套完整的算术理论，于是就无法以算术方式来解释比例，因为我们仍然不可能给一个无理数或不可度量的数取一个数的名称。而对长度来说，情况就不同了。事实上，我们最初正是在尝试用一个数来表示边长为一个单位的等腰直角三角形的斜边时才发现这个困难的。因此，正是在几何学中才出现了一种完全成熟的比例论。其发明者似乎是与柏拉图同时代的欧多克索斯（Eudoxus）。该理论流传至今的形式可见于欧几里得的《几何原本》，其中对这个问题作了非常清晰严格的论述。最后一次回到算术是大约2000年后发明解析几何的时候。笛卡儿在假定几何学可以用代数来处理的时候，实际上是在追求苏格拉底辩证法的科学理想。在破坏几何学的特殊假说时，他发现了更一般的原理作为基础。阿卡德米的数学家们所追求的正是这个目标，虽然我们永远也不会知道他们取得了何种程度的成功。

在现代意义上，欧几里得的《几何原本》是纯粹的数学。在这方面，亚历山大城的数学家们遵循了阿卡德米传统，从事数学研究仅仅是出于对问题的兴趣。这一点在欧几里得那里表现得最为明显。他的书里没有任何迹象表明几何学可能有用。此外，掌握这样一门科学需要长期的努力。当埃及国王要欧几里得只用简易的几节课来教他几何学时，欧几里得作了著名的反驳：没有通向数学的御道。不过，设想数学无用是错误的。认为数学问题往往并非源于实际实践问题也是错误的。但研究某个理论的起源是一回事，根据其自身的价值来对待这一理论又是另一回事，这两件事常常没有被明确加以区分。指责欧几里得不重视数学发现的社会学是没有意义的，这种东西他根本不会有兴趣。只要给他一堆数学知识，无论这些知识是怎么来的，他都会对其进行讨论，并以严格的演绎秩序对其进行整理。这是一种科学练习，其有效性既不依赖于国家的状况，也不依

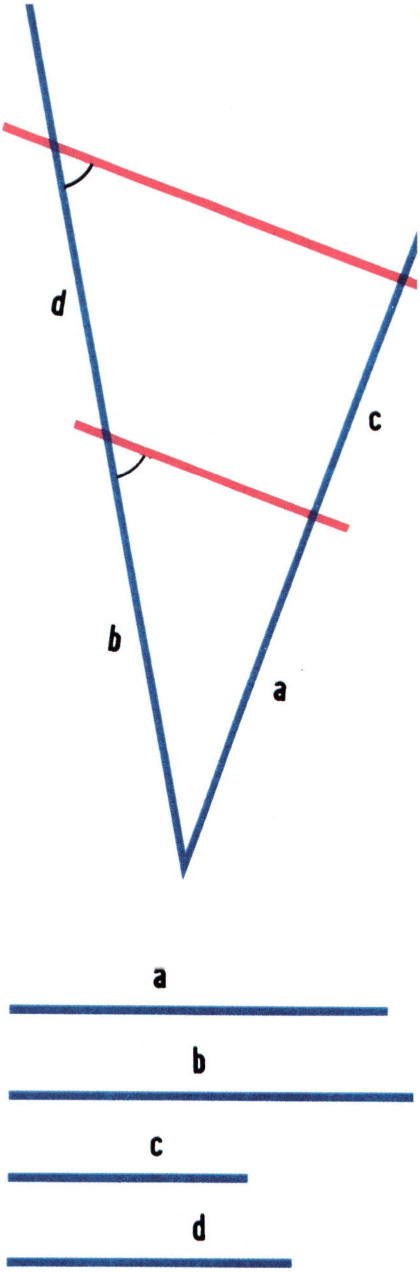

亚历山大城的欧几里得阐述的比例论

赖于其他任何东西。事实上，这些观点适用于哲学本身。毫无疑问，时代的条件使人们总是关注眼前的而不是过去或以后的问题，但这并不改变针对这些问题所提出理论的优点或缺点。

100 还有一项发明被称为“穷竭法”，它被归功于欧多克索斯。计算曲线包围的面积时要用到这一程序，其目标是用一些面积很容易求出的更简单的图形来填满原有的空间。原则上讲，这正是积分学所做的事情，穷竭法其实就是积分学的先驱。运用这种计算方法的最著名的数学家是阿基米德，他不仅是伟大的数学家，而且还是杰出的物理学家和工程师。他住在叙拉古，根据普鲁塔克（Plutarch）的说法，他曾多次凭借技术帮助该城抵御敌军的进攻。但罗马人最终征服了整个西西里和叙拉古。公元前 212 年，叙拉古陷落，阿基米德在洗劫中被杀害。传说一个罗马士兵刺死了他，当时他正忙于在其花园中的一块沙地上计算某个几何问题。

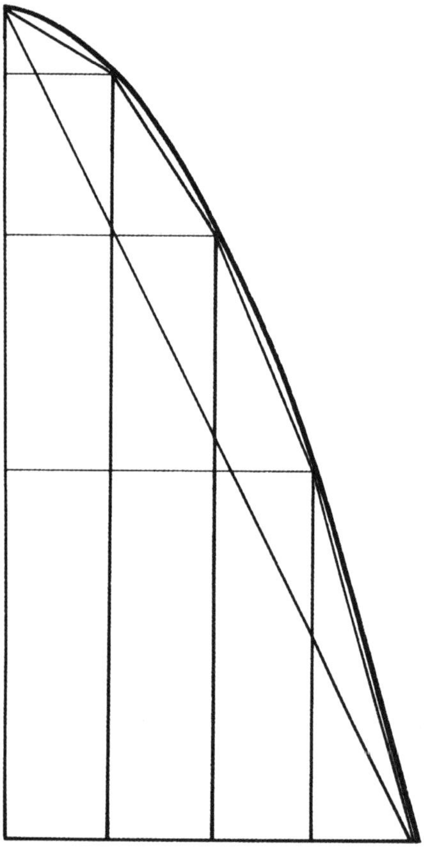

阿基米德用穷竭法来求抛物线的面积，是积分学的先导

阿基米德用穷竭法来求抛物线和圆的面积。对于抛物线，他用无穷多个逐渐缩小的三角形来和它内接，导出一个精确的数值公式。对于圆，答案则取决于周长与直径之比。由于不是有理数，可以用穷竭法求得它的近似值。通过内接和外切边数逐渐增多的正多边形，可以越来越接近圆周。内接多边形的周长总是小于圆，外切多边形的周长则总是大于圆，但随着边数的增加，两者的差会越来越小。

亚历山大的阿波罗尼奥斯（Apollonius）是公元前 3 世纪另一位伟大的数学家，他发明了圆锥曲线理论。这里我们又看到了一个消除特殊假说的明显例子。因为现在，两条直线、一条抛物线、椭圆、双曲线和圆都是同一个东西即圆锥截线的特例。

在其他科学领域，希腊人可能在天文学方面取得了最引人注目的成就。我们在讨论几位哲学家时曾经提到其中的一些成就。这一时期最令人惊讶的成就是发现了日心说。萨摩斯的阿里斯塔克（Aristarchus）与欧几里得、阿波罗尼奥斯是同时代人，他似乎最早对这一观点做出了完整而详细的解释，尽管在公元前 4 世纪末，阿卡德米人可能也持这一观点。无论如何，我们有阿基米德的可靠证言，表明阿里斯塔克的确持有这种理论。我们还发现普鲁塔克的著作中也提到过它。日心说的要旨在于，地球和行星围绕太阳运转，太阳和恒星则固定不动，地球在围绕太阳运转的同时还绕轴周日自转。公元前 4 世纪的阿卡德米学者赫拉克利德（Heraclides）已经知道地球每天绕轴自转一周，而黄赤交角是公元前 5 世纪发现的，因此阿里斯塔克的理论并非全新的东西。但在当时，这种对常识观点的公然背离招致了某种反对甚至是敌视。应当承认，甚至连一些哲学家也表示反对，也许是基于伦理方面的理由。因为把地球移出万物的中心必然会破坏道德标准。斯多亚派哲学家克利安提斯（Cleanthes）甚至要求希腊人指控阿里斯塔克渎神。有 101
时候，关于日月星辰的古怪观点就像政治中的非正统观念一样危险。这次事件爆发之后，阿里斯塔克表达自己的观点时似乎畏缩了一些。当伽利略支持哥白尼的理论时，地动观点再次扰乱了宗教感情。值得注意的是，哥白尼其实只是复兴或重新发现了阿里斯塔克的理论而已。哥白尼一份手稿的页边写有阿里斯塔克的名字，便证明这是确凿无疑的。至于太阳系中天体的相对大小和距离，结果并不都那么准确。对日地距离的最佳估计值大约是实际距离的一半，对月地距离的计算则相当准确。估算出的地球直径只比实际数值小了 50 英里，这一功绩要归功于亚历山大城的图书馆长和敏锐的科学观测者埃拉托色尼（Eratosthenes）。为了确定地球的周长，他选择了几乎位于同一条子午线上的两个观测点：一个观测点是北回归线上的赛伊尼，正午时分这里的太阳位于天顶，通过观测太阳在一口深井中的映像就可以确定这一点；另一个观测点则在往北 400 英里处的亚历山大城，此时只需测定太阳的角度就可以了，一个简单的办法就是测量一座方尖碑的最短影子。由此很容易算出地球的周长和直径。

许多这类知识很快就被遗忘了，主要是因为它们与当时的宗教偏见相冲突。连哲学家在这方面也有过错，就不难理解了，因为新天文学使斯多亚派的伦理学说有被推翻的危险。持中立态度的观察者倾向于认为，这表明斯多亚派的学说很糟糕，所以应当推翻它。但这种想法难以实现，观点受批驳的人是不会轻易放弃自己立场的。既坚信某种观点，同时又保持超然，这乃是最罕见的天赋之一。哲学家和科学家比其他人更想努力获得这种天赋，尽管最终他们并不一定比平常人做得更好。数学很适合培养这种态度。许多大哲学家同时也是数学家，这绝非偶然。

最后也许值得强调，除了问题的简单性和结构的清晰性，数学还为美的创造提供了施展空间。事实上，希腊人具有非常敏锐的审美感受。今天的“美学”一词最早是由 18 世纪的德国哲学家鲍姆加登（Baumgarten）创造出来的。无论如何，济慈（Keats）在说“真即是美”时，所表达的感情完全是一种希腊观念。这正是一个柏拉图主义者在沉思某个希腊陶壶的几何比例时可能有的感受。数学证明的结构本身也是如此。在这个领域，像“优雅”和“节约”这样的概念都是美学性的。

埃拉托色尼发现了地球的周长：太阳位于天顶时，根据它与同一子午线上其他地方的法线所成的角度就能得到答案

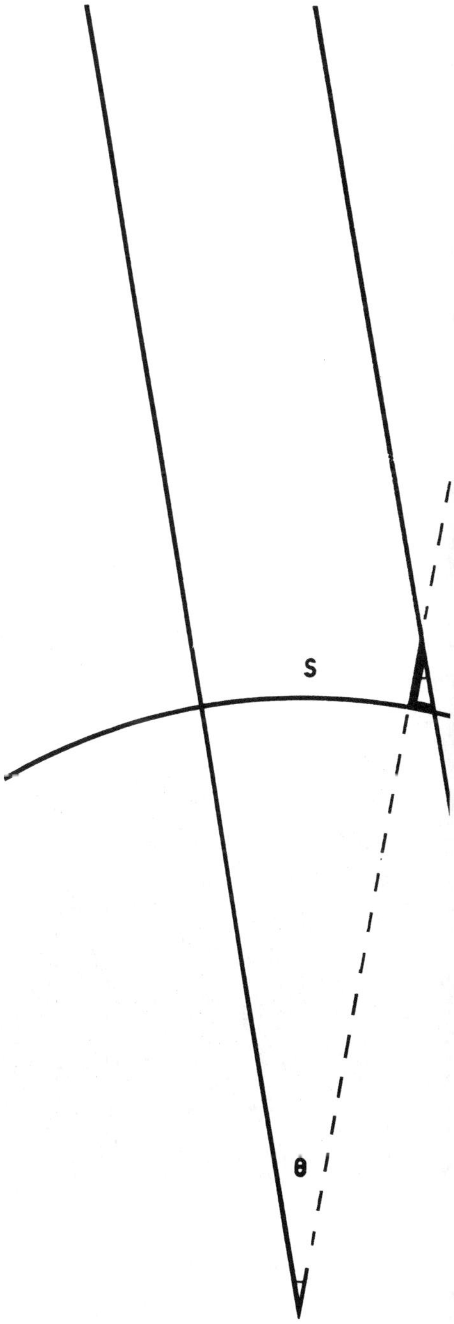

希腊化时代

如果说公元前 5 世纪初希腊人还在抵御波斯人的入侵，那么到了公元前 4 世纪初，波斯帝国就只是一个泥足巨人了。色诺芬不是已经证实，即使在波斯本土，一支指挥有方、训练有素的希腊军队也能坚守阵地，顶住波斯帝国的攻击吗？

在亚历山大大帝的率领下，希腊世界转守为攻。短短 10 年时间（公元前 334 年至公元前 324 年），波斯帝国就落入了这个年轻的马其顿征服者之手。从希腊到大夏，从尼罗河到印度河，世界顷刻之间即被亚历山大大帝所统治。在希腊人看来，他是马其顿的君主，而他却自命为希腊文明的传承者。事实证明的确如此。他既是征服者，也是殖民者。他的大军所到之处，

亚历山大在伊苏斯击败大流士。随着其领土的增长，希腊文化从尼罗河传播到了印度河

尼罗河的寓言，印度－希腊的佛

都要按照希腊样式建起一些希腊城市。在这些希腊生活中心，原来的希腊或马其顿移民与当地人融合在一起。亚历山大大帝鼓励马其顿人与亚洲妇女通婚，他自己也身体力行，娶了两位波斯公主为妻。

作为一个国家，亚历山大的帝国无异于昙花一现。他去世后，他的将领们最终把领土一分为三：欧洲部分或安提柯帝国在一百多年后落入罗马人手中；亚洲部分或塞琉西王国分裂开来，西部被罗马人占领，东部则为安息等民族占据；托勒密王朝的埃及成了奥古斯都统治的罗马帝国的一部分。不过作为希腊文化的传承者，马其顿的征服要更为成功。希腊文明源源不断地涌入东方。希腊语成了各地有教养之人的语言，很快又成为贸易和商业的通用语，就像近几十年来的英语一样。公元前200年左右，一个人若是从赫丘利斯之柱走到恒河可以一直讲希腊语。

就这样，希腊的科学、哲学，尤其是它的艺术，渐渐影响了古老的东方文明。钱币、花瓶、建筑和雕刻方面的遗迹以及较小程度的文学影响都是这场文化入侵的见证。同样，东方也

希腊化时代的三位国王：埃及的托勒密一世，马其顿的德米特里，叙利亚的塞琉古一世

对西方产生了新的影响。不过，这种影响多少是倒退了一步。因为那时最吸引希腊人的似乎是巴比伦的占星术。因此，虽然在科学技术上有所发展，但希腊化时代远比古典时代更迷信。105
在我们这个时代，同样的事情也再度发生了。我年轻的时候，喜欢占星术的只是极少数不正常的怪人，而今天，这种疾病的影响力却大得惊人，以致蛊惑了出版巨头开辟专栏讨论星相之事。这也许不足为怪。在罗马人到来之前，整个希腊化时代都像一盘散沙，动荡不定、危机四伏。冲突各方的雇佣军不时四处骚扰。在政治上，亚历山大建立的新城市缺乏旧殖民地的稳定性，后者与其宗主城市有传统联系。当时的整体氛围缺乏安全感。强大的帝国已经崩溃，其继承者们又在无休止地争夺霸权，人们必然会深感世事无常。

在文化上，我们看到专业化越来越普遍。如果情况需要，作为城邦的一员，古典时代的伟大人物能做很多事情。而希腊化世界的研究者却把自己限定于某个具体领域。科学研究中心从雅典转移到了亚历山大城，这是亚历山大建立的最成功的新城市，世界各地的学者和作家云集于此。地理学家埃拉托色尼曾一度出任亚历山大图书馆馆长，欧几里得和阿波罗尼奥斯讲授数学，阿基米德也曾在此学习。在社会方面，奴隶人口的增长破坏了稳定生存的基础。在用奴隶干活的地方，自由民很难与之竞争，所以唯一的出路就是去当兵，指望在巧取豪夺中大捞一把。虽然希腊势力范围的扩大使人们的理想比城邦时代更为开阔，但没有任何人或事业有足够强大的力量能够重振亚历山大留下的破碎河山。

持久的不安全感使人们对公共事务丧失了兴趣，思想道德的品质也普遍衰落了。昔日的希腊人没有能力解决当时的政治问题，希腊化时代的人们也是如此。最终，从混乱中建立秩序并把希腊文明流传后世的是具有天才组织能力的罗马人。

刻有雅努斯的罗马硬币，比同时代希腊的硬币要粗糙

波伊廷格地图的一部分；良好的道路有助于罗马实现控制

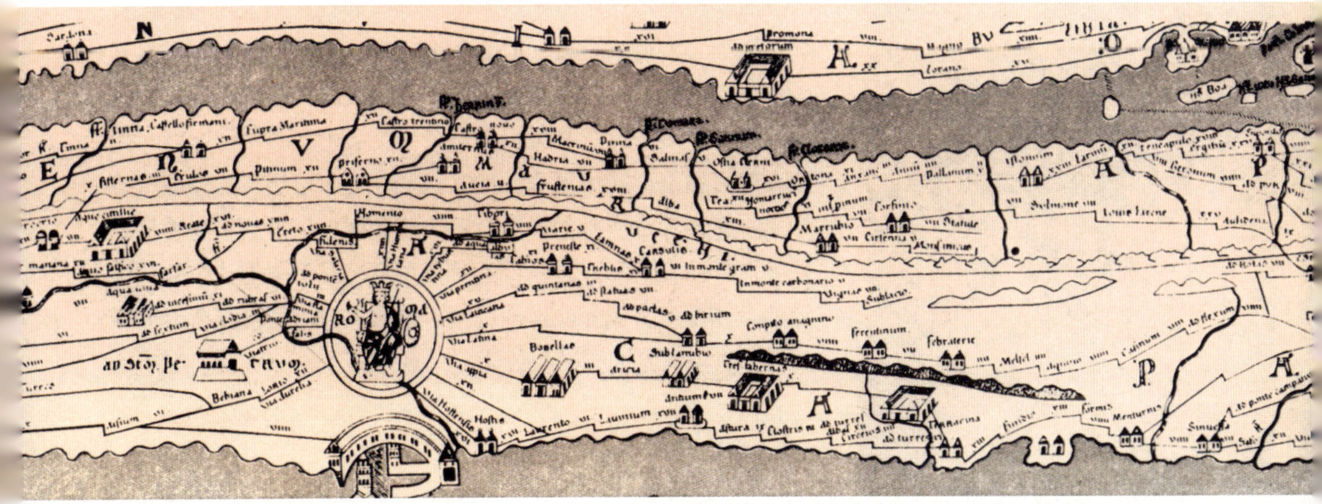

安提斯泰尼，来自迈加拉的逻辑学家

第欧根尼，犬儒主义者

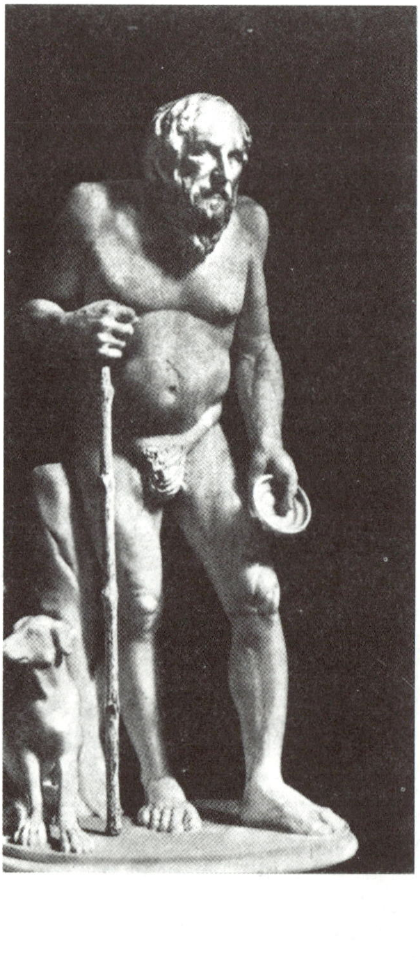

106 随着城邦黄金时代的消逝，希腊世界普遍缺乏生机活力。如果说所有伟大的雅典哲学家都有一个明显特征，那就是勇敢的乐生态度。他们认为世界并不是一个糟糕的居所，整个城邦可以尽收眼底。正如我们所看到的，亚里士多德认为这是理想城邦的一个特征。

马其顿的扩张彻底摧毁了这种自得的态度。那个时期的哲学倾向表现出一种总体的悲观情绪和不安全感，像柏拉图那种贵族公民的自信再也见不到了。

在某种意义上，苏格拉底之死标志着希腊文化的分水岭。虽然后面还有柏拉图的工作，但我们实际上正下降到希腊文化的平原。在哲学上，一些新的运动开始涌现，其中之一与苏格拉底的弟子安提斯泰尼（Antisthenes）直接相关。他的名字与爱利亚传统中的一个悖论有联系。按照这个悖论，任何有意义的陈述都不可能做出："A是A"是真的，但不值得说；或者"A是B"，但B并不是A，所以这必定是错的。难怪安提斯泰尼对哲学逐渐失去了信心。他晚年放弃了上层人的生活和出身，过起了普通人的简朴生活。他背叛了当时的习俗，渴望回到一种不受国家惯例和规定束缚的原始生活。

安提斯泰尼有一个弟子叫第欧根尼（Diogenes），来自希腊在黑海的殖民地西诺普。新运动即以他而得名。第欧根尼过着狗一样的原始生活，因此得到了"犬儒"的绰号，意思是"像狗一样"。据说他生活在一个木桶里，亚历山大曾经拜访他，问他想要什么，并答应满足他的愿望。第欧根尼却回答："不要挡住我的阳光。"亚历山大深有感触地说："我若不是亚历山大，就会做第欧根尼。"

犬儒学说的要点是远离世俗财富，把德性当作唯一值得拥有的善来追求。这显然具有苏格拉底学说的倾向，但它对世事的反应多少有些消极。诚然，一个人牵挂的东西越少，他受到伤害或失望的可能性也就越小。但从这样一些源头出发，我们不可能获得进一步的激励。犬儒学说很快就发展成为一种具有广泛影响力的传统。公元前3世纪，它在整个希腊化世界得到了极大支持。当然，这只是说明一种低级的犬儒学说碰巧真实地反映了当时的道德状况。它是一种机会主义的生活态度，如果有东西可拿，就用双手去接，贫乏时也不抱怨，有福可享就享受一番，耸耸肩膀，听凭命运的随意摆布。正是从这种学说发展中，"犬儒"一词获得了贬义。不过，犬儒主义作为一种
107 运动，并非完全蓄意要这样持续下去。它的伦理内容渐渐被斯多亚派吸收，我们稍后会谈到这一点。

哲学衰落时期的另一个截然不同的产物是怀疑主义运动。从字面上看，怀疑论者就是一个持怀疑态度的人，但怀疑论作为一种哲学，却把怀疑提升到信条的地位。它否认人能确定地知道任何事物。当然，麻烦在于我们想知道哲学上的怀疑论者是从哪里得出这一信息的。如果他的立场明确否认了知识的可能性，那他又如何知道情况是这样？一旦对我们意见的怀疑变成了某种原则，这种批评就是适当的。作为一项有益提醒，告诫人们谨慎为好，这当然没有什么不对。

第一位哲学上的怀疑论者是皮罗（Pyrrho）。他是伊利斯的公民，曾随亚历山大的军队闯荡过世界。怀疑论的学说并不新鲜，如前所述，毕达哥拉斯学派和爱利亚派就曾怀疑过感官的可靠性，智者们也引入了相似的观念作为他们社会和伦理相对主义的基础。但这些思想家都没有把怀疑本身当成一项中心议题。17、18世纪的作者们提起皮罗主义哲学家时，指的就是这类怀疑论者。关于皮罗本人，我们几乎一无所知，但他的弟子泰门（Timon）似乎否认有可能得到演绎的第一原理。由于亚里士多德对科学论证的解释依赖于第一原理，这对亚里士多德的追随者来说是一个沉重的打击。因此，中世纪的经院学者对皮罗主义哲学非常敌视。而苏格拉底对假说演绎法的论述却没有受到怀疑论的影响。从哲学上讲，17世纪的学术复兴背离了亚里士多德，回到了柏拉图。

设计形式随着思想标准的衰退而被放宽

公元前235年泰门去世后，怀疑论也不再是一个独立的学派。它被阿卡德米吸收了，使它保持一种怀疑论偏见达200年之久。这当然是对柏拉图传统的一种歪曲。柏拉图的作品中的确有几段话，如果脱离语境来看，似乎是要放弃对建设性思考的所有努力。我们不由得想起《巴门尼德篇》中的辩证法难题。但在柏拉图那里，辩证法本身从来不是目的。只有以这种方式进行误解，才会把它歪曲成具有怀疑论的意思。此外，在一个正在陷入迷信的时代，怀疑论者作为揭露者的确做了一些有价值的工作。但基于同样理由，他们也可能决定搞些迷信仪式而内心并不认同。正是由于这种完全消极的看法，怀疑论作为一个体系往往会在其信徒中产生一代不成熟的玩世不恭者，他们虽然机智，但并不明智。

到了公元前1世纪，怀疑论再次成为一种独立的传统。2世纪的讽刺作家卢奇安（Lucian）和恩披里柯（Sextus Empiricus）的作品流传至今，他们属于后期怀疑论，但时代氛围最终要求一种更加明确和抚慰人心的信念体系。一种教条主义观点发展起来，渐渐使怀疑论哲学黯然失色。

108 如果把希腊化时代的哲学思辨与伟大的雅典传统及其先驱们相比较，我们必定会强烈地感受到衰落时代那种萎靡不振的样子。对昔日的思想家们来说，哲学是一种冒险，需要开拓者的敏锐和勇气。后来的哲学也可以说要靠勇气，但它现在是顺从与忍耐的勇气，而不是探索者的一往无前。在一个旧社会框架已经瓦解的时代，人们追求的是安宁。如果连这一点都不易获得，就只能对无法避开的苦难逆来顺受。这在伊壁鸠鲁（Epicurus）的哲学学派中表现得最为明显。

伊壁鸠鲁生于公元前 342 年，父母是雅典人。他 18 岁那年从萨摩斯来到雅典，不久又去了小亚细亚，在那里迷上了德谟克利特的哲学。刚过 30 岁，他就创办了一所学校，从公元前 307 年到公元前 270 年他去世，该学校一直设在雅典。这所学校就像他的住所和庭院里的一个小社会，力争与外界的忙碌和纷争隔离开来。伊壁鸠鲁终生为种种小病所折磨，但都独自忍受下来，毫不畏缩。其学说的主要目标就是达到一种不受干扰的安宁状态。

伊壁鸠鲁认为快乐是最大的善。没有快乐，就不会有善的生活。这里所说的快乐既包括肉体的快乐，也包括心灵的快乐。后者在于对肉体的快乐进行沉思，而肉体的快乐绝非更为优越。此外，由于我们更能控制自己心灵活动的方向，所以在某种程度上我们可以选择自己沉思的对象，而肉体的感受则在很大程度上是强加给我们的。这也是心灵快乐的唯一优点。根据这种观点，有德性的人会小心谨慎地追求自己的快乐。

这种一般理论引出了一种与苏格拉底和柏拉图迥异的善的生活观，其总的趋向是摆脱行动与责任。当然，苏格拉底的确把理论生活当成最好的生活，但这并不意味着完全的超然和淡漠。恰恰相反，积极参与公共事务正是精英人物的一种义务。柏拉图也极富这种责任感，走出洞穴的哲学家必须回去帮助那些洞见不及他的人获得自由。正是出于这种信念，他才参与了西西里的冒险事业。而在伊壁鸠鲁那里，生命活力已经荡然无存。他的确区分了积极的快乐和消极的快乐，但却把后者放在了最重要的位置。在欲望的驱使下，人们为了得到想要的东西而追求某种快乐的目标，从而体验到一种积极的快乐。而目标一旦达到，如果缺乏进一步的欲望，就会获得消极的快乐。这是吃饱喝足之后一种麻木的陶醉。

可以想见，一个厌倦了生活动荡的时代乐于接受这种谨慎的伦理观。然而，作为对“善”的一种论述，它又非常片面。
109 它忽视了一个事实，即无欲或无情恰恰是积极从事研究的一个特征。苏格拉底主张知识是“善”的观点从根本上说是正确的。正是在不计利害地追求理解的过程中，我们才获得了伊壁鸠鲁所追寻的那种不自觉的敏锐性。

然而，和他有些严肃的观点相比，其为人的气质就不那么始终如一了。因为在所有事物中他最看重友谊，尽管这显然不能算作消极的快乐。“伊壁鸠鲁式”逐渐成为奢华生活的别称，这是因为伊壁鸠鲁受到了与他同时代的斯多亚派及其继承者们的大肆诽谤，他们鄙视伊壁鸠鲁的那种在他们看来非常唯物论的学说。这其实是一种误解，因为伊壁鸠鲁一伙人实际上过着俭朴的生活。

伊壁鸠鲁，他关于灵魂的原子论取代了灵魂的不朽论

伊壁鸠鲁接受了德谟克利特的原子论，在这个意义上他是一个唯物论者。但他并不承认原子的运动严格受法则支配。如前所述，法则概念最初源自社会领域，直到后来才渐渐用于物理事件。同样，宗教也是一种社会现象，在必然性概念上，这两种思路似乎交叉了。最终的立法者是诸神。既然拒斥了宗教，伊壁鸠鲁自然也就不会考虑严格的必然性法则。因此，伊壁鸠鲁的原子可以在一定程度上有变化无常的自主性，不过正如德谟克利特所说，一旦某个过程在进行之中，它的下一个进程就会遵循法则。

灵魂只不过是一种特殊的物质罢了，它的粒子与肉体原子混合在一起。感觉被解释成物体发射出来的东西与灵魂原子碰撞的结果。当死亡发生时，灵魂原子就会与肉体失去联系而分散开来；这些原子仍然存在，但已不再能感觉。伊壁鸠鲁用这种方式表明怕死是荒谬的，因为我们并不能体验死亡本身。伊壁鸠鲁虽然强烈反对宗教，但承认诸神存在着。然而，我们不会因为诸神的存在而变得更好或更坏。诸神只是伊壁鸠鲁学说的卓越执行者，他们对人类的关切并无兴趣。

诸神既不给予谁奖赏，也不给予惩罚。总之，我们理应走一条审慎而中庸的道路，从而达到一种平静安宁的状态，这就是最大的快乐，因此也是最高的善。

与其他学派不同，伊壁鸠鲁主义并没有发展出一种科学传统。其自由思考的态度和对迷信活动的反对继续受到罗马帝国早期少数上层人士的推崇，尽管在伦理方面，它逐渐被斯多亚主义所取代。伊壁鸠鲁传统中还有一个著名人物是罗马诗人卢克莱修（Lucretius，公元前 99—公元前 55 年）。他在名诗《物性论》中阐述了伊壁鸠鲁的学说。

斯多亚主义是希腊化时代最有影响的哲学运动。其成员并 110
不像一些伟大的雅典学派那样严格限于宗主国希腊的疆域，其

斯多亚主义者芝诺

中一些著名的代表人物来自东方，后来还有一些来自罗马西部。该运动的创始人是腓尼基的塞浦路斯人芝诺。其出生时间不详，但应该在公元前 4 世纪下半叶。芝诺年轻时因家族的贸易活动来到雅典，在那里对哲学产生了兴趣。他放弃了经商，最终建立起一所自己的学校。他常在画廊（Stoa Poikile）讲学，其学说也因该建筑而被称为“斯多亚主义”。

斯多亚哲学大约持续 5 个世纪。在此期间，它的学说发生了很大变化，但其伦理学说大体上保持不变，从而使该运动得以维系。斯多亚主义的这个方面起源于苏格拉底的生活方式。勇于面对危险和苦难，淡泊名利，这些都是斯多亚派看重的德性。“斯多亚”一词的现代含义正是源于这种对忍耐和超脱的强调。

与古典时代的理论相比，作为伦理理论的斯多亚主义显得有些单调和清苦。但作为一种学说，它比亚里士多德和柏拉图的学说赢得了更广泛的信奉。这也许是因为柏拉图强调知识是最高的善不易为从事实际活动的人所接受。无论如何，斯多亚主义似乎吸引了希腊化时代的君主和统治者。至于斯多亚主义是否实现了苏格拉底的理想，即哲学家应当成为国王，国王也必须成为哲学家，则很值得怀疑。

除了一些缺篇，早期斯多亚派的作品几乎没有留传下来，不过拼凑出该学说的概貌还是有可能的。芝诺本人似乎主要关注伦理问题。斯多亚派哲学最关心的一个主要议题始终是决定论和自由意志，时至今日，这个哲学问题仍然吸引着哲学家们的注意。根据芝诺的说法，自然受法则的严格支配。他的宇宙论似乎主要受到了前苏格拉底哲学家观点的启发。他和赫拉克利特一样，也把火视为最初的实体。过了一段时间，从火中又分离出其他元素，这在一定程度上效仿了阿那克萨哥拉的理论。最后出现了熊熊大火，万物重归原始的火，一切又重新开始，就像恩培多克勒的循环理论所说的那样。世界运行所遵循的法则来自某个最高的权威，后者支配着历史的所有细节。万物都以预定的方式为了某种目的而发生。那个最高的或神圣的动因不在世界之外，而是像湿气渗透沙子一样遍布整个世界。因此，神是一种内在的力量，

它的一部分活在每个人之内。到了近代，这种观点因为受到斯多亚传统影响的斯宾诺莎的哲学著作而闻名。

一座画廊，芝诺在雅典时就在这样的走廊内教学，因而被称为斯多亚主义

德性是最大的善，它在于与世界一致地生活。但我们不能基于一切存在之物都是这样与世界一致的，而把它仅仅理解为一种同义反复。毋宁说，这是引导一个人的意志，使之与自然相交融而不是相对立。要把世俗财富看得无足轻重。暴君可以

剥夺一个人所有的外在财富乃至生命，但却无法剥夺他的德性。德性是一种内在的、不可剥夺的所有物。因此我们断言，一旦不再错误地要求外在财富，人就会变得完全自由，因为外在力量无法触及他的德性，而德性是唯一重要的东西。

虽然其中一些看法作为高贵生活的准则也许令人钦佩，但作为一种伦理理论，该学说存在着严重缺陷。因为如果世界受法则支配，那么宣扬德性的至高无上就没有什么意义。有德性的人之所以有德，是因为他们不得不如此，同样，恶人也是如此。我们应当如何来理解那个预定了恶的神呢？柏拉图在《理想国》中提出的看法，即神只创造了世间的善，在这里显然没有什么用处。斯宾诺莎和莱布尼茨也面对着非常类似的反驳，为了解决这个困难，他们主张人的心灵无法从总体上把握事物的必然性，但实际上，在所有可能世界中这个最好的世界里，万物已得到最佳安排。不过除了一些逻辑上的困难，该理论似乎还明显存在事实上的错误。让人担心的是，苦难总体上无助于提高德性或使灵魂更高贵。此外，我们这个进步的时代有一个令人悲哀的发现，那就是只要有足够的技能，也许就能击败任何一个人，无论他的品格有多么强大。不过斯多亚主义恰当地认识到，在某种意义上，德性内在的善比别的东西更重要。财物的丧失总能得到一定补偿，但如果失去了自尊，人就不成其为人了。

据说第一次对斯多亚主义加以系统阐述的是克吕西普（Chrysippus，公元前280—公元前207年），不过他的作品没有留传下来。正是在这个阶段，斯多亚派对逻辑和语言产生了更强烈的兴趣。他们提出了假言三段论和选言三段论的理论，并且发现了一种重要的逻辑关系，即现代所说的“实质蕴含”。这是一种并非前者真、后者假的命题关系。以“如果气压降低，天就会下雨”为例，“气压降低”和“天会下雨”之间就是一种实质蕴含关系。同样，斯多亚派还发明了语法术语，语法在他们手中第一次成为一个系统的研究领域。语法中各个格的名称也是斯多亚派的发明。其拉丁文译名由罗马语法学家传下来，至今仍在使用，其中包括对一个希腊术语的误译“accusative”（宾格、对格）。

西塞罗（Cicero）的文学活动使斯多亚派的学说在罗马得 112
到普及，西塞罗曾师从一个来自叙利亚的希腊人——斯多亚派哲学家波西多尼奥斯（Posidonius）。他游历广泛，在许多领域均有贡献。之前我们曾经提到他的天文学研究。作为历史学家，他继承了波里比阿（Polybius）的工作。其哲学立场包含

克吕西普

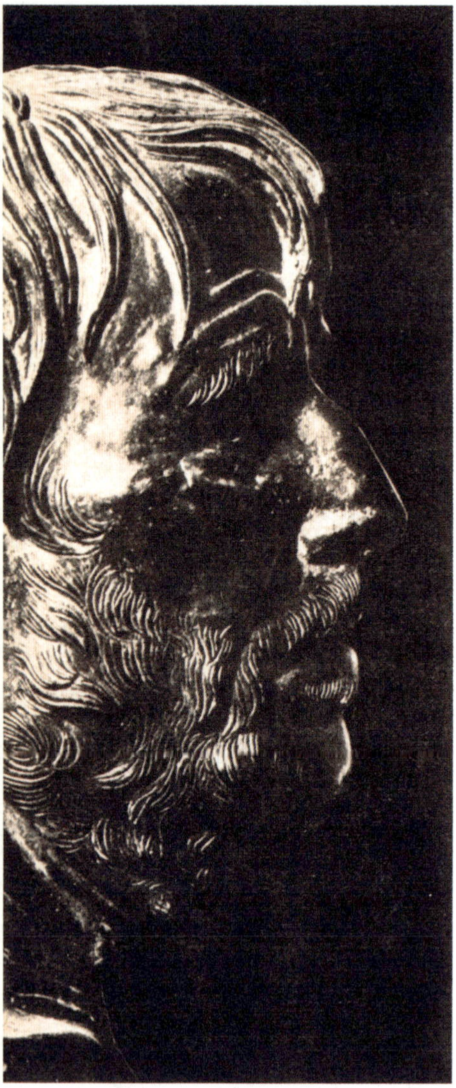

塞内卡，罗马元老院议员，斯多亚主义者

了一些古老的阿卡德米传统，如前所述，此时的阿卡德米已经受到怀疑论的影响。

虽然从哲学上看，斯多亚主义后来的代表人物没有那么重要，但其中三个人的作品被非常完整地保存下来，其生平也有清楚记载。他们的社会地位大相径庭，但其哲学观点却几乎一致：塞内卡（Seneca）是西班牙血统的罗马元老院议员；爱比克泰德（Epictetus）原为希腊奴隶，后在尼禄治下获得自由；奥勒留（Marcus Aurelius）是 2 世纪的皇帝。三个人都撰写了斯多亚风格的伦理学随笔。

公元前 3 年左右，塞内卡出生于一个迁居罗马的富有的西班牙家庭。后来他进入政界，并担任行政职务。在皇帝克劳狄乌斯（Claudius）的统治下，他的命运遭遇了暂时的挫折。克劳狄乌斯是一个比较稳重的人，应皇后梅萨林娜（Messalina）的要求，他于公元 41 年放逐了塞内卡。这位元老院议员在批评皇后生活方式不检点时有些过于放肆。几年之后，皇后意外暴卒。克劳地乌斯迎娶了第二任妻子阿格丽皮娜（Agrippina），即尼禄之母。公元 48 年，塞内卡被从避难所科西嘉召回，担任太子尼禄的老师。不过，这位斯多亚派哲学家的教学法在尼禄身上不大可能奏效，而塞内卡本人的生活也与斯多亚派伦理学宣扬者的期望相去甚远。尼禄积聚了大量财富，大都得自向不列颠居民所放的高利贷，由此引发的不满可能是导致不列颠省发生叛乱的原因之一。所幸现在激起不列颠人革命思想的已不只是高利率。随着尼禄的日益独断与疯狂，塞内卡再次失宠，最终被赐自尽，违者处死。他遂以当时的方式割断了静脉。虽然他的生活整体上并不是斯多亚式的，但他对死亡的态度却符合他的哲学。

爱比克泰德是希腊人，大约生于公元 60 年。这个名字提醒我们他曾是一个奴隶，因为“爱比克泰德”的意思是“被俘获的人”。早年的奴役生活使他饱受虐待，他因此跛了一条腿，而且身体虚弱。一旦获得自由，他即开始在罗马讲学，直到公元 90 年，他和其他斯多亚派被图密善（Domitian）驱逐出境，因为他们批判皇帝的残暴统治，形成了一股反对皇权的道德力量。爱比克泰德晚年是在希腊西北部的亚克兴胜利城度过的，并于公元 100 年左右在那里去世。他的一些论述被其学生阿里安（Arrian）保存了下来，其中包含着大体上以前面的思路所阐述的斯多亚派伦理学。

113 爱比克泰德生来就是奴隶，而最后一位伟大的斯多亚派作家奥勒留（121—180 年）生来却是皇帝。他由叔父安东尼·庇护(Antoninus Pius)抚养长大。正如其称号所暗示的，安东尼·庇护是罗马皇帝中比较开明的一位。公元 161 年，奥勒留继承皇位，终生为帝国效劳。当时天灾战乱频发，作为皇帝的他一直忙于对付那些野蛮部落，他们对帝国边境的侵犯开始威胁到罗马的霸权。虽然政务的重担压在肩上，但他认为这是自己的职责。国家面临内忧外患，他采取了一系列措施来协助维持秩序。他并非蓄意迫害基督徒，而是因为基督徒拒不接受国教是一个引发分裂的麻烦根源。在这一点上他也许是对的，不过迫害总会说明迫害者的虚弱，因为一个稳固而自信的社会用不着去迫害异端。和爱比克泰德的论述一样，奥勒留用希腊文写的《沉思录》也完整地流传下来，这是他在执行军事任务或公共事务时每天抽空记下的哲学反思。值得注意的是，虽然奥勒留赞同斯多亚派关于善的一般理论，但他对公共责任的看法更符合柏拉图。人是一种社会动物，我们理应在国家中发挥自己的作用。这样就在伦理层面突出了前已谈及的有关自由意志和决定论的困难。因为我们已经看到，按照一般的斯多亚派观点，一个人的德性或邪恶是私事，不会影响他人。但是按照人的社会观，每个人的伦理品质都会对其他任何人产生非常明确的影响。如果这位皇帝对自己的职责持一种更加宽松的态度，发生的争端无疑会比已有的多得多。斯多亚主义从未就这一难题给出令人信服的解答。

第一原理问题是从柏拉图和亚里士多德时代遗留下来的。对此，斯多亚派发展出一种天赋观念论，这些天赋观念是演绎过程所由以开始的清晰自明的起点。这种观点统治了中世纪哲学，也为一些现代唯理论者所接受。它是笛卡儿方法的一个形而上学基础。在对人的看法上，斯多亚派学说要比古典时代的理论更为宽宏大量。我们还记得，亚里士多德甚至认为希腊人不应做同胞的奴隶。斯多亚主义以亚历山大的做法为榜样，主张在某种意义上人人平等，尽管在帝国时代奴隶制的规模空前宏大。沿着这条思路，斯多亚派提出了自然法与国家法之间的区分。这里的自然权利是指一个人因其人性而有权获得的某种东西。自然权利学说对罗马立法产生了有益的影响，对完全被剥夺社会地位的人的命运有抚慰作用。在文艺复兴之后反对君权神授的斗争中，这一学说以类似的理由再度流行起来。

希腊本身虽然一直是世界的思想工场，但却无法作为一个 114
独立自由的国家生存下来。另一方面，希腊的文化传统又广为传播，至少给西方文明留下了永恒的印记。由于亚历山大的影响，中东地区得以希腊化；在西方，罗马成了希腊遗产的承载者。

奥勒留，皇帝，斯多亚主义者

共和国时代的一位执政官

希腊和罗马最初是通过意大利南部的希腊殖民地而有所接触。在政治上，亚历山大的远征并未波及希腊以西诸国。在希腊化时代之初，这一地区有叙拉古和迦太基这两支重要力量。经过公元前 3 世纪的前两次布匿战争，它们均为罗马所灭，西班牙也在战争中被吞并。公元前 2 世纪，希腊和马其顿被征服。第三次布匿战争以公元 146 年迦太基城被完全夷为平地而告终。同年，科林斯在罗马军团的铁蹄之下也遭遇了类似的命运。这种肆意残忍的破坏行径极为罕见，遭到当时和后世的谴责。在这方面，我们现在的时期正迅速退回到原始的野蛮状态。

公元前 1 世纪，小亚细亚、叙利亚、埃及和高卢并入罗马的版图，不列颠则于公元 1 世纪陷落。这些连续不断的征服并非只是出于冒险的渴望，而是为了寻求一条可以不费力地抵御外敌入侵的自然边界。这一目标在帝国早期已经实现：罗马的疆域北以莱茵河和多瑙河为界，东至幼发拉底河和阿拉伯大沙漠，南至撒哈拉，西至大西洋。在此环境下，公元 1、2 世纪的罗马帝国处于相对和平稳定的状态。

在政治上，罗马起初作为城邦，在许多方面都与希腊城邦类似。先是传说中的埃特鲁里亚王朝统治时期，之后是一个共和国，由控制着元老院的贵族统治阶层所主宰。随着国家规模的扩大和地位的加强，它不得不沿着民主方向对政体进行变革。虽然元老院的权力仍然很大，但公民议会渐渐被护民官所

罗马广场，国家的中心

代表，他们对国事有发表意见的权利。最终，执政官也可由非贵族出身的人来担任。但征伐和扩张导致统治者家族获得了巨额财富，地主们用奴隶来耕种大片土地，把小地产所有者从土地上赶走。元老院由此掌握了最高权力。公元前 2 世纪末，由格拉古（Gracchi）领导民众发起的一场民主运动失败了，而后接连不断的内战最终确立了帝国统治。尤里乌斯·恺撒（Julius Caesar）的养子屋大维（Octavian）最终恢复了秩序，并被授予“奥古斯都”的头衔，作为皇帝统治着这个尽管形式上还保留着民主制度的国家。

奥古斯都·恺撒的浮雕

公元 41 年奥古斯都去世，在接下来的大约 200 年里，罗马帝国总体而言还算太平。当然，内部纷争和烦扰依然存在，但都不足以动摇帝国统治的基础。虽然边境仍有战事，但罗马人的生活平静而有序。

终于，军队自身也开始利用自己掌握的权力，以对统治者的支持来换取金钱。就这样，皇帝们在军队的支持下登上了宝座。同样，一旦这种支持撤销，他们就得下台。戴克里先（Diocletian，286—305 年）和君士坦丁（312—337 年）曾一度通过积极努力避开了灾难，但他们采取的一些应急措施反而加速了帝国的衰落。大批日耳曼雇佣军为帝国作战，结果证明，这正是帝国覆灭的原因之一。蛮族首领们通过在罗马军团效力而接受了战术训练。他们终于逐渐意识到，如果用他们新学的技能为自己的利益服务，而不是为罗马主子效劳，也许会获得更多好处。短短 100 年之后，罗马城就落入哥特人之手。不过，昔日的一些文化遗产通过基督教的影响被保存了下来，基督教在君士坦丁统治时期被奉为国教。入侵者皈依基督教之后，教会就能在一定程度上保存希腊文明的知识。而东罗马帝国的命运却完全不同。在那里，穆斯林入侵者强行传播自己的宗教，并以自己的文化将希腊传统传到西方。

罗马军团的旗手

在文化上，罗马几乎完全是派生的。在艺术、建筑、文学和哲学上，罗马世界对希腊伟大范例的模仿多多少少是成功的。在一个领域罗马人是成功的，而希腊人甚至是亚历山大都失败了，这个领域就是大规模的政府、法律和行政制度，这里是罗马影响了希腊思想。我们之前在谈到政治问题时已经看到，古典时代的希腊人无法超越城邦理想，而罗马的视野却更为开阔，这一点给希腊历史学家波利比阿留下了深刻的印象。波利比阿大约出生于公元前 200 年，当过罗马人的俘虏。他和斯多亚派帕奈提乌（Panaetius）一样，也属于一个以小西庇阿（the younger Scipio）为核心的文人圈子。除了这种政治影响，罗马

罗马骑兵骑马追击高卢人

没有任何新观念可以启发希腊思想家。希腊作为国家虽然被摧毁了，但在文化领域却战胜了罗马征服者。有教养的罗马人都讲希腊语，就像直到最近有教养的欧洲人还讲法语一样。雅典的阿卡德米吸引着罗马的贵族子弟，西塞罗就曾是那里的学生。每一个领域都采用了希腊标准。在许多方面，罗马都只是苍白地复制希腊原作。尤其是，罗马哲学特别缺乏原创性的思想。

随着希腊化时代的衰落，希腊传统不敬神和好追根究底的特点多少削弱了古罗马的德性，尤其是在海外扩张使大量财富涌入这个国家的时候。真正的希腊影响在力度上减弱了，它逐渐集中在少数人尤其是罗马城的贵族身上。另一方面，希腊化文化中的非希腊要素则日益增强。前已指出，东方提供了一种神秘主义要素，它总体上并没有在希腊文明中占主导地位。来自美索不达米亚和更远地方的宗教影响以这种方式渗入西方，形成了一种极为混杂的发酵物，基督教最终由此浮现出来，并达到至高无上的地位。与此同时，神秘主义倾向促进了各种迷信的传播。对现世命运的不满和对自身能力的不自信导致非理性的力量乘虚而入。罗马帝国的确坐享了两个世纪的太平，但“罗马帝国统治下的和平”（Pax Romana）并没有什么建设性的思想活动。如果说还有哲学，那就是斯多亚风格的哲学。在政治上，古典时代大思想家们狭隘的地方观念被推进了一步，因为斯多亚主义宣扬的是人与人的兄弟关系。在罗马统治已知世界的数百年里，这种斯多亚主义观念的确获得了实质上的意义。当然，罗马帝国亦怀着希腊城邦的那种优越感来看待境外世界。它和远东有一些联系，但不足以让罗马公民注意到，世界上还有其他伟大文明不能被简单地斥之为野蛮。虽然视野更为广阔，但罗马还是和它的文化祖先希腊一样流于傲慢。这种散光错觉甚至被自称“公教”或“普遍”的教会所继承，尽管东方还有一些伟大宗教，其伦理观至少和基督教一样先进。人们仍然在做世界政府和文明的迷梦。

因此，罗马最重要的作用就是传播了一种比自己更悠久、更优秀的文化。之所以能做到这一点，是因为罗马管理者的组织天才和帝国的社会凝聚力。遍布罗马全境的巨大道路网络遗
117 存使我们想起这项伟大的组织工作。尽管后来出现了民族差异和纷争，但罗马的扩张还是保证了大部分欧洲能够继续作为一个文化单元发挥作用。即使是蛮族的入侵也不能把这种文化基础破坏到无法修复的程度。而在东方，罗马的影响就不那么持久了，这是因为阿拉伯的穆斯林征服者极富生命力。在西方，入侵者会渐渐被一种罗马传统所同化，而中东则几乎完全皈依

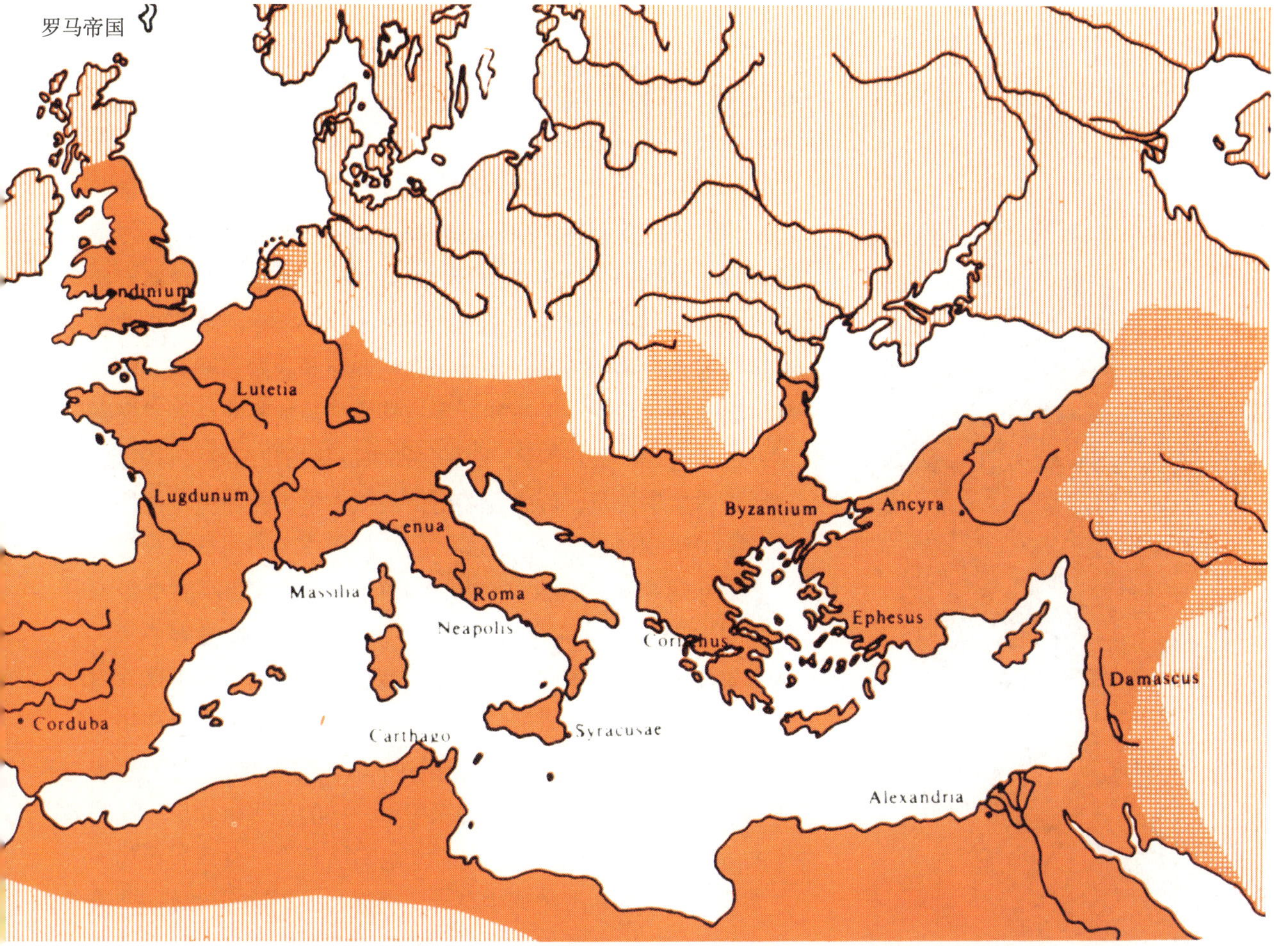

了征服者的宗教。西方从阿拉伯人那里得到了许多希腊知识，这些知识被穆斯林思想家传到欧洲，尤其是经由西班牙。

不列颠受罗马统治达三个世纪，盎格鲁－撒克逊人对这里的入侵似乎导致罗马传统完全中断。因此，伟大的罗马法传统虽然在其统治的西欧各地都保存下来，在不列颠却无从立足。时至今日，英国的普通法仍然是盎格鲁－撒克逊的。在哲学上有一个有趣的后果值得注意：中世纪的经院哲学与法律密切相关，哲学诡辩类似于对古罗马传统作一种形式上的严格运用。在盛行盎格鲁－撒克逊法律传统的英格兰，即使在经院哲学的鼎盛时期，哲学在很人程度上也更具经验特征。

在罗马帝国统治下，宗教领域出现了融合趋势，哲学上也有类似的发展。宽泛地说，帝国早期的哲学主流是斯多亚主义，而柏拉图和亚里士多德那些更让人振奋的学说却受到排挤。不过到了3世纪，出现了一种根据斯多亚主义学说对旧伦理学所作的新解释，这与当时的普遍状况非常合拍。这种由不同理论组成的混合物渐渐被称为新柏拉图主义，它将对基督教神学产生巨大影响。在某种意义上，新柏拉图主义

叙利亚巴勒贝克的朱庇特神庙

普罗提诺，新柏拉图主义者

是从古代通往中世纪的桥梁。古代哲学在这里结束，中世纪思想则从这里开始。

新柏拉图主义兴起于东西方的交汇处——亚历山大城。这里有来自波斯和巴比伦的宗教影响、埃及仪式的遗存、一个践行自己宗教的强大的犹太共同体，还有基督教诸派别，所有这些东西构成了希腊化文化的一个总体背景。据说新柏拉图主义学派是阿摩尼阿斯·萨卡斯（Ammonius Saccas）创立的，我们对他几乎一无所知。他的学生中最重要的是普罗提诺（Plotinus，204—270年），这是最伟大的新柏拉图主义哲学家。普罗提诺生于埃及，后来在亚历山大城求学，在那里一直住到公元243年。

对东方宗教和神秘主义感兴趣的普罗提诺随罗马皇帝戈尔狄安三世（Gordian Ⅲ）远征波斯，但这一事业没有成功。这位年轻的皇帝缺乏经验，不知何故引起了将领们的不满。当时这类冲突是当场了结的，年轻的皇帝最终在部下手里死于非命。于是，公元244年普罗提诺逃离了谋杀之地美索不达米亚到罗马定居，在那里任教直至去世。他的著作由学生波菲利（Porphyry）根据他晚年的讲课笔记编辑而成。波菲利在某种程度上是一个毕达哥拉斯主义者，也许是由于这个缘故，流传下来的普罗提诺的著作带有一些神秘主义色彩。

普罗提诺现存的著作共有九卷，因此被称为《九章集》。其总体思路是柏拉图主义的，但缺乏柏拉图作品的广度和文采，内容几乎全都局限在理念论和毕达哥拉斯学派的一些神话。普罗提诺的作品与现实世界有一定距离。考虑到帝国的状况，这不足为奇。面对着当时的乱局，除非是全盲或极度坚毅的人才有可能保持简单愉悦的心境。理念论把感官世界及其苦难看成不真实的东西，极易让人听天由命。

普罗提诺形而上学的核心学说是他的三位一体理论，按照优先性和依存关系分别是“太一”、“奴斯”和“灵魂”。在详细讨论它之前，首先要注意，尽管这一理论对神学产生了影响，但它本身并不是基督教的，而是新柏拉图主义的。与普罗
119 提诺师从同一位老师的基督徒奥利金（Origen）同样提出了一种三位一体理论，它也把三个部分置于不同的层面，因此后来被谴责为异端。普罗提诺是局外人，所以没有遭到谴责。也许是由于这个原因，他的影响在君士坦丁大帝之前一直大于奥利金。

普罗提诺三位一体中的“太一”很像巴门尼德的球体，对此我们最多只能说“它存在”。用任何别的方式来描述它都意

味着还可能有其他更伟大的东西。普罗提诺有时称“太一”为“神”，有时又像《理想国》那样称它为“善”。但它比“存在”更伟大，无所不在又处处不在，不可定义又遍布一切。关于“太一”，我们最好保持沉默；由此我们清楚地看到了神秘主义的影响，因为神秘主义者也是躲在沉默与无法交流的堡垒后面逃避困难的。归根结底，希腊哲学的伟大之处就在于认识到逻各斯的中心作用。希腊思想虽然包含一些神秘要素，但本质上是与神秘主义对立的。

普罗提诺把三位一体中的第二个要素称为“奴斯”。要找到这个词的恰当翻译似乎是不可能的。它的意思有点像“精神”，但不是在神秘意义上，而是在理智意义上。“奴斯”与“太一”的关系最好是通过类比来解释。“太一”就像自身发光的太阳，而“奴斯”则是“太一”由以看到自身的这种光。在某种意义上，可以将“奴斯”与自我意识相比较。沿着远离感官的方向运用自己的心灵，就可以认识“奴斯”，并通过它认识“太一”，因为“奴斯”是“太一”的映像。这里我们看到它类似于《理想国》中的辩证法概念，《理想国》也宣称有一个类似的过程引导人看到了善的形式。

三位一体中的最后一个要素被称为“灵魂”，它具有双重性：就其内在方面而言可以上通“奴斯”，就其外在表现而言则可以下达它所创造的感觉世界。与斯多亚派将神等同于世界不同，普罗提诺的理论否认泛神论，并且回到了苏格拉底的观点。不过，自然虽然被视为“灵魂”的向下流溢，但并不像诺斯替主义所教导的那样被视为恶的。恰恰相反，普罗提诺的神秘主义很坦率地承认，自然是善和美的。这种宽宏的看法并没有为后来的神秘主义者、宗教导师甚至哲学家所接受。他们本着来世的观念，将美和快乐诅咒为卑贱与邪恶。当然，除了精神错乱的狂热分子，恐怕没有人真正实践过这类如此可怕的学说。不过，这种是非颠倒的对丑的崇拜确实主宰了很多个世纪。基督教正式保留着“快乐是有罪的”这一古怪想法。

关于灵魂不朽的问题，普罗提诺采用了《斐多篇》中的观点。据说灵魂是一种本质，由于本质是永恒的，所以灵魂也是永恒的。这与苏格拉底的解释类似，苏格拉底认为灵魂在形式一方。然而，普罗提诺的理论也包含着某种亚里士多德要素。虽然灵魂是永恒的，但它倾向于与奴斯融为一体，因此即使没有失去自己的身份，也失去了自己的个性。

至此，我们对古代哲学的考察即将告一段落。我们从泰勒 120

普罗提诺的三位一体：太一(E)，奴斯或“精神”（N），以及灵魂（Ψ）。基督教神学从中获益良多

斯时代讲到普罗提诺时代，跨越了大约 9 个世纪。以此为界并不是说后来的思想家不应被认为属于古代传统。在某种意义上，这对于所有哲学来说都是如此。不过，我们可以在文化传统的发展中识别出一些重要断裂。在普罗提诺这里，我们就达到了这样一个点。从这时开始，西方哲学无论如何都处于教会的庇护之下。即使有波埃修(Boethius)这样的例外，情况也还是如此。同时我们要记住，罗马覆灭的时候，在东罗马帝国继续存在着一种摆脱了宗教束缚的哲学传统，先是在拜占庭，然后在穆斯林的统治下。

前苏格拉底的希腊思想家

在回顾古代世界的哲学努力时，我们可以强烈地感受到希腊心灵对一般问题的非凡洞察。柏拉图曾经说过，哲学始于困惑，而早期希腊人异乎寻常地拥有这种令人惊叹的能力。研究的一般概念乃是希腊人的一项伟大发明，它塑造了西方世界。当然，对不同的文化进行比较总是惹人反感的，但如果要用一句话来刻画西方文明的特征，则我们完全可以说，它建立在一种本质上希腊式的精神事业的伦理观之上。希腊哲学的另一个主要特征是，它以公开性为基本目的。它的种种真理并不要求某种不可言传的氛围。从一开始，语言和交流就倍受重视。它固然也有一些很早以前传下来的神秘要素，毕达哥拉斯学派的神秘主义倾向就贯穿于古代哲学始终，但在某种意义上，这种神秘主义其实外在于研究本身。毋宁说，它更趋向于支配研究者的伦理观。只是在衰落开始时，神秘主义才扮演了更重要的角色。正如我们在讨论普罗提诺时所说的那样，神秘主义与希腊哲学精神是对立的。

与现代人相比，古代思想家面临着一个更严重的首要问题：我们今天可以求助于过去的传统，而早期希腊哲学家却没有这样的支持。我们从古典资料中采用了哲学、科学和技术方面的大量词汇，而且往往没有完全理解它们的含义。对于希腊研究者来说，一切都要从头开始做。他们必须从日常语言所提供的材料中创造新的言说方式、发明专业词汇。因此，虽然有时候他们的表达方式看起来有些笨拙，但我们要记得，他们往往是在黑暗中摸索表达方式，当时必要的工具还未成形。这就需要我们设身处地去思考那种状况，就像我们脱离了希腊文和拉丁文，要用盎格鲁－撒克逊语来做哲学和科学一样。

121 从这里到复归早期传统所引发的学术复兴和现代科学出现要历经大约 12 个世纪。这样一个发展的抑制期为什么会出现？这也许是一个徒然的问题，任何回答它的尝试都会过于简单。但毋庸置疑的是，希腊和罗马的思想家都未能成功地提出一种恰当的政治理论。如果希腊人的失败是由于卓越的智力带来的某种傲慢，那么罗马的失败则完全是想象力的缺乏所致。这种心灵的迟钝表现在各个方面，包括帝国时代的那些巨大建筑。希腊精神与罗马精神的差异也许可以用希腊神庙和罗马晚期的长方形教堂之间的对比来象征。希腊的思想遗产到了罗马人手中就变得不那么精妙优雅了。

希腊哲学传统本质上是一种启蒙和解放运动，因为它旨在使心灵摆脱无知的束缚。它认为世界是可由理性来把握的，从而消除了对未知事物的恐惧。它以逻各斯为工具，渴望在“善”的形式下追求知识。无私利的研究本身被视为道德上的善，人们通过它而不是宗教上的神秘来达到善的生活。与这种研究传统相伴随的还有一种不带虚伪情感的乐观。在苏格拉底看来，未经审视的生活是不值得过的。亚里士多德认为，重要的不是活得长，而是活得好。诚然，这种新鲜感在希腊化时代和罗马时代有所丧失，那时占统治地位的是一种更为自觉的斯多亚主义，但西方文明思想框架中一切最好的东西都可以追溯到希腊思想家的传统。

君士坦丁，使基督教成为国教

马克森提大教堂，风格庄重

早期基督教

和今天一样，希腊罗马时代的哲学大体上是独立于宗教的。当然，哲学家提出的问题也许会让关注宗教的人感兴趣，但那时的教士组织对思想家既无影响也不控制。在这方面，从罗马覆灭到中世纪结束的这段时间是独一无二的，西方哲学成了一种在教会的庇护和指导下繁荣兴旺的活动。之所以如此是有一些原因的。

波埃修的微型画像

坐在殿内的哲人，来自一份普鲁登修斯的手稿

西罗马帝国覆亡时，罗马的“神－皇”制已经分裂为两股 123
势力。

由于基督教被君士坦丁定为国教，教会接管了所有涉及神和宗教的事务，而皇帝则负责处理世俗事务。在宗教改革坚持人与神的沟通是个人的事情、从而削弱了教会的控制之前，教会的权威尽管渐趋衰落，但原则上一直是不容置疑的。此后，教会就成了新兴民族国家的工具。

在古老帝国的中部，世俗学术传统还继续存留了一段时间，而北方的蛮族却无所依傍。于是，读书识字几乎渐渐成了教会成员或教士的专利。教会保留了昔日传统的遗存，哲学成了一种为基督教及其卫道士的统治提供辩护的学问。只要其教义总体上被人接受，教会就能取得并保持其权力财富地位。但还有一些传统在争取至高权力：一是古老的罗马传统，正是它的衰落才使教会第一次崛起；此外还有新日耳曼传统，由此产 125
生了取代古老帝国政治组织的封建贵族。但由于没有一种恰当的社会哲学来代表这些传统，加上其他一些原因，这些传统未能成功地挑战教会势力。罗马传统在 14 世纪开始的意大利文艺复兴中逐渐重新得到伸张，日耳曼传统则随着 16 世纪的宗教改革而有所突破。不过在中世纪，哲学仍然与教会紧密联

圣路加在书房中

罗马的奥勒良墙，和塞斯提乌斯的金字塔

扎卡赖亚斯教皇，方的光环用来表明他仍然活着

蛮族入侵者

系在一起。

随着“神皇”制被两大势力所取代（一是代表上帝的教皇，一是皇帝），又出现了其他几种潜在的二元论。首先是拉丁族与条顿族之间明显的二元论。教会势力仍然是拉丁族的，而帝国却落到了蛮族侵略者的条顿族后裔手中。直到被拿破仑征服，它一直被称为日耳曼民族的神圣罗马帝国。其次，人也被分成教士和俗人。教士是正统教义的守护者，由于教会成功地经受住了各种异端的冲击（至少在西方是如此），教士的地位大为增强。早期信奉基督教的一些皇帝曾经同情阿里乌斯主义，但最终还是正统学说获胜了。然后是天国与各个世俗王国的对立。其根源可见于《福音书》，但在罗马陷落后才有了更直接的意义。虽然蛮族可以摧毁城市，但上帝之城却无法摧毁。最后是精神与肉体的对立。这种对立更为古老，可以追溯到苏格拉底关于肉体与灵魂的理论。这些概念的新柏拉图主义形式成了保罗版新宗教的核心，早期基督教的禁欲主义正是受此启发。

这大致就是所谓的天主教哲学所处的世界。它先是在主要受柏拉图影响的圣奥古斯丁（St. Augustine）那里臻于成熟，然后在圣托马斯·阿奎那（St. Thomas Aquinas）那里达到顶峰。阿奎那把教会建立在一种亚里士多德主义基础上，自那时以来，教会的主要护教士们一直在为这一基础辩护。由于这种哲学与教会联系异常紧密，所以要想解释它的发展及其对后世的影响，需要作广泛的历史考察。但如果想理解那个时期的精神及其哲学，对这些事件作些说明是必需的。

一位拜占庭皇帝

逐渐主宰西方的基督教是混有希腊和东方思想的犹太教的
一个分支。和犹太教一样，基督教也认为神有自己的宠儿，不过被选者当然有所不同。两者有相同的历史观，认为历史始于神的创造，并且走向某个神圣的终点。诚然，两者也有一些看法上的分歧，比如谁是弥赛亚？他想实现什么？在犹太人看来，救世主仍会到来，并带给他们尘世的胜利；而基督徒则认为救世主是拿撒勒的耶稣，但他的国不在现世。同样，基督教接受了犹太教的正义观，把它当作帮助同胞的指导原则，还接受了对教条的信守。后来的犹太教和基督教都赞同本质上是新柏拉

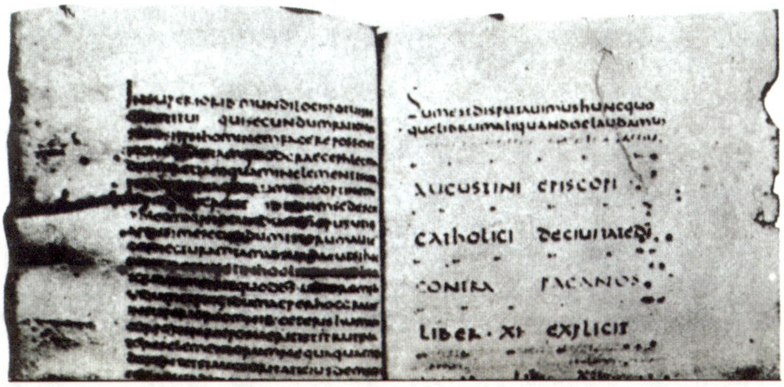

奥古斯丁《上帝之城》中的一页

闪族的神，巴比伦的偶像

图主义的彼岸世界概念。但希腊理论是哲学理论，不易让所有人理解；而犹太教和基督教的观点则更注重对来世的论说，正义者会升入天堂，邪恶者则下地狱受煎熬。其该理论所含的报应要素使众人都能明白。

要想了解这些信念是如何发展的，必须记住，犹太教的神耶和华最初是闪族的主神，保护自己的子民。除了耶和华，还有别的神主宰着其他部族。那时还没有关于来世的任何迹象。以色列的主神掌管着其部族的世俗命运。他是一个爱嫉妒的神，不能容忍其子民还信奉别的神。古代的先知都是政治领袖，由
127 于担心招致耶和华的不快以及破坏犹太人的社会凝聚力，他们要花大量时间来消除对其他神的崇拜。一系列民族灾难使犹太教的这种部族特征得到了加强。公元前 722 年，以色列这个北方王国落入亚述人之手，绝大多数居民遭到驱逐。公元前 606 年，巴比伦人攻占尼尼微，摧毁了亚述帝国。巴比伦国王尼布甲尼撒（Nebuchadnezzar）征服了南方的犹太王国，并于公元前 586 年攻占耶路撒冷，烧毁了神殿，并将大量犹太人囚禁在巴比伦。

直到公元前 538 年波斯国王居鲁士（Cyrus）攻陷巴比伦，犹太人才被获准回到巴勒斯坦。正是在囚禁于巴比伦期间，犹太教的教义和民族性得以加强。由于神殿被毁，犹太人只好免去了祭祀形式。留传至今的许多犹太教传说都可以追溯到这一时期。

西奈山，犹太教不可见的神耶和华的故乡

犹太人的流散也是从这一时期开始的，因为并非所有人都 128
回到了家乡。亚历山大大帝去世后，犹太人在亚细亚的塞琉西王朝与埃及的托勒密王朝旷日持久的纷争中成功守住了自己的地盘。一个重要的犹太人群体在亚历山大城成长起来，没过多久，除宗教之外的一切都完全希腊化了。因此，不得不把希伯来文的《圣经》译成希腊文，从而产生了“七十子希腊文本圣经”。之所以有这个名称，是因为传说有七十位译者独立译出了完全相同的版本。但是当塞琉西国王安条克四世（Antiochus IV）在公元前 2 世纪上半叶试图强迫犹太人希腊化时，犹太人在马加比兄弟（Maccabean brothers）的领导下群起反抗。为了以自己的方式来敬神，犹太人以巨大的勇气和毅力来争取权利。

巴比伦的犹太人俘虏

马加比家族统治下铸造的钱币

最后他们赢了，马加比家族以祭司长的身份进行统治。这一统治者世系被称为哈斯蒙王朝，他们一直统治到希律（Herod）时代。

在流散各地的犹太人迅速希腊化之际，主要是因为马加比家族的成功抵抗，犹太教才得以幸存，这也为基督教以及后来伊斯兰教的兴起提供了条件。同样是在这一时期，来世概念悄悄潜入犹太教，因为起义事件已经表明，世间的灾难常常最先降临到最有德性的人头上。公元前 1 世纪，除了正统派势力，在希腊化的影响下还发展出一种更成熟的运动，其教义预示着要对福音书中的耶稣重新做出伦理评价。原始基督教其实是一种改良的犹太教，就像新教最初是教会内部的某种改革运动一样。

129 在马克・安东尼（Marc Antony）的统治下，大祭司们的统治被废除，希律这位完全希腊化的犹太人被任命为国王。公元前 4 年希律死后，犹太王国由一名罗马总督直接管辖。但犹太人并不喜欢罗马的“神皇”制，当然，基督徒也是如此。但与至少原则上赞同谦卑的基督徒不同，犹太教徒整体上自大倨傲，这一点颇像古典时代的希腊人。除了自己的神，他们顽固地拒绝承认任何别的神。耶稣建议把恺撒的归于恺撒、把神的归于神，便是犹太人这种固执的一个典型例子。事实上，他们表面妥协、实则拒绝承认“神皇合一”。公元 66 年，犹太人起义反抗罗马人，经过一场惨烈的战争，耶路撒冷于公元 70 年陷落，神殿再次被毁。希腊化时期的犹太历史学家约瑟夫斯（Josephus）

神殿的门附近：“殿内不得有非犹太人，违者处死”

提图斯在罗马的胜利，犹太人俘虏和神殿被毁

在其希腊文著作中记载了这场战役。

这一事件导致犹太人第二次也是最后一次流亡各地。和在巴比伦之囚时代一样，正统派变得愈加严苛。公元1世纪之后，基督教和犹太教将彼此视为格格不入的敌对教派。在西方，基督教煽动起一种可怕的反闪族情绪，导致犹太人从此生活在社会边缘，饱受迫害和剥削，直到他们于19世纪获得选举权为止。只有在伊斯兰教国家，尤其在西班牙，犹太人才兴旺起来。当摩尔人最终被驱逐时，主要是通过通晓多种语言的犹太思想家，古典传统和阿拉伯学问才被传给教士们。1948年，犹太人再次拥有了“神的应许之地”——迦南。至于他们能否发展出自己新的文化势力，未免言之过早。

阿拉伯式花纹，托莱多的犹太会堂内

犹太教中一些持不同意见的派别形成了原始基督教，这些 130
派别起初并未打算用这种新教义去控制异教徒。就排外性而言，这些早期基督徒仍然保持着旧传统。犹太教从未试图改变局外人的信仰，即使在今天的改良状况下，只要割礼和斋戒还在执行，它就不可能吸收新成员进来。若不是有一个信徒设法放宽了入教的基本条件，基督教也许至今仍是非正统犹太人的一个教派。塔尔苏斯的保罗（Paul of Tarsus）这个希腊化的犹太人和基督徒扫除了这些外部障碍，使基督教可以被普遍接受。

此外，罗马帝国的希腊化公民不承认基督是犹太人的神的儿子。诺斯替主义这种与基督教同时兴起的宗教融合运动避免了这个缺陷。根据诺斯替主义的观点，可感的物质世界是耶和华创造的，而耶和华其实是一个小神，它与最高的神

塔尔苏斯的保罗，罪人与圣徒，基督教的奠基人

闹翻之后便出来作恶。最终，最高的神的儿子化身凡人降临人间，以推翻《旧约》的错误教导。这些观点再加上一些柏拉图的思想，便是诺斯替主义的要素。它将希腊传说和俄耳甫斯神秘主义的要素与基督教义以及别的东方影响结合起来，再用一种折中的哲学混合（通常是柏拉图和斯多亚主义）对它进行完善。而后期诺斯替主义的摩尼教变种甚至把精神与物质的区分等同于善与恶的对立。他们对物质事物的藐视比斯多亚派更甚。他们禁止食肉，宣称任何形式的性都是罪恶的。从它们流传的几百年来看，似乎可以推断，对这些苛刻教义的执行并不完全成功。

君士坦丁之后，诺斯替教派的重要性有所降低，但仍具一定影响。幻影派教导说，钉在十字架上的不是耶稣，而是某个幻影般的替身。这不禁让人想起了希腊传说中伊菲格尼亚（Iphigenia）的献祭。穆罕默德后来采用了幻影派的这种观点，他承认耶稣是一位先知，但重要性不如他自己。

随着基督教的地位日益稳固，它对《旧约》宗教的敌意也越来越强。它认为犹太人未能承认古代先知所宣示的弥赛亚，所以必定是罪恶的。从君士坦丁开始，反闪族主义成了基督徒表达热情的一种体面形式，尽管宗教并非唯一动机。奇怪的是，曾经一直受到骇人迫害的基督教一旦得势，竟会同样残暴地对待一个同样信仰坚定的少数派。

在某个方面，基督教发生了新的明显转变。总体来看，犹太教是非常简单和非神学的。这种率直性甚至留存在“对观福音”即前三个福音中。而在《约翰福音》中，我们却发现了
131 一种神学思辨的开端，随着基督教思想家试图把希腊人的形而上学纳入他们自己新教义的框架，这种神学思辨变得日益重要起来。我们不再只关注“神－人”的“受膏者”基督形象，而是关注他作为“道”的神学方面，“道”这个概念可以经由斯多亚派和柏拉图追溯到赫拉克利特。这种神学传统在奥利金（185—254 年）的著作中第一次得到系统表述。奥利金生活在亚历山大城，曾师从普罗提诺的老师阿摩尼阿斯·萨卡斯，因此与普罗提诺有不少共通点。根据奥利金的说法，只有上帝是无形的，这是就其所有三个方面即圣父、圣子、圣灵而言的。他坚持旧的苏格拉底理论，即灵魂以独立的状态先于肉体而存在，人出生时才进入肉体。由于这种观点，以及像“所有人终将得救”这样的观点，他后来被视为异端。但他生前也得罪了教会。他年轻时曾不智地采取极端手段，用自阉来预防肉体的虚弱，而这是一种未被教会批准的疗法。为此他失势了，不再

有资格担任神职，尽管在这一问题上似乎还有意见分歧。

在《驳塞尔苏斯》一书中，奥利金详尽地回应了塞尔苏斯（Celsus），而塞尔苏斯的反基督教著作没有留存下来。这里我们第一次看到了坚持《圣经》具有神启性的护教倾向。信仰能对信仰者产生重要的社会影响，诸如此类的事实被用来证明信仰的正当性。说到底，这是最近威廉·詹姆士（William James）等思想家提出的一种实用主义观点。但不难看出，这种论证是一把双刃剑，因为它完全取决于你认为什么东西有价值。不赞同制度化基督教的马克思主义者称宗教为“人民的鸦片”；根据实用主义的观点，他们完全有权竭力反对宗教。教会的集权是一个逐渐的过程。起初，主教们由各地的教会成员选举产生。直到君士坦丁之后，罗马主教的权力才越来越大。通过救济穷人，教会获得了一群追随者，这很像昔日罗马元老院议员的家族。在君士坦丁时代，频繁的教义纷争使帝国动荡不安。为了解决其中一些问题，君士坦丁皇帝于公元 325 年召开尼西亚会议，确定了反对阿里乌斯主义的正统派标准，此后教会就用这些方法来解决教义发展中的分歧。阿里乌斯（Arius）是亚历山大城的祭司，他的教义主张圣父的地位高于圣子，两者截然不同。撒伯流（Sabellius）则为相反的异端辩护，他认为圣父和圣子只是同一个人的两个方面。最终获胜的正统观点将两者放在同一层面，认为它们是同体异位。但阿里乌斯主义和各种其他异端还是继续兴盛起来。正统派阵营的主要拥护者是公元 328 年至 373 年任亚历山大城主教的阿塔纳修斯（Athanasius）。除了身为异教徒的叛教者尤里安（Julian the Apostate），阿里乌斯主义得到了君士坦丁继任者们的支持。但是随着狄奥多修（Theodosius）于 379 年登基，正统派也得到了皇帝的支持。

在西罗马帝国最后的基督教时期，有三位重要的教士以各种不同方式帮助加强了教会的势力，他们死后都被封为圣徒。安布罗斯（Ambrose）、哲罗姆（Jerome）和奥古斯丁都出生在公元 4 世纪中叶，彼此相差不过几岁。他们和公元 6 世纪的教皇大格里高利（Gregory the Great）后来一起被称为西部“教会博士”。

在这三人当中，只有奥古斯丁是哲学家。安布罗斯是一个无畏的教会势力拥护者，他为盛行于整个中世纪的国家与教会的关系奠定了基础。哲罗姆第一次把《圣经》译成了拉丁文。奥古斯丁对神学和形而上学进行思辨。宗教改革以前天主教的神学框架以及归正宗的主导原则主要归功于他。马丁·路德

酒神的狂欢：与新宗教相对比的古老仪式

圣徒，来自拉文纳的阿里乌斯小教堂，拉文纳是哥特阿里乌斯教派的大本营

安布罗斯，米兰的主教

（Martin Luther）本人就是奥古斯丁会的修士。

340年，安布罗斯生于特里尔。他在罗马受的教育，后从事法律职业。30岁那年，他被任命为意大利北部利古里亚和埃米利亚的地方长官，任职4年。在此期间，不知出于什么原因，他放弃了世俗生活，不过并没有停止政治活动。他被选为当时西罗马帝国的首都米兰的主教。在这个主教职位上，安布罗斯经常无所畏惧、毫不妥协地坚持教会在精神上的至高无上，从而产生了深远的政治影响。

起初，这种宗教立场很明确，似乎不可能对正统派构成威胁，皇帝格拉提安（Gratian）本人就是天主教徒。但由于怠忽政务，他后来被谋杀了，继承问题开始带来麻烦。马克西姆斯（Maximus）篡夺了除意大利以外整个西部的权力，而在意大利，格拉提安的弟弟瓦伦提尼安二世（Valentinian Ⅱ）合法继承了权力。当时皇帝还年幼，实权由母亲查士丁娜（Justina）掌握。查士丁娜是阿里乌斯教徒，因此必定会发生冲突。异教与基督教最引人注目的冲突地当然是罗马城。在君士坦丁的儿子君士坦提乌斯（Constantius）统治时，胜利雕像已经移出了元老院。叛教者尤里安将它恢复，格拉提安再次把它挪走，于是一些元老院议员提出要把它放回原处。但在安布罗斯和教皇达马苏斯（Damasus）的帮助下，一些基督徒议员取得了胜利。格拉提安死后，异教派别于384年走上前台，向瓦林提尼安二世请愿。为了避免这一新举措促使皇帝支持异教徒，安布罗斯提笔奏请皇帝，皇帝有责任侍奉上帝，就像公民作为士兵有责任侍奉皇帝一样。其涵义甚于耶稣要求给予上帝和恺撒各自应受的东西。这等于断言教会作为上帝统治世间的工具要高于国家。在某种意义上，这乃是当时国家权力式微的真实写照。即使帝国在政治上解体了，教会作为一个普遍的国际机构也会继续存在下去。一个主教能做出这样的暗示而不受惩罚，这也标志着罗马帝国的衰落。然而，胜利雕像的事情并没有了结。后来篡位的欧格尼乌斯（Eugenius）又把它立了起来，直到394年狄奥多修将其打败，基督教一方才取得了彻底胜利。

安布罗斯因查士丁娜信奉阿里乌斯主义而与之发生了争执。查士丁娜曾经要求在米兰为阿里乌斯派的哥特军团留出一个地方以供礼拜，主教安布罗斯不同意，民众也站在主教一边。派往攻占教堂的哥特军队与人民取得一致，不肯诉诸武力。安布罗斯在全副武装的蛮族雇佣军面前毫不屈服，其行为可谓英勇。最后皇帝做出让步，这是安布罗斯在争取教会独立的过程中取得的一次道义上的伟大胜利。

不过，并非主教的所有行为都同样值得称赞。在狄奥多修统治时期，皇帝曾命令一位地方主教支付一座被烧毁的犹太会堂的重建费用，但安布罗斯对此表示反对。那场大火其实出于该主教的故意唆使，皇帝并不是想鼓励这种恐吓。而安布罗斯却辩解说，基督徒无论如何也不应为这类损失负责。这种危险的理论导致中世纪出现了许多迫害行为。

大卫在做忏悔。这个例子中安布罗斯吩咐狄奥多修要继续帖撒罗尼迦的屠杀

安布罗斯的主要功绩在于管理和治国，而哲罗姆则是当时的杰出学者。345 年，哲罗姆出生于达尔马提亚边境附近的斯特黎敦。18 岁时，他去罗马求学，在高卢游历了数年之后在故乡附近的阿奎莱亚定居下来。与人发生争吵之后，哲罗姆去了东方，在叙利亚的沙漠里隐居了 5 年。后来他到了君士坦丁堡，继而回到罗马，从公元 382 年待到 385 年。此时教皇达马苏斯刚刚去世一年，其继任者似乎不喜欢这位好争论的教士，于是哲罗姆再次前往东方，这次有一些品行端正的罗马妇女与之同行，她们赞同他关于独身和禁欲的训诫。386 年，一行人最终在伯利恒定居下来，过起了修道生活，哲罗姆于 420 年在那里去世。其杰作是《圣经》拉丁文译本，该书成了公认的正统版本。在最后一次逗留罗马期间，哲罗姆从希腊原文翻译了《福音书》。至于《旧约》，他临死前曾在犹太学者的帮助下查考了希伯来文的原始资料。

一座耸立的平台，修道士的住所

哲罗姆以自己的生活方式极大地推进了当时日益盛行的修道运动。他的一些罗马弟子跟他去了伯利恒，在那里建了四座修道院。和安布罗斯一样，哲罗姆也是一位伟大的书信作家，其中许多信是写给年轻女子的，劝诫她们要保持德性与贞洁。410 年，当罗马遭到哥特入侵者洗劫时，他似乎有些听天由命。他更加致力于赞颂贞洁的价值，而不是思考如何采取措施拯救帝国。

354 年，奥古斯丁生于努米底亚省。他接受的完全是罗马教育。20 岁时他携妻儿来到罗马，不久又去了米兰，在那里以教书为生。在此期间，他是一个摩尼教徒，但后因持续的懊悔和自责，被一位有心计的教母领进了正统派的行列。387 年，安布罗斯为他施了洗。396 年，他回到非洲，成了希波的主教，直至 430 年去世。

在《忏悔录》中，奥古斯丁生动地描写了他与罪所作的斗争。早年的一件事终生困扰着他。这件事其实微不足道：纯粹出于一时兴起的顽皮，他小时候曾经摘光了邻居花园里一棵梨树上的梨子。他对罪的病态反省严重夸大了这一不端行为，以致永远都不能原谅自己。在他看来，干预果树无论如何也是一种危险的活动。

在《旧约》的遥远时代，罪性被看成一个民族的缺点，后来才逐渐被看成个人的缺点。对基督教神学来说，这一侧重点的转移至关重要，因为教会作为一个机构不可能犯错，只有个别基督徒才可能犯罪。奥古斯丁因强调个体因素而成为新教神学的先驱。天主教渐渐把教会的功能看得至关重要。对奥古斯丁而言，两方面都很重要。人本质上有罪，应在地狱中受折磨，通过教会的调解才能得救。但遵守宗教仪轨乃至过一种有德性的生活并不能保证得救。上帝是善的，人是恶的，上帝施救是一种恩赐，但拒绝拯救也不应受到责备。这种得救预定论后来为归正神学中较顽固的派别所采纳。另一方面，奥古斯丁认为恶并不像摩尼教所主张的那样是一种物质原则，而是不良意志的结果，这一有价值的学说也为归正宗所采用，成为新教责任观的基础。

奥古斯丁的神学作品主要是为了批驳佩拉纠（Pelagius）较为温和的观点。这个威尔士教士的性情要比当时大多数教士更为仁慈。他否定原罪说，并且主张人可以决心过一种有德性的生活，依靠自身的努力获得拯救。这一温和开明的理论必定会赢得众多支持者，尤其是那些仍然保持着希腊哲学家精神的人。奥古斯丁强烈反对佩拉纠的学说，对佩拉纠主义最终被判为异端负有重要责任。他用保罗书信来解释得救预定论，保罗若是看到从自己的教导中推出了如此可怕的命题，一定会大感惊愕。后来，加尔文继承了得救预定论，而当时的教会却明智地抛弃了它。

奥古斯丁，希波主教；神学与哲学作家

135 奥古斯丁主要关注神学。即使在关注哲学问题时，他也主要是为了调和《圣经》的教诲和柏拉图学派的哲学遗产。在这方面，他是护教传统的先驱。不过，他的哲学思辨本身很有意思，表明他是一位敏锐的思想家。这类资料可见于《忏悔录》的第十一卷，由于不能作为闲谈之资，所以常被通俗版本省略。

奥古斯丁向自己提出的问题是如何能把神的全能与《创世记》中的创世事实调和起来。首先，有必要把犹太教、基督教的创世观区别于希腊哲学中的创世观。对希腊人来说，认为世界能从无中变出来是荒谬绝伦的。如果神创造了世界，他会被看成是用现成的原材料进行构造的建筑大师。无中生有与希腊精神的科学特征格格不入。而《圣经》中的神却不是这样，他被认为既创造了结构，又创造了原材料。希腊观点自然会导向泛神论，因为这里神就是世界，这种思路始终吸引着那些有强烈神秘主义倾向的人。持这种观点的最著名的哲学家就是斯宾诺莎。奥古斯丁接受了《旧约》中的造物主、一个外在于这个世界的神。这个神不受时间影响，不受因果性或历史发展的支配。他在创造世界的同时也创造了时间。我们无法追问创世之前有什么，因为那时还没有可以问这个问题的时间。

对奥古斯丁来说，时间是一种三重的现在。只有严格意义上的现在才是真实存在的。过去是现在的回忆，未来则是现在的期待。这个理论并非没有缺陷，但其要旨是强调时间作为受造的人的一部分心灵体验的主观性。因此根据这一观点，追问创世之前有什么是毫无意义的。对时间的主观解释亦见于康德，他把时间变成了一种直观形式。这种主观进路使奥古斯丁预示了笛卡儿的学说，即人唯一不能怀疑的就是自己正在思考。主观主义终究不是一种逻辑上站得住脚的理论，但奥古斯丁对它作了出色的阐释。

西罗马帝国的覆灭是奥古斯丁时代的标志。410 年，阿拉里克（Alaric）率领的哥特人攻占了罗马。基督徒们也许由此看到了对其罪孽的应有惩罚。而对异教徒来说，情况却恰好相反：旧的诸神已被抛弃，朱庇特有理由撤回他的庇护。为了从基督教角度回应这一论点，奥古斯丁撰写了《上帝之城》，并且在写作过程中形成了一套完全成熟的基督教历史观。在今天看来，书中不少内容只有古物研究者会感兴趣，但教会独立于国家这一中心论点在中世纪极为重要，在某些地方甚至保留至今。为了参与拯救，国家必须服从教会，这种观点其实是以《旧约》中的犹太国为样板。

在狄奥多里克（Theodoric）统治时期，罗马住着一位杰出 136
的思想家——波埃修（Boethius），他的生平及著作与当时文明的普遍衰落形成了鲜明对比。480 年左右，波埃修生于罗马的一个贵族家庭，他与元老院议员阶层关系密切。波埃修是狄奥多里克的朋友，这位哥特国王于公元 500 年成了罗马的统治者，10 年后波埃修被任命为执政官。后来，他的命运出现逆转。524 年他被关进监狱，并以叛国罪被处死。在等待处决期间，他写下了让他声名远扬的《哲学的慰藉》一书。

波埃修生前就以睿智和博学著称。他第一次把亚里士多德的逻辑学著作译成了拉丁文，还写了关于亚里士多德逻辑学的著作和评注。他关于音乐、算术和几何学的论著长期被中世纪的艺学院奉为权威。他计划翻译柏拉图和亚里士多德全部著作，可惜未能完成。奇怪的是，中世纪不仅尊奉他为一位伟大的古典哲学学者，而且还把他视为一个基督徒。诚

皇帝宝座上主教的斗篷和十字架：教会与国家

主教的宝座；公元 6 世纪，象牙制

然，他可能就神学问题写过一些短论，但正如《哲学的慰藉》中所阐述的，他本人的立场是柏拉图主义的。当然，他更有可能像当时的大多数人那样是基督徒，但即便如此，他也只能算名义上的基督徒，因为与教父们的神学思辨相比，柏拉图的哲学对他的影响要大得多。不过，他也许真被当成了可靠的正统派，因为只有这样，他的许多柏拉图主义观点才能被后面几个世纪的教士们顺利吸收，而在当时，异端的罪名很容易将他的作品打入冷宫。

无论如何，《哲学的慰藉》没有受到基督教神学的影响。该书由交替出现的散文和诗节所组成，波埃修本人发言时用散文，而哲学则化身为一位妇女用诗歌应答。该书的教导和观点与当时教士们的兴趣相去甚远。它开篇即重申了三位伟大的雅典哲学家的卓越地位。在追求善的生活方式方面，波埃修遵循了毕达哥拉斯学派的传统。他的伦理学说主要是斯多亚派的，形而上学则可以直接追溯到柏拉图。书中一些章节带有泛神论的基调，他据此提出了一种理论，认为恶并不真实。被等同于善的上帝不可能作恶，而且既然上帝是全能的，恶必定是幻觉。其中许多观点都与基督教神学和伦理学格格不入，但它似乎并未激怒正统派阵营的人。全书的精神让人回想起柏拉图，它避开了普罗提诺等新柏拉图主义作家的神秘主义，也未受当时盛行的种种迷信的影响。当时为基督教思想家蒙上阴影的那种狂热的罪孽感也未见诸该书。该书最引人注目的特征也许是，它的作者是一个死囚。

137 如果认为波埃修是象牙塔里的思想家，远离当时的实际事务，那就错了。恰恰相反，他和古代哲学家一样身处各种实际事务之中，是一位能干的、头脑冷静的行政长官，忠诚地服务于他的哥特主人。后来，他渐渐被视为受阿里乌斯教迫害的殉道者，这一谬误也许有助于他成为众人爱戴的作家。但作为不偏不倚且不盲信的思想家，他从未被封为圣徒，而我们马上要讲的西里尔（Cyril）却成了圣徒。

在当时的历史背景下，波埃修的作品提出了一个永恒的问题，即人在多大程度上必定是时代的产物？波埃修生活在一个对超然理性的研究抱有敌意的世界，那里迷信横行、狂热泛滥，然而在他的作品中，这些外部压力丝毫没有表现出来，他的问题也绝不是那个时代所特有的。诚然，罗马的贵族阶层不大容易屈从于一时流行的风尚与狂热。即使帝国覆灭已经很久，某些旧有道德依然在这些环境中得以留存。这也许可以在一定程度上解释波埃修伦理思想中的斯多亚派倾向。但这样一来就需

波埃修，柏拉图主义哲学家，罗马贵族

要解释一个事实本身：尽管外有蛮族入侵，内有狂热盛行，这样一群人还能继续存在。我认为答案有两方面：一方面，人肯定是传统的产物。他们先是被成长的环境所塑造，而后其生活方式又从他们所拥护的传统中得到支持，不论这种拥护是完全出于自觉还是多少出于盲从；另一方面，传统并不受时间的束缚，而是具有自己的生命，可以长期存续下去。传统就像郁积在表层之下的暗火，重获支持时会再次变成明火。在蛮族入侵的动荡环境中，古典时代的传统仍然在某种程度上幸存下来，这样才可能出现波埃修那样的人物。但他一定意识到了他与同时代人之间的鸿沟。既然依靠传统的力量，就需要毅力去支持它，波埃修肯定需要鼓起他的全部勇气。

现在，我们可以回答另一个相关的问题了。有必要为理解一个哲学问题而去研究哲学史吗？有必要为理解一个时期的哲学而去了解这个时期的历史吗？按照上述观点，社会传统与哲学传统之间显然有某种相互作用。迷信的传统不会产生不迷信的思想家，把禁欲看得比事业还高的传统不会给出建设性的政治举措来应对时代的挑战。另一方面，即使完全没有历史学问作注脚，我们也能很好地理解某个哲学问题。审视哲学史的要旨就在于认识到绝大多数问题过去都曾提过，而且也曾给出睿智的回答。

波埃修在狱中等待处决期间撰写了《哲学的慰藉》

对罗马的洗劫引出了一段入侵与战乱的时期，它导致了西罗马帝国的灭亡以及日耳曼部族定居于帝国全境。北方的不列颠为盎格鲁人、撒克逊人和朱特人所占领，法兰克部族扩张进入高卢，汪达尔人向南侵入了西班牙和北非。以下国家和地区的名称还能让我们想起这些事件：英格兰得名于盎格鲁人，法兰西得名于法兰克人，安达卢西亚则得名于汪达尔人。 138

法兰西南部为西哥特人所占领，意大利则被东哥特人征服，此前他们曾试图击溃东罗马帝国，但未能成功。自 3 世纪末以来，哥特雇佣军因效力于罗马而逐渐学会了罗马的战术。罗马陷落后，帝国还苟延残喘了几年，直到 476 年被国王奥多维克（Odovaker）率领的东哥特人最终摧毁。493 年，狄奥多里克命人暗杀了奥多维克，结束了其统治，狄奥多里克则成为东哥特人的国王，统治意大利到公元 526 年去世。在哥特人背后，东方匈奴的蒙古部落在国王阿提拉（Attila）的率领下正在向西挺进。虽然他们有时也与哥特人结盟，但在 451 年阿提拉入侵高卢时，双方的关系恶化了。哥特人与罗马人的联军在夏隆阻止了阿提拉的入侵。随后，迫于教皇列奥施加的道德压力，阿提拉攻占罗马的计划没有得逞。没过多久，这位蒙古国王的去世导致其部落群龙无首，这支到处劫掠的亚洲铁骑渐渐失去了昔日雄风。

也许有人认为这些剧变会招致教会的明显回应，但教会的注意力却集中在与“基督的多重性”有关的教义的细枝末节上。有些人主张基督有一个位格、两个方面，这种观点最后取得了胜利。其主要拥护者就是曾于412年至444年担任亚历山大城宗主教的西里尔。他顽固而褊狭地支持正统派，热衷于煽动迫害亚历山大城的犹太人，并策划残酷谋杀了使数学史增辉的极少数女性之一——希帕提娅（Hypatia）。西里尔后来被封为圣徒。

查士丁尼试图夺回西部。作为一名正统派，他关闭了阿卡德米

而君士坦丁堡宗主教聂斯托利（Nestorius）的追随者们却赞同基督有两个位格的观点，也就是作为人的基督和作为神子的基督；我们看到，诺斯替主义曾主张这种观点。聂斯托利教义的支持者主要在小亚细亚和叙利亚。为了化解这个神学困局，431年在以弗所召开了一次会议。支持西里尔的派别设法先到了会场，趁对方还没入场就旋即做出有利于自身的决议，聂斯托利派遂被宣布为异端。基督只有一个位格的观点占了上风。西里尔死后，449年在以弗所召开的一次会议甚至进而宣称，基督不仅只有一个位格，而且只有一个本性。该教义后来被称为基督一性论异端。451年的卡尔西
139 顿会议谴责了该教义。倘若西里尔当时没有死，很可能会成为基督一性论异端，而不再是圣徒。不过，虽然大公会议可以制定正统标准，但异端仍然会继续存留，尤其是在东方。在很大程度上正是由于正统势力与异端教派互不妥协，伊斯兰势力后来才大获成功。

在意大利，哥特入侵者并未盲目摧毁原有的社会结构。狄奥多里克在526年去世之前一直大权在握，他保留了旧的民政管理制度。在宗教问题上，其态度也很温和。他本人信奉阿里乌斯主义，似乎允许一些非基督教要素继续存在，尤其是在罗马的贵族家庭中。新柏拉图主义者波埃修即是狄奥多里克的大臣。而皇帝查士丁一世（Justinus Ⅰ）却是一个眼界狭隘之人。523年，他宣布阿里乌斯主义是非法的异端，此举把狄奥多里克弄得很尴尬，因为他所统辖的意大利是清一色的天主教，而他自己的势力不足以同皇帝抗衡。由于担心自己的支持者搞阴谋，他将波埃修投入监牢，并于524年处以死刑。526年狄奥多里克去世，次年查士丁一世去世，查士丁尼继位。正是应查士丁尼的要求，伟大的罗马法纲要即《法典》和《学说汇纂》才得以编纂。查士丁尼坚定地拥护正统派，529年继位之初即

下令关闭了雅典的阿卡德米。此前，阿卡德米一直是古老传统的最后一座堡垒，尽管此时它的学说已经被新柏拉图主义的神秘要素大为冲淡了。523年，君士坦丁堡开始兴建圣索菲亚教堂。该教堂一直是拜占庭教会的中心，直到1453年君士坦丁堡落入土耳其人之手。

查士丁尼之妻，即著名的狄奥多拉（Theodora），与查士丁尼有同样的宗教兴趣。狄奥多拉过去的经历平淡无奇，而且是一个基督一性论者。查士丁尼正是为了她而开始了“三章案”（the controversy of the Three Chapters）。在卡尔西顿会议上，三位具有聂斯托利倾向的神父被宣布为正统，这一条款触犯了基督一性论的观点。查士丁尼遂判定三人为异端，这一裁决导致教会内部长期争论不休。结果，查士丁尼本人也沦为异端，他接受了不朽幻象论派（Aphthartodocetic）的观点，认为基督的肉身是不朽的，这是基督一性论的必然推论。

查士丁尼统治时，曾最后尝试从蛮族首领手中夺回西部各省。535年侵入意大利，使这个国家饱受战乱之苦达18年之久。非洲也在一定程度上被收复，但总的说来，拜占庭的统治是福是祸并不好说。无论如何，拜占庭的势力尚不足以收复整个帝国，尽管教会站在皇帝一边。565年，查士丁尼去世。3年后，意大利遭到蛮族的又一次猛攻。北部地区长期被伦巴德人侵者占据，因此后来被称为伦巴第。伦巴德人与拜占庭人争斗了200年之久，由于受到南方萨拉森人的进逼，拜占庭人最终败退。751年，拜占庭在意大利的最后一个要塞拉韦纳落入伦巴德人之手。

在我们谈论的这个时代，像波埃修这样的人极为罕见。这 140
个时代的气质并不是哲学的。但我们必须提到后来对中世纪哲学产生重要影响的两项发展：一是修道生活在西方的发展，二是教皇权力和权威的提升，它们分别与本笃（Benedict）和大格里高利（the Great Gregory）的名字相关联。修道生活始于4世纪的东罗马帝国。起初它与教会并无关系，是阿塔纳修斯首先采取措施，使修道运动最终被教会所管辖。如前所述，哲罗姆是修道生活方式的伟大倡导者。6世纪时，高卢和爱尔兰开始建修道院。西方修道生活的决定性人物是本笃，本笃会正是因他而得名。本笃于480年生于贵族家庭，在罗马贵族安逸奢华的环境中长大。20岁那年，他开始对早年的教育传统产生强烈反感，遂在一个洞穴隐居了3年。520年，他在卡西诺山创建了一座修道院，成为本笃会的中心。其创立者制定的教规告诫会员要发誓保持清贫、顺从和贞洁。本笃并不喜欢东方修士

狄奥多拉，基督一性论者，查士丁尼的配偶

狄奥多拉位于拉文纳的坟墓

据说是本笃的棺材

本笃，卡西诺山修道院的创始人

那种过分的苦行。东方修士非常刻板地看待基督教关于肉体有罪的观点，因而彼此较量，看谁能达到最彻底的舍身境界。对于这些有害健康的古怪看法，本笃会教规坚决予以制止。其权威和权力掌握在终身任职的修道院院长手中。后来，本笃会又发展出与其创立者的意图有些不符的传统。本笃会的学者们在卡西诺山建立了一个很大的图书馆，为保存缓慢消失的古典学术传统贡献甚多。

在 543 年去世之前，本笃一直待在卡西诺山。大约 40 年后，伦巴德人洗劫了修道院，本笃会逃亡到罗马。在其漫长的历史中，卡西诺山还遭受过两次破坏，一次是 9 世纪落入萨拉森人之手，另一次是在第二次世界大战期间。所幸其图书馆留存了下来，修道院现已得到彻底重建。

大格里高利在其《对话录》的第二卷记载了本笃的一些生活细节。其中许多内容都是关于奇迹奇事的传说，由此可见当时有教养者的普遍心态。不要忘了，当时只有极少数人才有能力阅读，因此与今天无聊的超人和科幻小说不同，这些作品并不是给易受欺骗的文盲大众写的。此外，这些对话录也是我们了解本笃的主要来源。《对话录》的作者大格里高利被誉为西方教会的第四位博士。他生于 540 年，是罗马贵族的后裔，在富裕奢华的环境中长大。他接受了与其地位相称的教育，但未学希腊文，这一疏忽一直未能弥补，尽管后来他在宫廷待了 6 年。573 年，他担任了城市的行政长官。但不久，他似乎感到了神的召唤，遂辞职舍产，成了一名本笃会修士。紧随这一非凡转变的是严苛节俭的生活，这对他的健康造成了永久损害。但他过的并不是他曾经向往的那种沉思冥想的生活。他的政治才能未被忘记，教皇佩拉吉二世（Pelagius Ⅱ）命他担任驻君士坦丁堡宫廷的大使（对于君士坦丁堡，西方仍然同意给予一种表面上的忠诚）。从 579 年到 585 年，格里高利虽然身处宫廷，却未能完成他的主要任务，即怂恿皇帝同伦巴德人作战。但军事干预的时代已经过去，查士丁尼最后所作的几次尝试虽然取得了暂时的成功，但到头来仍是一场空。格里高利一回到罗马，就到建在他以前宫殿里的修道院住了 5 年。590 年，教皇去世，更愿意当修士的格里高利被选为继任者。这就需要格里高利施展全部的政治才能去应对西罗马政权崩溃后给国家造成的不稳定局面。意大利正遭受伦巴德人蹂躏，非洲是孱弱的拜占庭主教管区与周围的摩尔部落相互争斗的场所，西哥特人和法兰克人正在高卢交战，盎格鲁－撒克逊入侵者已经使不列颠失去了基督教的特质，不列颠变成了异教的英格兰。异端继续烦扰着教会，道德的普遍衰败往往会破坏那些本应支配教士生活方式的基督教原则。圣职买卖泛滥，事实上过了大约500年才得到有效遏制。格里高利接过了所有这些棘手的问题，尽其所能加以控制。不过，正是由于整个西方的混乱状态，他才得以把教皇的权力建立在前所未有的牢固基础上。此前罗马主教从未像格里高利那样如此广泛和成功地行使其权威。格里高利主要是通过给教士和世俗统治者大量写信而做到这一点的，在他看来，这些人未能恪尽职守，或者僭越了正当的权力范围。通过发布《司牧训话》，他为罗马在管理一般教会事务中的至高权力奠定了基础。这部纲要在整个中世纪备受推崇，其希腊文译本甚至还传入了东方教会。格里高利的神学教导使圣经研究转向了象征诠释，忽视了纯粹历史的内容，直到学术复兴时，这些历史内容才被人重新注意。

虽然格里高利为加强罗马天主教的地位作了坚决的努力，但其视野仍然有些褊狭。在政治上，如果皇帝的过分行为符合他自己的利益，或者当他感到反对会带来危险时，他会予以纵容。与安布罗斯这样的人相比，他是一个狡猾的机会主义者。他为扩大本笃会的影响做了不少事情，本笃会后来成了修道机构的原型。不过当时的教会对世俗学问缺乏尊重，格里高利也不例外。

大格里高利，教皇权威的推动者

142 经院哲学

查理·马特，在图尔打败了摩尔人入侵者

随着罗马中央集权的衰落，西罗马帝国开始陷入野蛮时期，其间的欧洲经历了普遍的文化衰落。所谓的"黑暗时代"大约从公元600年到1000年。当然，像这样把历史整齐地划分成若干时期的任何尝试都是很人为的。我们不要指望能从这些划分中收获多少东西，它们最多也只能对当时盛行的某些总体特征有所暗示罢了。所以绝不要以为公元7世纪一到，欧洲就突然陷入漆黑，直到4个世纪之后才重见天日。一方面，古典传统仍然在某种程度上存在着，尽管它们的持续影响不太稳定且受到了限制。在修道院，尤其是在爱尔兰这样的偏僻角落，一些学问得到鼓励和培养。不过，称这些世纪为"黑暗"也并非不妥，尤其是与它们之前和之后相比较的话。同时要记住，东罗马帝国并未遭遇同等程度的普遍衰落。拜占庭帝国的控制犹存，因此学问比数个世纪之后的西方更加世俗。类似地，当西方文化日渐衰弱时，年轻而充满活力的伊斯兰文明（包括印度、中东、北非和西班牙的大部分地区）却达到了顶峰。在更远的地方，中国文明在唐王朝的统治下迎来了一个极为重要的文学时代。

要想理解哲学与教会为什么会如此紧密地联系在一起，需要对这一时期教廷与世俗势力发展的主要趋势做出概述。主要是由于罗马帝国的消失留下了政治上的真空，教皇们才得以确保其在西方的统治地位。而东方的宗主教们除了更多地为皇权所限，对罗马主教们的狂妄自负从未有过好感，最终东方教会自行其是。此外，在西方，入侵部族的野蛮影响已导致罗马时代整个帝国的普遍识字水平大大降低。于是，那些保有学问残余的教士渐渐形成了一个有读写能力的特权群体。数个世纪的纷争结束后，欧洲进入了较为稳定的时期，这些教士创建了各种学校。在文艺复兴之前，经院哲学一直无可匹敌。

在7、8世纪的西欧，教廷正在拜占庭皇帝与蛮族君主这两股竞争的政治势力之间沿一条危险的道路前进。与希腊交往总比依靠蛮族更可取，至少皇帝的权威有正当的法律基础，而征服部落的首领们则是靠武力夺取权力。此外，东罗马帝国还维持着罗马全盛时期的文明标准，从而保持着某种普遍的世界
143 观，与蛮族狭隘的民族主义形成了鲜明对照。况且哥特人和伦巴德人最近都拥护阿里乌斯主义，而拜占庭至少还比较正统，即使它不肯向罗马的教会权力低头。

然而，东罗马帝国的实力已经不足以维持它在西方的权威。739 年，伦巴德人企图攻占罗马，但没有成功。为了抵御伦巴德人的威胁，教皇格里高利三世（Gregory Ⅲ）试图求助于法兰克人。当时在法兰克王国，继承克洛维（Clovis）的墨洛温王朝的国王们已经完全丧失实权，实际统治者是宫相。8 世纪初担任宫相一职的是查理 · 马特（Charles Martel），他在 732 年的图尔战役中阻止了伊斯兰教的兴起。查理和格里高利均死于 741 年，他们的继承人丕平（Pepin）和教皇史蒂芬三世（Stephen Ⅲ）达成一项协议：宫相要教皇正式承认其国王身份，从而取代墨洛温王朝；而丕平则将 751 年伦巴德人占领的拉韦纳以及总督管区的其他领土献给教皇。这导致了与拜占庭的最终决裂。

没有了中央政权，教廷在自己的领地内就变得更有权力， 144
而这是东方教会从未做到的。当然，对拉韦纳的处置绝非合法交易。为使这一交易显得名正言顺一些，某些神职人员伪造了一份文件，即著名的《君士坦丁惠赐书》。该文件据称是君士坦丁的一份法令，规定把原属西罗马帝国的全部领土移交给教廷。教皇的世俗权力由此确立，并且在整个中世纪得以维持。这一伪造行为直到 15 世纪才被揭穿。

伦巴德人试图抵抗法兰克的干涉，但丕平的儿子查理曼（Charlemagne）于 774 年翻越阿尔卑斯山，最终给伦巴德的军队以致命一击。查理曼取得了伦巴德国王的称号并进军罗马。在罗马，他确认了其父在 754 年的赠礼。教廷对他表示支持，他则为基督教在撒克逊领地的传播不遗余力，尽管他让异教徒改宗所凭借的是武力而不是说服。在东部边界，他征服了日耳曼大部，而在南部的西班牙，他力图击退阿拉伯人却不大成功。778 年，其后卫部队战败，由此产生了著名的罗兰传奇。

查理曼，公元 800 年在罗马加冕为皇帝，恺撒的继承人

然而，查理曼的目标并不只是巩固边境。他自视为西罗马帝国的真正继承人。公元 800 年圣诞节，他在罗马被教皇加冕为皇帝，这标志着日耳曼民族的神圣罗马帝国的开始。就这样，因丕平赠礼导致的与拜占庭的决裂，由西方产生了一位新皇帝而完成。查理曼为此举所找的借口是站不住脚的，因为当时艾琳（Irene）女皇还占据着拜占庭的宝座。查理曼辩解说，这不合皇室惯例，因此皇位仍然空着。他认为自己已获教皇加冕，就可以作为恺撒的合法继承人。与此同时，教廷通过这一事件与皇权联系起来。虽然后来一些刚愎自用的皇帝可能为了自己的目的而废黜或拥立教皇，但他们仍需得到教皇加冕才能确认其皇帝身份。这样一来，世俗权力与宗教权力便相互依存、难解难分了。争执自然不可避免，教皇与皇帝一直在进行拉锯战。冲突的主要原因之一起于主教任命问题，对此下文还会详谈。到了 13 世纪，冲突各派已无妥协的可能。在接踵而来的斗争中，教廷取得了胜利。但由于文艺复兴早期教皇们的道德水准越来越低，教廷失去了来之不易的优势。与此同时，民族君主制在英格兰、法兰西和西班牙的兴起释放出新的力量破坏了教会精神领导下的团结。帝国苟延残喘地维持到拿破仑征服欧洲，教廷则至今犹存，尽管宗教改革已经打破了它至高无上的地位。

145 查理曼在世时为教皇们提供了及时的保护，而教皇们也小心翼翼地不违背他的意愿。查理曼本人目不识丁，也不虔诚，但对别人的学问和虔诚的生活并无敌意。尽管他自己的消遣娱乐缺少书卷气，但他鼓励文学复兴，资助学者。他认为纯粹的基督教品行有益于他的臣民，但不应过度妨碍宫廷生活。

在查理曼的继任者统治期间，帝国的权力衰落了，尤其是在虔诚的路易（Louisthe Pious）的三个儿子瓜分领土之时。这些事件所导致的不和造成了日耳曼人与法兰西人后来的对立。

其间，在世俗斗争中帝国丧失力量的地方，教廷的力量却增强了。与此同时，罗马必须迫使主教们服从其权威，如前所述，主教们在各自的地盘已经获得了不同程度的独立性，尤其在远离权力中心时。在教皇任命问题上，教皇尼古拉一世（Nicholas Ⅰ，858—867 年在位）基本上成功地维持了罗马的权威。但整个问题不仅遭到世俗势力的质疑，在教会内部也有争议。一个机智果敢的主教面对一个缺乏这些品质的教皇很可能毫不退让。尼古拉去世后，教皇的权力再度旁落。

查理曼的加冕皇座，位于亚琛大教堂

10 世纪的教廷由罗马当地贵族把持。拜占庭、伦巴德和法兰克军队的频繁混战，导致罗马城陷入野蛮混乱的状态。封建主们无力控制各自为政的诸侯，也导致整个西方动荡不安。无论是皇帝还是法兰西国王，都无法有效控制其不守规矩的贵族。匈牙利人侵占了意大利北部领土，斯堪的纳维亚的冒险家们则给整个欧洲的海岸和河间地带来恐惧和破坏。诺曼人最终在法兰西得到一块狭长的土地，作为回报，他们改信了基督教。来自南方萨拉森人的威胁在 9 世纪日益增强，直到 915 年东罗马在那不勒斯附近的加里利亚诺河击败了入侵者，局势才得以扭转。但帝国的力量已经太弱，不可能再像查士丁尼时代那样试图控制西方了。在这种普遍混乱的形势下，教廷被迫服从于冲动任性的罗马贵族，不仅丧失了其在东方教会事务中可能残存的影响力，而且当地方主教们再次宣称自己的独立性时，教廷对西方教士的控制也在逐渐消失。然而在这方面，地方主教们并不成功，因为虽然受罗马教廷的约束可能有所减弱，但他们与当地世俗势力之间的联系却在加强。在此期间，圣彼得座下众多神职人员的品质也抵挡不住道德崩溃和社会解体的洪流。

到了 11 世纪，民族大变动渐趋结束。外部的伊斯兰教威胁已经得到控制。从此以后，西方开始转守为攻。

希腊知识在西方大部分地区已经被人遗忘，此时却在爱尔 146
兰这样的偏僻一隅保存下来。当西方整体上正在经历衰落的时候，爱尔兰文化却繁荣兴旺起来。后来，是丹麦人的到来摧毁了这块孤零零的文明之地。

于是，当时有学问的人当中最伟大的一个是爱尔兰人也就不足为奇了。9 世纪的哲学家约翰·司各脱·爱留根纳（Johannes Scotus Erigena）是新柏拉图主义者，通晓希腊文，他在观点上是佩拉纠派，在神学上则是泛神论。尽管持有非正统观点，但他似乎并未遭到迫害。当时爱尔兰文化的活力得益于一组有趣的环境。当高卢开始遭到一波又一波蛮族入侵时，大批有学

秃头查理，法兰克国王，约翰·司各脱·爱留根纳的庇护人

问的人纷纷跑到最西部寻求庇护。跑到英格兰的那些人在盎格鲁—撒克逊人和朱特人这些异教徒当中找不到立足之地。而爱尔兰却能保证安全，于是许多学者就到那里寻求避难。对于英格兰的“黑暗时代”，我们也要作某种不同的考量。盎格鲁—撒克逊人入侵时出现过断裂，但在阿尔弗雷德大王（Alfred the Great）统治下出现了复兴。因此，“黑暗时代”的起点与结点都提前了200年。9、10世纪丹麦人的入侵导致英格兰的发展出现了中断，也使爱尔兰出现了永久倒退。这一次，大批学者又沿着相反方向离去。其间，罗马因相距遥远而无法控制爱尔兰的教会事务。主教们的权威并非压倒一切，修道院学者们不失时机地就教义进行争论。爱留根纳的自由观点在别处会立即被纠正，而在这里却可能存在。

至于爱留根纳的生平，我们只知道他在法兰克国王秃头查理（Charles the Bald）宫廷中的这段时间。他似乎生于800年，死于877年，年份并不确定。843年，他应邀到法兰克宫廷负责宫廷学校。在这里，他卷入了一场关于得救预定论和自由意志问题的争论。爱留根纳支持自由意志一方，主张一个人朝着德性的努力是最重要的。惹人不快的与其说是他的佩拉纠主义（虽然这也很糟糕），不如说是他用纯哲学的方式来讨论这个问题。他说，理性和启示是真理的两个独立来源，既不重叠、也不冲突；但如果在某种情况下看似有冲突，那么首先应当相信理性而不是启示。事实上，真正的宗教就是真正的哲学，反之亦然。这一观点不为国王宫廷中那些缺乏魄力的教士所容，爱留根纳关于这些主题的论著也遭到谴责。只是凭着与国王的私人友谊才使他免于惩罚。查理和这位爱尔兰学者都死于877年。

爱留根纳是一个经院哲学意义上的唯实论者。这里有必要弄清楚“唯实论”一词的专业用法。唯实论起源于柏拉图笔下的苏格拉底所阐释的理念论，主张共相是事物，共相先于殊相。其对其阵营的依据则是亚里士多德的概念论。这种理论被称为唯名论，主张共相仅仅是名称，殊相先于共相。在整个中世纪，
147 唯实论者与唯名论者就共相问题争得不可开交。直到今天，这个问题还存在于科学和数学中。由于经院哲学中的唯实论与理念论有关，所以它在现代也被称为观念论。我们务必把所有这些与其后来的非经院哲学用法区分开来。在适当的地方，我们会对此做出解释。

爱留根纳在其主要哲学著作《论自然的划分》中清晰地阐述了他的唯实论。他认为根据一个事物是否创造和是否被创造，

可以对自然进行四重划分。首先是创造而非被创造的自然，这显然是上帝；第二是创造而又被创造的自然，指的是柏拉图和苏格拉底意义上的理念，它们创造殊相，又为上帝所创造；第三是被创造但不创造的自然，指的是时空中的诸事物；最后还剩下不创造也不被创造的自然，这里我们兜了一圈又回到了万物为之奋斗的最终目标——上帝。在这个意义上，与其目标不可区分的上帝并不创造。

目前所谈的都是存在的事物，但他也把不存在的事物包含在了自然之中。首先是普通物理对象，它们以新柏拉图主义的方式被排斥在理智世界之外。同样，罪被视为一种缺陷或缺乏，是达不到神圣样式，因此属于不存在的领域。所有这些最终都可以追溯到将善等同于知识的柏拉图主义理论。

认为上帝与其目的完全相同，这种观点直接导致了一种绝非正统的泛神论神学。上帝自身的本质不仅对于人、而且对于上帝自身都是不可知的，因为他不是一个可以认识的对象。尽管爱留根纳没有明说，但其逻辑理由是：上帝就是一切；因此不可能出现既有认知者又有认知对象的情形。爱留根纳的三位一体理论与普罗提诺的不无相似。上帝的存在显示于万物的存在中，上帝的智慧显示于万物的秩序中，上帝的生命显示于万物的运动中。这分别对应于圣父、圣子和圣灵。至于理念领域，它们构成了逻各斯，通过圣灵的作用引起或产生了没有独立物质存在性的殊相。上帝从无中创造了万物，这个无就是上帝本身，他超越了一切认识，因此不是一个事物。爱留根纳就此反对亚里士多德允许殊相具有物质存在性的观点。另一方面，根据创造和被创造标准做出的前三种划分源自亚里士多德关于推动和被推动的类似标准。第四种划分则源自狄奥尼修斯的新柏拉图主义学说。狄奥尼修斯是圣保罗的一名雅典弟子，据说写过一部调和新柏拉图主义与基督教的论著。它很可能因此而受到保护，因为这位伪狄奥尼修斯藉着与圣保罗的关系而被误以为是正统。爱留根纳根据希腊原文翻译了这部著作。

公元 11 世纪时，欧洲终于迎来了新生。诺曼人遏制了来 148
自北方和南方的外部威胁。他们对英格兰的征服结束了斯堪的纳维亚人的侵犯，而他们的西西里战役则使该岛彻底摆脱了萨拉森人的统治。修道院制度的改革取得进展，教皇选举和教会组织原则也被提上议事日程。随着教育的改善，不仅教士的文化水平开始提高，在一定程度上贵族也是如此。

当时困扰教会的两个主要难题是买卖圣职和独身的问题。在某种意义上，两者都与多年来发展起来的教士地位有关。由

（1）上帝进行创造。（2）理念，被创造而又创造的。（3）时空中的诸事物是被创造的。（4）作为总体目标的上帝，不被创造，也不创造

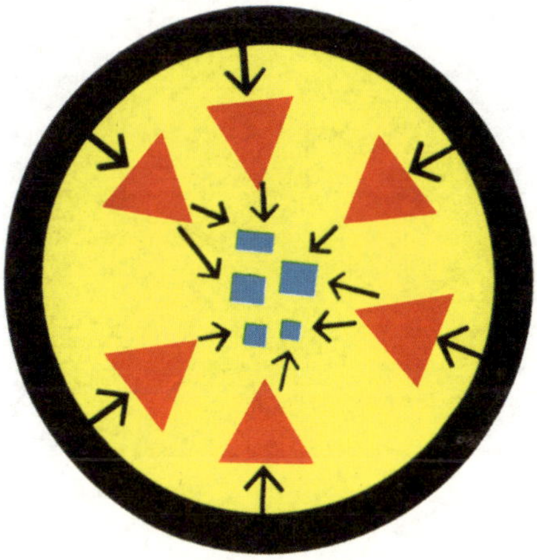

克吕尼修道院，改革的中心

亨利四世被革除教籍，祈求马蒂尔达说情

于教士执掌着宗教上的奇迹和力量，他们渐渐对世俗事务产生了很大影响。只有人们总体上习惯于相信这些力量是名副其实的，这种影响才能一直有效。在整个中世纪，这种信念始终是真诚和普遍的。然而，权力总会刺激欲望。如果没有强有力的道德传统来指导，那些地位优越的人往往会中饱私囊。这样一来，靠授予教会职位来换取金钱就成了能够施予这些恩惠的人敛财扩权的一种手段。这些做法最终败坏了教会，人们不时做出努力向之宣战。而在教士独身的问题上，结果并不非常明确。这个问题的道德方面从未得到最终解决。无论是东正教还是西方后来的归正宗，从不认为独身在道德上可贵。而伊斯兰教甚至对独身予以谴责。同时，从政治的角度看，当时的种种变革并非没有合理的根据。如果教士结了婚，特别是如果其中还涉及保有财富的经济动机，他们就可能发展成一个世袭阶层。此外，教士必须异于旁人，独身就宣布了这种差距。

修道院改革的中心发源地是创建于 910 年的克吕尼修道院，正是在这里首次实行了一项新的组织原则。修道院只直接对教皇负责，而修道院院长又对起源于克吕尼的那些机构行使权力。新的管理制度力图避免走向奢靡和禁欲两个极端。其他改革者照此建立了新的修会：卡马尔多利会创建于 1012 年，加尔都西会创建于 1084 年，而奉行本笃会教规的西多会则创建于 1098 年。至于教廷本身的改革，主要是皇帝与教皇争夺最高权力的结果。为了改革教廷，格里高利六世（Gregory Ⅵ）从其前任本笃九世（Benedict Ⅸ）手中买得教皇职位。但皇帝亨利三世（Henry Ⅲ，1039—1056 年在位）这位年轻能干的改革者不可能支持这项交易，无论格里高利的动机多么值得称赞。
149 1046 年，22 岁的亨利亲临罗马，废黜了格里高利。从此以后，亨利在任命历届教皇时非常慎重，如果不合预期，就把他们免职。亨利四世（Henry Ⅳ，1056—1106 年在位）尚未成年的时候，教廷再次恢复了某种独立性。教皇尼古拉二世颁布了一项教令，实际上是让红衣主教来掌控教皇的选举，而把皇帝排除在外。尼古拉还加强了对大主教的控制。1059 年，他派卡马尔多利会学者彼得·达米安（Peter Damian）前往米兰，以宣示教廷的权威，并支持当地的改革运动。达米安提出了一种有趣的学说，即上帝不受矛盾律的约束，可以撤销已做的事。这种观点后来遭到阿奎那的拒斥。在达米安看来，哲学是神学的婢女。他反对辩证法。如果认为上帝应能推翻矛盾律，这会引出全能概念的困难。例如，如果上帝是全能的，他难道造不出一块连自己也搬不动的石头吗？但他若真是全能的，就必定造得出来。因此，他似乎既能、又不能搬动石头。结果，全能成了一个不可能的概念，除非放弃矛盾律。但放弃矛盾律又会使论证变得不可能。因此，达米安的理论必定会遭到拒斥。

教皇格里高利七世之死

尼古拉二世继承人的选立问题加剧了教廷与皇帝之间的冲突，形势正在变得对红衣主教有利。1073 年，希尔得布兰德（Hildebrand）当选新教皇，即格里高利七世。任职期间，他在主教叙任权问题上与皇帝发生了严重冲突，这场冲突后来持续了数百年。迄今为止，一直是由世俗统治者将作为职位象征的权戒和牧杖授予一位新主教。为了巩固教皇的权威，格里高利冒称具有这项权力。1075 年，皇帝任命了一位新的米兰大主教，此时问题到了非解决不可的地步。教皇威胁说要废黜皇帝并革除其教籍，皇帝则宣称自己至高无上，并声明废黜教皇。作为报复，格里高利宣布废黜皇帝和主教，并革除其教籍。起初教皇占据上风，1077 年亨利四世来到卡诺萨忏悔，但这只是亨利的政治手段。虽然敌人已经选了一个对手来取代他，但亨利及时战胜了他的反对者。1080 年，格里高利最终宣布支持亨利的对手鲁道夫为皇帝，但为时已晚。1084 年，亨利带着自己选出的一个伪教皇进入罗马，并为其加冕。虽然在西西里诺曼人的帮助下，格里高利迫使亨利及其伪教皇仓皇撤退，但他自己却成为其保护者的阶下囚，并于次年去世。虽然格里高利未能成功，但他的策略后来成功了。

坎特伯雷大主教安瑟伦的一份手稿

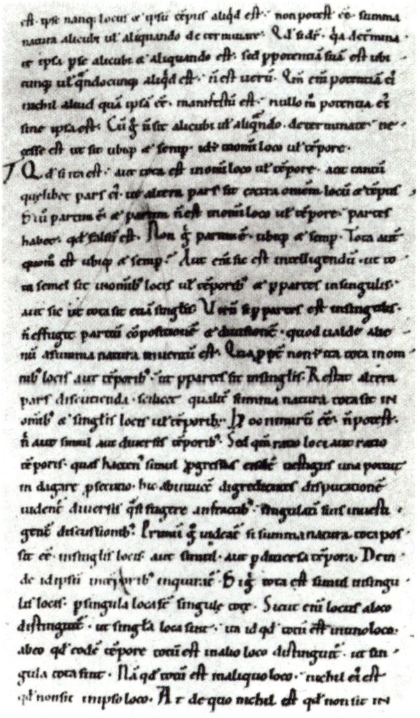

不久，和格里高利一样，时任坎特伯雷大主教的安瑟伦（Anselm，1093—1109 年在任）也和世俗权威发生了争执。安瑟伦因发明了关于上帝存在的本体论论证而在哲学中占有重要地位。作为可能想到的最伟大的对象，上帝不可能不存在，否则他就不是最伟大的。实际上，这里错在认为存在是一种属性。但自那以后，许多哲学家都在努力应对这个论证。

当渐渐接受基督教的蛮族攻占西方之时，东罗马帝国却陆 150
续遭到伊斯兰教徒的猛烈袭击。伊斯兰教徒虽然并未决意改变被征服民族的信仰，但同意对加入伊斯兰教者免征贡金，绝大多数人也的确受惠于这项特别待遇。伊斯兰教纪元要从希吉拉（Hegira）算起，即 622 年穆罕默德从麦加逃到麦地那。632 年穆罕默德去世后，阿拉伯征服者短短一个世纪就改变了世界。叙利亚、埃及、印度、迦太基、西班牙分别于 634—636 年、642 年、664 年、697 年、711—712 年陷落。732 年的图尔战役扭转了形势，阿拉伯人退回了西班牙。669 年和 716—717 年，君士坦丁堡两次被围。拜占庭帝国在不断减少的领土上苟延残喘，直到 1453 年奥斯曼土耳其人攻占了该城。穆斯林活力的

先知，来自一份波斯的手稿

这种显著爆发得益于各个被占领帝国普遍的耗尽状态。此外在许多地方，入侵者还得益于当地的冲突。叙利亚和埃及尤其因为非正统而遭殃。

在某些意义上，先知穆罕默德宣扬的新宗教回到了严格的《旧约》一神论，并且摆脱了《新约》中增添的神秘内容。和犹太人一样，他也禁止偶像，但不同的是，他还禁止饮酒。后面这条禁令在多大程度上有效是值得怀疑的，而前一条则与聂斯托利派反对偶像崇拜的倾向一致。征服几乎成了一种宗教义务，尽管圣经的子民不应受到伤害。这影响了各自遵奉自己圣经中教义的基督徒、犹太教徒和琐罗亚斯德教徒。

起初，阿拉伯人并未打算作系统的征服。他们土地干旱贫瘠，故习惯于越境劫掠。但由于抵抗无力，劫掠者就成了征服者。新主人往往会按原样管理这些新土地。阿拉伯帝国由哈里发所统治，他们是先知穆罕默德及其权力的继承者。最初哈里发是选举产生的，但很快就成了伍麦叶王朝，一直统治到750年。出于政治原因而非宗教原因，这个统治者家族遵循先知的教导，反对狂热。总体而言，阿拉伯人的宗教倾向并不很强，其扩张动机和最初一样，始终是物质上的获取。正是由于缺乏狂热，人数不多的阿拉伯人才能统治信仰相异且更加文明的广大地区。然而在波斯，先知的教导却落地于已由昔日的传统宗教和思辨打好基础的土壤中。661年，穆罕默德的女婿阿里（Ali）去世后，信徒分裂为逊尼派和什叶派。什叶派是少数派，效忠于阿里，且不允许伍麦叶家族的人加入。波斯人即属于这个少数派。在很大程度上正是通过他们的影响，伍麦叶王朝才被阿拔斯王朝所取代，都城也从大马士革迁到巴格达。这个新王朝的政策赋予了伊斯兰狂热派别以更多自由。不过他们失去了西班牙，从家族覆灭中幸存下来的一个伍麦叶人在科尔多瓦建立
151 了独立的哈里发政权。在阿拔斯王朝的统治下，哈伦·拉希德（Harun-al-Rashid）使帝国臻于鼎盛。拉希德是查理曼的同时代人，《天方夜谭》的传说使其闻名于世。809年拉希德去世后，就像罗马人使用蛮族士兵一样，帝国因大规模使用土耳其雇佣军而开始遭难。阿拔斯王朝的哈里发政权衰落了，并于1256年随着蒙古人对巴格达的洗劫而覆灭。

穆斯林文化源于叙利亚，但不久其中心变成了波斯和西班牙。在叙利亚，阿拉伯人继承了聂斯托利派所支持的亚里士多德主义传统，而当时正统的天主教坚持新柏拉图主义学说，但亚里士多德主义理论与某种新柏拉图主义影响的混合导致了诸多混乱。在波斯，穆斯林逐渐通晓了印度数学，并且引入了本

穆斯林世界的扩张

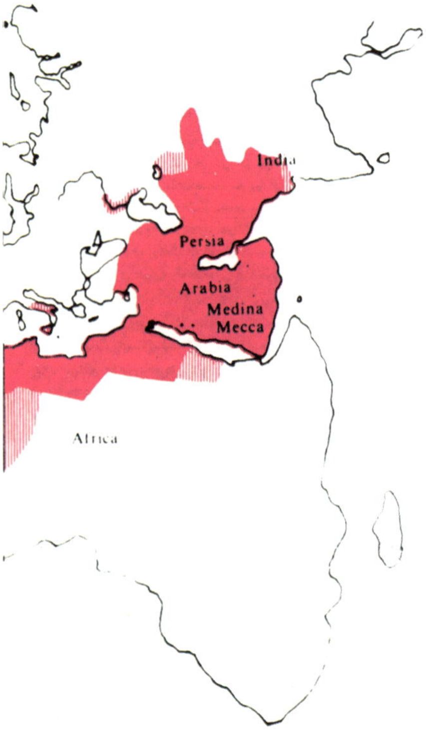

应被称为印度数字的阿拉伯数字。尽管有 13 世纪的蒙古人入侵，但波斯文明还是孕育了菲尔多西（Firdousi）这样的诗人，并且保持了很高的艺术水准。

阿拉伯人最初是通过聂斯托利派传统才接触到希腊学问的。更早的时候，在 481 年拜占庭皇帝芝诺关闭了埃德萨的学校之后，聂斯托利派传统就已传入波斯。穆斯林思想家们从这两个发源地学习了亚里士多德的逻辑学、哲学以及古代的科学遗产。波斯最伟大的穆斯林哲学家是阿维森纳（Avicenna，980—1037 年）。他生于布哈拉省，后来在伊斯法罕讲授哲学和医学，最后定居于德黑兰。他喜欢过优裕的生活，因持非正统观点而招致神学家们的敌视。他的著作被译成拉丁文，在西方世界产生了巨大影响。他的一个主要哲学关切就是那个反复出现的共相问题，它后来成为经院哲学的一个核心问题。阿维森纳的解决方案是试图使柏拉图与亚里士多德相一致。他先是指出，形式的一般性产生于思想，这一亚里士多德主义观点被阿威罗伊（Averroës）和后来的阿奎那的老师大阿尔伯特（Albertus Magnus）所重复。但阿维森纳进而对这一观点作了限定。共相同时在万物之前、之中和之后：当上帝按照某种样式创造万物时，共相在上帝的心灵中，即万物之前；就万物属于外部世界而言，共相在万物之中；当人的思想通过经验来识别样式时，它在人的思想之中，即万物之后。

阿维森纳手稿的扉页，17 世纪

西班牙也产生了一位杰出的穆斯林哲学家——阿威罗伊（1126—1198 年）。他出身于科尔多瓦的一个伊斯兰法官家族。他研究过法律等学问，曾在塞维利亚和科尔多瓦任伊斯兰法官。1184 年他成为御医，但终因坚持哲学观点而不满足于信仰被流放摩洛哥。其主要贡献是使亚里士多德主义研究摆脱了新柏拉图主义的扭曲影响。和后来的阿奎那一样，他认为只能在理性基础上证明上帝的存在。他坚持亚里士多德的观点，认为灵魂并非不朽，尽管“奴斯”是不朽的。由于这种抽象理智的单一性，它的继续存在并不意味着个人不朽。基督教哲学家自然拒绝接受这些观点。阿威罗伊著作的拉丁文译本不仅影响了经院学者，而且得到了同样反对灵魂不朽的自由思想家的支持，这些人后来被称为“阿威罗伊主义者”。

阿威罗伊

1085 年格里高利七世去世时，他的政策似乎已从教廷手 152
中夺回了其在帝国事务上的权力和影响。但结果表明，世俗势力与宗教势力之间的拉锯战还远没有结束。事实上，教廷尚未达到其政治事业的顶峰。在此期间，教皇在宗教事务上的权威因伦巴第各个新兴城市的支持而得以增强，而最先提升其威望

的则是十字军。

教皇乌尔班二世（Urban Ⅱ，1088—1099 年在位）继续就主教叙任权问题挑起争端，并再次将这项权力归为己有。1093 年，康拉德（Conrad）起来反抗其父皇亨利四世时寻求并得到了乌尔班的支持。北方诸城支持教皇，于是整个伦巴第很容易就被征服。法兰西国王腓力一世也被招安。乌尔班遂决定于 1094 年穿过伦巴第和法兰西作一次胜利巡游。在次年的克莱蒙会议上，他鼓吹发动第一次十字军东征。

乌尔班的继任者帕斯夏二世（Paschal Ⅱ）成功地延续了教皇的主教叙任权政策，直到亨利四世于 1106 年去世。此后，新皇帝亨利五世至少在日耳曼土地上占据上风。教皇建议以皇帝不干预主教叙任权作为教士放弃世俗财产权的交换条件。然而，教士们在这个世界上的扎根远比这个虚伪提议所设想的更为牢固。因此，该建议的条款一经公布，日耳曼的教士们便惊呼大难临头。当时身在罗马的亨利五世胁迫教皇屈服，并且自己加冕为皇帝。但他的胜利并不长久。11 年后的 1122 年，教皇加里斯都二世（Calixtus Ⅱ）通过《沃尔姆斯宗教协定》重新获得了主教叙任权。

皇帝红胡子腓特烈一世

皇帝红胡子腓特烈一世（Frederick Barbarossa）统治期间（1152—1190 年），斗争进入了新阶段。1154 年，英格兰人阿德里安四世（Hadrian Ⅳ）当选教皇。起初，教皇和皇帝合力进攻违抗他们的罗马城。布雷西亚的阿诺德（Arnold of Brescia）领导罗马人开展了独立运动。阿诺德是一位勇敢的异端分子，强烈抨击教士们世俗的荣华富贵。他坚称，拥有世俗财富的教会人士不能进入天国。教会的统治者们自然不能接受这一观点，阿诺德也因此而遭到猛烈攻击。其实早在前任教皇的统治下，这些麻烦就已经存在，只是阿德里安当选教皇时期，麻烦到了非解决不可的地步。阿德里安以内乱为由惩罚了罗马人，下令剥夺他们的教权。罗马人的独立精神最终破灭，同意放逐他们的异端领袖。阿诺德躲了起来，但后来落入腓特烈一世军队手中，被处以火刑。1155 年，皇帝加冕登基，自然又对群众示威进行了残酷镇压。两年之后，教皇与皇帝决裂，继而两股势力展开了长达 20 年的战争。伦巴德联盟为教皇而战，
153 或者说是为了反对皇帝。战争的前途变化莫测。1162 年，米兰被夷为平地，但那年晚些时候，腓特烈一世和他的伪教皇意外遭遇灾难，其军队在挺进罗马途中染上了瘟疫。1176 年，腓特烈一世打破教皇权力的最后一次努力以其在莱尼亚诺的失败而告终。双方缔结了一份并不可靠的和约。皇帝参加了第三次十

字军东征，1190 年死于安纳托利亚。

教会与帝国之间的斗争最终导致两败俱伤。意大利北部的一些城邦开始作为新的势力出现。只要皇帝威胁到它们的独立，它们就支持教皇。后来当这种威胁消失时，它们就根据自己的利益发展出一种有别于教会的世俗文化。虽然名义上仍然信仰基督教，但它们就像 17 世纪以后新教团体倾向于做的那样，提出了一种基本上属于自由思想的观点。在十字军东征期间，意大利北部的沿海城市作为船只和补给品的供给地而日趋重要。宗教狂热也许是十字军东征的原动力之一，但也有强烈的经济动机的驱使。东方提供了掠夺战利品的光明前景，而且这些战利品要以道德与神圣的名义去获得。近在眼前的欧洲犹太人则成了发泄宗教义愤的有利目标。基督教世界的骑士们起初没有意识到，他们是在穆斯林世界里与一种比自身文化优越得多的文化进行对抗。

经院哲学与古典哲学的区别在于，其结论事前就被限定了。它必须在正统的轨道内行事。经院哲学在古代的主保圣人是亚里士多德，他的影响逐渐取代了柏拉图。在方法上，经院哲学往往遵循亚里士多德的分类进路，使用辩证论证而很少顾及事实。共相问题是最大的理论议题之一，该问题将哲学世界分成两个对立阵营。唯实论者以柏拉图和理念论为基础，主张共相是事物；而唯名论者则援引亚里士多德的权威，坚称共相仅仅是一些名称罢了。通常经院哲学从罗瑟林（Roscelin）算起，这位法兰西教士生平不详，曾是阿贝拉尔（Abelard）的老师，其哲学思想主要见于安瑟伦和阿贝拉尔的著作中。罗瑟林是唯名论者，根据安瑟伦的说法，罗瑟林认为共相仅仅是“声息”（breath of the voice）。他不仅否认共相的实在性，而且还否认整体的实在性超过部分的实在性，这种观点必定会导致一种死板的逻辑原子论。该理论与三位一体相联系，自然会引出 1092 年他在兰斯被迫放弃的异端观点。阿贝拉尔作为思想家要更为重要，他生于 1079 年，在巴黎求学和执教，一段神学插曲之后，于 1113 年重返教学。正是在这一时期，他和爱洛伊丝（Héloise）有了暧昧关系，不想却激怒了爱洛伊丝的叔父——在大教堂中任职的教士富尔贝（Fulbert）。富尔贝阉割了这位莽撞的情人，并把二人分别送去静修。阿贝拉尔活到 1142 年，以教书而闻名遐迩。他也是唯名论者，但比罗瑟林更明确地指出，我们不是把词谓述成一个事件，而是谓述成有意义的东西。共相源于事物之间的相似性，但相似性本身并不像唯实论者误以为的那样是一个事物。

阿德里安四世，唯一的英格兰教皇

154 经院哲学运动在13世纪达到顶峰。同样，教皇与皇帝之间的斗争也达到白热化的程度。在很多方面，这一时期都标志着欧洲中世纪的顶点。随后几个世纪，从15世纪意大利文艺复兴到17世纪科学与哲学的复兴，新的力量纷纷浮现出来。

教皇英诺森三世，教皇至上的倡导者

英诺森三世（Innocent Ⅲ，1198—1216年在位）在政治上是最伟大的教皇，在其统治下，教皇的权威达到了后无来者的高度。腓特烈一世的儿子亨利六世已经征服了西西里，且迎娶了西西里岛诺曼王室后裔康斯坦丝（Constance）公主为妻。1197年亨利去世，他两岁的儿子腓特烈继位。英诺森三世登基后，康斯坦丝将腓特烈置于教皇的监护之下。教皇尊重腓特烈的权利，作为回报，腓特烈也承认教皇的地位至高无上。教皇从欧洲大多数统治者那里也获得了类似的承认。在第四次十字军东征中，教皇的计划遭到了威尼斯人的阻挠，威尼斯人出于自己的目的强迫教皇攻占君士坦丁堡。不过，教皇针对阿尔比派所采取的冒险行动却大获全胜。在这次行动中，法兰西南部的异端被彻底消灭。德意志皇帝奥托（Otto）被废黜，现已长大成人的腓特烈二世被选继位。由此，英诺森三世控制了皇帝和各地国王。在教会内部，教廷亦获得了更大权力。但从某种意义上说，教廷在世俗方面的成功已经预示了它的衰落。因为对现世的控制越牢固，教廷在涉及来世的问题上就越缺乏权威，这是后来导致宗教改革的情况之一。

腓特烈二世在教皇支持下被选继位，其代价是必须承认教皇的地位至高无上。然而除非迫不得已，他无意信守这些承诺。这个具有日耳曼和诺曼血统的年轻的西西里人是在一个正在形成新文化的社会中长大的。穆斯林、拜占庭、日耳曼和意大利的影响在这里共同孕育出一种现代文明，并为意大利文艺复兴注入了原动力。腓特烈深受所有这些传统的影响，并同时博得东西方的尊敬。他的观点远远超出了他那个时代，其政治改革也颇具现代色彩。他是独立思考和实干之人，其强有力的有益政策使他获得了“世界奇迹”的称号。

短短两年之内，英诺森三世和败给腓特烈的日耳曼皇帝奥托先后去世。霍诺留三世（Honorius Ⅲ）继任教皇，年轻的皇帝很快就和他闹翻了。腓特烈熟悉阿拉伯的发达文明，不同意进行十字军东征。另外，伦巴第也出现了麻烦，那里总体上不喜欢日耳曼的影响。而教皇却得到了伦巴第各城市的普遍支持，这更加剧了皇帝与教皇的冲突。1227年，霍诺留三世去世，继任的格里高利九世（Gregory Ⅸ）因腓特烈未能进行十字军东征而立刻革除了他的教籍。不过，皇帝对此并不惶恐。他已经娶了耶路撒冷诺曼国王的女儿为妻。1228年，被逐出教会的他前往巴勒斯坦，在那里与穆斯林协商解决了问题。耶路撒冷的 155
军事价值虽然不大，但基督徒对它有很深的宗教感情。于是圣城按照条约被交了出来，腓特烈则被加冕为耶路撒冷之王。

在教皇看来，这种化解分歧的方式实在太理性了，但是面对成功，他不得不于1230年同皇帝讲和。随后是一段改革时期，西西里王国有了一套现代管理制度和一部新法典。国内所有关税壁垒都被取消，从而促进了商业贸易，那不勒斯一所大学的创建则推动了教育发展。1237年，伦巴第再次萌生敌意，腓特烈继续和后续几任教皇战斗，直到1250年去世。日益残酷的斗争使其早期较为开明的统治年代失去了光彩。

腓特烈二世皇帝，在西西里创建了一个现代王国

对异端的根除虽然进行得非常深入，但总体上说并未完全成功。法兰西南部的摩尼教派阿尔比派固然在1209年遭到十字军的彻底清除，但其他异端运动仍然存在。1233年建立的宗教裁判所从未完全消灭西班牙和葡萄牙的犹太人。韦尔多派，12世纪末一场预示宗教改革的运动，在彼得·韦尔多（Peter Waldo）的领导下，从里昂流亡到了都灵以西阿尔卑斯山的皮埃蒙特河谷，并以新教徒和讲法语的社群存在至今。根据这类事件，我们也许以为后人已经懂得，思想是不可能用政治迫害的手段轻易扼杀的，但历史似乎表明，这种教训并未被吸取。

教会在13世纪虽然极为强大，但即使是纯教会事务，它的权力也并非是不容置疑地至高无上。如果现有的教会与其创建者的宗旨总体上不合，其内部就会产生两个修会，以在一定程度上恢复平衡。早期的多明我会修士和方济各会修士都遵循着其创建者圣多明我（St. Dominic，1170—1221年）和阿西西的圣方济各（St. Francis of Assisi，1181—1226年）的戒律。这些修会虽然最初都托钵行乞，但安贫誓言并未成为他们的长期负担。多明我会和方济各会的修士都变得以处理宗教裁判所的事务而著称，所幸宗教裁判所从未传到英格兰或斯堪的纳维亚。也许一度有人认为，既然尘世暂时的痛苦能够拯救灵魂免受永罚，其所施酷刑实则是为受害者着想，但实用考虑有时无疑有助于增强法官们的虔诚意图。于是英格兰人只能眼睁睁地看着圣女贞德（Joan of Arc）被烧死，而不敢提出反对意见。然而，多明我和方济各会背离了其创建者的初衷，变得致力于追求学问。大阿尔伯特（Albertus Magnus）和他的学生阿奎那都是多明我会的修士，而罗吉尔·培根（Roger Bacon）、邓斯·司各脱（Duns Scotus）和威廉·奥卡姆（William of Occam）则属于方济各会。他们对当时文化所作的真正有价值的贡献在于哲学方面。

156 如果说迄今为止教士们主要是从新柏拉图主义来源中获取自己的哲学灵感，那么13世纪则见证了亚里士多德的胜利。托马斯·阿奎那（1225—1274年）试图在亚里士多德哲学的基础上确立天主教教义。这项事业以纯哲学的方式能取得多大程度的成功，这当然是令人怀疑的。例如，亚里士多德的神学与基督教所支持的上帝观念完全不符。但毫无疑问，作为教会内部的一种哲学控制力，阿奎那的亚里士多德主义产生了全面而持久的影响。托马斯主义成了罗马教会的官方教义，在所有教会学校中原封不动地讲授。除了作为共产主义官方学说的辩证唯物论，今天已经没有其他哲学能有如此突出的地位和强大后盾了。当然，在阿奎那的时代，其哲学并非一下子就达到了这种特权地位。但随着他的权威地位日益稳固，哲学主流再次逐渐进入世俗渠道，恢复了曾经渗透于整个古代哲学的独立精神。

大阿尔伯特，当时最重要的亚里士多德主义者，教过阿奎那

阿奎那出身于距卡西诺山不远的阿奎诺村的伯爵家庭，并在那里开始了自己的学习。在那不勒斯大学待了6年之后，他于1244年加入了多明我会，在科隆师从当时最著名的多明我会教师和亚里士多德主义学者大阿尔伯特继续进行研究。在科隆和巴黎待了一段时间之后，阿奎那于1259年回到意大利，花了5年时间撰写他最重要的著作《反异教大全》。1266年，他开始写另一部重要著作《神学大全》。在此期间，他还为亚里士多德的多部作品作了评注，这些作品是他的朋友穆尔贝克的威廉（William of Moerbeke）直接从希腊原文翻译过来的。1269年，他再次前往巴黎，在那里待了3年。当时的巴黎大学对多明我会的亚里士多德主义学说怀有敌意，因为该学说暗示其与当地的阿威罗伊派有某种联系。关于灵魂不朽，正如我们看到的，阿威罗伊派的观点更接近亚里士多德而不是基督教教义。这对亚里士多德来说是个坏兆头，所以阿奎那要竭尽全力把阿威罗伊的观点逐出自己的领地。在这方面，他的努力极为成功，这项胜利也为基督教神学拯救了亚里士多德，尽管这意味着要放弃一些原文。1272年，阿奎那回到意大利，两年后在出席里昂大公会议途中去世。

阿奎那的哲学体系很快便得到承认。1309年，它被宣布为多明我会的官方学说，1323年，阿奎那被追封为圣徒。从哲学上说，托马斯主义体系也许不像其历史影响那么重要。基督教教义事先就把结论毫不容情地强加于这一体系，从而损害了它。这里我们看不到苏格拉底和柏拉图那种不偏不倚的超然状态，在他们那里，论证可以不受约束地进行。但另一方面，《神学大全》的伟大体系是一座思想丰碑，它总是把相互对立的观点阐述得清晰而公允。在对亚里士多德著作的评注中，阿奎那 157
表现得像是这个斯塔吉拉人聪明细心的学生，这是包括他老师在内的所有前辈都没有做到的。同时代的人称他为“天使博士”。对罗马教会而言，阿奎那的确是一位信使和导师。

在早期的新柏拉图主义神学家那里，理性与启示的二元论处于体系之外。而托马斯主义则将该学说颠倒过来，反对新柏拉图主义理论。新柏拉图主义在存在领域有一种二元论，即共相与殊相的二元论。也许更确切地说，存在着一种存在等级，从“太一”开始，经由理念下降到殊相，这在经院哲学中是最低的存在层面。共相与殊相之间的鸿沟被逻各斯所弥合。用更实际的话来说，逻各斯完全是一种可以感觉到的东西，因为语词虽然有一般含义，但也可以用来指特殊事物。除了这种存在的二元论，我们还有一种认知的一元论。存在着一种理智或理性，它有一种本质上辩证的认知方式。而阿奎那的立场则正好相反。他以亚里士多德的方式认为，存在只见于殊相，并由此推出上帝的存在。就殊相被看成原材料而言，这种观点是经验主义的，它与理性主义演绎出殊相的尝试形成了对比。另一方面，托马斯主义进路虽然坚持存在的一元论，却在认知领域创造了一种二元论。它假定有两种知识来源。首先，我们有理性，理性从感觉经验中获得思想食粮。一个著名的经院哲学原则是，理智中没有任何东西不首先在感觉经验中。此外，启示也是知识的一个独立来源。理性产生理性知识，启示则给人信仰。有些东西似乎完全超出了理性的范围，必须通过启示来把控。特定的宗教教义，比如超出理解力的信仰条目就属于这些东西。上帝的三位一体、复活以及基督教末世论都是它的例子。然而，上帝的存在虽然可以首先为启示所接受，但也可以在理性的基础上辩证地确立。为此，人们作了各种尝试来证明这个命题。于是，就宗教原则经得起理性检验而言，我们可以同非信仰者进行辩论。至于其他方面，启示则是通向觉悟的唯一道路。归根结底，托马斯主义其实并没有把两种知识来源等量齐观。人在能够探求理性知识之前，似乎需要先有信仰。人在能够推理之前必须先信。因为虽然理性的真理是自主的，但应当探求它们却是启示的事情。但这种言说方式并非没有危险，因为启示的真理是随意的。虽然阿奎那认为理性与启示之间、哲学与神学之间没有任何对立，但事实上一方的确会损害另一方。在理性能够应对事实的地方，启示就是多余的，反之亦然。

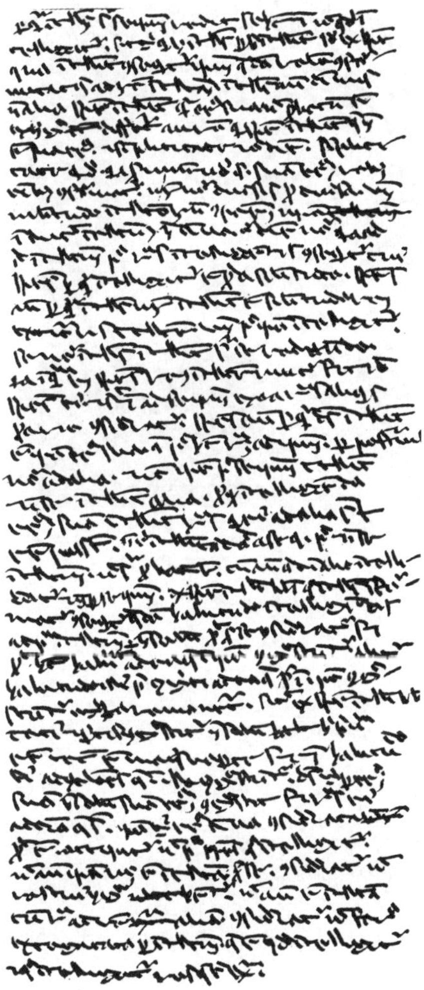

手稿，阿奎那信中的一页

托马斯·阿奎那，教会官方哲学的创始人

158 不要忘了，神学实际上可以分为两部分。首先是所谓的自然神学，它通过第一因、原动者等话题来讨论上帝。这是亚里士多德所说的神学，可以归于形而上学。但作为基督徒，阿奎那还提出了所谓的教义神学，它处理只能通过启示来把握的问题。在这方面，阿奎那借助于早期的基督教作家，特别是奥古斯丁，他总体上似乎赞同奥古斯丁对恩典和拯救的看法。这些都是超出理性范围的问题。教义神学与古代哲学的精神当然是格格不入的，我们在亚里士多德那里看不到任何这样的东西。

正因为神学要素，阿奎那的形而上学才在一个重要方面超越了亚里士多德。我们还记得，亚里士多德的神是某种超然的建筑师，他并不认为必须把存在赋予特殊事物。特殊事物就在那里存在着，构成它们的原材料也是如此。而对阿奎那来说，上帝是一切存在的根源，他认为有限物只是偶然存在着。其存在性或直接或间接地依赖于某个必然存在的东西，那就是上帝。用经院哲学的术语来说，这是通过“本质”和“存在”来表达的。某物的“本质”大体上是指一种性质，或者说该物是什么；而“存在”则是指某物存在这一事实，该物正是凭借它而存在的。这两个术语当然都是抽象，因为“本质”和“存在”都不能独立存在。一个具体事物总是兼有本质和存在。但一些语言事实暗示这其中还有区分。弗雷格（Frege）区分含义与指称时，暗示的正是这一点。一个词的含义是一回事，是否有对象与这个词相适应则是另一回事。于是，据说有限物所具有的存在与本质是可以区分的（尽管这些特征不可分离）。只有在上帝那里，本质与存在之间才没有客观区别。《神学大全》中论证上帝存在的五项证明中的第三项，便是源自关于有限物的存在依赖性的形而上学理论。我们先从万物的生灭变化这样一个日常经验事实入手，这意味着它们的存在并不是必然的，然后可以进一步论证说，这种事物的确在某个时刻并不存在。但如果是这样，就会有一个时间无物存在，于是现在就会一无所有，因为有限物是不可能把自己的存在赋予自身的。因此必定有某个必然存在的东西，那就是上帝。

我们不妨对这一论证做些评论。首先，它理所当然地认为，任何事物的存在性需要得到辩护或解释。这是托马斯主义形而上学的一个核心论点。如果不认同这一观点，比如亚里士多德就不认同，那么论证就不能进行下去。但如果为了讨论而承认前提，此论证就会有一个内在缺陷而变得无效。由任何有限物在某个时间并不存在，并不能推出有一个时间无物存在。

159 阿奎那通过亚里士多德的潜能与现实理论支持了“本质”

和“存在”这两个术语。本质是纯粹潜在的，而存在则是纯粹现实的。因此，有限物中总有本质与存在的混合。要存在就要参与某种活动；对任何有限物来说，这必须源于其他某种东西。

关于上帝存在的前两项证明在性质上其实是亚里士多德主义的。阿奎那推论出有一个不动的推动者和一个无前因的原因，无论是哪种情况都规定不能有推动者和原因的无穷后退。但这等于推翻了论证的前提。以第二项论证为例，如果每一个原因自身还有另一个原因，那我们就不能同时说，存在着一个没有进一步原因的原因。这完全是矛盾。但应当提到，阿奎那并不关心时间中的因果链。它是一个原因序列，一个此时此地的原因依赖于另一个原因，这很像悬挂在天花板钩子上的链环。天花板就是第一因或无前因的原因，因为它并不是悬挂在任何别的东西上的一环。但只要不导致矛盾，我们就没有充分理由来拒斥后退（regress）。大于0且小于等于1的有理数数列是无限的，但没有初始的数。就运动而言，后退问题甚至都不必产生。两个像太阳和行星那样相互吸引的围绕彼此旋转的粒子，将继续这样无限运动下去。

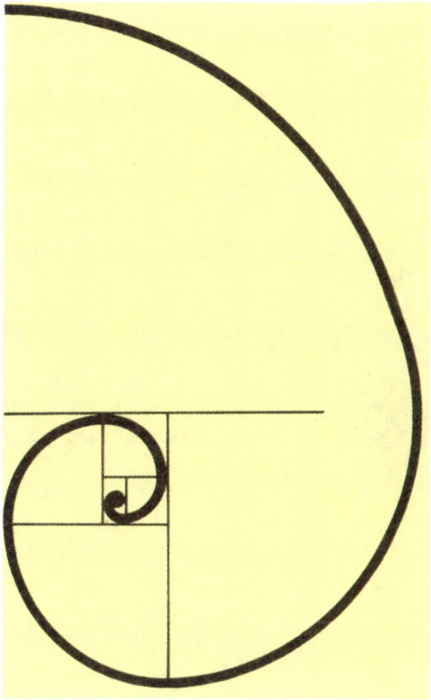

设计论证：秩序暗示有一个设计者，因此上帝存在

关于上帝存在的第四项证明始于承认有限物有各种完美程度，据说这预设了存在某个绝对完美的东西。第五项也是最后一项论证指出，自然界中的无生命体似乎服务于某个目的，因为世界充满了某种秩序。这被认为指向了一个外在的智能，其目的要如此来得到满足，因为无生命体不可能有自己的目的。该论证被称为目的论论证或设计论证，它假设秩序必须得到解释。这一假设当然没有逻辑理由；我们同样可以说，无序也需要解释，那么论证就是另一个样子了。阿奎那拒绝接受我们之前提到的圣安瑟伦的本体论论证，但奇怪的是，阿奎那所基于的不是逻辑理由，而是实际理由。既然受造物从而有限的心灵无法把握上帝的本质，那么上帝的本质所蕴含的上帝的存在就不可能像这样推导出来。

在某种意义上，新柏拉图主义的上帝似乎与世界同广延，而阿奎那的上帝则是一种超越于受造世界的无形的大祭司。他拥有一切正面性质，而且程度都达至无限。这可以从“他存在”这一基本事实推出来，尽管我们就这个主题所能说的都是否定的。有限的心灵无法达成肯定的定义。

亚里士多德正是以阿奎那的版本统治了文艺复兴之前的哲学领域。然而，在文艺复兴时期遭到拒斥的与其说是亚里士多德或阿奎那的教导，不如说是使用形而上学思辨的某些一知半解的习惯。

160 罗吉尔·培根反对这种形而上学思辨，强调经验研究的重要性。培根是导致中世纪思维方式开始瓦解的若干方济各会修士之一。他是阿奎那的同时代人，从未反对过神学。在为后来更现代的研究思路奠定基础时，他并不希望破坏教会在宗教事务上的权威。一般来说，13 世纪末、14 世纪初的方济各会思想家都是如此。不过，他们处理信仰与理性问题的进路加快了中世纪的崩溃。

如前所述，托马斯主义认为理性与启示可以重叠。方济各会的学者们重新考察了这个问题，试图对两者做出更明确的区分。他们把理智领域和信仰领域清楚地分开，旨在让神学本身摆脱对古典哲学的依赖。但这样一来，哲学也就变得不再从属于神学目的。自由地从事哲学思辨伴随着科学研究。特别是，方济各会的修士们重新强调了促进数学研究的新柏拉图主义影响。将理性研究严格地排除在信仰领域之外，就要求科学和哲学不能再对信仰条目进行无端指摘。但同样，信仰也不得在理性的科学和哲学能够坚持己见的地方擅自宣布教条。这种情况导致了比以前更为尖锐的冲突。因为如果信仰的管理者对一些错误的事情发号施令，他们就得收回成命，否则就要在他们无权干涉的领域发起挑战。只有不加入辩证法的论争，启示才能保持自己的独立性。这样一来，人们就能在献身科学研究的同时坚持对上帝的各种信仰。托马斯主义者试图证明上帝的存在，但这些论证不仅没有成功，而且还削弱了他们的神学地位。从宗教信仰的角度来看，这意味着理性标准根本不适用，在某种意义上，灵魂可以自由地效忠于它所钟爱的一切。

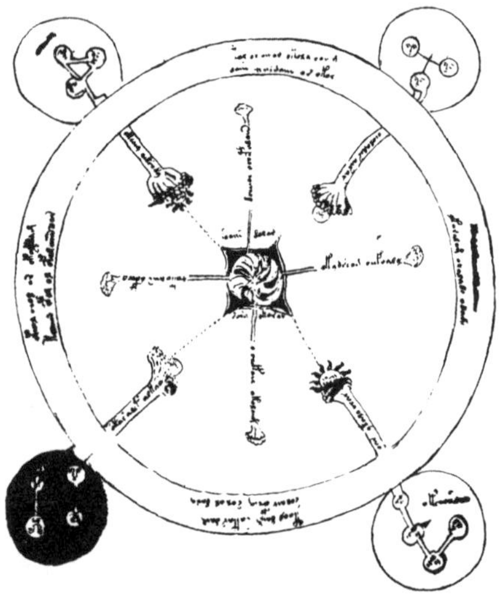

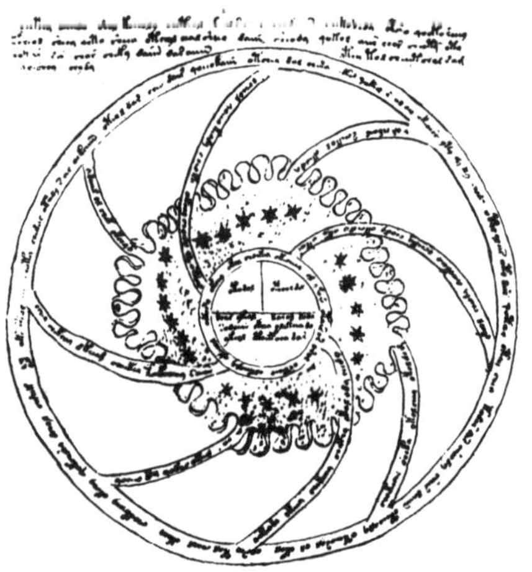

来自罗吉尔·培根的一份早期手稿，描述了食和彗星

罗吉尔·培根的生卒年大致是 1214 年和 1294 年，但这两个年份都不够确切。他在牛津和巴黎求学期间通盘掌握了所有学术分支，这有点像过去的阿拉伯哲学家。他直言不讳地反对托马斯主义。阿奎那在没有能力阅读原著的情况下竟然写出了关于亚里士多德的权威评注，这很令培根惊讶。译文既不可靠也不可信，而且，亚里士多德固然很重要，但还有其他东西也同样重要。尤其是，托马斯主义者不懂数学。要获得新知识，必须依靠实验，而不是诉诸权威。培根并未谴责经院辩证法的演绎法本身，但他坚称，仅仅推导出结论是不够的。要让人信服，结论必须经得起实验检验。

161 这些新颖的观点自然会引起正统派的反感。1257 年，培根被逐出牛津，并流亡到巴黎。1265 年，前驻英格兰教皇使节居伊·德·富尔克（Guy de Foulques）成为教皇，即克雷芒四世（Clement Ⅳ）。他对培根很感兴趣，就请这位英格兰学者对自己的哲学作一概述。1268 年，培根不顾方济各会的禁令，提交了这份概述。他的学说得到了教皇的支持，被获准返回牛津。但教皇当年就去世了，而此时的培根还是不够圆通。1277 年发生了大谴责，培根等多人被召去解释自己的观点。我们不知道他究竟是怎样被罗织成罪的，总之他坐了 15 年牢，1292 年才获释，两年后便去世了。

邓斯·司各脱（Duns Scotus，约 1270—1308 年）对哲学的意义更甚。他是方济各会修士，“司各脱”这个姓氏暗示他为苏格兰人。他曾在牛津求学，23 岁那年成为牛津的教师。后来他前往巴黎和科隆执教，最后在科隆去世。在司各脱这里，信仰与理性之间的裂隙变得更加明确。一方面，它使理性的范围逐渐缩小；另一方面，它又使上帝恢复了完全的自由和独立性。与上帝所说的话有关的神学不再是一门理性学科，而是由启示所启发的一套有用信念。本着这种精神，邓斯·司各脱拒绝接受托马斯主义者关于上帝存在的种种论证，因为它们都基于感觉经验。同样，他也拒绝接受奥古斯丁的论证，因为这些论证在某种程度上都利用了神的光照。既然论证和证明属于哲学，而神学与哲学又互相排斥，因此他无法接受奥古斯丁的证明。另一方面，他并不反对在一个无前因的初始存在基础上建立的概念性证明。这实际上是安瑟伦本体论论证的一个变种。但通过受造物来认识上帝是不可能的，因为受造物的存在是纯粹偶然的，依赖于上帝的意志。事实上，万物的存在与其本质是相同的。我们还记得，对阿奎那而言，这种等同可以用来定义上帝。知识是关于本质的，所以本质不同于上帝心中的观念，因为我们无法认识上帝。既然本质与存在相一致，那么使每一个个体成为其所是的东西就不可能是质料，而必须是形式；这与阿奎那的观点相反。虽然邓斯·司各脱认为形式是实质性的，但他并不赞同一种彻底的柏拉图主义实在论。于是，个体中可能有各种形式，但这些形式只有表面上的区分，所以不可能独立存在。

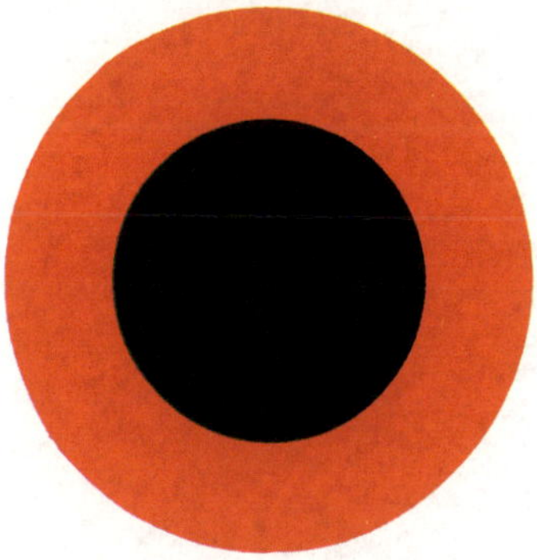

对邓斯·司各脱而言，意志（红色）支配着理性，柏拉图则持相反观点

邓斯·司各脱认为，正如最高的力量是上帝的权力，在人的灵魂中支配理智的则是意志。是意志的力量赋予人以自由，而理智则受制于它所关注的对象。由此可知，意志只能把握有限的东西，因为无限物的存在是必然的，因此取消了自由。反对必然性的自由学说是符合奥古斯丁主义传统的。它通过方济各会学者之手极大地支持了怀疑论。倘若上帝可以不受世界永恒法则的约束，那么我们可以对上帝信些什么也就令人怀疑了。

更激进的经验论可见于最伟大的方济各会学者威廉·奥卡 162

姆（William of Ockham）的著作。他于1280年至1300年之间的某个时候生于萨里的奥卡姆，先是在牛津、后在巴黎学习和讲课。他的学说不太正统，遂于1324年奉命去阿维尼翁觐见教皇。4年后，他再次与教皇约翰二十二世（John XXII）发生争执。唯灵论者是一个立誓保持清贫的方济各会极端派别，它一直令教皇感到不快。规定教皇在形式上保有修会产权的一项妥协安排已经实施了一段时间，现在却被废除了，许多修会成员藐视教皇的权威。奥卡姆、帕多瓦的马西利乌斯（Marsiglio of Padua）以及修会会长切塞纳的米夏埃尔（Michael of Cesena）站在反叛者一边，遂于1328年被革除教籍。所幸他们逃离了阿维尼翁，在慕尼黑路易皇帝的宫廷中得到保护。

阿西西的圣方济各，
方济各会的创始人

在两种势力的斗争中，教皇支持皇帝的一个对手，并且革除了路易的教籍。而路易则在一次大公会议上指控教皇为异端。为了报答皇帝的保护，奥卡姆自愿为皇帝写了一本强有力的小册子，对教皇口诛笔伐，猛烈抨击他插手世俗事务。1347年路易去世，而奥卡姆则留在慕尼黑直到1349年去世。

帕多瓦的马西利乌斯（1270—1342年）是奥卡姆的朋友和难友。他同样反对教皇，并就世俗和宗教势力的组织与权限提出了非常现代的观点。在这两方面，最终的统治权都属于大多数人。大公会议应由普选产生，只有这样的会议才有权革除人的教籍，即便如此也要有世俗的认可。只有大公会议才能制定正统的标准，但教会不得插手国事。奥卡姆的政治思想虽然并非如此极端，但深受马西利乌斯的影响。

在哲学方面，奥卡姆比其他任何方济各会修士都更接近于经验论。邓斯·司各脱虽然把上帝移出了理性思想的领域，但仍然保留着一定程度的传统形而上学。而奥卡姆则完全反形而上学。根据奥卡姆的说法，柏拉图、亚里士多德及其追随者那里的一般本体论是根本不可能的。只有个体事物才有实在性，才能成为经验对象，从而产生直接而确定的知识。这意味着，对解释存在而言，亚里士多德主义形而上学的精致工具完全是多余的。我们必须在这个意义上来解释奥卡姆所说的“能简则简，繁复无益”。这为另一句更有名的格言“如非必要，勿增实体”提供了基础。虽然这句格言并非出自奥卡姆的著作，却渐渐被称为“奥卡姆剃刀”。当然，这里所说的实体是传统形而上学所关心的形式、实体之类的东西。然而，那些主要对科学方法感兴趣的后世思想家们却对这一准则作了完全不同的改
163 变。在他们那里，“奥卡姆剃刀”成了拯救现象过程中一种一般的节约原则。如果简单的解释管用，就不必寻求复杂的解释。

这样坚持存在属于个体时，奥卡姆允许在处理词语的逻辑领域里有一种关于意义的一般知识。这个问题并不像在处理个体时那样涉及直接把握，而是涉及抽象。此外，不能保证这样得出的东西会有物体那样的存在性。因此，奥卡姆是一个彻底的唯名论者。严格亚里士多德意义上的逻辑必须被视为一种语词工具，它关心的是词项的意义。在这方面，奥卡姆扩充了 11 世纪早期唯名论者的观点。事实上，波埃修早已提出亚里士多德所说的范畴是关于词语的。

论述中使用的概念或词项完全是心灵的产物。在被语词表达之前，它们被称为自然共相或自然符号，而语词本身则是约定的符号，两者形成了对照。为避免荒谬，注意不要把对事物的陈述和对词语的陈述混淆起来。如果我们谈论的是事物，比如在科学中，所使用的语词被称为第一意向；而如果谈论的是词语，比如在逻辑中，所使用的语词则被称为第二意向。在论证中，必须确保使用的所有词项都有相同的意向。利用这些定义，我们可以把唯名论的立场表达为："共相"一词属于第二意向。唯实论者认为共相有第一意向，但这是错误的。奥卡姆拒绝承认共相概念是事物，允许共相作为上帝心灵中的观念先于事物而存在（如前所述，这一准则最初源于阿维森纳），对于这些，托马斯主义都是赞同的。然而，阿奎那认为这是一个可以用理性来支持的形而上学真理，而奥卡姆却认为它是一个神学命题，因此脱离了理性领域。对奥卡姆而言，神学完全是一个信仰问题，上帝的存在不可能通过逻辑证明来确立。在这一点上，奥卡姆比邓斯·司各脱走得更远，他不仅拒斥阿奎那，而且拒斥安瑟伦。我们不能通过感觉经验来认识上帝，也不能通过理性手段确立关于上帝的任何东西。对上帝及其各种属性的信念取决于信仰，关于三位一体、灵魂不朽、创世等的整个教义体系也是如此。

于是在这个意义上，奥卡姆可以被称为怀疑论者。但如果认为他没有宗教信仰，那就错了。通过限定理性的范围，使逻辑摆脱形而上学和神学的束缚，奥卡姆大大促进了科学研究的复兴。与此同时，信仰领域也向各种放肆而极端的想法敞开了大门。因此毫不奇怪，由此发展出一种神秘主义运动，它在许多方面都可以追溯到新柏拉图主义传统。该运动最有名的代表人物是多明我会修士埃克哈特大师（Meister Eckhart，1260—1327 年），他的理论完全无视正统的要求。在教会看来，神秘主义者的威胁绝不亚于自由思想家。1329 年，埃克哈特的学说被宣布为异端。

奥卡姆剃刀，节约原则：采用最简单的假说

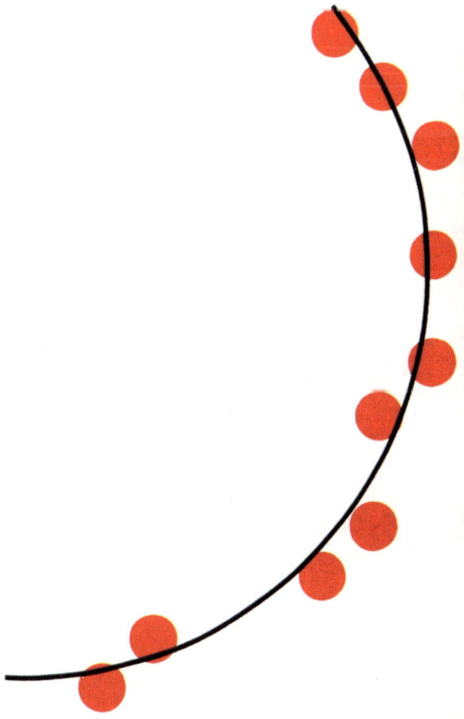

但丁，他伟大的诗作总结了中世纪的世界观

164 中世纪思想的集大成或许可见于但丁（1265—1321 年）的著作。事实上，他在写作《神曲》时，中世纪正开始解体。于是在这里，我们得以纵览一个经过全盛期的世界，回想起阿奎那伟大的亚里士多德主义复兴，以及意大利城市中归尔甫派与吉伯林派（Guelfs and Ghibellines）之间的斗争。但丁显然曾经读过“天使博士”阿奎那的著作。同样，他很熟悉当时一般的文化活动，通晓当时普遍所知的希腊罗马古典文化。《神曲》虽然明显是一次经过地狱、炼狱而升入天堂的旅行，但在这次旅行中，但丁实际上以离题和影射的方式为我们呈现了一份中世纪思想的概览。1302 年，但丁被逐出故乡佛罗伦萨。当时在对立派别之间持久的骚乱中，黑归尔甫派上了台。而但丁家族却支持白归尔甫派，他本人对帝国的职能有坚定的看法。诸如此类的政治斗争以及导致这些事件的新近历史都在《神曲》中有所提及。但丁骨子里是吉伯林派，他仰慕皇帝腓特烈二世，这位见识广博、阅历丰富的皇帝正是诗人心目中皇帝的理想典范。但丁是西方文学史上少数几个最伟大的人物之一，但这并不是使他出名的唯一头衔。尤其是，他把俗语言锻造成一种普遍的文学工具，从而首次确立了一种超越各地方言的标准。此前只有拉丁语发挥过这种作用，而现在意大利语则成为文学写作的工具。作为一种语言，意大利语至今也几乎没有什么变化。腓特烈二世的大臣彼得罗·德拉·维尼亚也许是最早用意大利语写诗的人。但丁从若干方言中吸取了他所认为的精华，在其母语托斯卡纳语的基础上创建了现代意大利的文学语言。大约在同一时期，俗语言也在法兰西、日耳曼和英格兰发展起来。乔叟（Chaucer）的生活年代比但丁稍晚，但在相当长的时间里，学术语言仍然是拉丁语。第一位用母语写作的哲学家是笛卡儿，不过只是偶尔为之。拉丁语渐趋衰落，19 世纪初即鲜有学者用它来表达思想。从 17 世纪到 20 世纪，这种普遍交流的功能由法语所继承，而在我们这个时代，英语正在取代法语。

在政治思想上，当帝国原有的影响已经丧失大半时，但丁仍然是帝国强权的维护者。法兰西和英格兰等民族国家正在日益壮大，世界帝国的观念不太受重视。与但丁一般的中世纪看法相一致，他并不认为这种政治重心的变化很有意义。倘若他能看到这种变化，那么意大利也许会早很多年而发展成为一个现代国家。这并不是说一个涵括一切的帝国的旧传统中没有多少东西可以托付这种发展，只是时机尚未成熟罢了。因此，但丁的政治理论在实际政治领域中始终没有发挥多大作用。

165 在我们看来，《神曲》中那些与古人地位有关的稀奇古怪

在但丁的设想中，我们发现地狱是一个没有舞台的剧场

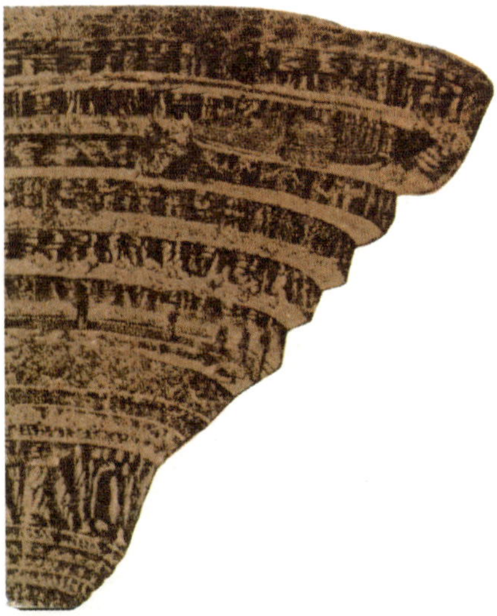

的问题似乎无关紧要。古典时代的大哲学家们当然不能被视为应受永罚的异教徒，特别是“知者之师”亚里士多德肯定值得我们称颂。但由于没有受洗，这些思想家肯定不是基督徒。于是但丁想出了一个折中的办法。作为异教徒，古代哲学家们应当下地狱，我们也的确在地狱篇里找到了他们，不过但丁给他们留出了一个特殊角落，这是险恶区域中一块天堂般的飞地。当时教条的束缚如此强大，以致对过去那些非基督教大思想家的安置都成了问题。

中世纪的生活虽然有恐惧和迷信，但本质上是有序的。一个人生下来身份就已确定，并且要效忠于他的封建领主。整个国家被恰当地分成了固定不变的各个等级。马西利乌斯和奥卡姆破除了政治理论领域中的这一传统。宗教权力曾是用恐惧来控制人的主要工具，但人们一旦觉得教条可以舍弃，其影响便开始减退。这不可能是奥卡姆的意图，但肯定是其学说逐渐对改革派产生的影响。在所有经院学者当中，马丁·路德最推崇奥卡姆。

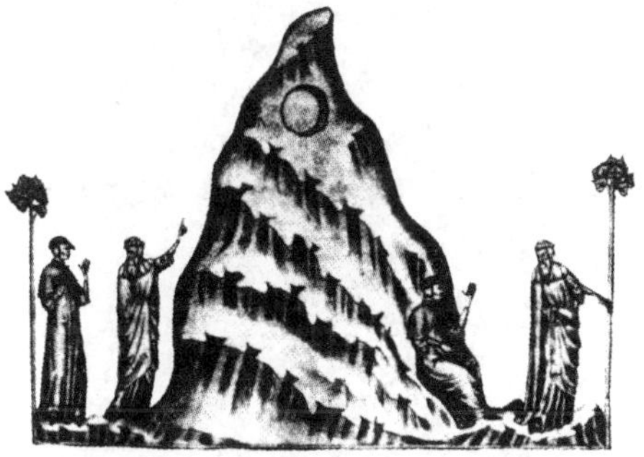
天堂就像一座阶梯金字塔

不过从但丁的著作中丝毫看不出对这些动荡的预示。他反对教皇并非出于对正统的任何背离，而是认为教会干预了属于皇帝权限的事务。然而在但丁的时代，教皇的权力虽然已经大减，但一个日耳曼皇帝在意大利保持其权威已不再可能。1309年教廷移到阿维尼翁之后，教皇实际上沦为法兰西国王的一个工具，教皇与皇帝之间的冲突也就成了法兰西与日耳曼之间的斗争，英格兰则站在帝国一边。1308年卢森堡的亨利七世成为皇帝，此时帝国似乎有可能再次恢复元气，但丁也欢呼他为救世主。但亨利的成功短暂而不彻底。虽然他袭击了意大利，并于1312年在罗马加冕，但在与那不勒斯和佛罗伦萨的对抗中却未能显示出权威。亨利于1313年去世。1321年，但丁在流亡拉韦纳期间去世。

随着各种俗语言的兴起，教会对科学和哲学的思想活动失去了部分控制。与此同时，又出现了始于意大利并逐渐北移的世俗文学大爆发。研究范围的扩大，再加上信仰与理性之间的鸿沟所导致的某种程度的怀疑论，使人们的心灵远离了那些不属于现世的事物，学会了尽力改善或至少是改变自己的命运。所有这些趋势都在14世纪上半叶开始显现。但丁未能预见这些，他本质上还在回望腓特烈二世时代。中世纪世界原则上是中央集权的，但文艺复兴时期的种种新生力量试图瓦解中世纪社会铁板一块的结构。不过在我们这个时代，由于种种原因，统治世界的想法似乎还有可能出现。

康斯坦茨大公会议选举马丁五世（Martin V）为教皇，结束了这场教会大分裂

166 教皇权力在14世纪迅速衰落。尽管在与皇帝的斗争中，教廷证明自己是强者，但教会要想动辄以威胁革除教籍来控制基督徒已不再是件容易的事。人们开始敢于独立思考关于上帝的问题。在道德和宗教方面，教廷已经失去了对思想家和学者的控制，国王和民众也对教皇使者的横征暴敛感到不满。所有这些趋势正开始形成，尽管在世纪之交还没有发展成公然对抗。事实上，教皇卜尼法斯八世（Boniface Ⅷ）在《至一至圣教谕》中强调教皇的至高无上，甚至超过了英诺森三世的要求。他宣布1300年为大赦年，在此期间所有来罗马朝圣的教徒都将免于罪罚。这不仅可以突出教皇的宗教权威，而且有助于使大量钱财流入教皇金库，同时还能使依靠为朝圣者提供临时服务而过活的罗马人富起来。大赦年举办得极为成功，以至于后来改为50年一次，继而又改为25年一次，不再是100年一次了。

虽然表面上似乎至高无上，卜尼法斯八世的权力基础还很脆弱。作为人，他对金钱的热爱甚于做教会之主；在信仰问题上，他也绝非正统派的范例。在整个任职期间，他不是与法兰西的主教们就是和他们的国王腓力四世（Philip Ⅳ）发生冲突。在这场争执中，法兰西国王获得了胜利。1305年，教皇克雷芒五世（Clement Ⅴ）继任，他是法兰西人，1309年在阿维尼翁即位。正是在他的任期之内并且在他的纵容下，腓力四世镇压了圣殿骑士团。这种纯粹以掠夺为目的的手段靠的是莫须有的异端罪名。一般说来，此后教廷的争端往往会损害自己的权威。约翰二十二世（John ⅩⅫ）与方济各会之间的纷争引出了奥卡姆的慷慨陈词。由于教皇在阿维尼翁而不在罗马，在柯拉·第·黎恩济（Cola di Rienzi）的领导下，罗马出现了暂时的分裂。起初，作为罗马公民的黎恩济只是反对腐败贵族，最后他竟然公然藐视教皇和皇帝，宣称罗马应该像以前一样成为统治者。1352年，教皇克雷芒六世（Clement Ⅵ）成功地抓获了黎恩济，直到两年后教皇去世他才获释。黎恩济回到罗马掌权，但数月之后即被民众杀害。

流亡法兰西使教廷威望大失。为了挽救这一趋势，格里高利十一世（Gregory Ⅺ）于1377年回到罗马，但次年就去世了。其意大利继任者乌尔班六世（Urban Ⅵ）又和法兰西的红衣主教们争执起来。红衣主教们选举日内瓦的罗伯特（Robert of Geneva）为他们的教皇，即克雷芒七世（Clement Ⅶ）。这个法兰西人又回到了阿维尼翁，由此产生的西方教会大分裂一直持续到康斯坦茨大公会议。法兰西人支持他们在阿维尼翁的教皇，而皇帝则认可在罗马的教皇。由于两位教皇都任命了自己的红衣主教，而这些红衣主教又都选举了教皇的继承人，破裂遂无法弥合。为了打破这一僵局，1409 年在比萨召开的大公会议宣布废黜这两位现有的教皇，并且选出了一位新教皇。但遭到废黜的教皇都不肯退位，于是现在就有了三位教皇。1414 年召开的康斯坦茨大公会议最终使秩序有所恢复。康斯坦茨会议选出的新教皇被废黜，罗马的教皇被劝退，阿维尼翁的教皇则因英格兰人在法兰西的优势，缺乏支持而垮台。1417 年，大公会议任命马丁五世（Martin V）为教皇，从而结束了这场西方教会大分裂。但教会未能从内部改革自身，教皇因为反对公会议运动，进一步削弱了教廷原本可以享有的尊重。

在英格兰，约翰·威克里夫（John Wycliffe，约 1320—1384 年）进一步反抗罗马。威克里夫是约克郡人，也是牛津的学者和教师。值得指出的是，与欧洲大陆相比，长期以来英格兰一直不大服从罗马。征服者威廉（William the Conqueror）早已规定，在他统辖的地盘内，未经国王批准不得任命主教。

约翰·威克里夫，教会的异端和批判者。1381 年的农民起义部分是受到了他的激励

威克里夫是一位世俗教士，他的纯哲学著作不及方济各会的重要。他抛弃了奥卡姆的唯名论，而倾向于某种形式的柏拉图主义实在论。奥卡姆赋予了上帝以绝对的自由和力量，而威克里夫则认为上帝的法令是必需的，而且对上帝本身也有约束。世界只能是现在这个样子，这种观点明显受到了新柏拉图主义学说的启发，并于 17 世纪重见于斯宾诺莎的哲学。晚年的威克里夫开始反对教会，这首先是因为教皇和主教们沉溺于骄奢淫逸的世俗生活，而广大信众却贫困异常。1376 年，威克里夫在牛津的讲座课程中就平民所有权发表了一种新观点，认为只有正义之人才能要求财产和权威。而教士们可能经不起这种检验，其财产其实已被没收，这个问题应由国家来决定。无论如何，财产都是罪恶：既然基督及其门徒没有财产，今天教士们也不应有财产。有财产的教士们当然不喜欢这些学说，但正想停止向教皇进贡的英格兰政府却很支持。教皇格里高利十一世（Gregory XI）发现威克里夫的异端观点与帕多瓦的马西利乌斯一脉相承，遂下令审判他，但伦敦的平民们粉碎了这项诉讼。此外，牛津大学也坚持自己有服从国王的学术自由，否认教皇有权将其教师送上法庭。

西方教会大分裂之后，威克里夫甚至宣称教皇是敌基督。他和一些朋友将拉丁文《圣经》译成了英文，并且建立了一个由清贫教士组成的世俗修会，其会员巡回传教为穷人服务。最后，他谴责变体论教义，一如后来宗教改革的领袖们。在 1381 年的农民起义中，威克里夫保持中立，虽然他曾经同情过起义。

1384年，他在拉特沃思去世。康斯坦茨大公会议责令对生前逃脱过迫害的他鞭尸泄愤，其英格兰追随者罗拉德派也被无情消灭。而在波希米亚，威克里夫的学说却激励了一直持续到宗教改革的胡斯派运动。

168 如果我们问自己，希腊与中世纪观点之间的主要区别是什么？我们也许可以说，希腊人缺少一种原罪意识。在希腊人看来，人似乎无需为遗传下来的一种罪的负担感到苦恼。他们或许的确注意到现世生活的动荡不安，诸神可能一念之间就会把它毁灭，但他们绝不会认为这是对过去所犯罪孽的一种公正报应。因此在希腊人看来，救赎或拯救这样的问题根本不存在。因而总体来看，希腊人的伦理思想并不形而上学。在希腊化时代，尤其是随着斯多亚主义的兴起，一种顺应天命的气氛悄然潜入了伦理学，后来又传给了早期基督教各派。但总而言之，希腊哲学并没有面对神学问题，因此始终是完全世俗的。

中世纪视角中的亚里士多德：来自沙特尔大教堂，13世纪

当基督教统治西方世界的时候，伦理问题的形势发生了剧变。基督徒认为尘世生活是为更好的来世做准备，人生的苦难是人必须经受的考验，以清除其与生俱来的原罪负担。然而，这简直是超人才能完成的任务。为了成功地经受住考验，人需要神的帮助，而这种帮助可能降临、也可能不降临。希腊人认为为善最乐，而基督徒则认为为善是因为上帝要求他这样做。虽然循着德性的窄路前进本身并不能保证灵魂获救，但它无论如何也是一个前提条件。其中一些信条当然要不加深究地接受，因为神的帮助正是最先从这里介入。为了获得信仰，从而尊重各种信仰条款，人需要神的恩典。连这第一步都做不到的人就只能无可救药地下地狱了。

在这种背景下，哲学渐渐有了一种宗教功能。虽然信仰超越了理性，但信仰者仍然可以尽可能地用理性来阐明其信仰，从而增强自己抵制疑惑的勇气。于是，哲学在中世纪成了神学的婢女。只要这种观点盛行着，基督教哲学家就必然是教士。流传下来的世俗学问都是由教士保留下来的，学校和"后来的"大学都是由某个大修会的成员开办的。这些思想家所使用的哲学工具可以追溯到柏拉图和亚里士多德。特别是，亚里士多德主义倾向在13世纪占据着主导地位。很容易看到为什么亚里士多德比柏拉图更适合基督教神学。借用经院哲学的语言，我们可以这样说：唯实论者的理论没有给神的力量在万物运作中的关键作用留出很大余地，而唯名论却在这方面提供了更为广阔的空间。虽然犹太教和基督徒的上帝当然非常不同于亚里士多德主义的神，但亚里士多德主义的确比柏拉图主义更适合基督教方案。柏拉图的理论很容易引出泛神论学说，比如在斯宾诺莎那里，但我们稍后会看到，这种泛神论是纯逻辑的。只要承认理性能在某种程度上支持信仰，哲学与神学之间的这种结 169
合就会继续下去。自从 14 世纪的方济各会学者否认了此种可能性，主张理性与信仰互不相干之后，中世纪观点就逐渐消亡了。哲学不再能继续用于神学领域。奥卡姆使信仰摆脱了与理性研究的一切可能联系，使哲学回到了世俗主义的道路上。从 16 世纪开始，教会就不再主导哲学领域了。

这次西方教会大分裂还使人们能把自己的理性活动与宗教活动严格分开。如果以为这是一种虚伪，那就完全错了。无论过去还是将来，总有许多人不愿让自己的实际信仰干预其宗教信仰。恰恰相反，宗教肯定只有以这种方式才能免遭质疑。因为神学只要进入辩证法的领域，就必须遵从理性讨论的准则。

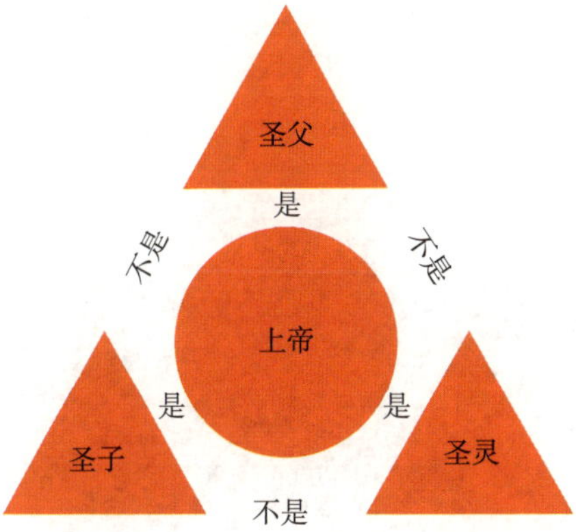

三位一体的性质：经院哲学中永恒的问题

另一方面，每当人们必须相信一个与经验研究结果不相容的命题时，便又会走入一个无法摆脱的困境。以地球的年龄为例，《旧约》的计算结果是 5750 年左右，这是正统派必须相信的结果；而地质学家却给出了地球年龄在 40 亿年以上的种种理由。如此一来，其中一个信念必须得到修改，除非有宗教头脑的研究者准备星期日坚持一种观点，而在一周的其他几天坚持另一种观点。这里的要点在于，在宗教原则与研究结果发生冲突的地方，宗教总是处于守势，而且不得不改变自己的立场，因为从本质上看，信仰不得与理性发生冲突。既然这里的冲突处于理性辩证法的领域内，宗教就必须总是退避三舍。不过在这种附带条件之下，退避之后的宗教仍然可以保持自己独特而独立的地位。

在尽可能对宗教教义给出理性的解释时，经院哲学家常常显示出极大的独创性与思维的微妙。长远来看，这些活动将会磨砺文艺复兴时期哲学家所继承的语言工具，这也许是经院哲学最有价值的成就。其缺陷在于对经验研究不够重视，直到方济各会学者注意到这个缺陷。在一个关心上帝和来世甚于现世问题的时代，如此轻视经验发现是很自然的。文艺复兴时期的思想家们再次把人置于中心位置。正是在这种氛围中，人的活动本身将会受到重视，科学研究也将以崭新且惊人的步伐向前迈进。

在近三四百年里，一种重视活动的伦理观最终使西方区别于世界其他地方。由于西方技术已经征服了世界，与之相伴而来的伦理观也会在一定程度上产生新的影响。

近代哲学的兴起

中世纪在 14 世纪开始衰落，一些新的力量逐渐产生并塑造了当今的现代世界。从社会角度看，强大的商人阶层的兴起动摇了中世纪社会的封建结构。商人阶层与君主们联手反对那些不易管教的贵族。更加先进的攻击型武器动摇了贵族们的惯常堡垒，此时他们在政治上不可侵犯的优势便丧失了。如果说农民们粗陋的棍棒长矛无法攻破城墙，那么火药就不一样了。有四大运动标志着从中世纪衰落到 17 世纪勃兴的过渡时期。

维纳斯从水波中升起，这是文化复兴的标志，在通俗艺术中也是如此

首先是 15、16 世纪的意大利文艺复兴。但丁仍然沉浸在中世纪的思维方式中，但他以俗语言为不懂拉丁语的平信徒提供了读书写字的工具。薄伽丘（Boccaccio）和彼特拉克（Petrarch）等作家促成了一种向世俗理想的回归。人们对古代世俗文化重新产生了兴趣，这可见于各种艺术和科学，标志着与中世纪教士传统的一种决裂。虽然对上帝的种种关切支配着中世纪舞台，但文艺复兴时期的思想家们对人更感兴趣。新的文化运动即人文主义正是由此而得名，这是第二种伟大的新生力量。整个文艺复兴直接影响了总的人生观，而人文主义运动却停留在思想家和学者们的圈子里。意大利文艺复兴并没有带来国家的持久统一。整个国家分裂成由城邦统治的小领地，情况一片混乱。意大利落到了奥地利和西班牙的哈布斯堡王朝手中，直到 19 世纪中叶才以主权国家的面貌出现。但文艺复兴运动产生了巨大影响，并且逐渐向北进入德国、法国和低地国家。这些地区伟大的人文主义者比其意大利先驱者们晚了大约一个世纪。

改变中世纪世界的第三大力量是与人文主义运动同时代的路德宗宗教改革运动。事实上，教会内部曾有人认识到需要进行某种改革。人文主义思想家们曾对教会中的种种营私舞弊和渎职作过批判，但野心勃勃、贪图钱财的教皇仍然颇具影响。宗教改革一爆发，便遭到了罗马的激烈反抗和谴责。于是，宗教改革原本可以作为一种新兴运动而被纳入普世教会领域，现在却陷入孤立，发展成若干个国家的新教教会。当天主教会终于开始改革自身时，宗教分裂已经无可挽回了。从此以后，西方基督教一直处于分裂状态。改革后的宗教所认为的“信者皆为祭司”正是来自人文主义的影响。每个人都与上帝直接进行接触，基督不需要教皇。第四个重要发展直接源自奥卡姆的批

判所引起的经验研究的复兴。在接下来的两个世纪里，科学领 171
域取得了巨大进展。其中最重要的是哥白尼重新发现了日心体系，并于1543年对它作了解释。从17世纪开始，物理科学和数学科学迅速进步，并通过促进技术发展而确保了西方的统治地位。除了带来物质上的利益，科学传统本身也大大促进了独立思想。西方文明传播到哪里，它的政治理想就会随着物质扩张而传播到哪里。

科学研究的进步所产生的看法本质上仍然是希腊人的看法。做科学就是拯救现象。这些传统所获得的权威完全不同于
中世纪教会试图把它的统治强加于人所凭借的权威。当然，当 172
研究者持不同意见时，依靠教条的信仰体系而生存的统治集团

也许在很大程度上会众口一词地谈论所有问题。有些人把铁板一块的一致性看作优越性的标志，但为什么应当如此却从未得到解释。它无疑可以赋予支持者以一种力量感，但这并不能使他们的立场变得更加可信，就像一个命题不会因为用更高的嗓门来宣布就变得更正确一样。研究工作唯一需要尊重的就是理性论说（或苏格拉底所谓的辩证法）的普遍规则。

印刷机，传播文献的设备

然而，科学在技术应用方面的显著成功却导致了另一种危险。因为许多人渐渐以为，只要人的努力得到恰当的引导和运用，就没有什么目标达不到。现代技术的巨大进步依赖于很多人的携手合作，那些以开始实施新计划为己任的人一定以为自己的力量是无穷的。但人们往往容易忘记，所有这些计划都包含了人的努力，应当为人的目的服务。在这方面，我们自己的世界大有做得过头之势。

在哲学领域，对人的强调产生了一种内向的思辨倾向，由此引出的观点与那种激发力量的哲学观点截然不同。现在，人成了自己能力的批判者，除了某些直接经验，没有任何东西不允许受到质疑。这种主观态度引发了一种极端的怀疑论，它本身和那种完全忽视个人的倾向一样不自然。显然，必须找到一种居间的解决方案。

与此同时，我们所讨论的这个过渡时期还以两项特别重要的发展为标志。首先是活字印刷术的发明。至少就西方而言，它可以追溯到 15 世纪。中国人使用活字印刷术的时间还要早上 500 年，不过欧洲人并不知道。印刷术的出现大大扩展了新思想的传播范围，最终则有助于削弱旧权威。例如，人们很轻易得到被译成俗语言的《圣经》的印刷本，教会再也无法用花言巧语来维持它作为信仰监护者的地位了。至于一般的学问，印刷术也加速了向世俗主义的回归。印刷术不仅为批判旧秩序的新政治学说提供了传播手段，还使人文主义学者们能够出版古人的著作。而这又转而促进了对古典文献更广泛的研究，有助于教育水平的普遍提高。

需要注意的是，如果讨论的自由得不到保证，印刷术的发明是否是好事就值得怀疑了，因为谬论和真理一样易于印刷和
173 传播。如果一个人对看到的材料不加置疑地照单全收，那么这个人的阅读能力也就没有什么价值了。只有有了言论自由和批评自由，印刷品的广泛传播才会促进研究。没有了这种自由，当文盲也许更好。在我们这个时代，这个问题已经变得更加尖锐，因为印刷不再是大众传播的唯一有力媒介。自无线电报和电视发明以来，时刻保持警惕就更重要了。一般说来，没有警

惕，自由就开始失去活力。

随着信息更广泛地传播，人们开始对地球形成一种更正确的认识。该认识是通过一系列航海发现而获得的，这些发现为西方的内驱力和进取心提供了新的出路。这些冒险开拓之所以成为可能，是因为造船和航海技术的进步以及对古代天文学的回归。在 15 世纪之前，船只还不敢远离大西洋沿线，一方面是因为这样做没有意义，更重要的是，冒险进入没有界标的水域极不安全。罗盘的使用开辟了公海，从此以后，探险家们就可以跨越重洋去寻找新的大陆和航道了。

对中世纪的人而言，世界是一个静态、有限和秩序井然的地方。世界中的一切事物都有其特定功能，众星沿其轨道运行，人生来各居其位。文艺复兴使这幅自鸣得意的图像彻底破灭。两种对立倾向造就了一种新观点。一方面，人现在占据着舞台的中心，对自己的力量和独创性信心十足；但与此同时，人在宇宙中的地位变得不那么高大，因为空间的无限开始激发哲学家的想象力。这些观点在德国红衣主教库萨的尼古拉（Nicolas Cusanus，1401—1464 年）的著作中得到暗示，在 16 世纪又被纳入了哥白尼体系。类似地，存在着一种向毕达哥拉斯和柏拉图旧观点的回归，即世界建立在一种数学样式的基础上。所有这些思辨不仅扰乱了事物的现有秩序，而且在教会和世俗两个领域都破坏了旧有的既定权威。教会试图控制异端思想的传播，但收效甚微。不过我们要记住，即使到了 1600 年，宗教裁判所依然把乔尔达诺·布鲁诺（Giordano Bruno）烧死在火刑柱上。和往常一样，出于对颠覆的恐惧，现有秩序的维护者们总是对标新立异的人给以野蛮判决。但这种判决恰恰表明它自称保持的地位是多么脆弱。在政治领域，新的权威概念逐渐发展起来，而世袭统治者的权力则受到越来越多的限制。

哥伦布使用的船只类型。他 1492 年发现了美洲，开辟了新的视野

宗教改革所引起的改变并非在所有方面都富有成果。也许有人以为，面对着众多宗教，人们最终会渐渐明白，可以用许多不同方式来崇拜同一个上帝。在宗教改革以前，库萨的尼古拉已经主张这一观点。但广大信众并未接受这个非常明显的结论。

当然，文艺复兴并不是从古代知识掩藏不彰的过去的突然 174
苏醒。事实上，整个中世纪都残留着古代传统的一些遗迹。不能用这种清晰的分界线将历史径直划分开来，但如果处理得当，这种划分还是有用的。因此，如果谈及意大利文艺复兴是正当的，这意味着中世纪与近代之间肯定存在着某些明显差异。例如，在经院学者的教会文学与始于14世纪用俗语言写成的世俗文学之间就存在着明显反差。这种文学复兴先于人文主义者基于古典文献所进行的学术复兴。新文学把大众的语言用作工具，从而比仍然使用拉丁语的学者的作品更具吸引力。

意大利文艺复兴时期画家拉斐尔眼中的柏拉图和亚里士多德

现在，所有领域都在抛弃中世纪的狭隘观念。起初，灵感来自于当时出现的世俗兴趣，后来则来自于对古代的理想化憧憬。当然，那个时代发展出来的古代观多多少少受到了重新发现与自己历史连续性的一代人的热情歪曲。直到19世纪，这种对古人带有浪漫主义色彩的观点依然存在。在这些事情上，我们肯定比文艺复兴时期的艺术家和作家懂得更多。

在意大利，古代文明遗迹提供了昔日的有形象征，与后来在阿尔卑斯山以北的形式相比，文艺复兴运动在这里的地位要更为稳固。在政治上，整个国家如古希腊一般四分五裂。北方是无数个城邦，中间为教皇管辖区，南部则是那不勒斯和西西里王国。在北方城市中，米兰、威尼斯和佛罗伦萨实力最强。城邦之间常有纷争，城邦内部也有派系斗争。虽然人与人之间的阴谋与仇杀搞得极为老练和残忍，但整个国家并没有遭到严重破坏。贵族和城市在雇佣兵的帮助下互相厮杀，雇佣兵的职业目的就是活下去。当意大利成为法兰西国王和罗马皇帝的战场时，这种松懈的事态才被彻底扭转。但意大利太过分裂，以致无法集合起来抵御外来入侵。于是，整个国家仍然分崩离析，基本上被外国统治着。在法兰西与帝国的频繁战争中，哈布斯堡王朝最终取得了胜利。那不勒斯和西西里仍然由西班牙人控制，而教皇管辖区则被允许有一种独立性。1535年，教皇一方的据点米兰成为西班牙哈布斯堡王朝的属地。威尼斯人的地位有些特殊，这一方面是因为他们从未败于蛮族之手，另一方面则是因为与拜占庭的联系。经过历次十字军东征，威尼斯人获得了实力与财富，在击败对手热那亚人之后控制了整个地中海的贸易。1453年君士坦丁堡落入奥托曼土耳其人手中之后，威尼斯开始衰落，通往印度的好望角航线的发现和新世界的开
175 拓更是加速了这一进程。

文艺复兴运动最重要的策源地是佛罗伦萨。除了雅典，没有城市能像佛罗伦萨一样产生这么多艺术家和思想家。但丁、米开朗琪罗、列奥纳多·达·芬奇以及后来的伽利略都是佛罗伦萨人。导致但丁被流放的佛罗伦萨内乱以美第奇家族的统治而告终。从1400年开始，除了一些短暂的中断，这个商人贵族家族统治了这座城市逾3个世纪。

至于教廷，文艺复兴对它有双重影响。一方面，教皇们对

人文主义者的学术追求表现出开明的兴趣，并且成了艺术的大主顾。教皇声称其世俗权力来自伪造的《君士坦丁惠赐书》，而教皇尼古拉五世（Nicholas Ⅴ，1447—1455 年）却非常仰慕洛伦佐·瓦拉（Lorenzo Valla），后者揭露了这一伪造行为，且持有其他可疑观点。尽管持有非正统观点，这位文学侦探还是被任命为教皇秘书。另一方面，信仰标准的这种放宽所导致的世俗担忧使教廷的宗教影响力骤减。像亚历山大六世（Alexander Ⅵ，1492—1503 年）这样的人的私生活就有些缺乏上帝在世间的代表所应该具有的虔敬。不仅如此，16 世纪教皇们贪图世俗享受，把来自国外的大量钱财挥霍一空。所有这些所引发的抗议在宗教改革中达到高潮。

在哲学方面，意大利文艺复兴总体上并没有产生伟大的作品。这是一个重新发现来源的时代，而不是一个伟大哲学思辨的时代。尤其是，对柏拉图的研究再次开始挑战经院哲学的亚里士多德主义。15 世纪初，柯西莫·德·美第奇（Cosimo dei' Medici）统治下的佛罗伦萨建立了佛罗伦萨学园。这一机构支持柏拉图，反对既有的大学。人文主义学者的工作总体上为 17 世纪伟大的哲学发展铺平了道路。

哲罗姆，来自文艺复兴时期的一只陶盘

文艺复兴虽然使人们从教会的教条主义中解放出来，但并未使之脱离各种古代迷信。一直被教会阻止的占星术此时大受欢迎，受它影响的不仅有没有学识的人，还有饱学之士。巫术也被广泛相信，成百上千无辜的怪人被当作巫师烧死。当然，即使在我们这个时代，政治迫害（Witch-hunting）也并不罕见，尽管已经不再时兴把捕获的人烧死。随着对中世纪教条主义的拒斥，人们对既定的行为准则也少了原有的尊重。面对着北方的威胁，意大利之所以未能实现某种形式的国家统一，此为原因之一。这一时期充斥着阴谋诡计和两面三刀，消灭对手的温柔技艺已经发展得炉火纯青。在这种欺骗与猜疑的风气里，不会产生任何可行的政治合作。

在政治哲学领域，意大利文艺复兴时期产生了一位杰出人 176
物——尼科洛·马基雅维利（1469—1527 年），其父是佛罗伦萨的一位律师。马基雅维利的政治生涯始于 1494 年，当时美第奇家族被逐出了佛罗伦萨。正是在这个时候，佛罗伦萨城受到了萨沃纳罗拉（Savonarola）的影响，这位多明我会改革家挺身而出，反对当时的罪恶和腐败。萨沃纳罗拉的热情努力最终得罪了博基亚家族的教皇亚历山大六世（Alexander Ⅵ），并于 1498 年被烧死在火刑柱上。这些事件据信促进了人们对权力和政治成就的性质进行反思。后来，马基雅维利即以萨沃纳罗拉为例写道，手无寸铁的预言家终归会失败。美第奇家族流亡期间，佛罗伦萨是一个共和国，1512 年美第奇家族重新掌权之前，马基雅维利一直担任公职。马基雅维利因为在这一时期反对美第奇家族而失去权位。被迫退出政坛之后，他致力于撰写政治哲学及相关问题的著作。为了重获美第奇家族的青睐，1513 年他将自己的名著《君王论》献给了洛伦佐二世（Lorenzo Ⅱ），但未能如愿。他死于 1527 年，是年，皇帝查理五世的雇佣军洗劫了罗马。

《君王论》和《罗马史论》是马基雅维利的两部伟大的政治著作。《君王论》研究了取得和维持专制政权的方法和手段，《罗马史论》则一般地研究了权力及其在不同统治形式下的运用。《君王论》的学说并不想对如何做一名有德性的统治者提供虔诚的忠告；恰恰相反，它认识到有些罪恶勾当有助于获取政权。“马基雅维利式的”一词因此而有了某种邪恶、贬损的含义。平心而论，马基雅维利并非把邪恶当作原则来倡导。他的研究领域超越了善恶，就像核物理学家的研究那样。因此他论证说，若想掌握权力，就必须冷酷无情。这是好是坏完全是另一个问题，但马基雅维利对此不感兴趣。有人也许会抱怨他没有关注这个问题，但因他研究了实际存在的权力政治而谴责他是没有意义的。因为《君王论》中所阐述的东西多多少少只是对文艺复兴时期意大利常见做法的总结而已。

马基雅维利，佛罗伦萨的外交家、政治哲学家

在供职佛罗伦萨共和国的政治生涯中，马基雅维利曾肩负各种外交使命，从而有充分机会亲身接触到错综复杂的政治阴谋。在外交工作中，他与亚历山大六世的儿子恺撒·博基亚（Caesar Borgia）熟识，恺撒和他父亲一样是个十足的恶棍。他煞费苦心地大胆策划在其父死后确保自己的地位。在此过程中，他的兄弟被视为他实现野心的拦路虎而被除掉。在军事方面，恺撒协助其父扩大教皇的管辖区，实则完全是为了自己日后对这些领地的保有。在教皇继承问题上，他千方百计让自己的朋友占据教廷。为了达到这些目的，恺撒·博基亚费尽心机，
177 用尽外交手腕，时而假装友好，时而置人死地。当然，这些政治活动的牺牲者们的感受我们无从知晓。从一种超然的角度来讲，他们可能会对恺撒·博基亚无可置疑的权术钦佩有加，这也正是那个时代的特征。恺撒的计划最终没有成功，因为他的父亲于 1503 年去世时，恺撒自己也病倒了。继承教皇宝座的尤里乌斯二世（Julius Ⅱ）乃是博基亚家族的宿敌。鉴于恺撒·博基亚的目的，我们很可以认为他非常能干。为此，马基雅维利对他大加赞许。在《君王论》中，他称赞博基亚

是有志于权力者的典范。在马基雅维利看来，这种做法之所以站得住脚，皆因为其符合了时代的一般标准。从 17 世纪到 19 世纪，这些冷酷无情的手法总体上并没有得到宽恕，至少没有得到公开赞许。20 世纪再次出现了一些属于马基雅维利所认识的传统政治领袖。

从 1513 年到 1521 年，教皇宝座被美第奇家族成员列奥十世（Leo X）占据着。马基雅维利试图取悦美第奇家族，因此我们发现《君王论》说了一些虚伪的陈词滥调，就把教皇的权威问题回避了。而《罗马史论》对教廷的看法则更具批判性，这里的整个进路更具伦理意图。马基雅维利按照功绩大小考虑了从宗教创建者到暴君的各种当权者，并从实用角度构想了宗教在国家中的作用。只要国家能够获得一定的社会凝聚力，宗教信念正确与否就根本不重要。根据这样一种观点，迫害异端当然是完全正确的。至于教会，则因两条罪状而受到谴责：首先，许多教会管理者邪恶的生活方式已经动摇了民众对宗教的信心；其次，教廷在世俗和政治方面的兴趣阻碍了意大利的国家统一。顺便指出，第二条同以下认识完全一致：为了实现个人目的，有些政治教皇使用了相当圆滑的手腕。《君王论》不讲目的，《罗马史论》则时有提及。

《君王论》明确指出，统治者不受传统道德标准的约束，若非出于权宜之计而必须遵守道德法则，统治者可以将它们统统打破。事实上，想掌权就必须时常这样做。与此同时，他又得表现得道貌岸然。只有通过这种表里不一，统治者才能保住自己的位置。

在《罗马史论》的一般讨论中，马基雅维利阐述了制约与平衡的理论。所有社会阶层都应拥有一定的宪法权力，以便在某种程度上相互限制。这种理论可以追溯到柏拉图的《政治篇》，17 世纪的洛克和 18 世纪的孟德斯鸠使之发扬光大。就这样，马基雅维利不仅影响了当时独裁者们的做法，而且影响了近代自由政治哲学家的理论。很多人都极力按照这种主张表里不一的理论行事，尽管它具有马基雅维利未曾考虑的局限性。

曾在 15 世纪席卷意大利的文艺复兴运动过了一段时间才 178
传到阿尔卑斯山以北。在向北传播的过程中，这股复兴的力量发生了一些重要变化。一方面，在北方，新观点更多是学者们关心的事情。在某种意义上，严格说来谈及复兴都是不正确的，因为北方不曾有过什么如今能够再生的东西。一般说来，在南方，往日的传统对人们有着某种模糊的意义；而在北方，罗马

恺撒·博基亚，亚历山大六世之子，文艺复兴时期无情的君主

来自伊拉斯谟的著作《愚人颂》

的影响始终是暂时的或尚付阙如。因此，新运动主要由学者们领导，其吸引力也就有限。由于在艺术领域找不到相同的出路，这种北方人文主义在某些方面要更为严肃。结果，它与中世纪权威的决裂比在意大利更为突然和惊人。虽然许多人文主义学者并不赞成宗教改革所导致的宗教分裂，但可以预料这种分裂会随着北方文艺复兴而发生。

文艺复兴以来，宗教在阿尔卑斯山两侧的人民生活中所起的作用完全不同。在意大利，教廷在某种意义上代表着与昔日帝国的直接联系，宗教活动本身更多像例行公事，是可以像饮食一样平静对待的日常生活的一部分。即使在今天，与其他地方相比，意大利的宗教仍然保持着这种不温不火的味道。于是我们就有了两方面的原因来解释为什么其与现有宗教传统一刀两断是不可能的。首先，虽然马基雅维利曾经指出，教廷是意大利国家统一的障碍，但教会在某种意义上仍然是现有权势集团的一部分。其次，信仰并没有达到深信不疑的地步，以至于一经号召就能出现激进变革。北方人文主义思想家都在严肃地关注着宗教及其弊病。他们在论战作品中对教廷的丑行深恶痛
179 绝。此外，他们还有意大利主教们并非总能予以恰当考虑的一种民族自豪感。它不仅涉及为修缮罗马城而纳贡的一般问题，而且直接不满于机灵的意大利人总是傲慢地看待更严肃的北方条顿人。

最伟大的北方人文主义者是鹿特丹的伊拉斯谟（Erasmus of Rotterdam，1466—1536 年）。他不到 20 岁时父母就双双去世，这似乎阻碍了他直接进入大学。他被监护人送到一所修道

院学校，并且适时地加入了斯泰恩的一所奥古斯丁会修道院。这些早年经历使他对曾经伤害过他的严苛而缺乏想象力的经院哲学产生了持久的憎恨。1494 年，伊拉斯谟被康布雷的主教任命为秘书，从而帮助他脱离了斯泰恩的僧侣隐居生活。随后他虽然数次访问巴黎，但巴黎大学的哲学气氛已经不再能促进新的学术，因为面对着复兴的形势，托马斯主义者和奥卡姆主义者已经言归于好，正联合起来反对人文主义者。

1499 年底，伊拉斯谟短暂访问了英格兰，在那里见到了科利特（Colet），最重要的是见到了莫尔。一回到欧洲大陆，他便开始学习希腊语，并且很有成效。1506 年，伊拉斯谟访问了意大利，在都灵获得了博士学位，此时他的希腊语水平已经无人能及。1516 年，他印刷出版了《新约》希腊文第一版。其作品中最值得铭记的是他 1509 年在伦敦莫尔住所写成的讽刺作品《愚人颂》，其希腊文标题是莫尔名字的双关语。除了嘲弄人类的种种缺点，该书还严厉抨击了宗教机构及其管理者的堕落。虽然作了直言不讳的批评，但他并没有公开支持宗教改革。他本质上持一种新教的观点，认为人可以与上帝直接联系，神学是多余的。但同时，他又不愿卷入宗教改革运动所导致的宗教争论。他对自己的学术追求和出版更有兴趣，觉得宗教分裂无论如何都是不幸的。虽然在某种程度上这种争论的确令人讨厌，但这些议题是不能忽视的。最终，伊拉斯谟宣布支持天主教，但此时他已经不那么重要。舞台被更有勇气的人所占据。

鹿特丹的伊拉斯谟（1466-1536），学者、编者

伊拉斯谟的影响在教育方面留下了最持久的印记。在西欧观点盛行的地方，人文主义学问至今仍然是中学教育的核心，这在很大程度上要归功于伊拉斯谟的文学和教学活动。作为出版家，他并不总是对文本进行彻底的批判性考订。他所针对的是更广泛的读者，而不是学术专家。同时他又没有用俗语言来写作，而是有意加强拉丁文的地位。

在英格兰，最杰出的人文主义者是托马斯·莫尔爵士 180
（Thomas More，1478—1535 年）。莫尔 14 岁时开始在牛津研究希腊语。在当时，这很容易被视为无甚价值的古怪做法，当然也为这位年轻学者的父亲所怀疑。莫尔注定要步父亲的后尘从事法律。1497 年，他在初访英格兰期间见到了伊拉斯谟。与新学问的重新接触使他增强了对希腊研究的兴趣。没过多久，他经历了禁欲苦行阶段，体验了加尔都西会的严格修行。不过最终他放弃了做僧侣的念头，这也许部分是因为他的朋友伊拉斯谟提出了相反的建议。1504 年莫尔进入国会，并因直率地

阻止亨利七世的财政申请而名噪一时。亨利七世死于 1509 年，莫尔一度重操旧业。但亨利八世很快召回他担任公职。莫尔被适时地提升到最高职位，1529 年在沃尔西（Wolsey）下台后接任大法官。但莫尔掌权的时间并不长。莫尔反对亨利八世与阿拉贡的凯瑟琳（Catherine of Aragon）离婚，并于 1532 年辞去大法官一职。他因拒绝参加安妮·博林（Anne Boleyn）的加冕礼而引起国王的极大不悦。1534 年，当《至尊法》确定国王为新教会的领袖时，莫尔又拒不宣誓，遂被送进伦敦塔。1535 年，他在审判期间被认定曾说国会无权让国王成为教会领袖，遂以叛国罪被处死。政治宽容并非那个时代的习惯。

托马斯·莫尔，英国人文主义者

莫尔是一位多产作家，但他的大多数作品现在几乎没有人读了。他的名声完全是依靠一本名为《乌托邦》的政治空想著作。这种思辨性的社会政治理论明显受到了柏拉图《理想国》的启发。它是船只遇难后在海岛社会生活了 5 年的水手所讲述的一份报告。和柏拉图的作品一样，这本书也非常强调公共财产，理由也相似。它认为，在财产私有的地方不可能出现对公共福利的彻底尊重。此外，假如人们将财物据为己有，他们就会按照财富差异程度而彼此分离。在乌托邦里，所有人都应当平等，这是一个理所当然的基本事实。他由此推断，私有财产是一种腐蚀力量，不应允许其存在。当来访者向乌托邦人讲基督教时，吸引他们的主要是基督教关于财产的教导中的共产主义特点。

该书极为详细地描写了这个理想国的组织。那里有一座都城和 53 个其他城镇，都按同一模式建造，住宅也整齐划一，每个人都可以随便出入。由于没有私有财产，偷窃也就失去了意义。乡间散布着以同样方式经营的农庄。至于服饰，除已婚妇女和未婚女人之间有一处较小的必要差别外，所有人都穿同样的衣服。衣着都不引人注目，而且总是一成不变，五花八门的流行式样是闻所未闻的。公民们的工作生活也按同一模式进
181 行；他们一律每天工作 6 小时，晚上 8 点就寝，早上 4 点起床。有条件成为学者的人集中于脑力劳动，不干任何其他工作，统治者就是从这群人中选出来的。统治制度是一种间接选举的代议制民主。只要表现良好，当选的国家元首就可以终身任职，否则会被罢黜。集体的社会生活也要服从严格规定。至于同外国的关系，则要限制在必不可少的最小程度。乌托邦没有铁，因此必须进口。男女公民都要接受军事训练，尽管除了自卫或协助盟国及受压迫国家外绝不发动战争。国家要尽可能用雇佣兵作战，通过贸易建立贵金属基金，以便战时给雇佣兵发饷。

他们自己是不需要钱的。他们的生活方式既不偏狭，也不苦行，但有一个小小的限制：无神论者虽然可以不受干涉地持自己的观点，但并不享有公民地位，也不能成为政府成员。一些较为卑下的任务由奴隶们承担，这些奴隶是从重刑犯和那些逃避本国惩罚的外国人当中征来的。

在这样一个精心设计的国家里，生活无疑是极为无趣的。这是理想国的共同特征。但莫尔的讨论中更相关的是他处理宗教宽容问题的新自由进路。宗教改革已经动摇了欧洲基督教社会对权威的顺从态度。前已提到，这些事件有一些先驱者，他们鼓吹宗教事务上的宽容。当宗教改革导致欧洲发生了永久的宗教分裂时，宽容观念得以盛行。人们也曾试验过大规模的灭绝和镇压，但最终发现不太奏效。然而在16世纪，要说所有人的宗教信仰都应得到尊重，这仍被看成一种非常古怪的想法。

宗教改革的一个结果是，宗教更明显地成为一种往往以国家为基础（比如在英格兰）的政治事务。显然，只要有一种普世宗教占优势，这种情况就不会发生。正是由于宗教效忠的这种新的政治性，莫尔等人才拒绝支持宗教改革。我们在谈到伊拉斯谟时已经看到，他们本质上认为有必要进行某种改革。但他们悲叹的是，一种完全独立的教义的出现竟然伴随着暴力和纷争。在这方面，他们当然非常正确。在英格兰，宗教分裂的国家性极为明显，新建立的教会与统治机器的政治结构配合很好。同时，这里的分裂在某些方面不像在其他地方那么激烈，因为英格兰一直存在一种相对独立于罗马的悠久传统。征服者威廉已经坚持要对主教任命有发言权。新教会的反罗马倾向在不列颠可见于对新教继承权的坚持，在美国则可见于一条规定罗马天主教徒不得担任美国总统的不成文法。

我们看到，在宗教改革爆发之前的几个世纪，思想氛围的 182
逐渐变化已经动摇了认为教会至高无上的旧观点。这一革命性变化有各种复杂的原因。表面上我们遇到的只是对介于上帝与人之间的代理权威的一种反抗，但若不是教会本身的弊端使人们注意到它言行不一，这个值得称道的原则也许不会在乏人支持的情况下被突破。教士们常常拥有大量田产，若不是耶稣的教诲与教士们的世俗行为不易调和，他们拥有田产本身也许无可厚非。至于教义问题，奥卡姆已经主张，即使没有罗马主教那种不受约束的至高权威，基督教同样能起作用。因此，对基督徒的宗教生活进行彻底改革的所有要素都存在于教会内部。最后是各种政治势力使改革发展成一种宗教分裂。

莫尔的幻想，灵感来自柏拉图，讲述了这样一个故事：一名水手被困在了“乌托邦”岛上

马丁·路德（1483—1546），奥古斯丁会的修士、宗教改革家、《圣经》翻译者

改革者虽然在思想上逊于那些为改革奠定基础的人文主义学者，但却提供了批判性思想家常常难以唤起的革命热忱。马丁·路德（Martin Luther，1483—1546年）是奥古斯丁会的托钵修士和神学教师，出售免罪券的卑劣做法使他和别的许多人在道德上痛苦万分。1517年，他挺身而出，在维滕贝格教堂大门上贴出了著名的《九十五条论纲》。在就这一点挑战教廷时，路德无意建立一种新宗教。但这个令人烦恼的问题涉及向一个外国政权大规模进贡的政治问题。1520年，路德当众烧毁了教皇革除教籍的诏书，此时问题已不再是单纯的宗教改革问题。德意志的诸侯和统治者们开始偏袒他，宗教改革成了德意志人反抗教皇更狡诈势力的一场政治起义。

1521年的沃尔姆斯会议之后，路德躲藏了10个月，将《新约》译成德语。在某种意义上，这部文献对日耳曼人就像《神曲》对意大利人一样重要。无论如何，它大大促进了福音书在民众中的传播。现在，任何有阅读能力的人都能看到，耶稣的教诲与现存的社会秩序之间有严重差异。在很大程度上，正是这种认识以及把《圣经》看作唯一权威的新的新教观念为1524年的农民起义提供了道义基础。但路德并不是一个民主改革家，他公开叱责那些蔑视其政治主子的人。在政治思想上，他的观点仍然是中世纪的。农民起义在各个方面都伴随着暴力和残忍，最终遭到残酷镇压。这场失败的社会革命在一定程度上削弱了宗教改革的原动力。“新教”（Protestant）一词源于支持改革宗教的人发出的诉求，他们抗议皇帝在1529年企图重新引入沃尔姆斯会议的条款。该会议宣布路
183 德及其派别为非法，不过这一措施自1526年之后暂时中止。
如今，路德再次被帝国查禁，因此无法出席1530年的奥格斯堡会议。但此时的新教运动已经势不可当，1532年，皇帝不得不根据纽伦堡宗教和约不情愿地保证，人们可以自由地相信其新宗教。

改革运动迅速传到低地国家、法国和瑞士。路德之后最具影响的改革家是定居日内瓦的法国人让·加尔文（John Calvin，1509—1564年）。他20岁出头就转向改革运动，之后成为法国和荷兰的新教精神领袖。作为一种学说，加尔文主义的奥古斯丁教义要比路德宗的福音主义更加狂热和不妥协。它浸透着清教理想，认为得救是由神预定的事。这是基督教神学不太有魅力的特征之一，罗马教会明确加以反对。当然，实际上它并不像初看起来那么有害，因为每个人都可以自认为是上帝的选民。

让·加尔文（1509-1564），日内瓦的法国宗教改革家

16 世纪下半叶，归正宗的胡格诺教派与天主教之间的宗教战争把法国弄得四分五裂。和在德国一样，这些骚乱的原因不只是宗教上的，还有经济上的。更准确地说，宗教和经济两方面的原因是从中世纪过渡到近代的总体变化的标志，因为归正宗及其清教特征是与近代商业的兴起密切相关的。在法国，1598 年颁布的南特宽容敕令曾使宗教纷争有所缓和。当南特敕令于 1685 年被撤销时，许多胡格诺派教徒背井离乡，移居英格兰和德国。

耶稣会的徽章，耶稣会由罗耀拉的依纳爵（1491—1556）创立

新教不是一种普世宗教，因此需要得到国家政治领袖的庇护，这些政治领袖的往往也会成为其国家教会的领袖。这初看似乎不幸，然而过后看来却是幸运的事，因为新教牧师尽管往往和别人一样固执和不宽容，但他们缺乏罗马教士的权力，因此不会不加约束地作恶。最终人们意识到，宗教纷争是徒劳无结果的，因为任何一方都没有强大到能够消灭另一方。有效的宗教宽容正是从这种否定的意识中最终发展起来。

到了 16 世纪中叶，罗马教会内部爆发了一场新的改革运动。这场运动以罗耀拉的依纳爵（Ignatius of Loyola，1491—1556 年）创立并于 1540 年得到官方认可的耶稣会为中心。受早年军旅生涯的启发，罗耀拉按照军事原则对耶稣会进行组织。耶稣会反对新教徒采用的奥古斯丁教义，尤其强调自由意志，其实际活动涉及传教、教育和根除异端。他们也是西班牙宗教裁判所的主要组织者。

北方人文主义引出了一种新的基督教观，而意大利人文主 184
义思想家却不太关注宗教。和现在一样，那时意大利的天主教只是日常生活的一部分，还没有深入人心。在某种意义上，宗教在其生活中扮演着一个较小的角色，当然也不大可能激起他们的情感。此外，由于罗马是统治阶层的中心，罗马天主教不可能妨碍意大利人的民族自豪感，这乃是古代帝国时期存在的国家崇拜原则的某种残余。意大利影响在罗马教会的统治中的优势一直保持至今。

意大利人文主义者思想中远为重要的是重新强调了毕达哥拉斯和柏拉图的数学传统。世界的数值结构再次被强调，从而取代了曾经使之黯然失色的亚里士多德传统。这是导致 16、17 世纪科学研究伟大复兴的主要发展之一。这在意大利文艺复兴时期的建筑理论和实践中表现得最为明显，后者与昔日的古典传统尤其是公元 1 世纪的罗马建筑师维特鲁维（Vitruvius）的作品所确立的传统有直接关系。建筑物各个部分的比例被赋予了极大意义，随之也产生了一种关于美的数学理论。正如维特

阿尔贝蒂（1404-1472），建筑家、人文主义思想家

毕达哥拉斯模块：乔尔乔内利用这些比例进行设计

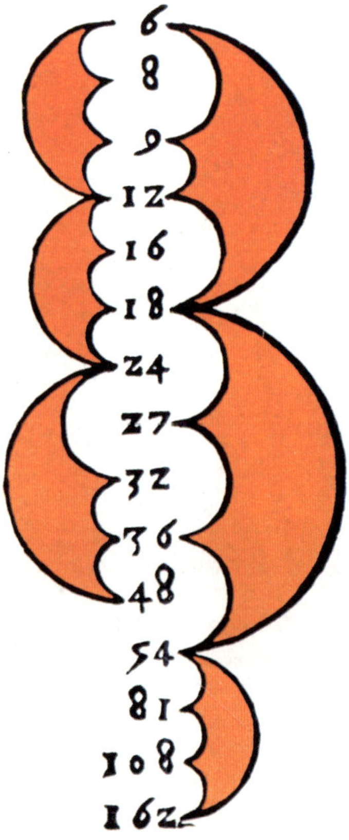

鲁维基于希腊文献所说的，美在于恰当比例的和谐。这种看法可以直接追溯到毕达哥拉斯学派的资料。顺便说一句，它表明理念论还能以另一种方式找到根据。因为肉眼显然无法精确判断一个结构不同部分之间的数值关系，但如果有了某些精确的比例，似乎就能产生某种审美上的满足。因此作为一种理想，这些比例的存在就保证了完美。

阿尔贝蒂（Alberti，1404—1472年）是最重要的意大利人文主义思想家之一，就那个时代而言，这个威尼斯人在很多领域都是多才多艺的工匠。他最为持久的影响也许是在建筑领域，但他也是一位哲学家、诗人、画家和音乐家。事实上，正如要理解毕达哥拉斯学派对希腊哲学的影响，就需要对和谐有一些基本了解一样，就文艺复兴时期的建筑学而言，为了理解设计中的各种比例也需要同样的知识。简要地说，这种理论的根据就是把毕达哥拉斯音程中的听觉和谐当作建筑设计中视觉和谐的标准。当歌德把建筑称为凝固的音乐时，这在一位文艺复兴时期的建筑师看来的确就是他所要实践的东西。这样一来，以调音的弦为基础的和谐理论就为优秀的艺术提供了一般标准，像乔尔乔内（Giorgione）和达·芬奇那样的人都是这样解释的。比例原则还可见于人体结构和道德的调节功能上，这一切都是深思熟虑的传统毕达哥拉斯学说。但数学在这里还承担着另一种角色，它对后来的科学复兴产生了极大影响。

185 因为只要与数有关，一门艺术就能立刻上升到更高的层次。最明显的例子就是音乐，但这也适用于其他艺术。在某种程度上，它也解释了这一时期的人文主义思想家为什么是多才多艺的，尤其是，其中许多人既是艺术家又是建筑师，因为比例数学为宇宙的设计提供了一把万能钥匙。当然，这种理论能否作为一种一般美学的可靠基础仍然是有争议的，但无论如何，它都有一个很大的优点，那就是为优秀建立了与感情或意图无关的、绝对客观的标准。

于是，了解事物中的数值结构会赋予人以驾驭环境的新力量。在某种意义上，它使人变得更像神。毕达哥拉斯学派曾认为神是至高无上的数学家。如果人能在某种程度上运用和改进自己的数学技能，人就更接近于神的地位了。这并不是说人文主义就不虔诚，甚至反对公认的宗教，但它的确表明，当时流行的宗教活动往往会被视为例行公事，真正激发思想家想象的乃是旧的前苏格拉底学说。于是在哲学领域，一种新柏拉图主义倾向再次浮现出来。对人的力量的强调让我们想起了雅典鼎盛时期的乐观主义。

以上就是近代科学开始兴起时的思想氛围。人们有时以为，在17世纪初，科学仿佛是突然凭空出现的。但事实并非如此。科学的复兴直接有意识地基于文艺复兴时期的毕达哥拉斯主义传统。同样应当强调，在这种传统中，艺术家与科学研究者的工作并不是对立的，他们都在以不同的方式寻求真理，真理的本质要通过数来把握。在任何一个不辞劳苦地寻求真理的人那里，这些数值模式都清晰可辨。这种面对世界及其问题的新的进路与经院亚里士多德主义截然不同。它是反教条的，因为它并不依赖于文本，而是只依赖于数的科学的权威。在这方面，它有时候可能走得太过了。和在所有其他领域中一样，我们必须总是牢记这种过度的危险性。在目前的例子中，这种过度乃是数学神秘主义，它把数当作魔法的符号来依赖。诸如此类的因素导致比例理论在后世名声不好。此外，人们还感到毕达哥拉斯的音程给设计者的发明天赋强加了一些不自然的、令人窒息的限制。这种对规则和标准的浪漫主义反动在我们这个时代也很可能继续发展下去，在不久的将来再回到曾经激励文艺复兴时期的某些原则。

就哲学本身而言，15、16世纪总体上并不非常引人注目。另一方面，新学问的流传、书籍的传播，特别是古代的毕达哥拉斯和柏拉图传统重新焕发活力，为17世纪的伟大哲学体系铺平了道路。

正是随着古代思维方式的这种复兴，伟大的科学革命开始 186
了。它以一种比较正统的毕达哥拉斯主义为起点，逐渐推翻了亚里士多德主义物理学和天文学的既定观念，最后直接深入到现象背后，发现了极为普遍的强大假说。在所有这些方面，推进这些研究的人都知道自己直接继承了柏拉图主义传统。

第一个复兴阿里斯塔克日心说的人是哥白尼（Copernicus，1473—1543年）。这位波兰教士早年南行到过意大利，1500年他在罗马讲授数学。正是在罗马，他开始接触意大利人文主义者的毕达哥拉斯主义。在意大利的几所大学学习了几年之后，他于1505年回到波兰，并于1512年重操旧业，在弗劳恩堡担任教士。他的工作主要是行政上的，不过偶尔也会行医（他曾在意大利学过）。他一有空闲就研究天文学。他在意大利时注意到了日心假说。现在，他试图用当时所能搜集到的仪器来验证自己的观点。

他的《天球运行论》（*De revolutionibus orbium coelestium*）完整地阐明了这一切，这本书直到他去世那年才得以出版。他所

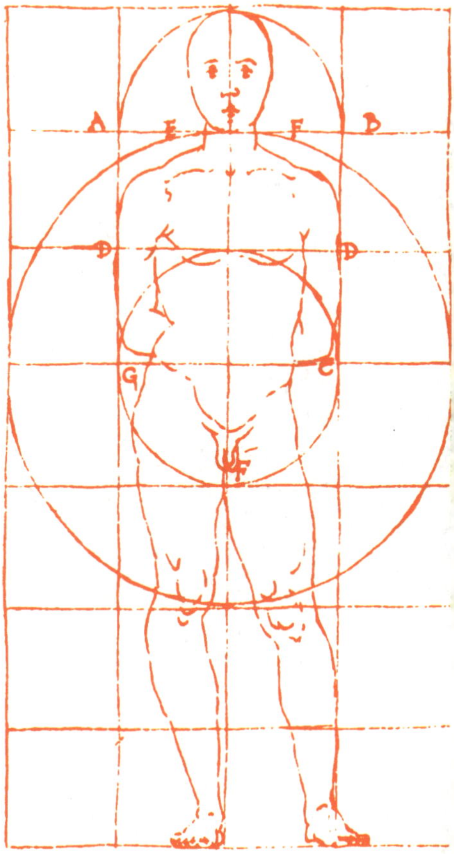

乔尔乔内绘制的人体草图，表明比例支配一切

达·芬奇所绘头骨草图

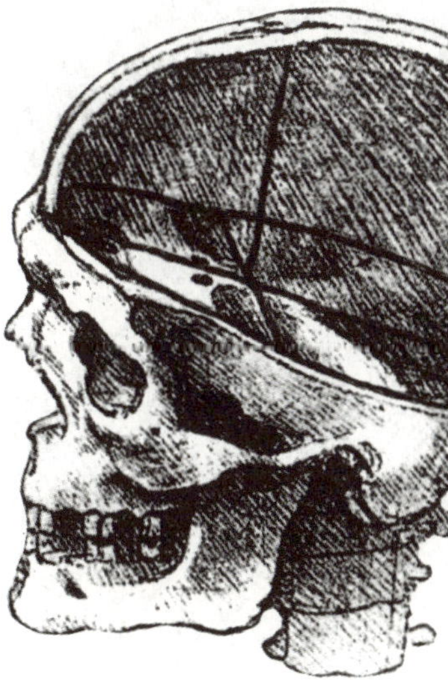

阐述的理论并没有摆脱各种困难，在某些方面还受制于可以追溯到毕达哥拉斯的先入之见。行星必须沿着圆周匀速运动，这在哥白尼看来似乎是一个预先决定的结论，因为圆是完美的象征，而且只有匀速运动才适合于天体。然而就现有的观测资料而言，主张圆形轨道的日心说远比托勒密的本轮学说更好，因为仅凭这样一个简单假说就能拯救所有现象。

哥白尼的日心体系

天主教徒和路德派教徒都强烈敌视哥白尼的理论，因为他们正确地感觉到，这是一场新的反教条运动的开始，这场运动即使不会削弱宗教本身，至少也会破坏宗教组织所依赖的独裁原则。科学运动的大发展之所以主要在一些新教国家出现，是因为这些国家的教会对其成员意见的控制相对较弱。

第谷·布拉赫（Tycho Brahe，1546—1601 年）继续进行天文学研究，其主要贡献是对行星的运行作了广泛而准确的记录。他还表明月上区域也会发生变化，从而对亚里士多德的天文学学说提出了质疑。比如 1572 年出现的一颗新星被发现没有周日视差，所以它的距离肯定比月球远得多。此外还可以表明彗星在月球轨道以外运行。

在第谷·布拉赫手下工作的年轻人开普勒（Kepler，1571—1630 年）又往前迈出了一大步。通过仔细研究观测记录，
187 他发现哥白尼的正圆轨道并没有恰当地拯救现象。他认识到轨道是椭圆，太阳就在它的一个焦点上；此外他还发现，太阳与行星的连线在给定时间内扫过的面积是不变的；最后，对于所有行星来说，行星运转周期的平方与行星和太阳之间平均距离的立方之比都相等。这就是开普勒三定律，它们与指导过哥白尼研究的比较刻板的毕达哥拉斯主义彻底决裂了。情况已经越来越表明，像圆周运动之类的外在要素不得不被抛弃。此前，由于简单的圆形轨道无法胜任，自托勒密以来的习惯是用本轮运动来合成更复杂的轨道。这种策略大致能够解释月球相对于太阳的运动。但更为细致的观测表明，再复杂的本轮也无法恰当描述观测到的轨道。开普勒的第一定律则一举解决了这个难题。同时，他的第二定律表明，行星在自己轨道上的运动并不是匀速的。距离太阳更近时，行星的运动要比在轨道较远处更快。这一切迫使人们承认，不参照事实，只凭预先设想的审美或神秘原则进行论证是非常危险的。另一方面，开普勒的三定律还出色地证明了毕达哥拉斯主义的核心数学原理。事实上，似乎是现象中的数值结构才提供了理解现象的钥匙。同样，为了正确地解释现象，就必须寻找那些通常并不明显的关系。正如赫拉克利特所说，宇宙运行所遵循的量度是隐秘的，研究者

哥白尼(1473-1543)，教士、天文学家

的任务正是去发现它们。最重要的是，不要仅仅为了维护某个外在原则而歪曲现象。

如果说忽视现象是危险的，那么盲目地记录现象就像最轻率的思辨一样，同样于科学无益。亚里士多德就是一个例子。因为他正确地说：如果你不持续推动某个物体，它就会停下来。对于我们能够推动的物体来说，这无疑就是我们观察到的现象，但如果由此推论我们无法亲自推动围绕天空旋转、因此一定是按照别的方式来运行的星体也一定如此，那就错了。一切不可靠的动力学理论都建立在根据外表来判断的现象之上。这里，正确的分析同样是隐蔽的。在未被持续推动的情况下，使物体运动变慢的原因是阻力。如果移除阻力，物体就会自行持续运动下去。当然，我们不可能实际上完全移除阻力，但我们可以减小阻力，从而看到道路清扫得越干净，运动持续时间就越长。在极限情况下，当物体不受任何阻碍时，它将持续自由运动下去。近代科学的伟大奠基者之一伽利略（Galileo，1564—1642年）提出了这种新的动力学假说。这种新的动力学进路以两种方式同亚里士多德主义完全决裂。首先，它假定静止并非物体的优先状态，运动也是同样自然的。其次，它表明所谓“自然”运 188
动并不像以前认为的那样是圆周运动，而是直线运动。如果物体不受任何干扰，它就会沿一条直线匀速运动下去。同样，迄今为止缺乏批判性的观测进路已经阻碍我们正确地理解落体定律，事实上在大气中，如果质量相等，那么密度大的物体要比密度小的物体下落更快。这里同样必须考虑介质对物体下落的阻碍。介质越稀薄，物体的下落速度就越接近一致，而在真空中则变得完全相等。对落体的观测表明，物体的下落速度每秒钟会增加32英尺。因此，由于下落速度并非均匀，而是加速的，所以必定有某种东西在干预物体的自然运动，这便是地球施加的重力。

这些发现对于伽利略研究抛射体路径至关重要，对其赞助人托斯卡纳大公也有某种实用的军事意义。这里，一条重要的动力学原理第一次被用于一个引人注目的案例。在考虑抛射体的路径时，我们可以认为该运动由两部分独立运动所构成，一个是水平的匀速运动，另一个则是受落体定律支配的竖直运动。事实表明，这种组合运动走的是一条抛物线，这是一个服从平行四边形叠加法则的矢量合成的简单例子。速度、加速度和力都可以通过这种方式来处理。

在天文学上，伽利略接受了日心说，并做出了一些重要发现。他对不久前在荷兰发明的望远镜作了改进，由此观测到的

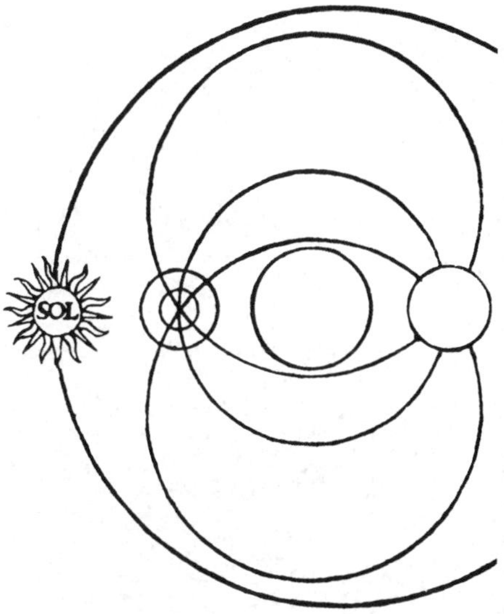

第谷·布拉赫的体系，从哥白尼理论退了一步

第谷·布拉赫使用的四分仪

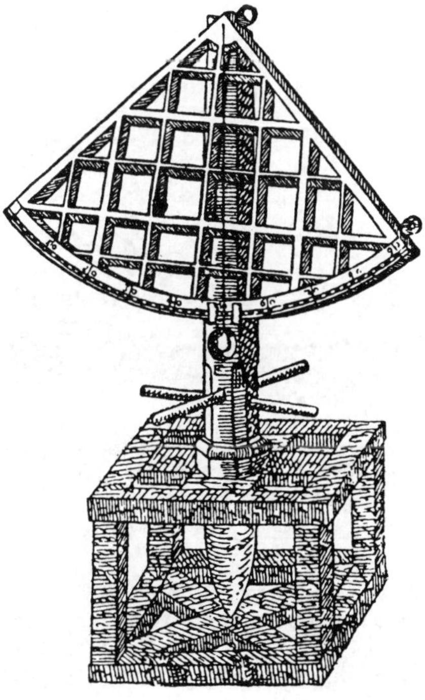

伽利略(1564-1642)，科学家、发明家

帕斯卡逻辑机器的一部分

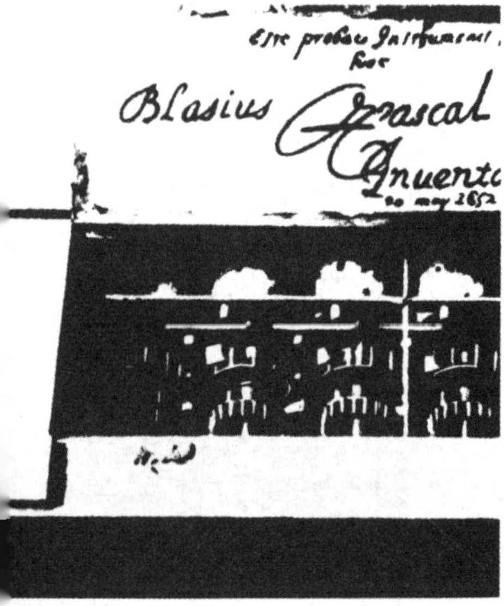

一些事实一举摧毁了亚里士多德关于天界的错误观念。事实表明，银河是由无数星体组成的。哥白尼曾说，根据他的理论，金星必定会显示出位相，现在伽利略的望远镜确证了这一点。同样，伽利略还用望远镜发现了木星的卫星，表明这些卫星正按照开普勒的定律围绕木星运转。所有这些发现都颠覆了积习已久的偏见，导致正统经院学者谴责望远镜破坏了他们安稳的教条。值得预先指出的是，三个世纪之后发生了一件非常类似的事情。孔德（Comte）谴责显微镜破坏了气体定律的简单形式。在这个意义上，实证主义者与亚里士多德有许多共同之处，他们在物理学观测方面都表现得顽固而肤浅。

伽利略迟早会与正统派发生冲突。1616 年，宗教裁判所在一次闭门会议上谴责了伽利略。但他似乎并没有表现出屈服，遂于 1633 年被再次拉上法庭，这次是公开审判。要想平安无事，他必须公开认错，承诺从此以后放弃一切关于地球运动的观点。据说他在被迫这样做的同时还自言自语：
189 “可地球还是在运动啊！”当然，他的公开认错只是做做样子，但宗教裁判所却成功地阻碍了意大利的科学研究数个世纪之久。

艾萨克·牛顿（1642—1727 年）朝着提出一种一般的动力学理论迈出了最后一步。其中所涉及的观念大都曾被孤立地暗示或使用过，但牛顿第一次理解了其前辈所作探索的全部意义。在 1687 年出版的《自然哲学的数学原理》（*Principia Mathematica philosophiae naturalis*）中，牛顿提出了运动三定律，并以希腊人的方式对动力学作了演绎说明。第一定律是对伽利略原理的推广。所有物体如果不受阻碍，都会以恒定的速度沿直线运动，用专业术语来说就是作匀速运动。第二定律把力定义成非匀速运动的原因，声称力正比于质量与加速度的乘积。第三定律则指出，每一个作用都有一个大小相等、方向相反的反作用。在天文学上，他最终完整地解释了哥白尼和开普勒已经开始的工作。万有引力定律说，任何两个物质粒子之间都有一种吸引力，其大小与两个粒子质量的乘积成正比，与它们距离的平方成反比。由此，行星及其卫星还有彗星的运动都能得到事无巨细的解释。事实上，由于每一个粒子都在影响任何其他粒子，这种理论使我们能够精确地计算出其他天体所引起的轨道摄动。此前没有任何其他理论能够做到这一点。而开普勒的定律现在仅仅是牛顿理论的推论。宇宙的数学钥匙似乎终于在这里被发现了。我们现在用运动的微分方程来陈述这些事实，它们所适用的具体实在的一切外在偶然细节均已去除。爱因斯坦更为一般的论述也是如此。不过相对论迄今为止仍然富有争议，它有一些内在的困难。牛顿用以表达动力学的数学工具是流数理论，这是同样为莱布尼茨所独立发现的微分演算的一种形式。从这时起，数学和物理学有了突飞猛进的发展。

17 世纪还有一些伟大发现。1600 年，吉尔伯特（Gilbert）出版了论磁的著作；到了 17 世纪中叶，惠更斯（Huygens）提出了光的波动说；1628 年，威廉·哈维（William Harvey）发表了他在血液循环方面的发现；罗伯特·波义耳（Robert Boyle）则在 1661 年出版的《怀疑的化学家》（*The Sceptical Chymist*）中揭穿了炼金术士的故弄玄虚，回到了德谟克利特的原子论。仪器制造方面的巨大进展提供了更为准确的观测结果，促进了理论的进一步发展。这种科学活动的巨大迸发之后是相应的技术发展，使西欧在三个世纪左右的时间里居于领先地位。科学革命使希腊精神再次显示出自己的价值。所有这一切也反映在哲学中。

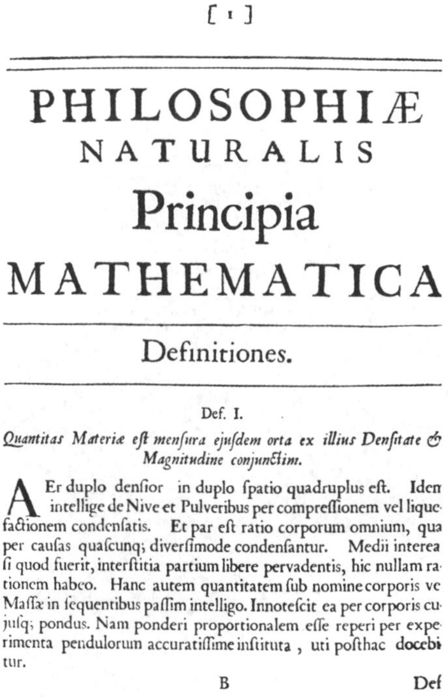
[1]

PHILOSOPHIÆ
NATURALIS
Principia
MATHEMATICA

Definitiones.

Def. I.

Quantitas Materiæ eſt menſura ejuſdem orta ex illius Denſitate & Magnitudine conjunctim.

AEr duplo denſior in duplo ſpatio quadruplus eſt. Idem intellige de Nive et Pulveribus per compreſſionem vel liquefactionem condenſatis. Et par eſt ratio corporum omnium, qua per cauſas quaſcunq; diverſimode condenſantur. Medii interea ſi quod fuerit, interſtitia partium libere pervadentis, hic nullam rationem habeo. Hanc autem quantitatem ſub nomine corporis vel Maſſæ in ſequentibus paſſim intelligo. Innoteſcit ea per corporis cujuſq; pondus. Nam ponderi proportionalem eſſe reperi per experimenta pendulorum accuratiſſime inſtituta, uti poſthac docebitur.

B Def

牛顿（1642-1727）《原理》的第一页

迄今为止，哲学家们在拯救现象的过程中讨论的主要是拯 190
救方面，至于现象本身则几乎没有谈及。当然，这样做有充分的理由。但通过反对过分集中于纯逻辑的演绎，时代已经要求对观察材料发表意见，否则实验研究就不会有什么结果。旧的亚里士多德三段论工具已经无法促进科学的进步，看来需要有一种新工具。

弗朗西斯·培根（Francis Bacon，1561—1626 年）第一次明确提出了这些问题。他是掌玺大臣的儿子，受过法律专业的训练。培根的成长氛围使他自然进入了政界。23 岁那年，他进入国会，后又成为埃塞克斯伯爵的顾问。当伯爵因叛国罪而失去权位时，培根站到了王室一边，不过他从未取得伊丽莎白女王的完全信任。但是当詹姆斯一世 1603 年继承王位时，培根的前途变得更有希望了。到了 1617 年，培根已经升任掌玺大臣，次年又成为大法官，并获得维鲁拉姆男爵的封号。1620 年，其政敌指控他在法院诉讼案中收受贿赂，企图以此来毁掉他的政治前途。培根未加以反驳，而是承认了这种指控，但申诉说他所作的判决从未受过礼品的影响。上议院判他缴纳 4 万英镑罚金，并根据国王的旨意将他拘押在伦敦塔，宣布他以后不得再担任公职或国会议员。这项可怕的判决后来有所松动，第一项处罚得到赦免，而第二项只是拘押了他四天。然而，要他退出政界的判决却被强制执行，从此他隐居在家从事写作。

弗朗西斯·培根（1561-1626）

培根对文艺复兴传统有广泛的兴趣。他撰写了法律和历史方面的著作，并以随笔而闻名，这种文体是法国的蒙田（Montaigne，1533—1592 年）于不久前发明的。在哲学方面，培根最著名的著作是 1605 年出版的用英文撰写的《学问的进展》（*The Advancement of Learning*），在这本书中，培根为其后来的研究奠定了基础。如书的标题所示，他关心的是扩大知识的范围，增强人对环境的控制力。在宗教问题上，他所持的立场类似于一种奥卡姆主义，即让信仰与理性各司其职，互不侵犯。理性在宗教领域中被指定的唯一功能就是从基于信仰而接受的原则中导出推论。

至于正确的科学研究，培根强调需要一种新方法或发现工具来取代明显已经破产的三段论。他从自己的新归纳法中看到了这一点。归纳概念本身并不新鲜，亚里士多德早就用过，但迄今为止，所实践的归纳形式都只是简单地枚举事例。培根自认为找到了某种更强有力的程序，即列出那些具有某种既定属性、缺乏该属性以及在不同程度上具有该属性的事物，以期发
191 现该属性的独特特征。如果这一列表程序能够完备和穷尽，我们就必定能够达到自己的研究目标。不过在现实中，我们只能满足于部分列表，然后据此作出大胆推测。

简要说来，这就是培根关于科学方法论述的要点，他认为这是一种新的发现工具。他 1620 年出版的《新工具》旨在取代亚里士多德的“工具”，其标题就表明了这种观点。作为一种实际程序，它并没有被科学家所采用，作为一种方法论，它也是错误的，尽管对传统理性主义的泛滥而言，它对观察的坚持不啻为一种有价值的解毒剂。从根本上看，这种新工具实际上从未超越亚里士多德。它只是简单地完全依赖于分类，认为通过足够的改良，就能就一切事物找到正确归档。一旦我们为某种性质找到了恰当的位置和名称，就可以认为在某种程度上控制了它。对于统计研究而言，这种解释是足够恰当的，但对于提出假说，培根误认为它基于归纳，而归纳更多涉及假说的检验。事实上，要进行一系列观察，必须已经有一个初步假说，但对于发现假说，却不可能制定出一套一般规则。培根错认为有一种发现工具，只需机械地运用它就能揭示新的惊人的自然秘密。但假说的设立根本不是以这种方式进行的。此外，培根对三段论的拒斥使他低估了演绎在科学研究中的作用，特别是他很不欣赏当时正在发展的数学方法。归纳在假说检验中的作用只是所需方法的一个很小的方面。如果没有数学演绎从假说中导出可检验的具体情况，我们就不知道该检验什么。

培根对人易犯的各种错误的论述是他哲学中最精彩的部分之一。他说，我们容易屈从于四种心理弱点，他称之为“幻象”。第一种是“部族幻象”，我们受此约束是因为我们是人。一厢情愿的空想就是一例，尤其是不切实际地期望自然现象中存在着更大的秩序。第二种是“洞穴幻象”，即每个人的乖僻奇想，这方面的例子数不胜数。第三种是“市场幻象”，这些错误由受语词迷惑的心灵倾向所致，是哲学中一种难以遏制的错误。第四种是“剧场幻象”，这些错误源于各种思想体系和学派。培根常举的例子是亚里士多德主义。

培根虽然对科学研究很感兴趣，但却几乎错过了当时所有最重要的科学发展。他不清楚开普勒的工作，也不了解医生哈维对血液循环的研究，尽管他还是哈维的病人。

至于一般的哲学，托马斯·霍布斯（1588—1679 年）对 192
于英国经验论更重要。虽然在某些方面他属于经验主义传统，但他也欣赏数学方法，从而把他与伽利略和笛卡儿联系在一起。由于熟知演绎在科学研究中的作用，他对科学方法的把握要比培根可靠得多。

霍布斯早年的家庭生活前途黯淡。他的父亲是一个放荡不羁、头脑混乱的牧区牧师，霍布斯小的时候他就在伦敦失踪了。所幸霍布斯的叔叔是个有责任的人，膝下无子的他担当起抚养侄儿的重任。14 岁那年，霍布斯去牛津学习古典学，经院逻辑和亚里士多德的形而上学都是课程的一部分，霍布斯终生都对这些内容感到厌恶。1608 年，他成为德文郡伯爵的儿子威廉·卡文迪许（William Cavendish）的家庭教师。两年后，他按照惯例陪同学生对欧洲大陆作了一次游历。这位年轻的贵族继承伯爵爵位之后，成为霍布斯的庇护人。霍布斯通过他结识了当时的许多头面人物。1628 年主人去世后，霍布斯去巴黎待了一段时间，回来后又做了先前这位学生的儿子的家庭教师。1634 年，霍布斯随年轻的伯爵访问了法国和意大利，在巴黎期间见到了梅森（Mersenne）及其圈子，1636 年在佛罗伦萨拜访了伽利略。1637 年，他回到家开始酝酿其早期的政治理论。在保皇党与共和党日益临近的斗争中，他关于统治权的观点哪边都不讨好。生性谨慎的霍布斯便去了法国，从 1640 年一直待到 1651 年。

在巴黎逗留期间，霍布斯再次与梅森的圈子来往，并且见到了笛卡儿。起初，他与这些来自英格兰的保皇党流亡者们（包括未来的查理二世）关系很好，但在 1651 年出版《利维坦》之后，他却同所有人发生了争吵。他那些保皇党朋友不喜欢他在忠诚

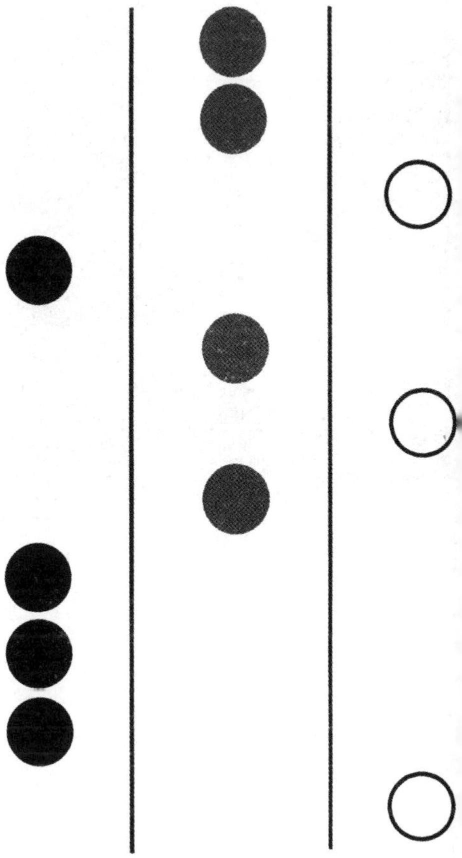

培根的科学方法：列出具有特定性质的项

问题上采取的冷淡的科学处理方式，而法国教士们则反对他的反天主教观点。于是霍布斯决定再次逃离，这一次他返回了英格兰，向克伦威尔投降，并退出了政界。正是在这段时间里，他同牛津的瓦里斯（Wallis）就“化圆为方”展开了一场论战。霍布斯对数学的仰慕甚于他的数学能力，瓦里斯教授在争论中轻松获胜。而霍布斯终生都在与数学家们进行争论。

托马斯·霍布斯（1588-1679）

1660 年王政复辟之后，霍布斯再次得到国王的支持，甚至获得了每年一百英镑的养老金，不过这项慷慨的馈赠一直没有兑现。然而当瘟疫和伦敦大火发生之后，迷信的蔓延促使议会对无神论进行调查，霍布斯的《利维坦》成为众矢之的，此后，他在国内不能再就任何社会政治问题发表有争议的看法。到了晚年，长寿的霍布斯在国外的声誉比国内更高。

193 在哲学上，霍布斯在很大程度上为后来英国经验论学派的典型特征奠定了基础。在他最重要的著作《利维坦》中，他用自己一般的哲学观点提出了一种统治权理论。不过在转向社会理论之前，《利维坦》以导言的形式较为完整地总结了他的一般哲学立场。该书的第一部分用严格的机械论术语解释了人和人类心理学，还对语言和认识论作了一些一般的哲学反思。和伽利略、笛卡儿一样，他也主张我们的一切经验都是由外界物体的机械运动所引起的，视觉、声音、气味等等并不在客体之中，而是为我们所私有。在这个问题上，他顺便指出，大学里仍然在讲授一种基于亚里士多德的粗陋的流溢理论。随后他又狡猾地补充说，他总体上并不反对大学，只是鉴于自己后面会谈到大学在国家中的作用，所以必须告诉我们大学有待改正的主要缺陷，“无甚意义的频繁演说便是其中之一”。对于心理学，他持一种联想主义观点；对于语言，他持一种彻底的唯名论看法。他还认为，几何学是迄今为止唯一的科学，理性的运作既是论证的特征，又是几何学的特征。我们必须从定义开始，在下定义时须小心不要使用自相矛盾的概念。在这种意义上，理性是通过实践获得的东西，而不像笛卡儿所主张的那样是天生的东西。接着，霍布斯用运动解释了情感。他认为所有人在自然状态下都是平等的，各自都在谋求牺牲他人、保全自己，因此存在一种所有人反对所有人的战争状态。

在法国，霍布斯结识了未来的查理二世——他在克伦威尔死后登上王位。

为了逃避这种令人不安的梦魇，人们联合起来将自己的权力交给某个核心权威。这便是《利维坦》第二部分的主题。相互竞争的理性人不得不达成一种人为的协议或约定，同意服从于他们选出的某个权威。这种制度一旦实施，他们就无权反叛，因为受协议约束的是被统治者而不是统治者。只有在统治者提供不了应有的保护（这是他被选中的首要原因）时，人们才有理由宣布协议无效。在这种契约基础上建立起来的社会就是国家，它就像一个由普通人组成的巨人，一个“利维坦”。它比个人更强大，因此就像一个神，尽管它和普通人一样也会死。这种核心权威被称为统治权，在生活所有方面都有绝对的权力。《利维坦》的第三部分概述了为什么不应存在普遍的教会。霍布斯是彻底的伊拉斯托派（Erastian）教徒，因此主张教会必须是一个服从民政当局的国家机构。《利维坦》的第四部分谴责罗马教会没能认识到这一点。

《利维坦》扉页

当时的政治动荡影响了霍布斯的理论。他最憎恶内部纷争，因此他的观点无论如何也是倾向于和平的，这与洛克后来提出的政府机关彼此之间的相互制衡观念是格格不入的。他解决政治问题的方法虽然摆脱了神秘主义和迷信，但却往往把问题过分简单化。霍布斯的国家观不足以应对他所处的政治形势。

正如我们已经看到的，文艺复兴时期的人逐渐开始关注 194
数学。文艺复兴之后的思想家们感兴趣的第二个主要问题是方法的重要性。我们在培根和霍布斯那里已经看到了这一点。勒内·笛卡儿（Rene Descartes，1596—1650 年）则以古人的宏大方式将这两种影响融合成一个新的哲学体系，因此他被恰当地称为“近代哲学之父”。

在利维坦中，统治者是作为个人的总和出现的

笛卡儿出身于较低的贵族家庭，他的父亲是布列塔尼议会的议员。从 1604 年到 1612 年，笛卡儿在拉弗莱什（La Fleche）的耶稣会学院接受了扎实的古典教育，在数学基础方面还受到了当时最好的训练。离开这所学院后，他去了巴黎，次年开始在普瓦捷学习法律，1616 年从那里毕业。不过，他另有别的兴趣。1618 年，笛卡儿去荷兰参了军，从而有大量时间研究数学。1619 年，三十年战争真的爆发了，希望闯荡世界的笛卡儿加入了巴伐利亚军队。那年冬天，他发现了启发其哲学的主导观念。《方法谈》（*Discourse on Method*）描述了这一经历。那天比平时更冷，笛卡儿躲进一间小屋，坐在一个壁炉旁。身体暖和之后，他开始沉思。那天结束时，其整个哲学的轮廓已经清晰地呈现出来。笛卡儿在军队一直待到 1622 年，然后回到法国。第二年他去了意大利，在那里待了两年。回到法国后，他觉得家庭生活太过分心。由于想在不受干扰的环境中工作，1628 年，天性不喜社交的笛卡儿又去了荷兰。他变卖了不多的地产，生活得以较为舒适和独立。除了对法国的三次短暂访问，接下来的 21 年里他一直待在荷兰。笛卡儿沿着发

现其方法时所设想的思路，逐渐形成了自己的哲学。1633 年，他听说伽利略受到审判，遂将一部采纳了哥白尼理论的重要物理学著作取消出版。他主要是不想卷入争论，对他而言，这无异于浪费宝贵的时间。此外，从外表来看，他像是一个虔诚的天主教徒，尽管在教义上有多么纯洁永远没人知道。于是，笛卡儿决定只出版《屈光学》、《气象学》和《几何学》这三本书的一个合集。1637 年出版的《方法谈》是他为这三篇论著写的前言。其中最著名的是《几何学》，阐明并运用了解析几何的原理。1641 年和 1644 年，他又先后出版了献给巴拉丁选帝侯的女儿伊丽莎白公主的《第一哲学沉思集》和《哲学原理》。1649 年，他还为公主写了一部讨论灵魂激情的论著。那一年，瑞典女王克里斯蒂娜（Christina）对笛卡儿的作品产生了兴趣，最终劝说他来到斯德哥尔摩。这位斯堪的纳维亚统治者是一位真正的文艺复兴式人物，她意志强大，精力充沛，坚持要笛卡儿在清晨 5 点为其讲授哲学。在瑞典的冬天，让一个哲学家在深更半夜起床实在超出了笛卡儿的忍受程度，他因此病倒并于 1650 年 2 月去世。

勒内·笛卡儿（1596 — 1650）

195 笛卡儿的方法最终是他对数学感兴趣的结果。在几何学领域，他已经显示了这种方法如何能够导出影响深远的推论。因为借助分析方法可以通过简单的方程来描述所有曲线的性质。笛卡儿相信，在数学领域如此成功的方法也可以拓展到其他领域，从而使研究者达到数学中的那种确定性。《方法谈》旨在向我们表明，要想充分利用我们的理性才能应当遵循什么样的准则。他认为所有人在理性方面都是平等的，区别仅仅在于有的人比另一些人用得更好而已。但方法是通过实践获得的，笛卡儿隐约认识到了这一点，因为他并不想把某种方法强加给我们，而是想表明他本人如何成功地运用了自己的理性。书中的论述是自传性的，讲述了作者早年不满于各个领域中不得要领的不确定的说法。关于哲学，他说任何耸人听闻的观点都有人主张。数学以其确定的演绎给他留下了深刻印象，但他尚不能看清其恰当用途。他不再学习书本，开始外出游历，却发现各种习俗就像哲学家的观点一样各不相同。最后，他决定通过考察自己来寻求真理。接下来便记述了前面提到的炉旁反思。

笛卡儿注意到，只有完全由作者本人完成的作品才能让人满意，遂决定拒斥一切所学和被迫相信的东西。在这场大扫荡中，只有逻辑学、几何学和代数学幸存下来，他由此得出四条规则：一、除了清晰分明的观念，决不接受任何东西。二、必须根据需要把每个问题分成多个部分。三、思想必须遵循由简到繁的秩序，如果没有秩序，我们就必须假设一种秩序。四、为了确保没有忽视任何东西，应当经常进行彻底检查。笛卡儿把代数应用于几何问题时就使用了这种方法，从而创建了我们现在所谓的解析几何。至于它在哲学上的应用，笛卡儿感到必须将其留待自己更年长一些之后。在伦理学方面，我们陷入了困境。虽然伦理学处于各门科学的末尾，但在生活中我们必须立即作出决定。于是，笛卡儿采取了一种权宜的做法，按照一种实用主义标准，这种做法将为他提供最好的生活条件。因此，他决定遵守本国的法律和习俗，并且始终忠于他的宗教。一旦决定采取某种行动，他就坚毅果敢地做下去。最后，他试图约束自己，不去冒险，让自己的愿望适应事物的秩序，而不是相反。从这时起，笛卡儿决定投身于哲学。

在形而上学方面，笛卡儿的方法引导他做出系统的怀疑。感官证据是不确定的，必定会引发怀疑。甚至数学也必须受到怀疑，虽然它不那么可疑，但上帝也许会故意把我们引入歧途。最终，怀疑者必须承认一个事实，那就是他自己在怀疑。这正 196
是笛卡儿的名言“我思故我在”的基础。他认为，这是形而上学明确而清晰的出发点。笛卡儿由此得出结论说，他是一个正在思想的东西，完全独立于自然物，因此也独立于身体。他进而讨论了上帝的存在，不过基本上是重复了这则本体论证明。既然对我们清晰分明的观念而言，上帝必定是诚实的，那他就不可能欺骗我们；既然我们有一种关于物体或广延的观念，那它们就必定存在。接下来，笛卡儿按照未发表论著中的顺序对物理问题作了概述。一切事物都通过广延和运动作了解释。这甚至适用于生物学。笛卡儿将血液循环解释为缘于心脏像一个加热器，使进入心脏的血液扩散开来。这当然与哈维的观察结果相左，从而引发了两人之间的激烈争论。但在《方法谈》中，这种机械论导出了动物是没有灵魂的自动机的观点，它们不会说话，因此必定缺少理性。这便加强了人的灵魂独立于身体的观点，并且推出了灵魂不朽的结论，因为没有任何其他破坏性的力量。最后，《方法谈》暗示了对伽利略的审判，还讨论了是否出版的问题。最终的妥协是发表了《方法谈》和它作为前言的三篇论著。以上就是《方法谈》的要义，它简洁地描述了笛卡儿哲学的原理。

这一学说中最重要的就是批判性怀疑的方法。作为一种程序，它导致了一种普遍的怀疑态度，就像后来的休谟那样。但通过在其自身心灵活动中发现的清晰分明的观念，笛卡儿摆脱

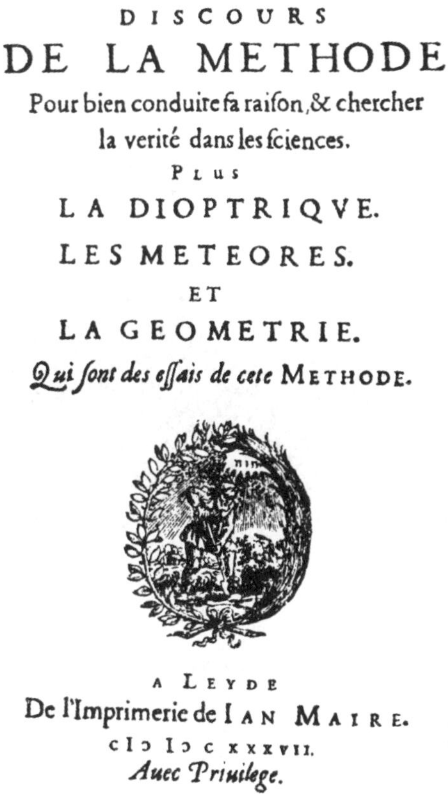
DISCOURS
DE LA METHODE
Pour bien conduire ſa raiſon, & chercher
la verité dans les ſciences.
PLUS
LA DIOPTRIQVE.
LES METEORES.
ET
LA GEOMETRIE.
Qui ſont des eſſais de cete METHODE.
A LEYDE
De l'Imprimerie de IAN MAIRE.
CIↃ IↃ C XXXVII.
Auec Priuilege.

《方法谈》，扉页

列有四条规则的一页

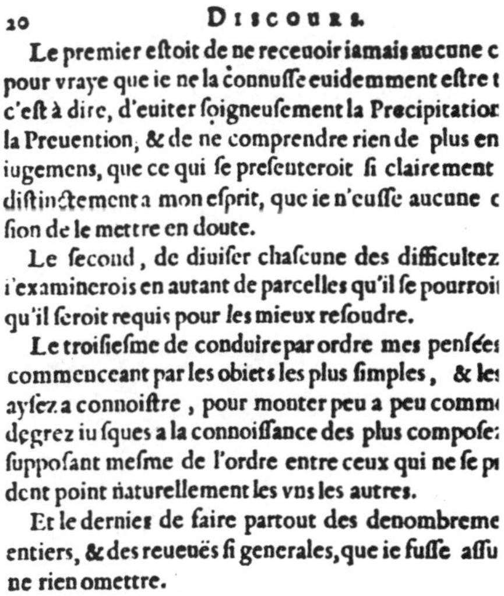
20 DISCOURS.
Le premier eſtoit de ne receuoir iamais aucune c
pour vraye que ie ne la connuſſe euidemment eſtre t
c'eſt à dire, d'euiter ſoigneuſement la Precipitatio
la Preuention, & de ne comprendre rien de plus en
iugemens, que ce qui ſe preſenteroit ſi clairement
diſtinctement a mon eſprit, que ie n'euſſe aucune c
ſion de le mettre en doute.
Le ſecond, de diuiſer chaſcune des difficultez
i'examinerois en autant de parcelles qu'il ſe pourroit
qu'il ſeroit requis pour les mieux reſoudre.
Le troiſieſme de conduire par ordre mes penſées
commenceant par les obiets les plus ſimples, & les
ayſez a connoiſtre, pour monter peu a peu comme
degrez iuſques a la connoiſſance des plus compoſez
ſuppoſant meſme de l'ordre entre ceux qui ne ſe p
dent point naturellement les vns les autres.
Et le dernier de faire partout des denombreme
entiers, & des reueuës ſi generales, que ie fuſſe aſſu
ne rien omettre.

瑞典的克里斯蒂娜与笛卡儿

了这种怀疑性的结论。对他而言，像广延和运动这样不依赖于感官的一般观念都是天赋观念，真正的知识都是关于这些第一性质的。而像颜色、味道、触觉这样的感官知觉则是第二性质，它们并不实际存在于事物中。在《第一哲学沉思集》中，笛卡儿以蜡块及其外观变化这个著名的例子来说明这一点。始终不变的是广延，这是一种为心灵所知的天赋观念。

因此，笛卡儿哲学强调思想是无可置疑的出发点。自那以后，尽管“我思故我在”这一基础命题本身并不是十分可靠，但欧洲哲学，无论是理性主义阵营还是经验主义阵营，都受到了这一观点的影响。因为只有当我们承认一个隐藏的预设，即思考是一种自我意识的过程时，“我思故我在”这一说法才可信；否则，我们也可以说“我行走故我在”，因为如果我的确在行走，那么我就必定存在。这种反驳是霍布斯和伽桑狄（Gassendi）提出的。但我即使未在行走，当然也可以认为自己在行走；而当我实际上未在思考时，却不能认为自己在思考。正是这种被认为出现在思维过程中的自指，为这个命题赋予了
197 看似不容置疑的特征。就像后来休谟所做的那样，一旦去掉自我意识，这条原理就崩溃了。不过，一个人自己的心灵体验仍然具有其他事件所没有的一种独特确定性。

笛卡儿哲学加剧了心灵与物质之间古老的二元论，从而使这一理论必须面对的心灵与身体的关系问题凸显出来。现在物质世界与心灵世界似乎各行其是，只受自身原理的支配。特别是，根据这种观点，像意愿这样的心灵操作不可能影响物质世界。笛卡儿本人在这里容许了一个例外，即允许人的灵魂能使生命精气（vital spirits）的运动方向（尽管不是在量上）发生改变。然而，这个人为的逃避手段与他的整个体系并不一致，而且也不符合运动定律。因此，笛卡儿的追随者们放弃了它，主张心灵不能移动身体。为了解释两者之间的关系，我们必须认为世界是预先决定的，以至于每当有某个身体运动发生时，在心灵领域都会同时伴随有适当的心灵事件发生，而两者之间并没有直接关联。这种观点是笛卡儿的追随者们，尤其是海林克斯（Geulincx，1624—1669 年）和马勒伯勒士（Malebranche，1638—1715 年）发展出来的。它被称为偶因论（occasionalism），因为它认为，上帝对宇宙的命令使得物质事件与心灵事件沿着平行的轨道进行，因此一方的事件会在另一方的事件发生的恰当时刻发生。为了说明这种理论，海林克斯发明了两个钟的比喻。假定我们有两个走得很准的钟，那么我们可以只看一个钟，当其指针指向某个钟点时，就会听到

另一个钟鸣响。这也许会使我们倾向于说，是第一个钟引起了第二个钟的鸣响。心灵与身体就像这两个钟，上帝为其上好了发条，让它们各自沿平行的轨道独立运转。当然，偶因论也导致了一些尴尬的困难，因为正如为了使钟表走得准，我们可以只看其中一个钟，因此我们似乎也可以只通过参照物质事件来推断心灵事件。

笛卡儿二元论：心灵与身体是分离的

偶因论本身的原理使这样一项事业有可能获得成功，于是我们可以仅仅通过物理事件设想出一整套心灵理论。事实上，18 世纪的唯物论者的确作了这种尝试，20 世纪的行为主义心理学又对其作了推广。这样一来，偶因论非但没有把灵魂的独立性从身体中拯救出来，反而最终使灵魂或身体成为多余。无论持哪种观点，它都与基督教原则格格不入，难怪笛卡儿的著作一直被列入《禁书目录》。一方面，笛卡儿主义未能一致地包容自由意志。笛卡儿对物质世界的严格决定论解释，无论是物理的还是生物的，最终都极大地促进了 18、19 世纪唯物论的发展，尤其是当它与牛顿物理学结合在一起时。

笛卡儿的二元论最终是对经院哲学意义上的实体问题进行 198
传统处理的结果。实体承载着各种属性，实体本身则是独立而持久的。笛卡儿认为物质与心灵是两种不同的实体，它们分别是自足的，无法以任何方式相互影响。他引入偶因论策略来弥合两者。但显然，如果承认这条原理，我们就必须尽可能地依赖它。比如我们可以把每一个心灵都当成一个独立的实体来处理。沿着这一方向，莱布尼茨在单子论中提出了一种关于无穷多个实体的理论，所有这些实体都是独立的，但又是相互协调的。我们也可以回到一种巴门尼德式的观点，认为只有一种实体。斯宾诺莎走了后一条路，他的理论也许是迄今为止最为一致和不妥协的一元论。

《几何学》中的图

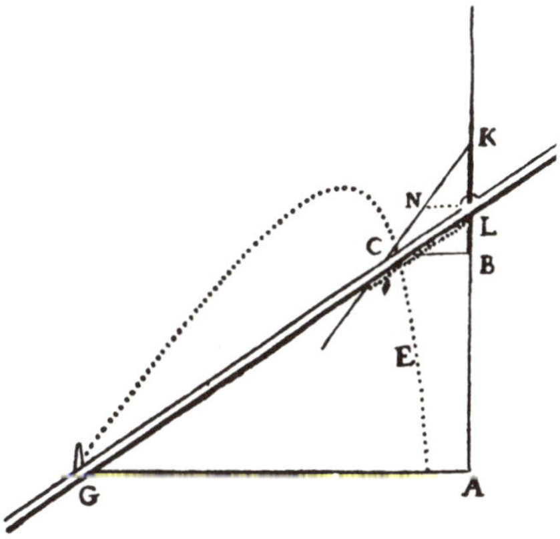

斯宾诺莎（1632—1677 年）生于阿姆斯特丹的一个犹太家庭。据说其祖先为了找到一个能以自己的方式来敬神的地方，舍弃了葡萄牙的家园，因为自从穆斯林被逐出西班牙和葡萄牙，宗教裁判所就开始了宗教不宽容的统治，这至少使非基督徒的生活变得不再好过。正在抗击西班牙暴政的归正宗的荷兰则为这些受迫害者提供了避难所，阿姆斯特丹成为许多犹太人的家园。正是在这里，斯宾诺莎接受了早年的教育。

然而，这些传统学习对于思想活跃的他来说是不够的。借助拉丁文，他熟读了一些推动学术复兴、发展新的科学和哲学的思想家的著作。让犹太共同体感到尴尬的是，斯宾诺莎很快就发现自己不可能继续囿于正统。归正宗的神学家们以自己的

斯宾诺莎（1632-1677）

方式固执己见，认为对宗教的任何激烈的批判性拒斥都将破坏当时荷兰盛行的宽容气氛。最后，他们用《圣经》中的各种诅咒将斯宾诺莎逐出了犹太会堂。

从此以后，生性害羞的斯宾诺莎完全隐居，在朋友的小圈子当中平静地生活。他以磨镜片维持生计，并且致力于哲学沉思。他尽管过着隐居的生活，却声名鹊起，后来他与几位有影响的崇拜者有过通信，其中最重要的是莱布尼茨，据说两人在海牙见过面。但斯宾诺莎从未答应复出。1673 年，巴拉丁选帝侯提供给斯宾诺莎海德堡大学的哲学教席，被他婉言谢绝。他谢绝这一荣誉有明确的理由。他说："如果我致力于为年轻人讲授哲学，我就得停止促进哲学。此外，我也不知道应当把做哲学的自由限制在什么范围之内，而不至于让人觉得我想要推
199 翻现有宗教……所以您会理解，我并不指望交什么好运。我之所以放弃讲学，仅仅是因为我珍视宁静。要过上宁静的生活，我想最好还是现在这样吧。"

斯宾诺莎的著作并不多，但却显示了罕见的专注性和逻辑严密性。尽管他作了有尊严的伦理思考，但其上帝观和宗教观是如此超前于那个时代，以致他在生前和身后的一百年里被辱骂为邪恶的怪物。斯宾诺莎最伟大的著作《伦理学》被认为太具爆炸性，以致生前未能出版。他的政治理论与霍布斯有许多共同之处，不过尽管他们都认为一个健全合理的社会应当具备某些特征，但斯宾诺莎的理论基础是完全不同的。霍布斯以经验主义的方式确立了自己的解释，而斯宾诺莎则从自己一般的形而上学理论中推出了结论。事实上，要想看清楚斯宾诺莎论证的力量，我们必须把他的所有哲学作品当成一部伟大论著。部分正是由于这个原因，斯宾诺莎的作品不像经验主义哲学家的政治著作那样容易直接打动人。但不要忘了，他所讨论的都是当时非常令人关切的实际问题。当时，自由在国家中扮演的重要角色还不像 19 世纪那样被普遍认同。

和霍布斯不同，斯宾诺莎倡导思想自由。事实上，从他的形而上学和伦理学理论中可以推出，只有在思想自由的条件下，一个国家才能正常运转。《神学政治论》（*Tractatus Theologico-Politicus*）着重讨论了这一点。该书有些不同寻常，因为它以圣经批判的间接方式讨论了这些话题。这里，斯宾诺莎主要基于《旧约》开始了两百年后所谓的"高等批判"（Higher Criticism）。他对《旧约》中的历史事例作了考察，证明思想自由对于社会存在是必不可少的。在这个问题上，他在结论中

作了一番奇特而有趣的反思。“但我必须承认，这种自由有时也会引来某些麻烦。但谁又能创建出完全不会带来不良后果的东西呢？那些希望以法律支配一切的人将会导致更多的缺陷而不是减少缺陷。无法禁止的东西必须得到容许，即使有时这会导致危害。”

斯宾诺莎与霍布斯的另一点不同在于，他并不认为民主制就是最合理的社会秩序。最合理的政府应在胜任的地方发布合理的政令，在信仰和教导方面退避三舍。当存在一个以财产权为基础的政治上负责任的特权阶层时，这样的政府就会出现：在这样一个政府的统治之下，人们会有最好的机会实现自己的思想潜力。从他的形而上学来看，这也是人类天然要追求的目标。至于最好的政府的问题，如果一个活动依赖于一定程度的自由和安全保障的贸易共同体最有机会提出自由规则，那么这种共同体的政府可能就是最好的政府。这里，斯宾诺莎以其祖国荷兰说明了自己的观点。

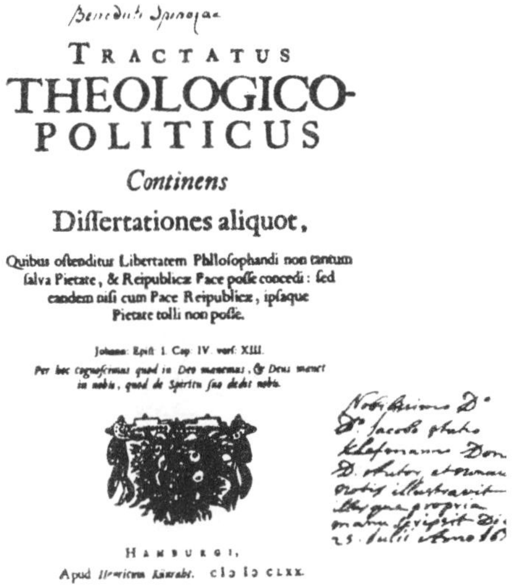
TRACTATUS
THEOLOGICO-
POLITICUS
Continens
Dissertationes aliquot,
Quibus ostenditur Libertatem Philosophandi non tantum salva Pietate, & Reipublicæ Pace posse concedi: sed eandem nisi cum Pace Reipublicæ, ipsaque Pietate tolli non posse.
Johann: Epist. I. Cap. IV. vers. XIII.
Per hoc cognoscimus quod in Deo manemus, & Deus manet in nobis, quod de Spiritu suo dedit nobis.
HAMBURGI,
Apud Henricum Künraht. CIƆ IƆ CLXX.

按照斯宾诺莎体系出版的历史顺序，接下来我们开始讲 200
《伦理学》，尽管按照逻辑顺序应该最先来谈它。该书标题容易让人对其内容产生误解。这里我们首先看到的是斯宾诺莎的形而上学，它隐含着对自然进行科学研究的理性主义蓝图。这已经成为17世纪最重要的思想议题之一。接下来论述的是心灵、关于意志和激情的心理学以及建立在上述内容基础上的伦理学理论。

全书是以欧几里得的方式写成的，它从定义和一组公理开始，由此导出全部命题以及所有随之而来的证明、推论和解释。这种做哲学的方式在今天已经不那么流行了。在那些只热衷于新鲜热点的人看来，斯宾诺莎的体系的确显得古怪。但其结构安排却并非异乎寻常，而且就其本身而言，《伦理学》也仍然是一部简洁清晰的杰作。

斯宾诺莎在海牙的住所

《伦理学》的第一部分讨论了上帝。它给出了六个定义，其中对实体和上帝的定义与经院哲学的传统用法相一致。公理陈述了七条基本假设，但未给出进一步的辩护。然后是一些推论，就像在欧几里得的《几何原本》中那样。从定义方式来看，实体似乎必然是某种可以完全自我解释的东西。实体必定是无限的，否则其限度会影响它自身。而且这样的实体只可能是一个，那就是整个世界；类似地，它与上帝重合一致。因此，上帝和宇宙（即万事万物）是同一的。这就是斯宾诺莎著名的泛神论学说。需要强调的是，斯宾诺莎的论述丝毫没有神秘主义意味，整个过程仅仅是一种演绎逻辑的练习，在一组定义和公理的基础上巧妙而独创地建立起来。它也许是哲学史上系统建构的最卓越的典范。

将上帝等同于自然完全不为各个阵营的正统派所容，但它却是简单演绎论证的结果。它本身是足够合理的，如果说某些人所珍视的信念因此而受到伤害的话，这只表明逻辑对情感是一视同仁的。如果按照传统方式来定义上帝和实体，那就只能接受斯宾诺莎的结论。于是，我们也许会渐渐认识到，这些术语有某种独特的性质。按照这一理论，斯宾诺莎把人的理智看成上帝智慧的一部分。斯宾诺莎和笛卡儿一样也坚持清晰性和分明性，他说：“谬误缘于缺乏足够的知觉，让残缺而混乱的观念卷入其中。”一旦我们有了恰当的观念，就会逐渐确凿无疑地认识事物的秩序和联系，这与观念的秩序和联系是相同的。心灵的本性就在于把事物当作必然的而不是偶然的来沉思。在
201 这方面我们做得越好，就越接近于与上帝（或世界）合一。正是在这种语境下，斯宾诺莎说出了那句名言：“心灵的本性在于以某种永恒的观点来领悟事物。”事实上，这乃是心灵把事物看成必然的这一事实的推论。

《伦理学》的第三部分揭示了激情的运作是如何妨碍心灵从理智上全面认识宇宙的。我们所有行动背后的驱动力乃是自我保存。也许有人认为，这种纯粹的利己主义原则会使我们所有人沦为追逐私利的犬儒主义者，但这是完全错误的。因为一个人在寻求自身利益的过程中，迟早会渴望与上帝合一。他越能以上述永恒的观点来看待事物，就越能达到这个境界。

《伦理学》的最后两节才真正讨论了斯宾诺莎的伦理学。一个人只要受制于外部的影响和原因，他就处于某种奴隶状态。事实上，这适用于一切有限的事物。但只要能与上帝合一，人就不再会受制于这些影响，因为整个宇宙是不受制约的。于是，通过越来越与整体相协调，人可以获得相应程度的自由。由于自由就意味着独立或自我决定，所以这其实只适用于上帝。正是以这种方式，我们才能摆脱恐惧。和苏格拉底、柏拉图一样，斯宾诺莎也认为无知是万恶之源，知识在更好地领会宇宙的意义上则有助于采取明智而恰当的行动。但和苏格拉底不同，斯宾诺莎并未思考死亡。“一个自由的人从不考虑死亡；他的智慧是沉思生命而不是沉思死亡”。既然恶是否定的，那么上帝或自然身为一个不缺乏任何东西的总体，就不可能是恶的。在这个唯一可能的世界中，每一个事物都在追求最好。在实际事务中，为了尽可能与宇宙进行沟通接触，人作为一个有限的存

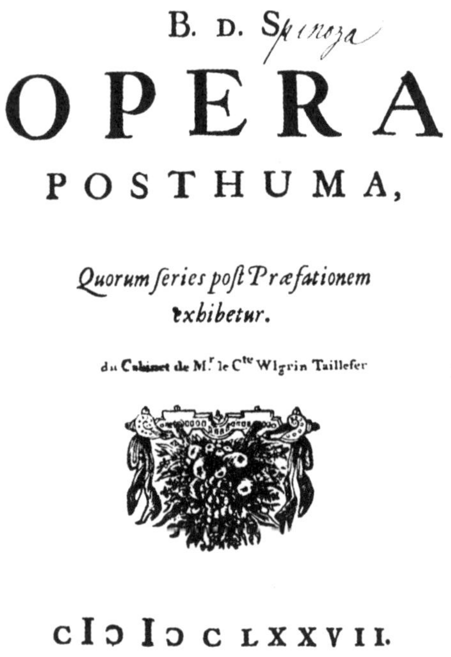

《伦理学》扉页，该书在斯宾诺莎逝世后问世

在者理应按照自我保存的方式来行动。

以上就是斯宾诺莎体系的大致轮廓。对于 17 世纪的科学运动而言，其重要性在于暗示了在同一层面对宇宙万物进行决定论的解释。事实上，这一体系也是未来详尽阐释一门统一科学的蓝图。如果不对其加以某些严重的限定，这种尝试现在就不会被视为合理的。同样，在伦理上，我们也不能承认恶纯粹是负面的东西，比如任何肆意的残忍行为都肯定是整个世界的一个永恒缺点，基督教的原罪说所暗示的也许正是这一点。斯宾诺莎的回答只能是：从永恒的观点来看，没有什么残忍行为是肆意的。但这种观点不大容易确立。尽管如此，斯宾诺莎的体系仍然是西方哲学的一座丰碑。虽然它的严肃口吻有《旧约》的某种味道，但它是一次伟大的尝试，想以古希腊人的宏大方式将世界呈现为一个可理解的整体。

我们已经看到，实体问题的确引出了完全不同的解决方 202
案。如果说斯宾诺莎持一种极端的一元论，那么莱布尼茨的回答则走向了另一个极端，他假定实体有无穷多。在某种意义上，这两种理论之间的关系就像巴门尼德的学说和原子论的关系一样，尽管这种类比并不完全贴切。莱布尼茨的理论最终基于一种反思：作为一的单个实体不可能有广延，因为这暗示了多，只能刻画一群实体的特征。他由此推断，实体有无穷多，每一个实体都是非广延的，因此是非物质的。这些实体被称为“单子”（monads），其本质属性在某种意义上可以说是具有灵魂。

莱布尼茨（1646—1716 年）生于莱比锡，父亲是大学教授。他很小的时候就显示出活跃的批判才能。15 岁那年，莱布尼茨进入大学学习哲学，两年后即毕业，赴耶拿学习法学。20 岁那年，他申请莱比锡大学的法学博士学位，但因年龄太小被拒。阿尔特多夫大学则更为宽容，不仅授予他学位，还给了他教席。但莱布尼茨另有打算，没有接受这一邀请。1667 年，他在美因茨大主教手下从事外交工作。美因茨大主教是一位选帝侯，也是活跃的政客，他决心重振在二十年战争期间遭到蹂躏的帝国，首当其冲的就是必须阻止法国国王路易十四的入侵。

1672 年，莱布尼茨怀此目的来到巴黎，在那里待了近四年。他计划劝说路易十四镇压异教徒和入侵埃及。尽管这项使命未能完成，但在此期间，莱布尼茨遇到了当时许多重要的哲学家和科学家。马勒伯勒士以及自帕斯卡之后冉森主义（Jansenism）的主要代表人物阿尔诺（Arnauld）等一些人都是当时巴黎的活

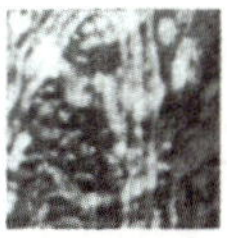

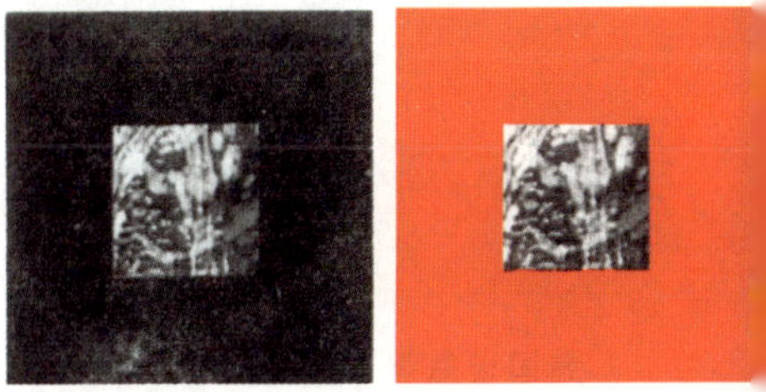

对斯宾诺莎而言，心灵与物质是同一个实体的两个方面

斯宾诺莎 1656 年被逐出的犹太会堂内部

莱布尼茨(1646-1716)

跃人物。此外,莱布尼茨还结识了荷兰物理学家惠更斯。1673年,莱布尼茨去了伦敦,见到了化学家波义耳和新建皇家学会的秘书奥尔登堡(Oldenburg),莱布尼茨后来也加入了皇家学会。这一年,他的雇主美因茨大主教去世,此时不伦瑞克公爵在汉诺威需要一名图书馆员,希望由莱布尼茨来担任这一职位。莱布尼茨并未立即接受,而是依然待在国外。1675年,他在巴黎期间开始研究无穷小演算,比牛顿稍早地做出了这项独立发现。1684年,莱布尼茨在《学人辑刊》(*Acta Eruditorum*)上发表了自己的版本,比牛顿的流数理论更接近微积分的现代形式。牛顿的《自然哲学的数学原理》则于三年后问世。接下来是一场徒劳无果的漫长争论,人们不是讨论其中涉及的科学议题,而是按照国家来选边站。结果,英格兰数学落后了一个世纪,因为法国人采用的莱布尼茨符号是一种更加灵活的分析工具。1676年,莱布尼茨在海牙拜访了斯宾诺莎,然后到汉诺威担任图书馆员直到去世。他花费大量时间编写了
203 不伦瑞克家族的历史,其余时间则从事科学和哲学研究。此外,他还制定了改进欧洲政局的方案。他试图弥合巨大的宗教裂隙,但其方案未受注意。1714年,汉诺威的乔治成为英格兰国王,但未邀请莱布尼茨随王室前往伦敦,这无疑主要是因为微积分争论造成了不幸后果。莱布尼茨痛苦而失落地留在了汉诺威,两年后就去世了。

莱布尼茨的哲学并不容易讨论。首先,他的许多作品都不完整,往往因为缺乏细心的修订而导致不尽一致。这主要归咎于莱布尼茨的外在生活环境,因为他的哲学著作只能在极少数闲暇时间里完成,很容易被拖延和中断。但还有一个更有趣的原因使莱布尼茨的作品有时难以理解,那就是他的哲学具有两重性。一方面,他根据单子论提出了关于实体的形而上学;另一方面,他又提出了一种在许多方面与他的形而上学思辨类似的逻辑理论。对我们来说,他的逻辑学也许比形而上学更重要,但莱布尼茨本人显然认为这两个方面同样重要。事实上,对他来说,从一个领域转到另一个领域并不困难。现在,至少英国哲学家都不信任这一观点,尽管"语言和逻辑在某种意义上都是自成一体的"这一观念本身就是一种有自身缺陷的形而上学。需要注意的是,莱布尼茨的形而上学从当时的科学发展中获得了一些主要特征。其形而上学著作在他生前就出版了,其中包含着为他赢得巨大哲学声誉的单子论。而他的逻辑著作直到20世纪初才出版和得到恰当评价。如上所述,莱布尼茨在其形而上学理论中用单子回答了实体问题。和斯宾诺莎一样,他也认

为实体不能相互影响。这立即导出了一个结论，即任何两个单子之间都没有因果关联。事实上，单子之间不可能有任何实际关联，即所谓的“单子没有窗户”。那么，这如何与宇宙的各个部分似乎有因果关系这个公认的事实相协调呢？现成的回答可见于海林克斯的“两个时钟”理论。只要把单子的数量扩展到无限，就可以得到所谓的前定和谐理论，根据这种理论，每一个单子都能反映整个宇宙，因为上帝规定了一切，使所有单子都在一个精巧设计的庞大的平行轨道系统中沿自己的轨道独立运行。

每一个单子都是实体，它们既持有不同的观点，又具有质的区别。严格说来，不能说它们有不同的位置，因为它们不是时空中的实体。空间和时间都是并不真实的感官显现。时空背后的实在乃是各自具有不同观点的单子的排列。每一个单子都以略为不同的方式反映出整个宇宙。没有任何两个单子完全相同，否则所有单子实际上就是同一个单子。这就是莱布尼茨“不 204
可分辨即同一”这条原理的意义。因此，说两个单子只可能在位置上有区别是没有意义的。

既然所有单子都不同，我们可以根据它们反映世界的清晰性对其进行排列。每一个物体都由一群单子所构成。人体也是以这种方式组织起来的，但这里有一个主导单子，它因其视觉的清晰性而突出出来。更具体地说，这个优先的单子就是人的灵魂，虽然在更广的意义上，所有单子都是灵魂，都是非物质的、不可摧毁的，因此是不朽的。主导单子或灵魂之所以突出，不仅因为它的知觉有更大的清晰性，而且因为它旨在让其各个下属按照各自的前定和谐方式起作用。宇宙万物的发生都有充足的理由，但自由意志之所以可能，是因为人的行动理由不受逻辑必然性的严格强制。上帝也享有这种自由，但他不能随意违反逻辑法则。这种自由意志论使莱布尼茨可以在斯宾诺莎可能引起敌视的地方被人接受，它对于用单子进行的系统解释是外在的，甚至与之相左，这一点我们将在后面看到。

对于上帝是否存在这个永恒问题，莱布尼茨对我们已经遇到的主要形而上学论证作了完整的阐释。在四种论证中，首先是圣安瑟伦的本体论论证；其次是亚里士多德那里的某种第一因论证；第三种是必然真理论证，据说它要求神的心灵存在；第四种是前定和谐论证，它实际上是一种设计论论证。所有这些论证我们都在别处讨论过，并且表明了它们的缺点。康德很快就从总体上否定了这种形而上学证明的可能性。至于神学，

莱布尼茨在汉诺威的住所

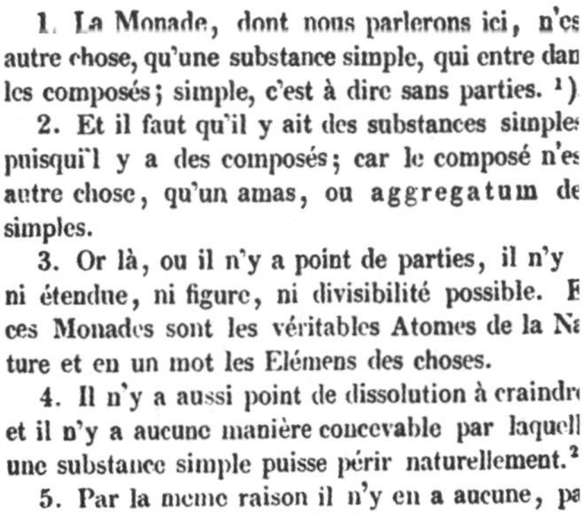

1. La Monade, dont nous parlerons ici, n'es
autre chose, qu'une substance simple, qui entre dan
les composés; simple, c'est à dire sans parties. [1])
2. Et il faut qu'il y ait des substances simple
puisqu'l y a des composés; car le composé n'es
autre chose, qu'un amas, ou aggregatum de
simples.
3. Or là, ou il n'y a point de parties, il n'y
ni étendue, ni figure, ni divisibilité possible. E
ces Monades sont les véritables Atomes de la Na
ture et en un mot les Elémens des choses.
4. Il n'y a aussi point de dissolution à craindr
et il n'y a aucune manière concevable par laquell
une substance simple puisse périr naturellement.[2]
5. Par la meme raison il n'y en a aucune, pa
laquelle une substance simple puisse commence
naturellement, puisqu'elle ne sauroit être formé
par composition.

摘自《单子论》的一个早期版本

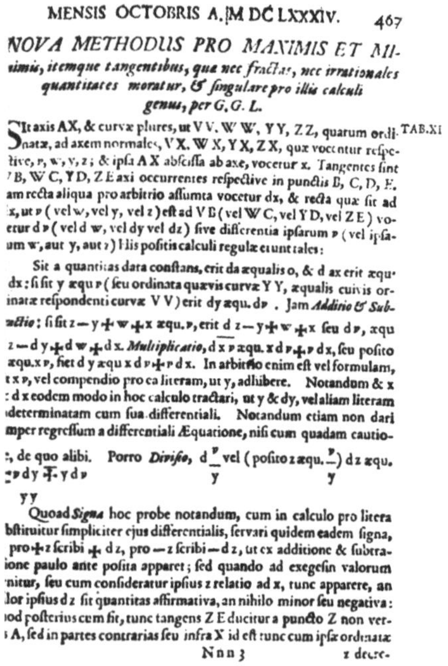

MENSIS OCTOBRIS A. M DC LXXXIV. 467

NOVA METHODUS PRO MAXIMIS ET MI-nimis, itemque tangentibus, quæ nec fractas, nec irrationales quantitates moratur, & ſingulare pro illis calculi genus, per G. G. L.

SIt axis AX, & curvæ plures, ut VV, WW, YY, ZZ, quarum ordi-natæ, ad axem normales, VX, WX, YX, ZX, quæ vocentur reſpe-ctive, v, w, y, z; & ipſa AX abſciſſa ab axe, vocetur x. Tangentes ſint VB, WC, YD, ZE axi occurrentes reſpective in punctis B, C, D, E. Jam recta aliqua pro arbitrio aſſumta vocetur dx, & recta quæ ſit ad dx, ut v (vel w, vel y, vel z) eſt ad VB (vel WC, vel YD, vel ZE) vocetur dv (vel dw, vel dy vel dz) ſive differentia ipſarum v (vel ipſarum w, aut y, aut z) His poſitis calculi regulæ erunt tales: TAB.XI

Sit a quantitas data conſtans, erit da æqualis 0, & d ax erit æqu. a dx; ſi ſit y æqu v (ſeu ordinata quævis curvæ YY, æqualis cuivis ordinatæ reſpondenti curvæ VV) erit dy æqu. dv. Jam *Additio & Subtractio*: ſi ſit z − y + w + x æqu. v, erit d z − y + w + x ſeu dv, æqu dz − dy + dw + dx. *Multiplicatio*, d xv æqu. x dv + v dx, ſeu poſito y æqu. xv, fiet dy æqu x dv + v dx. In arbitrio enim eſt vel formulam, ut xv, vel compendio pro ea literam, ut y, adhibere. Notandum & x & dx eodem modo in hoc calculo tractari, ut y & dy, vel aliam literam indeterminatam cum ſua differentiali. Notandum etiam non dari ſemper regreſſum a differentiali Æquatione, niſi cum quadam cautione, de quo alibi. Porro *Diviſio*, d v/y vel (poſito z æqu. v/y) dz æqu. ±v dy ∓ y dv / yy

Quoad *Signa* hoc probe notandum, cum in calculo pro litera ſubſtituitur ſimpliciter ejus differentialis, ſervari quidem eadem ſigna, & pro + z ſcribi + dz, pro − z ſcribi − dz, ut ex additione & ſubtractione paulo ante poſita apparet; ſed quando ad exegeſin valorum venitur, ſeu cum conſideratur ipſius z relatio ad x, tunc apparere, an valor ipſius dz ſit quantitas affirmativa, an nihilo minor ſeu negativa: quod poſterius cum fit, tunc tangens ZE ducitur a puncto Z non versus A, ſed in partes contrarias ſeu infra X id eſt tunc cum ipſæ ordinatæ

Nnn 3 z decre-

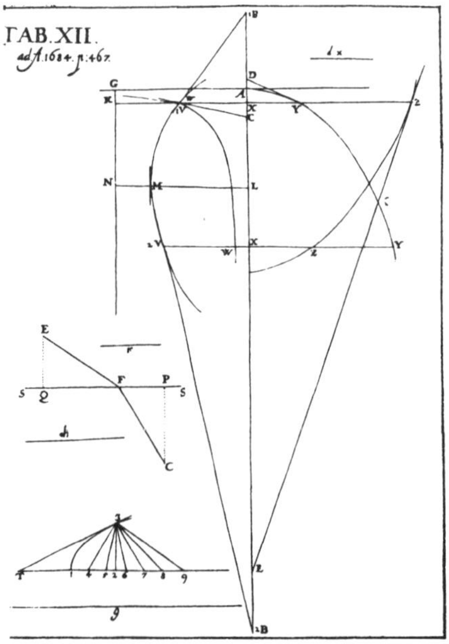

莱布尼茨论微分演算的文章中的第一页（上图），以及一页图，1684年

必须记住，形而上学的上帝是对万物本性理论的最后润色。他不能激发情感，与《圣经》中的上帝也毫无关系。除了新托马斯主义者，神学家总体上已经不再依赖于传统哲学的理论神性实体了。

借助于显微镜作出的新发现在一定程度上启发了莱布尼茨的形而上学。当时列文虎克（Leeuwenhoek，1632—1723年）已经发现了精子，也有人显示一滴水中充满了微小的生命体。它仿佛是一个比我们日常世界规模更小的完整世界。这类思考使单子概念成为终极的、非广延的、形而上学的灵魂点。新的微积分以其无穷小量似乎也指向同一个大方向。这里对莱布尼茨来说重要的是这些最终组分的有机性。在这方面，他摆脱了伽利略和笛卡儿所促进的机械论观点。这虽然导致了一些困难，却使莱布尼茨发现了一种早期形式的能量守恒定律和最小作用原理。总体而言，物理学的发展遵循的是伽利略和
205 笛卡儿的原理。

无论莱布尼茨的逻辑学与形而上学之间有什么联系，可以肯定的是，莱布尼茨在其逻辑学说中提供了大量暗示，使其形而上学至少变得更容易理解。我们先从一个事实开始谈起，那就是莱布尼茨接受了亚里士多德的主词－谓词逻辑。有两条一般逻辑原理被当作基本公理：一是矛盾律，即两个矛盾命题中必有一个为真，一个为假；二是前面提到的充足理由律，即给定的事态都有充足的先决理由。让我们在莱布尼茨的意义上将这两条原理用于分析命题，亦即主词包含谓词的命题，如“所有金属硬币都是金属的”。由矛盾律可知，所有这类命题都为真；而由充足理由律可知，一切有充分根据的真命题都是分析命题，尽管只有上帝才能以这种方式看到它们。对人的心灵来说，这类真理似乎是偶然的。和在斯宾诺莎那里一样，我们在这里也看到了掌握理想科学方案的努力。科学家们在建立理论时所做的就是力图把握偶然的事物，将它呈现为其他某种东西的后果，从而在这个意义上是必然的。只有上帝才掌握一门完美的科学，因此他能根据必然性洞悉一切。

实体之间互不作用缘于一个事实，即每一个逻辑主词的生命史都已经包含在它自己的概念中。而这又缘于它的历史就是对它为真的东西，是所有真命题的分析性。于是，我们必须承认前定和谐。但这种解释本身和斯宾诺莎的理论一样是严格的决定论，前述意义的自由意志在其中没有位置。至于上帝及其创世，上帝的善使其创造出一切可能世界中最好的。然而关于

这一主题，莱布尼茨的另一种理论却根本没有提及上帝和创世。这种观点似乎是受到了亚里士多德的隐德莱希理论或力争从潜能到现实的理论的启发。在任何时刻都会表现出最大程度现实性的那个世界最终会存在，但要记住，并非所有的潜能都能同时实现。

若不是因为严格坚持主词－谓词逻辑，莱布尼茨也许已经发表了关于数理逻辑的一些尝试，从而使这门学科提前一个多世纪出现。他觉得应当可以发明一种完美的、能将思考还原为计算的通用符号语言。尽管这可能有些草率，但他预见到了在逻辑学领域中变得越来越常见的东西。至于完美的语言则只是另一种表达，即希望人们能够逐渐掌握上帝的完美科学。

对清晰分明观念的执著以及由此寻求一种完美的通用 206
语言，乃是笛卡儿主义传统中理性主义的哲学追求。在某种意义上，这符合前已指出的科学目标。与此同时，我们这里有了一条可以走下去的道路，而不是一个可以达到的终极目标。当莱布尼茨暗示只有上帝才掌握完美的科学时，他至少已经隐约看到了这一点。伟大的意大利哲学家詹巴蒂斯塔·维柯（Giambattista Vico，1668—1744 年）的著作中包含着对理性主义思路更激烈的批判。包括维柯在内的每一个敬畏上帝的基督徒都会接受的莱布尼茨的观点促使维柯建立了一种新的认识论原则。上帝之所以能够完全地认识世界，是因为他创造了世界，而被创造的人则不能完全认识世界。对维柯来说，认识某个事物的条件就是制作该事物。该原理的基本表述是，我们只能认识我们所能做或制作的东西。如果按照“事实”（fact）一词的原义来理解，那么也可以说真理即事实。

维柯在生前和身后的半个世纪里实际上并不出名。他生于那不勒斯，父亲是一个小书商。31 岁那年，维柯担任那不勒斯大学的修辞学教授，一直当到 1741 年退休。维柯一生清贫，为了维持生计，他不得不做家庭教师，为贵族做些临时的文字工作，以贴补微薄的薪水。部分是因为文字晦涩，他不为同时代人所理解，也从未有幸遇到或以书信结识与之分量相当的思想家。

真理即做（deed），这种理论引出了一些极为重要的推论。首先，它为数学真理为什么可以被确定地认识提供了一个理由。因为人正是通过抽象而任意地设立规则来做数学的，而正因为我们实实在在地做了数学，我们才能够理解它。维

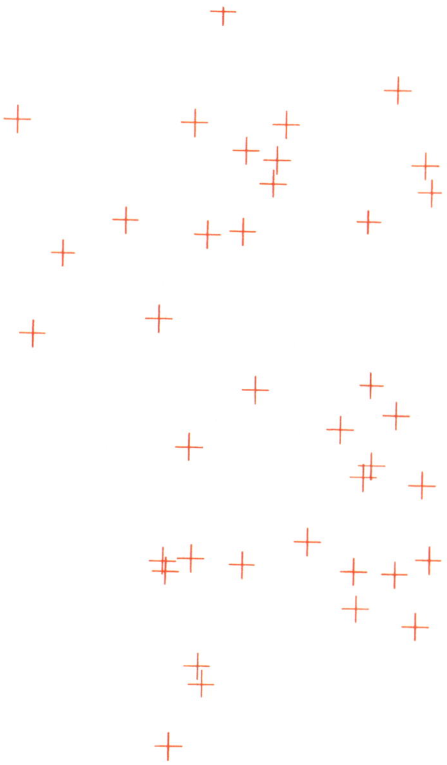

单子是带有视点的非时空实体

柯还认为，数学并不像理性主义者以为的那样能帮助我们认识自然，因为数学是抽象的，这里所说的抽象并不是指从经验中提取，而是指脱离自然，在某种意义上是人的心灵的一种任意构造。自然本身是由上帝创造的，因此只有他才能完全理解自然。人如果想了解自然，就应当通过实验和观察采取一种经验进路，而不是采用数学方法。维柯更赞同的是培根，而不是笛卡儿。应当承认，维柯在让人警惕使用数学时，并没有看到数学在科学研究中扮演的角色。此外，维柯还劝告人们不要做不加约束的数学思辨，这种思辨有时会被误当作经验研究。正确的方法处于这两个极端之间，我们之前已经提到过。数学之所以有确定性是因为人们做出了数学，这种理论影响了后来许多学者，尽管他们可能不同意维柯的以下看法：数学在他的意义上是任意的。这里也许可以提到马
207 克思主义作家索雷尔（Sorel）的观点以及戈布洛（Goblot）和梅耶松（Meyerson）的论述，他们都对数学的本性作了功利主义和实用主义解释。另一方面，任意性概念却为形式主义者所接受，他们把数学当成一种精心设计的游戏。当然，我们很难在所有情况下说明维柯的直接影响。我们知道，马克思和索雷尔都曾研究过维柯的著作。然而，人们常常会不知不觉地被观念所影响。维柯的著作虽然未被广泛阅读，却包含了19世纪许多哲学发展的萌芽。

詹巴蒂斯塔·维柯（1668—1744）

维柯原则的另一个主要推论是历史学理论。他认为，数学是人造的，因此完全可知，但并不指涉现实。自然是上帝创造的，因此并不完全可知，但却指涉现实。直到今天，只要纯粹数学被认为仅仅是一种构造，这一悖论就仍然有生命力。维柯试图发现一种既完全可知又能指涉现实的“新科学”。结果他在人与上帝合作的历史学中找到了，这是对传统观点的惊人逆转，因为笛卡儿主义者已经把历史学当作非科学的东西取缔了。19世纪的德国哲学家狄尔泰（Dilthey）、社会学家马克斯·韦伯和桑巴特（Sombart）再次提出，社会本质上比惰性的物质史可知。

这一新的假说在数次再版的《新科学》（*New Science*）中得到了最完整的阐述。对现代读者而言，阅读这本书有一些困难，因为它混合了各种不同的内容，而又往往未做恰当区分。除了哲学问题，作者还讨论了经验问题和直接的历史问题，如此种种研究思路并不总是很容易理清楚。事实上，维柯有时似乎并没有意识到他正从一种问题慢慢进入另一种问题。尽管晦涩难懂，又有种种缺陷，但《新科学》还是提出了一个十分重

要的理论。

那么，把真理等同于所做的事物或事实，这是什么意思呢？进一步考察之后，这个不太正统的原则在认识论问题上产生了一些非常合理的推论。因为做的确有助于改进我们的认识，明智地完成某种行动无疑会增进我们对它的理解。显然，这在人的行动或努力中出现得最为自然。对音乐的理解是一个很好的例子。要想彻底理解一段乐曲，仅仅听它是不够的，我们还必须通过读谱或演奏将它重构出来，即使做得不够专业。关键在于，专业技巧正是以这种方式逐渐获得的。科学研究也是如此。主动认识用相关材料做出的东西，要比纯粹外在的抽象知识更能让人牢固地把握现实。我们稍后会看到，这正是皮尔士（Peirce）的实用主义哲学的基础。无论如何，这里并没有什么深奥的东西；常言道，实践出真知，就是这个道理。因此，在数学中仅仅学习定理是不够的，还应把理论用于各种具体问题中去。这并非要求功利主义，而抛弃不偏不倚的研究，恰恰 208
相反，正是通过在行动中考察概念，才能恰当地理解概念。从表面上看，这种进路有点像普罗泰戈拉的实用主义学说，但维柯并没有在智者的意义上使人成为万物的尺度。他强调的是认识过程中主动的重构要素，这完全不同于把对每个人显现的东西当作最终的标准。对主动性的强调是与理性主义者清晰分明的观念完全相反的。

维柯在那不勒斯的住所

理性主义把想象当作混乱之源而极力回避，维柯却相反地强调想象在发现过程中的作用。他认为在达到概念之前，我们是通过模糊不清、定义不明的情形来思考的。这种观点并不完全令人满意，因为无论思维过程有多么模糊，我们都很难看清它如何可能缺乏概念内容。也许更好的说法是，原始思维是以图像和隐喻来进行的，而概念思维则是复杂化的最终阶段。由此产生的一个有价值的暗示是：理性主义解释把科学当作一件完成的产品来处理，按照解释的顺序来呈现它；而维柯的著作中所蕴含的解释则表明科学正在制作中，而且采用的是发明的顺序。不过维柯并没有对这其中的许多内容做出清晰陈述。

至于人所创造的历史，维柯认为可以达到最大程度的确定性。他感到历史学家可以揭示历史过程的一般规律，用这些规律可以解释事物为什么会这样发生，并以一种可预测的方式继续下去。维柯并不是说每一个细节都能以机械的方式进行预测，而是说大致轮廓总体而言是可知的。在他看来，人类的事务就像潮涨潮落一样，人类的命运也是循环往复。我们已经看到，循环理论最终源于前苏格拉底时期的文献。但通过寻求历史在人的心灵中重演的形式，维柯像剧作家和演员一样对这些古老观念有了新的看法。

于是，维柯的理论不是往后看，而是向前指向了黑格尔的历史理论。同时，这种处理历史问题的进路也比理性主义的秩序理论更适合对历史进行经验研究。因此，霍布斯和后来卢梭所表述的社会契约论是一种典型的理性主义曲解。那是一种以机械的、几乎可以说数学的方式来看待的社会理论。而维柯的理论则把社会组织看成自然逐渐成长的结果，人类通过其不断积累的传统，慢慢发展出集体生活的形态。另一方面，社会契约假定人们突然发现自己是完全理性的和计算性的存在，遂通过一次理性的决定，一下子产生出一个新社会。

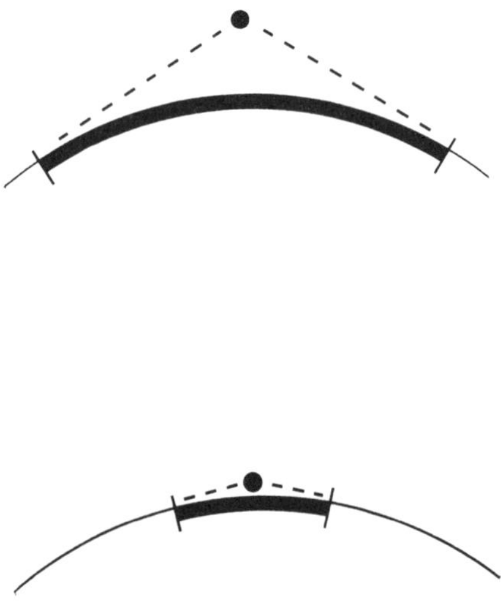

真理即做：我们知识的界限等同于我们行动领域的界限

209 适用于一般社会的结论，也同样适用于具体的语言。当人们在共同的活动中不得不彼此交流信息时，语言就产生了。原始形式的语言是由各种手势和象征性动作组成的。当语言变得能用词语把意思表达清楚时，它的符号就从与简单对象发生直接的自然联系逐渐变成了约定俗成的模式。事实上，语言起初是诗意的，只是渐渐才变成科学的。那些持理性主义观点的编纂了语言结构原理的语法学家们误以为语言是一种有意的构造。我们在讨论古代哲学时已经看到，科学和哲学的语言是文明后来的产物。我们还看到，人们为了说出新事物是如何与当时的日常语言角力的。这仍然是一条偶尔会被忘记的重要原则。科学和哲学的任务正是从日常语言入手，锻造出更为锐利的语言工具，以从事新的研究。这一可贵要义就蕴含在笛卡儿对清晰分明观念的要求中。维柯本人似乎并没有看到这一点，因此忽视了理性主义哲学对于科学的重要性。

我们可以通过两种相反的方式来处理语言：要么像莱布尼茨那样采取极端的理性主义观点，把语言看成一种用清晰分明的观念进行的演算，且具有明确的演算规则；要么本着维柯的精神，认为自然语言是作为恰当的交流媒介发展出来的，同时将任何形式化的尝试都斥为曲解。根据这种观点，逻辑的功能实际上变得多余，能够提供意义的唯一标准就是主动使用语言本身。这两种极端看法都是错误的。理性主义者误把发展出现的方向当成了可以达到的终极目标，而对形式化的全盘否定则使我们不可能突破现有的狭隘视野。此外，后一进路通常与如下观点联系在一起：日常话语已经足够清晰分明。这其实是一种非常草率的乐观主义看法，它没能考虑日常用语中还残留着过去哲学的种种偏见。

尽管维柯在社会学方面的理论不够正统，但他依然是一位虔诚的天主教徒。无论如何，他都试图把天主教纳入自己的体系。至于能够无矛盾地做到这一点，当然是另一个问题。但一致性并非维柯的优点。毋宁说，维柯的重要性在很大程度上在于几乎异乎寻常地预示了 19 世纪及其哲学发展。在其社会学中，他远离了关于理想国家的理性主义构想，而投身于研究社会如何形成和发展这一经验主义任务。在这方面他极具原创性，他第一次提供了真正的人类文明理论。这一切都与他全部思想的主导观念密切相关，那就是“真理即做”，用拉丁语来说就是“verum factum”。

《新科学》卷首的寓意画

210 英国经验论

宗教战争所带来的恐惧

宗教改革之后，欧洲北部出现了一种对待政治和哲学的新态度。它主要出现在英格兰和荷兰，是对宗教战争时期和隶属于罗马的一种反动。欧洲大陆的宗教分裂所导致的恐惧对英格兰影响不大。诚然，英格兰的新教徒和天主教徒曾一度半心半意地相互迫害，克伦威尔统治下的清教主义也与教会不和，但并不存在大规模的暴行，更没有外国的军事干预。而荷兰人却饱受宗教战争蹂躏。在反抗天主教西班牙的漫长而艰苦的斗争中，他们的独立终于在 1609 年得到暂时承认，1648 年的《威斯特伐利亚和约》则对此作了确认。

这种对待社会思想问题的新态度被称为自由主义。从这个有些含糊的标题中可以分辨出许多鲜明的特征。首先，自由主义本质上是新教的，但并非狭隘的加尔文主义的。它是对“人人都必须以自己的方式同上帝达成和解”这一新教观念的发展。此外，自由主义还认为顽固和偏执于事业不利。由于自由主义是正在发展商业和工业的新兴中产阶级的产物，所以它与贵族和君主根深蒂固的特权传统格格不入。因此，它的基调就是宽容。在 17 世纪，当欧洲大部分地区都被宗教纷争所蹂躏，被毫不妥协的宗教狂热所折磨时，荷兰共和国却成了非国教信徒和各种自由思想家的避难所。新教教会从未获得天主教曾在中世纪享有的政治权力，国家权力因此变得更为重要。

中产阶级渐渐开始反感君主的独裁，他们凭着自身的进取心获得了财产和财富。于是，自由主义运动朝着基于财产权和
211 削弱王权的民主方向发展。除了否定君权神授，人们还感到可

詹姆斯一世时期的议会；英格兰达到了某种程度的稳定

以通过自己的努力来改善其境况，结果教育的重要性开始得到更大的强调。

一般而言，人们会对政府本身持怀疑态度，因为政府会干预不断增长的贸易需求，限制其自由发展。但人们同时又意识到，对法律和秩序的需求是必不可少的，这在一定程度上缓和了他们反政府的态度。从这时起，英格兰人便继承了对妥协的典型的爱。在社会问题上，这意味着他们关注改良而不是革命。

于是，就像其名称所暗示的那样，17 世纪的自由主义是 213

盖里克的真空实验，颠覆了亚里士多德的观点

阿姆斯特丹的货物交易清单

Amsterdam stock exchange list

Cours van Negotie t'Amsterdam, den 4 Juny.

Met Consent van de E.D.G.A. H.H. Burgermeesters

ANNO 1674.

荷兰航海者，跻身于当时最重要的海员之列

一种解放的力量。它使实践它的人们摆脱了垂死挣扎的中世纪传统仍在固守的一切暴政，无论是政治和宗教上的，还是经济和思想上的。同样，它也反对极端主义新教教派的盲目狂热。它拒不承认教会在哲学和科学问题上有立法权威。一种乐观主义态度激起了早期自由主义，无穷的能量驱使它大踏步前进而没有遭到重大挫折，直到维也纳会议使欧洲陷入神圣同盟的新封建困境。

在英格兰和荷兰，自由主义的发展与当时的一般状况密切相关，以至于几乎没有引起什么混乱。而在其他一些国家，尤其是法国和北美，自由主义则产生了革命性的影响，决定了后来的事件发展。自由主义态度的一个主要特征就是对个人主义的尊重。

新教神学已经强调教会不足以在良心问题上制定法律。同样的个人主义也渗透到了经济和哲学领域。在经济学上，它表现为“自由放任”，在理论上则表现为 19 世纪的功利主义。在哲学上，它对知识论很感兴趣，从那以后，哲学家一直在从事知识论研究。笛卡儿的名言“我思故我在”就是这种个人主义的典型，因为它使每个人都把自己的个人生存当作知识的基础。

这种个人主义学说主要是一种理性主义理论，理性被认为最重要，受感情支配一般会被认为没有开化。然而在 19 世纪，个人主义学说渐渐拓展到感情本身，并在浪漫主义运动如日中天的时候引出了一些权力哲学，推崇强者的自我意志。这些结果当然与自由主义截然对立。事实上，这些理论也可谓事与愿违，由于担心与同样有进取心的人竞争，成功者必定会过河拆桥。

Ao. 1680. No. 28.
Einge- lauffene
ORDI- NARI
Post-Zeitung
Von dem was wöchentlich in un[d]
ausserhalb des Heil. Römischen Reichs
Merkwürdiges paßiret.

Praag / vom 8. Julii.

DAmit wir nicht so gar verlassen bleiben / und in eusse[r]ste Unordnung und vollen Ruin verfallen möchten / wollen Ihre Kays. Mayest. dem Herrn Ober-Burggrafen und einen Herren Stadthalter hier zu residiren herein schicken. Der Herr General Montecuculi ist bey Hof eine solche Schwachheit erachten / daß er in gar schlechter Disposition sich ande[r]wohin bringen lassen müssen. Des Herrn Hof-Cammer Praesidenten Sache zu Lintz publiciret werden / deren Ausspruch aber übel lauten dörffte.

Ein anders / vom vorigen.

ZU möglichster Verwehrung des Schreckens haben wir bißher unsere Tod[ten] nur in der Nacht wegführen und vergraben lassen / nun aber lehret uns die N[oth] den Tag damit nicht zu verschonen / denn es gehet fast über und über / also lauffen [Ge]sunde und Kranke zusammen / und steckt immer einer den andern an. Wo [das] Tribunal sich setzen wird / weiß man noch nicht. Gestern seynd beyde regiere[nde] ...

早期德国的单张报纸

自由主义运动从总体上影响了思想氛围，难怪那些否则便持有截然不同的哲学观点的思想家们在政治理论上是自由主义的。斯宾诺莎和英国经验论哲学家一样是自由主义的。

随着工业社会在 19 世纪的兴起，自由主义成了遭到残酷剥削的工人阶级改进社会的强大源泉。这一功能后来被更为激进的新兴社会主义运动所继承。从总体上看，自由主义仍然是一种没有教条的运动。不幸的是，作为一种政治力量，它现在已经失去效力。大多数人离开了严格的政治信条就没有勇气活下去，这是对我们这个时代的一种可悲评价，或许也是 20 世纪那些国际灾难的恶果。

笛卡儿的哲学工作引出了两大发展潮流：一是复兴的理性 214
主义传统，它在 17 世纪的主要承载者是斯宾诺莎和莱布尼茨；

二是一般所谓的英国经验论。请务必不要过于生硬地运用这些标签。实际上，和其他任何领域一样，理解哲学的一大障碍就是用标签对思想家进行过于生硬的盲目分类。不过，约定俗成的分类并不是任意的，而是指出了这两种传统的一些主要特征。即使在政治理论上，英国经验论者也显示出一种理性主义思考的显著特征。

心灵起初就像一张白纸，然后感觉和反思的观念印于其上

这场运动的三位伟大代表人物是洛克、贝克莱和休谟，时间跨度大约从英格兰内战到法国大革命。约翰·洛克（1632—1704年）在严格的清教氛围中长大成人，他的父亲曾在内战期间与议会并肩作战。宽容是洛克学说的一个基本信条，这最终使他与冲突双方决裂。1646年，洛克到威斯敏斯特学校接受了古典学问的传统教育。6年以后，他去牛津待了15年，先是做学生，然后成为那里的希腊文和哲学教师。洛克并不喜欢当时在牛津仍然盛行的经院哲学，而是对科学实验和笛卡儿的哲学产生了兴趣。在他这样一个持宽容立场的人看来，现有教会是不会有什么希望的，于是他最终决定从事医学研究。这时他结识了与1668年创立的皇家学会有联系的波义耳。1665年，他随同一个外交使团拜访了勃兰登堡选帝侯，次年又遇到了后来成为第一任沙夫茨伯里伯爵的阿什利（Ashley）勋爵。他成为阿什利的朋友和助手，直到1682年。洛克最著名的哲学著作是《人类理解论》（*Essay concerning human understanding*），该书于1671年开始撰写，源于与朋友们的一系列讨论。书中明确指出，不妨对人类知识的范围和局限性做出初步评价。1675年沙夫茨伯里倒台后，洛克去法国待了3年，在那里见到了当时许多顶尖的思想家。1675年，沙夫茨伯里复出政坛，并且担任了枢密院大臣。次年，洛克再次成为伯爵的秘书。沙夫茨伯里试图阻止詹姆斯二世登基，并且卷入了未竟的蒙茅斯叛乱，于是不得不流亡，并于1683年死在阿姆斯特丹。正是在这一年，洛克被怀疑与之有牵连，遂逃到荷兰。为了避免被引渡回国，他曾一度隐姓埋名。正是在这一时期，他完成了《人类理解论》，以及《论宽容的信》（*Letter on Tolerance*）和《政府论二篇》（*Two Treatises on Government*）。1688年，奥兰治的威廉成为英格兰国王，不久洛克便回到家乡。《人类理解论》于1690年出版，洛克晚年花了大量时间修订该书，并且忙于应对该书所引发的争论。

《人类理解论》第一次直截了当地阐述了心灵的限度以及
215 我们所能从事的研究。理性主义者默认最终可以获得完满的知识，而新的进路却没有那么乐观。总体而言，理性主义是一种乐观的学说，甚至到了缺乏批判性的地步，而洛克的认识论研究却是某种批判性哲学的基础，这种哲学在两种意义上是经验主义的。首先，它不像理性主义者那样预先判定了人的知识范围；其次，它强调了感觉经验的要素。因此，这种进路不仅标志着贝克莱、休谟和密尔所代表的经验主义传统的开端，而且是康德批判性哲学的起点。洛克的《人类理解论》旨在扫除旧的偏见和先入之见，而不是要提供一个新体系。在这方面，洛克为自己制定了一项任务，并谦逊地认为它比不上像“无与伦比的牛顿先生”那样的大师的工作。洛克自认为“如果能像一名小工清扫一下地面，清除知识道路上的一些垃圾，就算足够有志向了”。

约翰·洛克（1632–1704）

这一新方案中的第一步就是要把知识严格地建立在经验基础之上，这意味着必须拒斥笛卡儿和莱布尼茨的天赋观念。大家公认，我们天生就有某种既能发展、又能使我们了解不少事物的资质。但不能以为未受教导的心灵也有休眠的内容。真若如此，我们可能永远也无法将这种知识与其他真正来自经验的知识区分开来。那样一来，我们也许可以说一切知识都是天赋的。当然，这正是《美诺篇》中提到的回忆说的观点。

其次，心灵起初就像一张干净的白纸，为它提供思想内容的是经验。洛克称这些内容为观念，这个术语是在非常宽泛的意义上使用的。观念根据所指对象一般可分为两类：一是感觉观念，来自我们通过感官对外部世界的观察；二是反思观念，源于心灵的自我审视。到这里为止，这一学说并未引入任何全新的东西。若非通过感官进来，没有什么东西会在心灵中，这是一个古老的经院哲学命题。莱布尼茨为其补充了一个限定，将心灵本身排除在整个命题之外。经验论新的独特之处在于指出这些东西是知识的唯一来源。因此在思考和思辨时，我们永远也无法超出通过感觉和反思所获得的东西。

洛克进而把观念分为简单的和复杂的，但并未就简单性提出任何令人满意的标准。他称不能继续分成部分的观念就是简单观念，这作为一种解释并没有什么帮助。此外，在使用这一说法时他也不够一致，但他想做什么是很清楚的。如果只有感觉观念和反思观念，那么就必然可以表明心灵内容是如何由这些观念组成的，或者说，复杂观念是如何由简单观念组合而成的。复杂观念又可分为实体、样式和关系。实体就是关于可以 216
独立存在的事物的复杂观念，而样式则依赖于实体。如洛克本人渐渐认识到的，“关系”其实根本不是洛克意义上的复杂观念。它们自成一类，源于心灵的比较操作。比如因果性就是一例。这种关系观念是伴随着对变化的观察而出现的。洛克认为，必然联系的概念基于一个先验的假设，而不是基于经验。后来休谟强调了后一点，康德则强调了前一点。

对洛克而言，说一个人知道某种东西，就意味着他确信这种东西。在这方面，洛克不过是遵循了理性主义传统。“知道”一词的这种用法可以追溯到柏拉图和苏格拉底。现在按照洛克的说法，我们所知道的是观念，而观念据说又描绘或表象了世界。知识的表象论当然使洛克超越了他大力倡导的经验论。假如我们所知道的一切都是观念，那么我们永远也不会知道这些观念是否符合事物世界。无论如何，这种知识观使洛克得出了如下看法：语词代表观念，就像观念代表事物。不过也有差别：语词是约定的符号，而观念则不是。既然经验只向我们提供了特殊观念，那么心灵本身的作用就是产生抽象的一般观念。至于《人类理解论》中顺便提及的洛克的语言起源观，他和维柯一样都认识到了隐喻的作用。

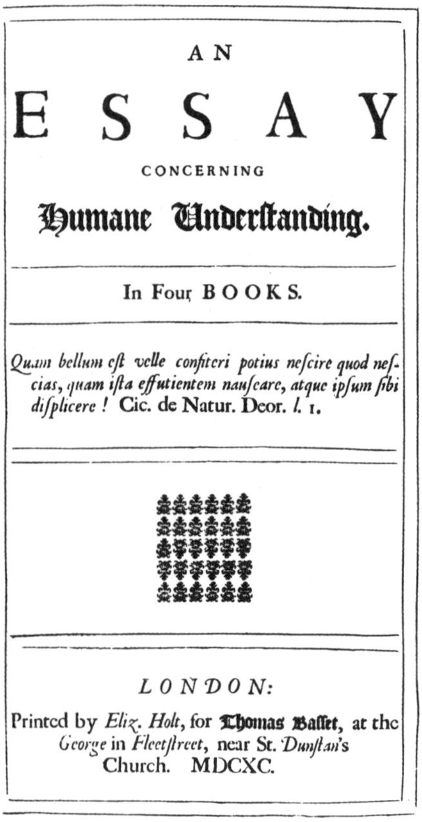
AN

ESSAY

CONCERNING

Humane Understanding.

In Four BOOKS.

Quam bellum est velle confiteri potius nescire quod nescias, quam ista effutientem nauseare, atque ipsum sibi displicere! Cic. de Natur. Deor. *l.* 1.

LONDON:

Printed by *Eliz. Holt*, for Thomas Basset, at the *George* in *Fleetstreet*, near St. *Dunstan's* Church. MDCXC.

《人类理解论》扉页

洛克知识论的一个主要难点就是解释错误。如果我们把洛克的白纸换成柏拉图的鸟笼，把观念换成鸟，那么问题的形式就与《泰阿泰德篇》中完全一样。根据这种理论，我们似乎不可能犯错误，但洛克通常并不为这种问题感到不安。他的表述缺乏系统性，往往遇到困难就转移话题。出于实用的考虑，洛克总是以零碎的方式来处理哲学问题，而没有正视立场一致的任务。正如他所说，他只是一个小工。

在神学问题上，洛克依循传统把真理分成理性真理与启示真理，他始终是一位独立的虔诚基督徒。他尤其憎恶希腊意义上的“宗教狂热”（enthusiasm），即被神的灵感所附体的一种状态，这是16、17世纪宗教领袖的典型特征。洛克认为这些人的狂热破坏了理性和启示。宗教战争的暴行可怕地支持了这一点。总之，洛克在这方面依循当时的一般哲学倾向，实际上把理性放在了第一位。

理性与经验论的这种混合亦可见于洛克的政治理论。他在1689年至1690年撰写的《政府论二篇》中表述了这些思想。其中第一篇论文驳斥了罗伯特·菲尔默（Robert Filmer）爵士
217 的一本名为《父权制》（*Patriarcha*）的小册子，该书包含着对君权神授的极端表述。这一理论基于世袭原则，洛克觉得推翻它并不困难，尽管这一原则本身并不违反人的理性。事实上，它在经济领域被广泛接受。

在第二篇论文中，洛克提出了自己的理论。他和霍布斯一样都认为，在政府存在之前，人们生活在一种由自然法支配的

自然状态中。所有这些都属于传统经院哲学。和在霍布斯那里一样，洛克也认为政府是基于社会契约的理性主义学说建立起来的。与那些坚持君权神授的人相比，这前进了一步，但还比不上维柯的理论。洛克认为，社会契约背后的原动力是对财产的保护。这类协定的约束使人们被迫放弃了捍卫自己利益的权利，现在这种权利交给了政府。既然在君主制中，国王本人也可能卷入纠纷，那么任何人都不应对自己的案件进行裁决的原则就要求司法必须独立于行政。孟德斯鸠（Montesquieu）后来详细阐述了分权。我们看到，洛克第一次对这些问题作了全面论述，尤其是想到了国王的行政权与议会的立法权之间的对立。立法机构必须是至高无上的，它是整个社会的代表，只对社会负责。但如果行政与立法发生冲突，我们又该怎么办呢？显然，在这种情况下，行政必须服从立法。事实上，这正是因独裁而引发内战的查理一世身上发生的事情。

接下来的问题是如何决定什么时候可以用武力来反抗暴君。在实践中，这些问题通常是根据相关事业的成败来决定的。虽然洛克似乎隐约意识到了这个事实，但他的看法是与当时政治思维总体上的理性主义倾向相一致的。他假定任何有理性的人都能明辨是非。这里，自然法学说再次在背景中徘徊。由于只有根据这种类型的某个内在原则才能评价一个行动的对错，所以第三种权力即司法权可以在这里起独特作用。洛克本人并未把司法权当成一种单独的权力来讨论。但只要在分权学说渐渐被接受的地方，司法权都及时地获得了完全独立的地位，可以在其他任何权力之间进行裁决。就这样，这三种权力构成了一个相互制衡的系统，往往能够防止不受约束的权威出现。这对政治上的自由主义非常重要。

在今天的英格兰，僵化的政党结构和内阁权力的确在某种程度上削弱了行政权与立法权的划分。洛克所设想的分权的最明显例子存在于美国的政体，总统和国会在其中独立发挥着作用。至于一般国家，自洛克时代以来，其权力的发展已经以牺牲个人为代价。

虽然洛克不属于最深刻或最具原创性的思想家，但他的工 218
作在哲学和政治领域渐渐产生了强大而持久的影响。在哲学上，他开创了新的经验论，这一思路起初由贝克莱和休谟、后来由边沁和密尔发展起来。类似地，除了卢梭及其追随者，18 世纪法国的百科全书派运动大都是洛克主义的。马克思主义的科学特色也缘于洛克的影响。

在政治上，洛克的理论是对英格兰实际践行的那种东西的

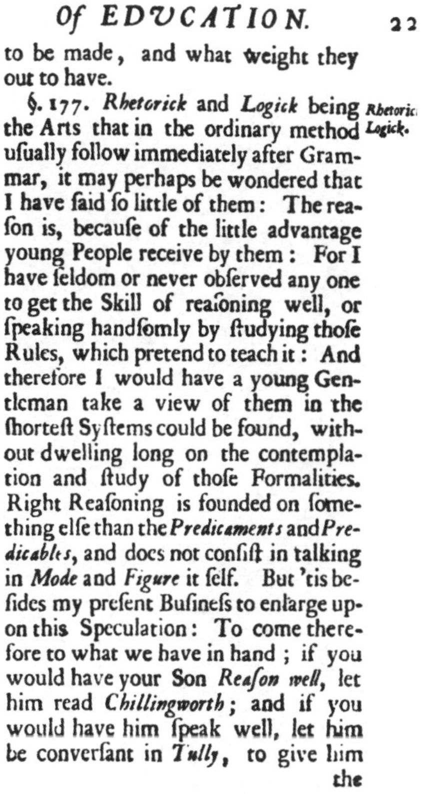
Of EDUCATION. 22

to be made, and what weight they out to have.

§. 177. *Rhetorick* and *Logick* being the Arts that in the ordinary method uſually follow immediately after Grammar, it may perhaps be wondered that I have ſaid ſo little of them: The reaſon is, becauſe of the little advantage young People receive by them: For I have ſeldom or never obſerved any one to get the Skill of reaſoning well, or ſpeaking handſomly by ſtudying thoſe Rules, which pretend to teach it: And therefore I would have a young Gentleman take a view of them in the ſhorteſt Syſtems could be found, without dwelling long on the contemplation and ſtudy of thoſe Formalities. Right Reaſoning is founded on ſomething elſe than the *Predicaments* and *Predicables*, and does not conſiſt in talking in *Mode* and *Figure* it ſelf. But 'tis beſides my preſent Buſineſs to enlarge upon this Speculation: To come therefore to what we have in hand; if you would have your Son *Reaſon well*, let him read *Chillingworth*; and if you would have him ſpeak well, let him be converſant in *Tully*, to give him the

Rhetoric. Logick.

洛克论教育的一本小册子中的一页，1695 年出版

《独立宣言》显示了洛克的影响，比如富兰克林使用的“不言而喻”

总结，因此不大可能导致什么大的动荡。而在美国和法国，情况则完全不同。洛克式的自由主义导致了惊人的革命骚乱。在美国，自由主义成了国家理想，并且被写进宪法。作为一种理想，它并未始终得到忠实遵守；但作为一项原则，早期的自由主义几乎原封不动地继续在美国发挥着作用。

奇怪的是，洛克的巨大成功与牛顿取得的全面胜利密不可分。牛顿物理学一劳永逸地颠覆了亚里士多德的权威；同样，洛克的政治理论尽管很难说是新的，但却否定了君权神授，并试图按照现代状况，在经院哲学自然法的基础上建立一种新的国家学说。这些努力的科学性反映在对后来事件的影响上。
219 《独立宣言》的措辞本身就带有它的烙印。当富兰克林用“我们认为这些真理是不言而喻的”取代了杰斐逊（Jefferson）的“我们认为这些真理神圣而不可置疑”时，富兰克林是在模仿洛克的哲学语言。

在法国，洛克的影响更大。“旧政权”的过时暴政与英格兰的自由主义原则形成了痛苦的鲜明对比。在科学领域，牛顿的观念取代了旧的笛卡儿主义世界观。在经济上，英格兰的自由贸易政策尽管受到部分误解，也在法国备受推崇。在整个18世纪，法国都盛行着一种对英格兰的崇拜态度，而这首先缘于洛克的影响。

洛克的哲学使近代欧洲哲学第一次发生了分裂。总体而言，大陆哲学的特点是构造大规模的体系，其论证是先验的，在其论证范围内常常对细节问题不感兴趣。而英国哲学则更加遵循科学中的经验研究方法，它零散地讨论了一些较小的问题，真要提出一般原则时，就会用直接证据来验证它们。

这些进路上的差异导致：先验体系的基本信条如果被去除，它就会完全垮掉，即使它本身是一致的；而即使我们在某些地方找到了一些瑕疵，基于观察事实的经验主义哲学也不会崩溃。其差异就像两座相互颠倒的金字塔一样：经验论的金字塔建立在地基上，即使从某处拿走一块石板，它也不会倒塌；而先验的金字塔则靠塔尖支撑，即使瞟它一眼，它仿佛都会摇摇欲坠。

在伦理学中，这种方法的实际结果甚至更为明显。如果某个愚昧无知的暴君以为注定要由自己来实施一种被当作严格体系提出来的善的理论，那么就会导致可怕的灾难。有些人无疑可能会鄙视功利主义伦理学，因为它始于追求快乐的低级欲望。但可以肯定的是，与那些不顾一切追求理想目标的苦行的高尚改革家相比，这种理论的倡导者最终更能改善其同胞的命运。除了这些不同的伦理学观点，我们在政治学发展中也看到了相应的不同态度。洛克传统中的自由主义者们并不喜欢基于抽象原则进行彻底变革。每一个议题都必须根据自身的价值进行自由讨论。激怒大陆学者的正是英格兰政府和社会实践的这种零散的、尝试性的、反体系而非不成体系的特征。

洛克自由主义的功利主义继承者支持一种开明的利己伦理学。这种观念或许无法使人产生最高尚的情感，但它也避免了以崇高体系的名义犯下的堂皇暴行，这些体系设想了更为高尚的目标，却没有注意到人并非抽象之物。

洛克理论中的一个严重缺陷是他对抽象观念的解释。当然，这种解释只是为了尝试解决洛克知识论所留下的共相问题。困难在于，如果我们从具体事例中进行抽象的话，最终根本不会留下什么。洛克以三角形的抽象观念为例，它必定“既非钝角，亦非直角；既非等边等腰，亦非不等边等腰，而是既同时具有、又同时没有所有这些特征”。贝克莱哲学的出发点正是对抽象观念论的批判。

乔治·贝克莱（1685—1753 年）1685 年生于爱尔兰。15 岁那年，他进入都柏林的三一学院，在那里，除传统学科外，牛顿的新学问和洛克的哲学正开始繁荣。1707 年，贝克莱当选

约翰·洛克

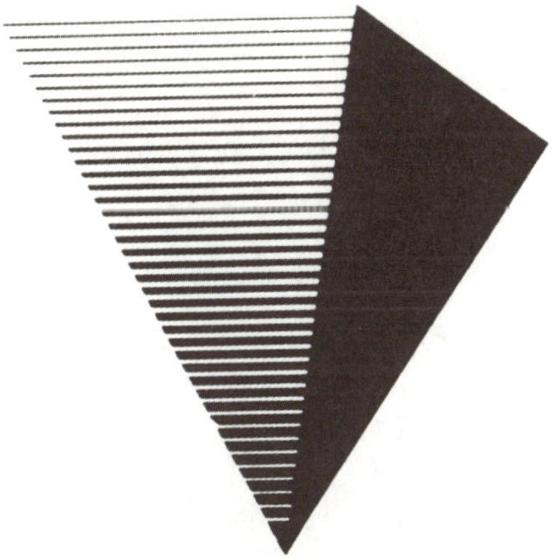

理性主义像一座倒立的金字塔，经验主义像一座正立的金字塔

乔治·贝克莱（1685—1753）

《视觉新论》扉页，贝克莱的第一部重要著作

AN
ESSAY
Towards a
New Theory
OF
VISION.

By George Berkeley, M. A.
Fellow of Trinity College, Dublin.

DUBLIN:
Printed by Aaron Rhames, at the Back of Dick's Coffee-House, for Jeremy Pepyat, Bookseller in Skinner-Row, MDCCIX.

三一学院研究员。在接下来的6年里，他出版了一些著作，奠定了他作为哲学家的声誉。

贝克莱不到30岁就已经声名鹊起，此后他把主要精力投入到其他事业中。从1713年到1721年，贝克莱在英格兰和欧洲大陆居住和旅行。回到三一学院后，他出任了高级研究员，1724年则成为德里的教长。在此期间，他开始在百慕大筹建一所传教士学院。有了政府的支持作保证，贝克莱于1728年前往美洲寻求新英格兰人的支持。但威斯敏斯特所许诺的帮助迟迟未能兑现，贝克莱不得不放弃了这个计划，并于1732年回到伦敦。两年后，他升任克洛因的主教，并终身担任这一职位。1752年，他前往牛津访问，次年初在那里去世。

贝克莱哲学的基本论点是，存在即被感知。对他而言，这个命题是如此自明，以至于他从未对那些将信将疑的同时代人解释自己试图做什么。因为从表面上看，这个命题当然太不符合常识。通常没有人会像这种观点似乎要求的那样，认为感知的对象就在自己的心灵中。但关键在于，贝克莱暗示，根据洛克曾经教导但又未能一贯坚持的经验主义观点，关于对象的观念是有问题的。因此，试图像约翰逊（Johnson）博士那样号称通过踢石头就可以驳倒贝克莱是完全错失了要害。至于贝克莱自己的理论最终能否解决洛克的难题，当然是另一回事。我们还要记住，贝克莱并不想用一些神秘的难题来迷惑我们，而是试图修正洛克的某些不一致之处。至少在这个方面，他是非常成功的。根据洛克的认识论，内在世界与外在世界之间的区分是无法合理坚持的。我们不可能在认同洛克观念论的同时，又坚持一种知识的表象论。后来，康德对同一问题的解释也面临一个非常相似的困难。

贝克莱批判抽象观念论的第一部著作是《视觉新论》（*Essay*
221 *towards a New Theory of Vision*）。在这本书中，他先是讨论了当时流行的关于感知的种种混淆，特别是合理地解决了以下明显难题，即我们看到事物是正的，而它在眼睛视网膜上成的像却是倒的。当时这个难题风靡一时，贝克莱表明这其实缘于一种非常简单的谬误。关键在于我们是用眼睛看东西，而不是像看屏幕一样从后面看眼睛。因此，导致这种误解的原因在于我们不小心从几何光学滑入了视觉感知的语言。贝克莱进而提出了一种感知论，该理论截然区分了不同感官允许我们就其对象所说的不同东西。

贝克莱说，视觉感知并非外在事物，而只是心灵中的观念。但他又说触觉感知（虽然在心灵里属于感觉观念）的对象是物体，尽管在后来的著作中，他不再作这种区分，并认为一切感知都只在心灵中产生感觉观念。至于各种感官彼此之间为何是这样隔绝的，其原因就在于所有感觉都是特定的。这也解释了贝克莱为何会拒斥他所谓的“唯物论”。因为物质完全是属性的某种形而上学载体，而只有属性才能产生经验，也就是心灵内容。单纯的物质本身是不可能被经验到的，因此是一种多余的、不必要的抽象。同样的看法也适用于洛克的抽象观念。例如，若把所有特性都从一个三角形中拿掉，那么严格来说，最终什么也不会留下，而子虚乌有的东西是无法经验的。

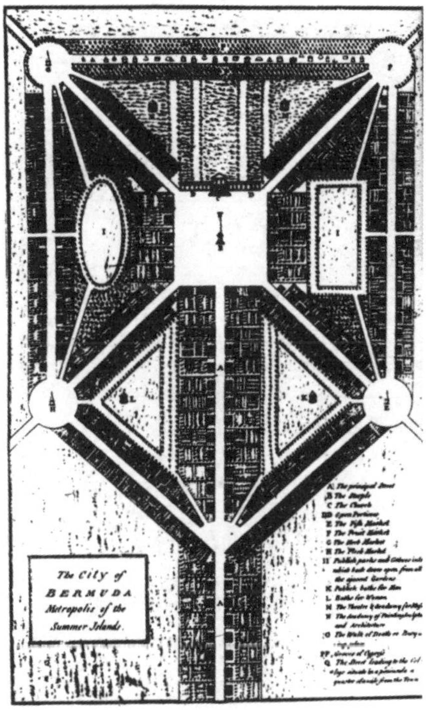

贝克莱计划在百慕大建立一座城镇的设计图

1710 年，也就是在《视觉新论》出版的第二年，贝克莱又出版了《人类知识原理》（*Principles of Human Knowledge*），他在书中毫无保留和妥协地陈述了自己的基本命题：存在即被感知。严格说来，这是洛克经验论的最终结果。因为我们唯一能说的就是我们实际拥有某些感觉或反思的经验。因此，我们不仅被囿于记录在心灵中的经验，而且只能在有这些经验时才能承认它们。在某种意义上，这并不奇怪：当你有经验的时候，而不是在别的时候，你才有经验。只有在经验中并且通过经验，说某种东西存在才有意义，因此，存在与被感知是一回事。根据这种观点，谈论某种未被经验的经验或未被感知的观念是没有意义的。持现象主义认识论的现代哲学家仍然坚持这一立场。根据这些理论，没有未被感知的感觉材料。至于抽象观念，如果可能的话，它们必然代表着某种无法被经验的实在，而这与洛克的经验论是矛盾的。按照经验主义观点，实在与能被经验的东西是同延的。

那么，如何解决共相问题呢？贝克莱指出，洛克所认为的抽象观念仅仅是通名，它们并不指任一事物，而是指一组事物中的任何一个。于是，“三角形”一词被用来谈论任何三角形，但并非指一个抽象的三角形。实际上，抽象观念论的困难与苏 222
格拉底所说的形式并非没有关系。那些形式也是完全非特定的，它们存在于另一个世界，但被认为可以认识。

贝克莱不仅拒绝接受抽象观念，而且也拒绝接受洛克关于对象与观念的区分以及由此产生的知识表象论。因为作为前后一致的经验论者，我们怎能既坚持所有经验都是关于感觉观念和反思观念的，又断言观念符合那些本身未知甚至不可知的对象呢？在洛克那里，我们已经看到了康德后来关于物自体与现象的区分。贝克莱不同意洛克的这些观点，认为与洛克的经验论不相容，这是非常正确的。这正是贝克莱唯心论的要义。我们所能认识和谈论的仅仅是心灵内容。除了知识的表象论，洛克还认为语词是观念的符号。每一个语词都对应着它的观念，反之亦然。正是这种错误观点导致了抽象观念论。因此，洛克必定认为说出一个词就会唤起一个观念，信息正是以这种方式从一个人传递给另一个人。

贝克莱很容易就表明了这种对语言的解释是错误的。因为我们听某人说话时所理解的是对方说话的大意，而不是一系列彼此分离、然后又像珠子一样串起来的语词含义。我们也许还会说，知识表象论的困难无论如何会再次出现。我们如何为观念指定名称呢？这要求我们能以非语词的方式把心灵中某个明确的观念传递出来，然后再赋予它一个名称。但即便如此，我们还是不知道如何表述这种对应，因为根据这种理论，观念本身是非语词的。因此，洛克对语言的解释有严重缺陷。

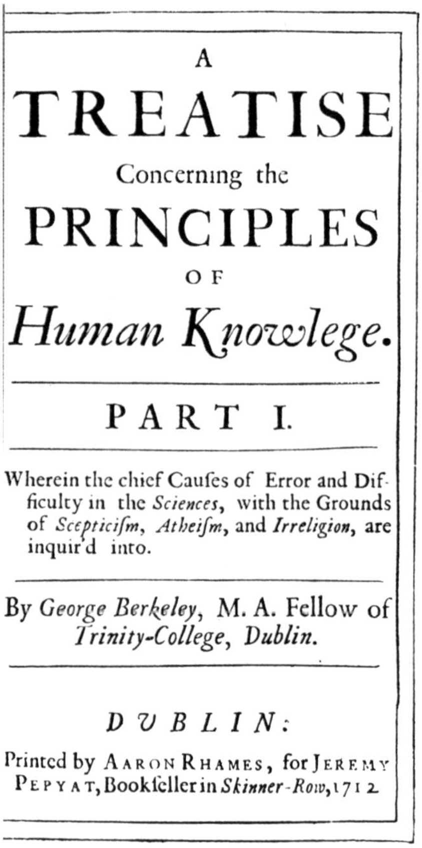
A

TREATISE

Concerning the

PRINCIPLES

OF

Human Knowlege.

PART I.

Wherein the chief Causes of Error and Difficulty in the *Sciences*, with the Grounds of *Scepticism*, *Atheism*, and *Irreligion*, are inquir'd into.

By *George Berkeley*, M. A. Fellow of *Trinity-College*, *Dublin*.

DUBLIN:

Printed by AARON RHAMES, for JEREMY PEPYAT, Bookseller in *Skinner-Row*, 1712.

《人类知识原理》扉页

我们已经看到，可以对贝克莱的唯心论作一番解释，使之不像初看起来那么令人吃惊。贝克莱不得不考虑的一些推论并不那么令人信服。如果有感知活动在进行，那么必定会有心灵或精神，这一点在他看来是不可避免的。既然一个拥有观念的心灵并不是它自己的经验对象，所以它的存在并不在于被感知，而在于正在感知。然而，这种心灵观与贝克莱本人的立场并不一致。因为通过考察可以发现，以这种方式理解的心灵恰恰是贝克莱所批判的洛克的抽象观念。心灵是某种正在感知的东西，而不是别的，但又是抽象的。至于心灵不活动时会发生什么，这个问题需要有一个特殊的解答。显然，如果存在要么意味着正在感知（比如心灵正在活动时），要么意味着被感知（比如被感知为观念），那么不活动的心灵必定是始终在活动的上帝心灵中的一个观念。因此，正是为了应对一个理论困难，这个哲学上的上帝才被引入。他的功能仅仅是确保心灵的持续存在，顺便也确保了所谓物体的持续存在。这种不太严格的方式使整个解释回到了某种接近常识的讨论。贝克莱的这部分观点是最没有价值的，也最缺乏哲学趣味。

这里值得强调的是，贝克莱并不认为自己所说的存在即被感知是一个需要由实验来判定的命题。事实上，他说我们只需认真考虑如何正确使用词汇，就能看到他的命题显然必定为真。因此，他这里所做的事情并无形而上学含义，毋宁说它是一个确定如何使用某些词语的问题。只要我们决定把“存在”和“被感知”当作同义词来使用，当然就没有怀疑的余地。但贝克莱不仅认为我们就应当这样运用这些词语，而且认为在谨慎地说

话时我们已经这样使用了。我们一直在尽力表明的这一观点并不是完全没有道理的。但我们很可能会感到，这种说话方式并 223
不像贝克莱以为的那么恰当。

首先，他被引向了一种关于心灵和上帝的形而上学理论，该理论与他的其余哲学极不协调。如果不坚持这一点，我们也许会觉得贝克莱的术语毫无必要地与日常的谈话方式相左，尽管这可能有争议，而且无论如何不应成为抛弃它的理由。但除此之外，贝克莱的解释还有一个哲学上的弱点，使其中许多内容都可以受到批判。这尤其可见于一个事实，即贝克莱本人在谈论视觉时恰恰暴露了这种错误。如前所述，他正确地强调人是用眼睛看东西的，而不是在看眼睛；同样，我们也可以一般地说，人用心灵去感知，但在感知的时候并未审视自己的心灵。正如我们没有观察自己的眼睛，我们也没有观察自己的心灵；正如我们不能说自己看到了视网膜上的东西，我们也不能说自己感知到了心灵中的东西。这至少表明需要认真思考“在心灵中”这个短语，而贝克莱并未做出这种思考。

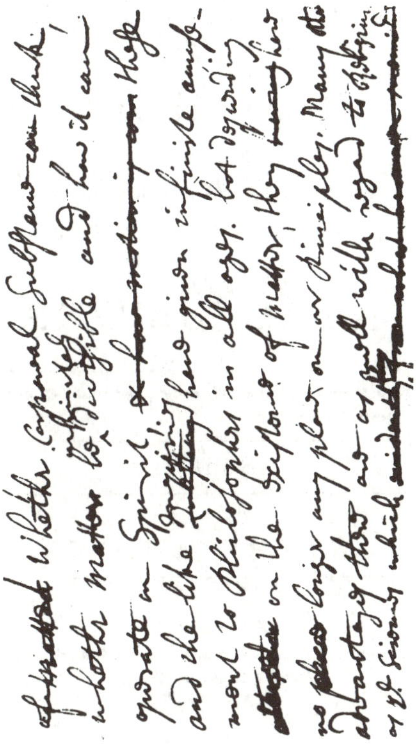

《人类知识原理》手稿

这种批判表明，根据这个例子中的类比，也许有充分的理由拒斥贝克莱的讨论方式而去赞成另一种术语。在这一点上，贝克莱的表述显然很容易产生误导。也许有人认为这对贝克莱不大公平，但这也许正是他本人希望批评家去做的，因为他认为哲学家的任务就是去澄清引起误导的说话方式。他在《人类知识原理》的导言中说：“我总体上倾向于认为，哲学家迄今为止仍然感兴趣的阻挡了知识道路的绝大多数难题完全要归咎于我们自己。我们刚刚扬起一点尘土，就抱怨什么也看不见了。”

贝克莱的另一部重要哲学著作《海拉斯与费罗诺斯的对 224
话》（*The Dialogues of Hylas and Philonous*）并未提出新的讨论材料，但以更加易读的对话形式重申了早期作品的观点。

都柏林三一学院图书馆

洛克提出的观念学说很容易招致严厉的批评。如果心灵只知道感觉印象，那么贝克莱的批判就指出，第一性质与第二性质的区分是不成立的。然而，一种彻底的批判性解释要比贝克莱走得更远，因为他仍然允许心灵存在。是休谟按照逻辑把洛克的经验论推到极端，最终是由此得出的极端的怀疑论立场暴露了初始假设的种种缺陷。

大卫·休谟（1711—1776 年）出生于爱丁堡，12 岁就进了爱丁堡大学。完成常规的本科课程之后，他不到 16 岁就离开了大学，曾考虑从事法律工作。但他真正的兴趣是哲学，最终决心从事哲学研究。在冒险经商了一段时间之后，1734 年休

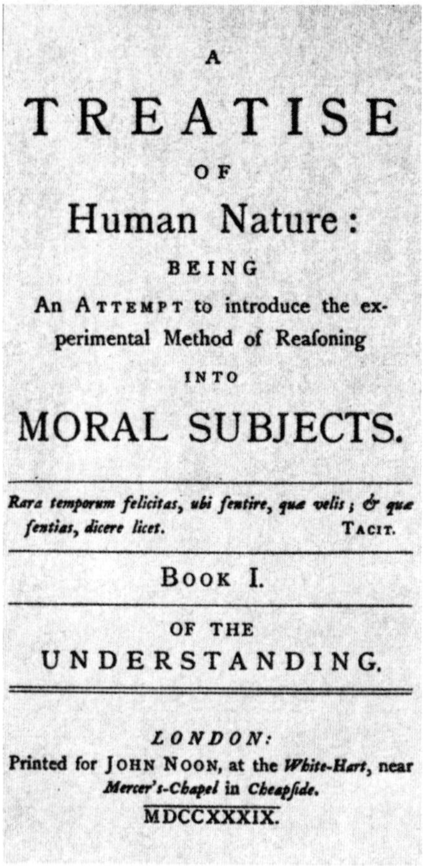

A

TREATISE

OF

Human Nature:

BEING

An ATTEMPT to introduce the experimental Method of Reasoning

INTO

MORAL SUBJECTS.

Rara temporum felicitas, ubi sentire, quæ velis; & quæ sentias, dicere licet. TACIT.

BOOK I.

OF THE

UNDERSTANDING.

LONDON:

Printed for JOHN NOON, at the *White-Hart*, near *Mercer's-Chapel* in *Cheapside.*

MDCCXXXIX.

休谟名著《人性论》的扉页

当时关于休谟和卢梭的版画

谟去了法国，在那里待了三年。由于财源不足，他不得不节衣缩食。他很愿意忍受这样的限制，这样就能完全投身于学术研究。

在法国期间，休谟撰写了他最著名的作品《人性论》（*Treatise of Human Nature*）。他完成这部奠定其日后哲学声誉的著作时才 26 岁。回国后不久，《人性论》在伦敦出版。不过起初他遭遇了惨败。作者的年轻朝气在书中时有体现，这种朝气与其说在于哲学内容，不如说在它有些自以为是的直率风格。直言不讳地拒斥公认的宗教原则，也无助于它被普遍接受。正是由于诸如此类的原因，1744 年休谟未能在爱丁堡大学获得哲学教席。1746 年，他加入了圣克莱尔（St. Clair）将军的部队，并于次年随其出使奥地利和意大利。这项差事使他攒下足够的钱，1748 年退役后可以全身心投入自己的工作。在 15 年的时间里，他出版了一批认识论、伦理学和政治学方面的著作，特别是《英格兰史》（*History of England*）一书使他名利双收。1763 年，他再次来到法国，这次是担任英国大使的私人秘书。两年后，他成为大使馆的秘书，并于大使被召回期间出任代办，直到那年晚些时间得到新的任命。1766 年，他回国担任了两年副国务大臣，直到 1769 年退休。他的晚年是在爱丁堡度过的。

正如休谟在《人性论》导言中所说，他认为一切研究都在某种程度上受他所谓的“人的科学”的支配。与洛克、贝克莱不同，休谟不仅关注对地基的清理，而且关注随之可能建立的体系，这就是“人的科学”。由于休谟与那些继续受笛卡儿主义原理支配的法国思想家们保持着联系，这种建立新体系的尝试暗示了大陆理性主义的影响。无论如何，这种未来的“人的
225 科学”引导休谟在一般意义上研究了人性，首先是研究人的心灵的范围和限度。

休谟接受了洛克感觉理论的基本原理，并且根据这种观点毫无困难地批判了贝克莱的心灵理论或自我理论。因为我们在感觉经验中所能意识到的全都是印象，而任何印象都无法产生人格同一性的观念。事实上，贝克莱已经怀疑自己对灵魂实体的讨论被人为地嫁接于他的体系。他不承认我们能有灵魂的观念，于是提出我们拥有一种灵魂“概念”，但从未解释这些概念是什么。不过，无论他会说什么，这实际上都破坏了他自己的观念论。

休谟的论证建立在若干一般假设的基础上，这些假设贯穿于他的整个认识论。他原则上同意洛克的观念论，但使用

的术语有所不同。休谟把印象和观念称为我们感知的内容。这种区分不符合洛克关于感觉观念与反思观念的区分，而是与之相抵触。

在休谟看来，印象既可以从感觉经验中获得，也可以从记忆等活动中获得。据说印象产生了观念，而观念不同于感觉经验，因为两者的生动性有所不同。观念是印象的苍白复制品，在感觉经验中，印象有时候必定要先于观念。无论如何，当心灵思考时，它会专心于其中的观念。这里的“观念”一词要按照其希腊原义来理解。对休谟而言，思考是一种图像思维或想象。总之，一切经验，无论是感觉经验还是想象中的经验，都被称为知觉（perceptions）。

需要注意的是，休谟随同洛克主张，印象在某种意义上是分离的和迥然不同的。于是，休谟认为可以把一个复杂经验分解为组成它的简单印象。由此可知，简单印象是一切经验的组成材料，因此可以被单独想象。此外，既然观念是印象的苍白复制品，那么我们在思考中想象的任何东西都可能是一种可能经验的对象。同理我们还可以推出，无法想象的东西就无法被经验。因此，可能的想象与可能的经验是同延的。要想理解休谟的论证，就必须牢记这一点。因为他总要我们尽力想象某个东西，如果认为我们像他一样不可能做到这一点，那么就断言，所想象的情形并不是一个可能的经验对象。因此，经验是由一连串知觉构成的。

除了这种相继性之外，我们从未在知觉之间觉察到任何别的关联。笛卡儿的理性主义与洛克及其追随者的经验主义在这里存在着根本区别。理性主义者认为事物之间存在着密切关联，226
并且主张这些关联是可知的。而休谟却否认存在着这些关联，甚至提出这种关联即使存在，我们也必定永远无法认识。我们所能认识的只有一连串印象或观念，因此，即使思考是否存在其他更深的关联也是徒劳的。

根据休谟认识论的这些一般特征，我们现在可以更仔细地考察一下其哲学中对一些关键议题所作的特殊论证。我们先来看看《人性论》第一卷“论理解力”结尾讨论的人格同一性问题。休谟先是说：“有些哲学家设想我们每时每刻都会深切意识到所谓的‘自我’，感觉到‘自我’的存在及其持续性，对‘自我’完全的同一性和单纯性确信无疑。”但诉诸经验就可以表明，“自我”作为经验的基础是经不起考察的。“不幸的是，所有这些正面断言都违背了为其作辩护的经验。我们也没有任何按照这种解释的‘自我’的观念。因为这种观念从何种印象中来呢？”

休谟去世前不久给出版商写的信中的一部分

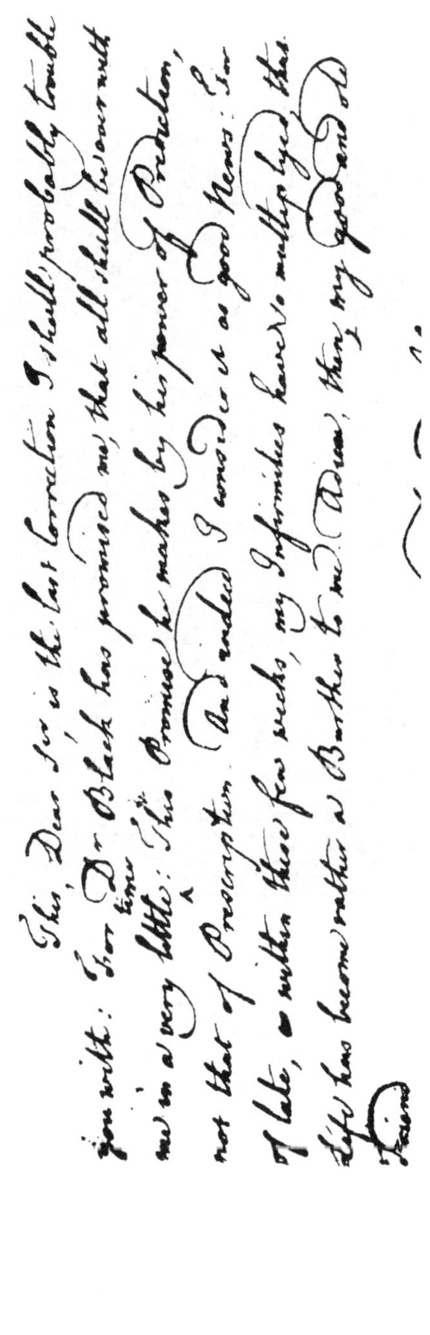
This, Dear Sir, is the last Correction I shall probably trouble you with: For Dr Black has promised me, that all shall be over with me in a very little time: This Promise he makes by his power of Prediction, not that of Prescription. And indeed I consider it as good News: For of late, within these few weeks, my Infirmities have so multiplyed, that Life has become rather a Burthen to me. Adieu, then, my good and old Friend

大卫·休谟（1711-1776）

接着，休谟表明不可能找到这样的印象，因此不可能有“自我”的观念。

还有一个困难是，我们不清楚自己的特殊知觉是如何与“自我”相联系的。关于知觉，这里休谟以其典型的方式说：“所有这些知觉都是不同的，既可以被分别考虑，也可以分别存在，其存在无需任何东西来支撑。那它们以何种方式属于自我，又如何与自我相关联呢？就我而言，当我最深切地进入所谓的‘我自己’时，我总会遇到某种特殊知觉：热或冷、明或暗、爱或恨、苦或乐。如果没有知觉，我永远也把握不住‘我自己’，除了知觉，我永远也观察不到东西。”随后他又说：“如果有人经过无偏见的认真反思，认为他有一种不同的‘自我’概念，我就得承认我无法再和他继续讨论下去。我能同意的是，他可能和我一样正确，但我们在这个特殊问题上有着本质区别。”但他显然把这样的人当成了怪人，并声称：“我可以贸然断定其余的人只不过是一束不同知觉的集合罢了，这些知觉以不可思议的速度彼此相继，并处于持久的流动或运动之中。”

“心灵是一种剧场，若干知觉相继登台。”但这是有限定的：“将心灵比作剧场不应使我们受到误导。它们仅仅是构成心灵的相继的知觉罢了。我们对于这些情境上演的地点或构成它的材料没有任何概念。”之所以会错误地相信人格同一性，是因为我们往往会把观念的相继与我们对某个在一段时间里保持不变的东西的同一性观念混淆起来。这样一来，我们就被引
227 向了“灵魂”、“自我”和“实体”等概念，从而掩盖了实际存在于我们的相继经验中的变化。“因此，关于同一性的争论并不只是语词之争。因为当我们在一种不恰当的意义上把同一性归于可变的或断续的对象时，我们的错误就不只限于表达了，而是常常伴随着虚构，要么是虚构出某种不变的、连续的事物，要么是虚构出某种神秘的、无法解释的事物，或至少是伴随着做出这些虚构的倾向”。休谟进而表明了这种倾向是如何运作的，并通过其联想主义心理学解释了被误作人格同一性观念的东西实际上是如何伴随产生的。

现在我们就转向联想原则。至于为什么要详细引用休谟，他本人优雅的风格已经足以说明一切。此外，休谟本人讨论问题的方式是更好、更清晰的。这种状况总体上为英国的哲学写作开创了一个可贵的先例，尽管休谟的完美也许永远无法超越。

我们必须考察的另一个主要问题是休谟的因果性理论。理

性主义者认为，因果联系是事物本性中的某种内在特征。比如斯宾诺莎就认为，如果能够足够充分地考虑事物，就可以演绎地表明一切现象都必定是现在这个样子，尽管通常认为只有上帝才能具有这种远见。出于他在批判人格同一性观念时所提出的那种理由，按照休谟的理论，这些因果关联是不可能知晓的。我们之所以会错误地看待这种联系的本性，是因为我们倾向于把某种观念序列的成员之间的联系归于必然。现在，各个观念之所以被联系在一起，缘于相似性、时空中的临接性和因果关系这三种关系所引起的联想。休谟将这些关系称为哲学关系，因为它们在观念的比较中发挥了作用。在某些方面，它们对应于洛克的反思观念。如前所述，当心灵对自身的内容进行比较时，这种观念就产生了。在某种程度上，相似性介入了所有哲学关系的情形，因为如果没有相似性，就不可能有比较。休谟将这些关系分为七种：相似性、同一性、时空关系、数值关系、性质程度、对立性和因果关系。他特别挑选出同一性、时空关系和因果关系三种关系，表明其他四种关系只依赖于被比较的观念。例如，某一给定几何图形中的数值关系只依赖于该图形的观念。据说只有这四种关系才能产生知识和确定性。但对于同一性、时空关系和因果关系的情形，我们就无法作抽象推理，而必须依靠感觉经验。其中只有因果关系才真正具有推理功能，因为另外两种关系都依赖于它。对象的同一性必须根据某种因果原则来推断，时空关系也是如此。这里值得注意的是，当休谟的理论会非常严格地迫使他只提及观念时，他常常会不经意地陷入对客体的日常谈论方式。

对休谟而言，因果性是源于习惯的联系。理性主义者认为原因与结果是有关联的。

接着，休谟对如何从经验中得出因果关系作了心理学解释。228
若干两个给定种类的客体时常在感官知觉中连在一起，那么就会使我们形成一种心灵习惯，要将印象所产生的两个观念联系在一起。当这种习惯变得足够强烈时，一个客体单纯出现在感觉中就会在心灵中引发两个观念的联系。这并非不可错或不可避免，可以说因果关系就是一种心灵习惯。

然而，休谟的论述并非完全一致，因为我们之前看到，据说联想本身产生于因果关系，而这里又通过联想来解释因果关系。不过，联想主义原则作为对心灵习惯如何产生的一种解释，是一种有用且一直影响重大的心理学解释。至于休谟，其实不能谈及心灵习惯或心灵倾向，至少不能谈及它们的形成。因为正如我们看到的，在更严格的意义上，心灵仅仅是知觉的相继。因此，没有什么东西能够发展出习惯，也不能说知觉的序列渐渐发展出了某些样式，因为这条基本陈述显得神秘，除非我们能使之看起来并不仅仅是某种巧合。

现在可以肯定的是，正如理性主义所要求的那样，因果关联的必然性无法从休谟的认识论中编造出来。因为无论我们面临的关联是多么恒常和规则，我们在任何时候都不能说，在一系列的印象之上伴随产生了必然的印象，因此不可能有必然性的观念。但既然某些理性主义者倾向于有别的想法，因此必定有某种心理机制误导了他们，心灵习惯恰好乘虚而入。我们非常习惯于从经验中看到结果跟在原因后面产生，以致最终竟然相信必定如此。如果我们接受休谟的经验论，那么这最后一步是无法得到证明的。

休谟时代的爱丁堡

在讨论因果关系的最后，休谟提出了一些“判断因果的规则”。这里他提前一百年预示了密尔陈述的归纳准则。提出这些规则之前，休谟回顾了因果关系的一些主要特征。他说，“任何事物都可能产生任何事物”，以此提醒我们不存在必然关联这种东西。规则共八条：一是“因果必须在时间和空间上邻接”；二是“原因必定先于结果”；三是因果之间必定有恒常联系。接下来的几条规则预示了密尔的准则。第四条说，同样的原因总是产生同样的结果，这条原则据说来自经验；第五条说，如果若干原因能产生相同的结果，那么这些原因一定有某种共同之处；类似地，我们也可以推出第六条，即结果的不同表明了原因的不同。余下两条我们就不必在这里讨论了。

229 休谟的认识论导致了一种怀疑论立场。我们之前已经看到，古代怀疑论者是那些反对建立形而上学体系的人。我们绝不能按照“怀疑论者”一词后来获得的通俗意义来理解它，即某种经常性的优柔寡断。其希腊文原义是指一个认真探究的人。在体系建立者自以为找到答案的地方，怀疑论者却不敢肯定，而是继续观望。随着时间的流逝，使之出名的并不是他们的持续研究，而是缺乏信心。在这个意义上，休谟的哲学是怀疑论的，因为他像怀疑论者一样得出结论说，我们在日常生活中觉得理所当然的一些事物得不到任何方式的证明。当然，绝不能设想怀疑论者在面临生活中当前发生的问题时也下不了决心。陈述了怀疑论立场之后，休谟明确指出，这并不会扰乱一个人的日常追求。“如果有人问我，我是否真诚地同意这个我不辞辛劳向人灌输的论点，我是否也是怀疑论者，认为一切都不确定，我们的判断没有真假可言，那么我会回答说，这个问题完全是多余的，无论是我还是任何别的人都不会永远真诚持有那种观点。大自然凭借一种绝对的怀疑态度和必然性，已经决定了我们既要去呼吸和感受，又要去判断。……谁要是热衷于反驳这种彻底怀疑论的不足，实际上是在跟莫须有的对手争论。……”

至于洛克提出的观念学说，休谟对它的发展坚定地表明了这种理论最终会把我们引向何方。如果有人主张我们通常提到因果关系时的意思并非如指休谟所说，那么就必须重新开始。显然，无论科学家还是普通人，都不会仅凭恒常联系来思考因果关系。对此，休谟可能回答说：如果他们另有所指，那他们就全错了。不过在这里，理性主义学说也许被过分拒斥了。正如我们在斯宾诺莎那里看到的，理性主义能够更好地描述科学家的实际工作。科学旨在通过演绎体系来展示因果关系，结果由原因所引起，一如一则有效论证的结论必然地源于它的前提。但休谟的批判对于前提本身仍然是有效的。对此，我们应当保持一种探究的或怀疑的态度。

我们还记得，休谟主要对人的科学感兴趣。这里，怀疑论立场使伦理学和宗教领域发生了彻底改变。因为一旦表明我们无法认识必然联系，即使用理性论证来证明伦理学原理是正当的，道德命令的力量也必定会被削弱。现在，伦理学的基础已经变得不如休谟的因果关系本身那么牢靠，不过根据休谟自己的说法，我们实际上当然可以自由采用自己愿意采用的任何观点，即使无法证明它。

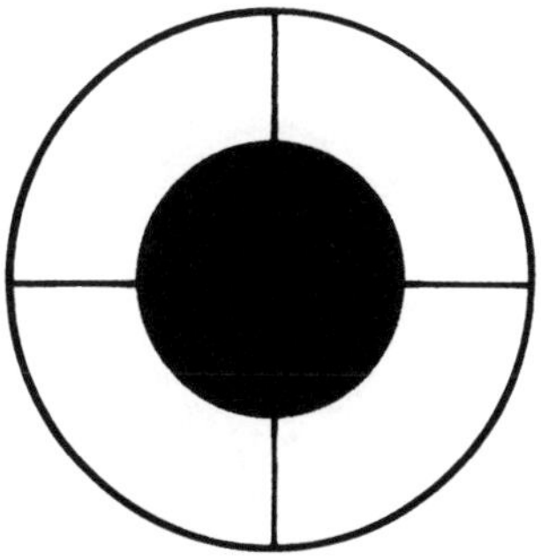

对理性主义而言，事物是有内在联系的

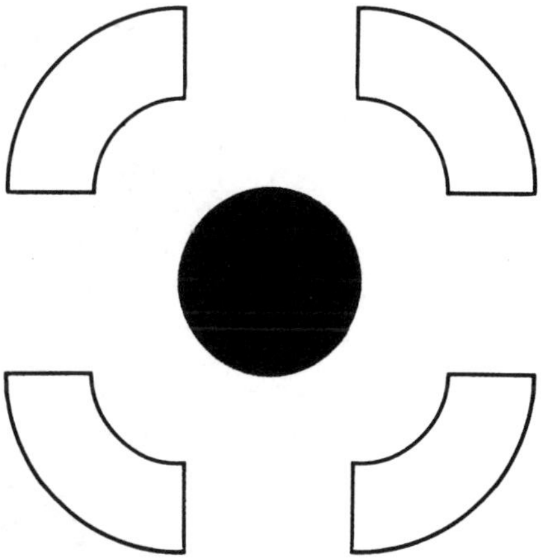

怀疑主义否认一切关联

启蒙运动和浪漫主义

英国经验论运动的一个突出特征是对那些可能遵从不同传统的人持普遍的宽容态度。于是，洛克坚持认为必须不加区分地施予宽容，甚至是对教皇制信奉者也应如此。休谟虽然总体上嘲笑宗教，尤其是罗马天主教，但反对导致镇压的“宗教狂热”。这种普遍的开明态度逐渐成为当时思想氛围的典型特征。到了 18 世纪，它先后在法国和德国站住了脚。启蒙运动或后来德国人所谓的“Aufklärung”并非始终与某个哲学流派联系在一起，它毋宁说是 16/17 世纪无休止的血腥宗教冲突的产物。正如我们看到的，洛克和斯宾诺莎都持宗教宽容原则。与此同时，这种对待信仰的新态度还产生了影响深远的政治后果，因为它必定会在各个领域反对不受约束的权威。君权神授与这种自由的宗教观相违背。在英格兰，政治斗争在 17 世纪末已达白热化。由此产生的宪法实际上并不民主，但它摆脱了其他地

1794 年对卢梭的神化：抬着他的遗体去先贤祠的队伍的一部分

方的特权贵族统治所特有的一些最无法无天的特征，因此不大 231
可能发生暴力骚乱。而在法国，情况则完全不同，启蒙势力已经为 1789 年的大革命作了许多准备。在德国，“启蒙”在很大程度上仍然是一个思想复兴的问题。自“三十年战争”以后，只能从中逐步恢复元气的德国在文化上受到法国的支配。直到在腓特烈大帝治下普鲁士兴起以及文学在 18 世纪下半叶得以
复兴，德国才开始摆脱对法国文化的依附。不仅如此，启蒙运 232
动还与科学知识的传播密切相关。过去，按照亚里士多德和教

拜伦（1788-1824）

会的权威，许多东西被视为理所当然，而现在，遵从科学家的观点则成为时尚。正如在宗教领域，新教已经强调人人都应独立判断，如今在科学领域，人们也必须亲自考察自然，而不是盲目相信那些旧时学说代表的说法。科学发现正开始改变西欧的生活。

在法国，大革命最终粉碎了旧制度，而18世纪的德国整体上还被“仁慈的”暴君所统治。观点自由的确在一定程度上存在着，尽管绝非不受束缚。普鲁士虽然有军事性，但也许是至少在思想界已经开始发展出某种形式的自由主义的最佳国家范例。腓特烈大帝自称国家的第一公仆，允许在其范围内人人都可以按照自己的方式获得拯救。

启蒙运动本质上是对独立思想活动的重新评价，旨在在迄今为止还被黑暗所笼罩的地方传播光明。人们可以怀着强烈的献身精神投身其中，但它并未因此成为崇尚激情的生活方式。与此同时，人们还感受到一种对立的影响，即浪漫主义更加猛烈的力量。

在某些方面，浪漫主义运动与启蒙运动的关系会使人想起狄奥尼索斯态度与阿波罗态度的对比。其根源可以追溯到文艺复兴时期出现的对古希腊的有些理想化的构想。在18世纪的法国，通过反对理性主义思想家们冷静、超然、客观的态度，它逐渐变成了一种对情感的崇尚。自霍布斯开始的理性主义政治思想曾试图建立和维持社会政治稳定，而浪漫主义者却支持过一种冒险的生活。他们不求安稳，而是宁愿冒险；他们将舒适与安全斥为堕落，至少在理论上主张不确定的生活方式要更为高贵，并由此对贫苦农民产生了一种理想化的看法，认为这些农民虽然靠小块土地勉强维持生计，但却因为未受城市文明的束缚和腐蚀而得到了补偿。接近自然被视为一种特殊的美德，这里受到赞美的那种贫穷其实就是乡村生活。早期浪漫主义者对工业主义深恶痛绝，的确，工业革命在社会和物质上都产生了许多恶果。在随后的几十年里，在马克思主义的影响下，人们渐渐对工业无产阶级产生了一种浪漫主义看法。自那以后，产业工人正义的抱怨得到了伸张；关于“工人”的浪漫主义看法今天仍然存留在政治学中。

国家主义的复兴也与浪漫主义运动有关。科学与哲学中的
233 伟大思想努力基本上不带国家情感。启蒙运动本身没有政治界限，即使在意大利和西班牙这样的国家，启蒙运动也不可能和天主教一道繁荣兴盛。而浪漫主义却加剧了国家之间的差异，有利于神秘的国家观念。这是霍布斯《利维坦》未曾预料的一

个推论。国家渐渐被视为一个拥有某种自我意志的大写的人。这种新的国家主义渐渐主导了引起1789年大革命的各种势力。由于幸运地拥有自然边界，英格兰得以在极为宽松的环境中获得一种国家感，它本身在整体中的地位似乎不容置疑；而年轻的法兰西共和国则四面受敌，无法自然地发展出其国家信念；德国人更不可能发展出这种信念，他们的领土已被拿破仑的帝国军队吞并。国家情感的迸发激起了1813年的解放战争，普鲁士成为德国国家主义的聚集地。有趣的是，一些伟大的德国诗人预见到这会导致麻烦。

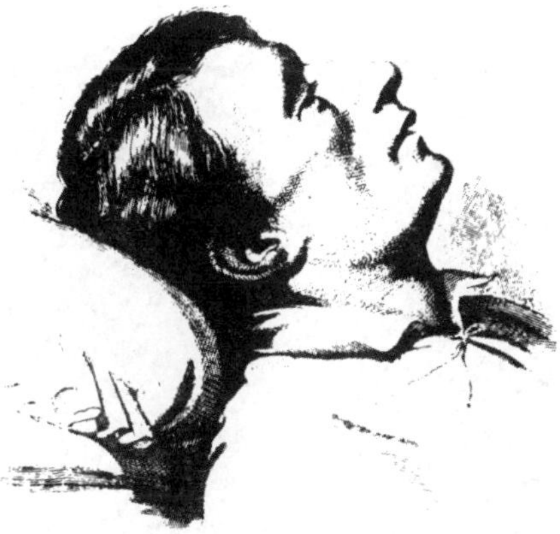

莱奥帕尔迪（1798–1837），临终时

浪漫主义者拒绝功利，依靠审美标准。无论是经济方面的问题，还是在行为和道德方面的问题，他们的思考都是如此。至于自然中的美，他们推崇的是猛烈而宏伟的东西。在他们看来，新兴中产阶级的生活太过沉闷，受到了习俗惯例的束缚。在这方面，他们并非完全没有道理。如果说我们今天的看法更为宽容，那么这正是得益于那些蔑视当时既定习俗的浪漫主义反叛者。

在哲学上，可以说浪漫主义沿两个相反的方向产生了影响。首先是对理性的过分强调，并且虔诚地希望，只需对眼前的问题更用些心思，所有困难就会永远解决。这种浪漫的理性主义并不见诸17世纪的思想家，但却出现在德国唯心论者和后来的马克思哲学中。功利主义者也具有这一特点，他们以为人在抽象意义上可以无限进行教育，这显然是错误的。一般而言，乌托邦式的想法，无论是纯粹思想上的，还是涉及社会问题的，都是浪漫理性主义的典型产物。但另一方面，对理性评价过低同样是浪漫主义的表现。在某种意义上，这种非理性主义态度（存在主义也许是其臭名昭著的种类）是对工业社会日益侵犯个人的一种反叛。

莱蒙托夫（1814–1841）

浪漫主义首先得到了诗人们的支持。拜伦（Byron）也许是最著名的浪漫主义者。这里我们看到了彻底浪漫主义的所有要素：叛逆、反抗、对既定惯例的蔑视、不计后果和行为高贵。为了希腊的自由事业而死在迈索隆吉（Missolonghi）沼泽地，这是古往今来最伟大的浪漫主义姿态。后来德国和法国的浪漫主义诗歌都受到了拜伦影响。俄国诗人莱蒙托夫（Lermontov）有意自称是他的门徒。意大利也有一位伟大的浪漫主义诗人——莱奥帕尔迪（Leopardi），他的作品反映了19世纪初意大利令人绝望的压抑状态。

法国的一群作家和科学家所编写的《百科全书》234
（*Encyclopédie*）是18世纪启蒙运动时期的伟大丰碑。这些人有意识地背离宗教和形而上学，到科学中寻找新的思想动力。他们将当时所有的科学知识搜集到这部巨著中，不仅按照字母顺序进行记录，而且解释了讨论世界的科学方法，希望在与蒙昧权威作斗争的过程中造就一种强大的工具。18 世纪法国的绝大多数著名文人和科学家都为这项事业作了贡献，其中有两位尤其值得一提。达朗贝尔（D’Alembert，1717—1783 年）也许以数学家最为著名，理论力学中有一条重要原理便是以他的名字命名的。但他还是对哲学和文学有广泛兴趣。除其他贡献外，他撰写了《百科全书》的导言。承担编辑工作最多的是狄德罗（Diderot，1713—1784 年），他的著作涉及多个学科，拒绝接受一切传统的宗教形式。

达朗贝尔(1717-1783)，数学家、《百科全书》编者之一

然而从广义上看，百科全书派并不敌视宗教。狄德罗的观点就与斯宾诺莎的泛神论相近。对《百科全书》贡献甚大的伏尔泰（1694 年—1778 年）曾说，如果上帝不存在，我们就要把他发明出来。当然，他强烈反对制度化的基督教，但他的确相信某种超自然力量，如果人们过着善的生活，其目标就可以实现。这是一种不依附于任何常规惯例的佩拉纠主义。同时，他还嘲笑了莱布尼茨的观点，即我们的世界是一切可能世界中最好的，认为恶是某种必须与之斗争的实在的东西。因此，他与传统宗教作了激烈的斗争。

法国唯物论者们在拒斥宗教方面更为极端。他们的学说是对笛卡儿所提出的实体理论的发展。我们看到，在物质和心灵的研究方面，偶因论原则其实已经使之成为多余。既然心灵和物质这两个领域以严格平行的方式运作，我们可以摆脱其中任何一个。拉美特利（Lamettrie）的《人是机器》（*L’homme machine*）是对唯物论学说最好的解释。他拒绝接受笛卡儿的二元论，只允许物质这一种实体存在。但这种物质并不具有早期机械论所规定的惰性，恰恰相反，物质的一个固有特征就是它在运动。并不需要第一推动者，上帝只是后来拉普拉斯（Laplace）所说的一个“不必要的假说”。按照这种观点，心灵乃是物质世界的一种功能。该理论与莱布尼茨的单子概念有些关联，尽管它认为只有一种实体，而不是无穷多个单子。尽管如此，把单子看成“灵魂”的观点类似于认为物质有时具有心灵般的功能。顺便说一句，马克思正是从这一来源中导出了心灵是身体组织的副产品这一理论。

基于这种理论，唯物论者持一种坦率的无神论立场。任何形式的宗教都被视为致命而蓄意的谬误，统治者和教士们为了自身的利益宣扬和鼓励宗教，因为这样更容易控制无知的人。

当马克思说宗教是人民的鸦片时，他也得益于唯物论者。通过揭露宗教和形而上学思辨，唯物论者希望指明一条引导人类进入人间天堂的科学与理性之路。百科全书派也持这种看法，这些观念再次启发了马克思的空想社会主义。不过在这方面，他们都受制于一种浪漫主义幻觉。虽然对生活及其问题采取一种开明的态度非常有助于找到恰当的手段来克服困难，但对于现实世界来说，根本不可能找到最终的办法来彻底解决所有问题。

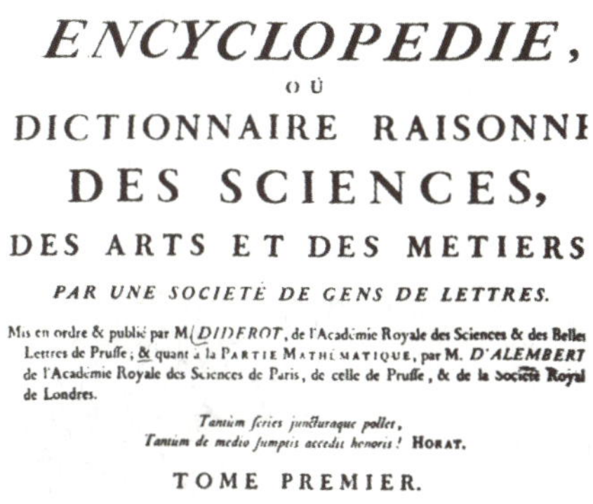
ENCYCLOPEDIE,
OU
DICTIONNAIRE RAISONNE
DES SCIENCES,
DES ARTS ET DES METIERS
PAR UNE SOCIETÉ DE GENS DE LETTRES.
Mis en ordre & publié par M. DIDEROT, de l'Académie Royale des Sciences & des Belles Lettres de Prusse; & quant à la PARTIE MATHÉMATIQUE, par M. D'ALEMBERT de l'Académie Royale des Sciences de Paris, de celle de Prusse, & de la Société Royal de Londres.
Tantùm series juncturaque pollet,
Tantùm de medio sumptis accedit honoris! HORAT.
TOME PREMIER.

所有这些思想家都强调理性至高无上。法国大革命废除了宗教统治之后，理性作为至高的存在就被发明出来，为此还专门设立了一个节日。这本质上是对理性的一种神化。与此同时，大革命在某些问题上又对理性缺乏尊重。在恐怖时期，“近代化学之父”拉瓦锡受到了革命法庭的指控。他曾经是一名包税人，的确提出过一些有价值的财政改革意见。但作为旧政权的一名官吏，他被认为犯了反人民的罪行。有人极力呼吁，称他是最伟大的科学家之一，法庭却回答：共和国不需要科学家。就这样，拉瓦锡被送上了断头台。

在某些方面，《百科全书》是18世纪启蒙运动的象征。 236
它强调冷静的理性讨论，旨在为人类营造更幸福的前景。此时

百科全书派的聚会，其中（1）伏尔泰，（4）达朗贝尔，（5）孔多塞，（6）狄德罗

也出现一种与理性对立的浪漫主义运动。浪漫主义的一个主要代表是让·雅克·卢梭（Jean Jacques Rousseau，1712—1778年）。严格说来，他并非哲学家，也许他在政治理论和教育方面的著作可以除外。通过这类作品以及广泛的文学活动，他对后来的浪漫主义运动产生了很大影响。

让·雅克·卢梭（1712—1778）

关于卢梭的生平，其《忏悔录》（*Confessions*）中有所记载，不过故事的叙述因其“诗的”破格而有些失真。卢梭生于日内瓦，出身加尔文教。他很小就失去了双亲，由一位姑姑抚养长大。12岁那年，他离开了学校，然后尝试做过若干行业，但都不喜欢。16岁那年，他离家出走，在都灵皈依了天主教，并且在一段时间内作为权宜之计坚持过这一信仰。而后他为一位贵妇人效力，但后者三个月后就去世了，他再次陷入困境。这时发生了一件著名的事情，可以表明一个完全感情用事的人的伦理立场：有人发现卢梭有一条从主人那里偷来的丝带，而卢梭却声称这是一位女仆给他的，于是那位女仆因偷窃而受到了惩罚。在《忏悔录》中卢梭告诉我们，对女仆的爱慕促使他偷了那条丝带。当人们要求他做出解释时，他最先想到的就是这位女仆。卢梭没有表现出任何悔恨的迹象。对于作伪证，他当然并不否认。其理由可能是他这样做并无恶意。

接着，他又投奔了同样皈依天主教的华伦夫人（Madame de Warens）。这位贵妇人比年轻的流浪汉卢梭大很多，集母亲和情妇二者于一身。在接下来的十年里，卢梭在她家里住了很长时间。1743年，他成为法国驻威尼斯大使的秘书，后因迟迟领不到薪水而辞职。1745年前后，卢梭在巴黎遇到了女仆勒瓦瑟（Thérèse le Vasseur），后娶她为妻，但同时又有其他风流韵事。勒瓦瑟给他生的五个孩子都被送到了育婴院。我们不清楚他为什么会爱上这个女孩，她贫穷、丑陋、无知且很不诚实，但她的缺点似乎帮助卢梭产生了优越感。

直到1750年，卢梭才以作家而闻名。这一年，狄戎学院以艺术和科学是否有益于人类为题举行了一场论文竞赛。卢梭代表反方意见，以出色的论证获了奖。他坚称，文化教给人们各种不自然的需求，人则被这些需求所奴役。他赞成斯巴达，反对雅典。他之所以谴责科学，是因为科学产生于卑鄙的动机。文明人是败坏的，只有高贵的野蛮人才真正拥有德性。这些观点在《论人类不平等的起源》（*Discourse on Inequality*，1754）中得到进一步阐发。次年，他寄了一本给伏尔泰，结果招致大肆嘲讽，这种侮慢导致他们最终发生了争吵。

1754年，现已成名的卢梭应邀回到故乡日内瓦，为获公

民资格，他重新皈依了加尔文教。1762年，论教育的《爱弥儿》（*Emile*）和包含其政治理论的《社会契约论》（*The Social Contract*）问世。这两本书都遭到了谴责：《爱弥儿》对自然宗教的解释引起了所有宗教团体的不快，《社会契约论》则因为有民主倾向。卢梭先是逃到了当时属于普鲁士的纳沙泰尔（Neuchâtel），后来又逃到英格兰，在那里见到了休谟，还从乔治三世那里得到了一笔抚恤金。不过最后，他同所有人都闹翻了，还患上了受迫害幻想症。回到巴黎后，卢梭在贫穷困苦中度过了余生。

卢梭捍卫情感、反对理性的态度对浪漫主义运动的塑造产生了巨大影响。它使新教神学走上了一条新路，这条道路与属于古代哲学传统的托马斯主义学说截然不同。新的新教进路无需关于上帝存在的证明，认为即使没有理性的帮助，这种信息也会从心中涌出。同样，在伦理学中，卢梭主张我们的自然感情指向了正确的方向，而理性则把我们引入歧途。这种浪漫主义学说当然与柏拉图、亚里士多德和经院哲学截然对立。这是一种非常危险的理论，因为它太过任意，仿佛只要有当事人的感情做支撑，任何行为都可以做。这种对于自然宗教的整个解释是《爱弥儿》中的一个片段，题为“一个萨瓦牧师的忏悔”。在某种意义上，源于卢梭的这种新的情感主义神学是攻不破的，因为它从一开始就以奥卡姆的方式摆脱了理性。

当时的画：卢梭在书房

《社会契约论》则是以完全不同的风格写成的。在这本书中，卢梭在理论上达到了最高水平。一旦把权利交给整个社会，人们就会失去所有个体自由。卢梭固然允许有保护措施存在，因为人据说可以保留某些自然权利，但这依赖于一个可疑的假设，即统治者将总是尊重这些权利。统治者不受制于任何更高权威，他的意志乃是“公意”（general will），这种合成的裁决可以强行施加于那些个人意志可能持不同意见的人。

卢梭的很多观点都依赖公意概念，但不幸的是，他讲得不是很清楚。这一概念似乎是指，除去相互冲突的个人利益，余下的就是所有人共享的某种私利。但卢梭并未沿着这条思路走到底。按照这些思路来行事、尤其是那些怀有政治经济目标的国家，将不得不禁止一切种类的私人组织，这样便具备了极权主义制度的全部要素。卢梭对此虽然似乎并非毫无察觉，但未能指出如何才能避免这种后果。至于他所谈及的民主，应当注意，他想到的是古代城邦，而不是代议制政府。当然，那些最早反对其学说的人以及后来支持该学说的革命领袖们都误解了这本书。

238 正如我们已经看到的，笛卡儿之后的欧洲哲学有两条不同的发展路线：一个是大陆哲学的各种理性主义体系，另一个是英国经验论的总体路线。两者都是主观主义的，因为它们都关注私人经验。洛克曾说自己的任务是进行初步的探究，以确定人类心灵的范围。而在休谟那里得到最清晰阐述的大问题是如何解释关系。休谟的回答是，我们形成的某些习惯使我们把事物看成联系在一起。这种陈述暗示了解决困难的某种可能方式。正是通过阅读休谟的书，康德才从教条主义的迷梦中清醒过来。他把休谟所说的习惯提升为一条理性原则，从而直接解决了休谟问题；不过当然，他又要面临一些新的困难。

伊曼努尔·康德（1724—1804）

伊曼努尔·康德（1724—1804 年）生于东普鲁士的柯尼斯堡，他一生从未远离这座城市。从早年教育中获得的虔信派风格影响了他的总体生活方式和伦理学写作。康德曾在柯尼斯堡大学就读，起初学习神学，但最终从事了自己真正感兴趣的哲学。为了维持生计，他曾做过拥有土地的贵族子弟的私人教师，直到在 1755 年获得了柯尼斯堡大学的教职。1770 年，他升任逻辑与形而上学教授，余生一直担任这一职务。康德的生活虽然并非过于苦行，但非常自律和勤勉。他的生活习惯极其规律，以至于市民们常以他路过的时间来对表。因为生活规律，他虽然身体不算强壮，但也很少患病。他非常健谈，在各种社交聚会上很受欢迎。在政治问题上，康德是启蒙运动传统的自由派，在宗教上则持一种非正统的新教立场。他欢迎法国大革命，支持共和原则。虽然从来也不富裕，但他伟大的哲学著作使其闻名遐迩。康德晚年时心力衰竭，但柯尼斯堡人以他为荣。他去世时，人们为其举行了隆重的葬礼，很少有哲学家获得过这种殊荣。

康德的著作涵盖很多学科，所有这些学科他都曾讲授过。其中很少在今天还让人感兴趣，除了一种纯粹基于牛顿物理学的宇宙起源理论，后来拉普拉斯独立采用了这种观点。这里我们特别感兴趣的是康德的批判哲学。批判问题最初是洛克提出来讨论的，他希望清扫地面，清除垃圾。但在洛克之后，观念之路不可避免导向了休谟的怀疑论。在这个领域，康德发动了他所谓的哥白尼革命。他不是像休谟那样试图用经验来解释概念，而是用概念来解释经验。在某种意义上，我们可以说康德的哲学在英国经验论的极端立场与笛卡儿理性主义的天赋原则
239 之间保持了平衡。康德理论非常复杂，在许多地方是可疑的，但若想理解它对后来哲学产生的巨大影响，我们就必须尝试把握它的要点。

与休谟和经验论者一样，康德也认为一切知识事实上都通过经验而产生，但不同的是，他为这种观点补充了一条重要评论：我们必须区分实际产生知识的东西和这些知识的形式。于是，虽然知识通过经验而产生，但并非完全来自经验。换句话说，感觉经验是知识的必要条件，但不是充分条件。康德也许会认为，知识的形式以及将经验的原材料转变为知识的组织原则本身并非源于经验。虽然康德并没有这么说，但这些原则显然就是笛卡儿意义上的天赋原则。

心灵所提供的理性的一般概念使经验成为知识，康德采用亚里士多德的术语，把这些一般概念称为范畴。由于知识是命题性的，所以这些范畴必须与命题的形式相联系。不过在显示康德如何推导出这些范畴之前，我们先来考虑一个与命题分类有关的重要问题。康德追随莱布尼茨，坚持传统的亚里士多德主词－谓词逻辑。事实上，他认为逻辑学已经完备，无法作进一步改进。现在，命题可以分为主词已经包含谓词的和主词不包含谓词的。于是，“所有物体都有广延”属于前一类，因为物体就是这样被定义的。这类命题被称为分析命题，它们只澄清和解释词语。而“所有物体都有重量”则属于后一类，因为“是物体”这个概念本身并不包含“有重量”这个概念。这类命题被称为综合命题，否定它不会导致自相矛盾。

除了在命题之间做出区分，康德还引入了另一种分类标准。他把原则上独立于经验的知识称为“先验的”，而把任何源自经验的知识称为“后验的”。重要的是，这两种分类彼此交叉。康德正是以这种方式摆脱了休谟等经验论者的困境，他们会把这两种分类看成完全相同的。分析命题与先验知识同延，综合命题则与后验知识同延。康德的确承认前者，但又坚称存在着先验综合命题。《纯粹理性批判》便旨在确定先验综合判断如何可能。更具体地说，对康德来说，这里的关键是纯粹数学的可能性，因为在他看来，数学命题就是先验综合命题。他讨论的例子是 5 + 7 这个算术题。这个例子无疑源自使用了同样数字的柏拉图的《泰阿泰德篇》。5 + 7 = 12 这个命题是先验的，因为它并不源自经验，但又是综合的，因为“12”这个概念并不包含在“5”、“7”和“相加”等概念内。据此，康德认为数学是先验综合的。

Critik
der
reinen Vernunft
von
Immanuel Kant
Professor in Königsberg.
Riga,
verlegts Johann Friedrich Hartknoch
1781.

《纯粹理性批判》扉页

另一个重要例子是因果性原则。休谟的解释在“必然联系” 240
面前碰了壁，因为根据印象和观念的理论，必然联系是不可能的。对康德来说，因果性是一种先验的综合原则。称它为先验的，仅仅是强调休谟的观点，即它不可能来自经验。但康德并没有把它称为一种由外在情况决定的习惯，而是把它当成一种认识原则。它之所以是综合的，是因为我们可以否定它而不陷入语词上的自相矛盾。我们稍后会看到，它是一种先验综合原则，没有它，知识就不可能。

现在我们就来谈谈康德的范畴理论。范畴是先验的知性概念，而不是数学概念。如前所述，必须在命题的形式中寻求它们。鉴于康德的逻辑观，范畴表似乎可以自然地得到。康德的确认为他找到了一种方法，可以将完整的范畴列表推导出来。他先是区分了命题的某些传统形式特征，即量、质、关系和模态。对于量，自亚里士多德以来的逻辑学家们承认有单称命题、特称命题和全称命题，这分别对应于单一、复多和全体等范畴。一个命题在质上可以是肯定的、否定的或限定的，这分别对应于实在、否定和限定等范畴。在关系上，可以把命题分为定言、假言和选言三类，这分别对应于实体与偶性、原因与结果、相互作用等范畴。最后，命题根据模态可以分为或然命题、实然命题和必然命题，这分别对应于可能与非可能、存在与非存在、必然与偶然等范畴。这里我们不必去考察康德演绎的细节。不难看出，康德的范畴表并不像他想象的那么完整，因为它依赖于一种比较狭隘的逻辑观。不过，对于这些并非来自经验但又在经验领域起作用的一般概念的看法还是很有哲学意义的。它为休谟的问题提供了一种答案，尽管我们也许不接受康德对它的解释。

康德剪影

从形式思考中演绎出范畴表之后，康德进而表明，没有范畴就不可能有任何可交流的经验。于是，在感官印象变成知识之前，我们必须通过知性活动将这些印象组织或联合起来。我们这里讨论的是认识论问题。为了解释康德的立场，我们必须了解他对术语的用法。据说认识过程既涉及感官，又涉及知性，感官只是接受外来经验的冲击，而知性则把这些感觉要素联系在一起。知性应与理性区分开来。后来黑格尔曾表达过这一点，他说，理性使人彼此联合，知性则使人彼此分离。也许可以说，人都是理性的，或者都具有理性，在这个意义上人与人是平等的；但在知性上，人与人却不平等，因为知性是主动理智，在这方面人与人的确是不平等的。

241 为了拥有可以在判断中得到表述的经验，就必须有康德所谓的统觉的统一性。显然，仅有休谟的孤立印象是不够的，无论它们的相继有多快。康德认为感觉经验并不像经验论所说的那样是断断续续的，而是连续的。根据康德的说法，除非经由范畴的框架，否则就不可能拥有任何关于永恒事物的经验。因此，范畴起作用乃是这些经验的必要条件。当然，它并非充分条件，因为感官也必须起作用。不过范畴也介入进来。于是，康德似乎想否认纯粹经验只是对印象的被动接受，除非我们涉及的是无法言说的意识流。

康德认为空间和时间是两个先验的特殊概念，分别属于外感官和内感官的纯直观。他对这些问题的讨论非常复杂，其论证总体上也不太让人信服。整个理论的要点似乎是，没有先验的空间和时间概念就不可能有经验。在这方面，空间和时间有些类似于范畴。经验就这样受到了先验概念的塑造。但产生经验的东西也受制于心灵之外的事物。康德把经验的这些来源称为“物自体”或“本体”，与现象相对立。按照康德的理论，经验物自体是不可能的，因为一切经验都是与空间、时间和范畴同时发生的。我们最多只能推断有些东西来自假定的外部印象来源。但严格说来，即使这样说也是不行的，因为我们没有独立的办法查明存在着这样的来源。即使有办法，我们也还是不能说它们正在引起我们的感觉印象。因为谈到因果性，我们已经处于在知性内部起作用的先验概念的网络中了。这里我们再次遇到了洛克的困难。因为正如洛克不应根据自己的理论声称，有一个外部世界产生了感觉观念，康德也无权说物自体产生了现象。

1 量
单一
复多
全体
2 质
实在
否定
限定
3 关系
实体与偶性
原因与结果
相互作用
4 模态
可能与非可能
存在与非存在
必然与偶然

康德诸范畴

处于时空之外的物自体是一种形而上学建构。它虽然是一种有些主观的认识论，但却保证了我们可以避开怀疑论，承认一个至少是主观际的（inter-subjective）经验领域。康德不得不接受这种立场，因为他不承认时空的独立存在。将这两者从先验概念的清单中移除，物自体就变得多余了。这样做不会影响康德的范畴理论。但康德需要物自体还有另一个理由。其线索在于我们即将讨论的康德的伦理学理论。同时我们还要注意，物自体完全处于先验概念和原则的范围之外。思辨性地使用这些概念的一个危险恰恰在于，我们可能会越过其适用范围。先验概念的界限就是经验领域的界限。如果这样继续下去，就会陷入徒劳无果的形而上学和在康德看来带有贬义的“辩证法”。

康德在柯尼斯堡的住所

但《纯粹理性批判》只讨论了强行闯到我们这里的三个主 242
要问题中的一个。它为认知设置了界限，但没有讨论意志力和康德所谓的判断力。前者属于伦理学，在《实践理性批判》中（*Critique of Practical Reason*）得到讨论。至于判断力，则是指对目标或目的做出评价，它是《判断力批判》（*Critique of Judgement*）一书的主题，我们在这里就不作考察了。但我们必须简要考察一下《实践理性批判》和《道德的形而上学基础》

（*Metaphysics of Morals*）中讨论的康德的伦理学理论。

意志力被称为实践的，因为它所引起的行动与理论的认知过程形成了对比。我们必须按照希腊文原义来理解这里的“理论”和“实践”，它们分别与“看”和“做”相联系。实践理性的基本问题是：我们应当如何行动？在某种意义上，这里康德也引入了一场革命。如果说迄今为止伦理学一直假定意志受外界影响的支配，那么康德则假定意志为自身立法。在这个意义上，意志可以被称为自主的。如果寻找外在的目标或原因，那么是无法找到行动的某些一般原则的。相反，若要发现康德所谓的道德律，我们必须在自身之内寻找答案。但是显然，这种道德律不可能由具体的命令所组成。它不可能告诉我们在任一给定情况下应当如何行动，因为根据自主原则，这正是我们必须避免的。这样便只剩下了一种缺乏经验内容的纯形式原则，康德称之为绝对律令。这里我们有另一种混合的概念，在理性的实际运用中，它与对理性的理论运用中的先验综合相对应。在传统逻辑中，绝对式和命令式是相互排斥的。但康德认为，某些包含“应当”的陈述可以是无条件的，他称之为“绝对律令”。于是，伦理学的最高原则可见于如下绝对律令：永远要以这样一种方式来行动，使指导意志的原则能够成为一条普遍法则的基础。这个有些朴素的说法实际上只是用一种浮夸的方式表达了“我们希望别人怎么对待自己，就怎么去对待别人”。这条原则否认特殊辩解有公正性。

Zum

ewigen Frieden.

Ein philosophischer Entwurf

von

Immanuel Kant.

Königsberg,

bey Friedrich Nicolovius.

1795.

Title page of pamphlet on Perpetual Peace, 1795

小册子《论永久和平》扉页，1795 年

我们注意到，基于康德伦理学的绝对律令是一种形式原则。它本身并不属于理论理性领域，因为这本身与现象有关。康德由此断言，由这种绝对律令决定的善的意志必定是本体的。这里我们终于看到了本体所起的作用。现象遵从范畴，特别是遵从因果范畴；而本体却不遵从这些限制。康德以这种方式避开了自由意志与决定论之对立的难题。就人属于现象世界而言，人是由法则决定的。但作为一个道德动因，人却是本体的，因此拥有自由意志。这种解决方案非常巧妙，尽管它当然会与物自体概念一起垮台。康德的伦理学有一种加尔文主义正直而冷
243 峻的特点。显然，唯一重要的是我们的行动应当受到正确原则的指引。根据这种观点，喜欢做道德上必须做的事情是道德行动的一个障碍。假定我喜欢我的邻居，因此当他有困难的时候，我就觉得应该帮助他。按照康德的原则，这是不值得称道的，就像把同样的仁爱态度拓展到其他某个非常讨厌的人那里。整个事情成了一系列令人不快和单调枯燥的义务，履行它们并非出于意愿，而是基于原则。执行者应当是善的意志，只有善的

意志才可称为无条件的善。

当然，我们不可能总是受制于一时冲动。很多时候，我们的确在按原则行事，即使这违反了自己的直接意愿。但如果一个人的所有行动都要这样受限制，似乎也很奇怪。康德之所以持这样一种观点，也许是因为他总体上一直在过一种极为理论的生活。否则他也许会想到，在私人感情领域可能有许多我们可以恰当地称之为善的东西，而不必把任何东西都变成普遍法则。但康德的伦理学还可能受到一种严重得多的反驳。如果重要的是心境或意图，那么你可以兴高采烈地陷入一种彻底的混乱，只要你觉得这是你的义务。至于你的行动可能带来什么痛苦后果，则根本不重要。苏格拉底曾说，无知是最大的恶，这句话完全可以用来告诫那些持这种伦理观的人。

柯尼斯堡景观，康德的房子在图片前面的左边

关于物自体的伦理功能，还有一些进一步的推论。康德在《纯粹理性批判》中已经表明，在理论理性的领域是不可能通过论证来证明上帝存在的。纯粹理性的思辨活动的确容许上帝存在的观念，但只有实践理性才能为这种信念提供根据。事实上，在实践领域，我们不得不接受这种观念，因为没有它就不可能有恰当的道德活动。在康德看来，按照道德律的绝对律令行事的可能性实际上就蕴含着上帝的存在。

在某种意义上，康德的理论划出了一条让人想起奥卡姆的分界线。因为《纯粹理性批判》旨在为知识划出界线，以便为信仰留出余地。虽然“上帝存在”不能作为一条理论真理被认识，但却可以作为一种基于实践理由的信念强迫我们接受。不过，康德的伦理学不允许他遵从任何宗教教义。因为正如我们所看到的，真正重要的是道德律。不同宗教的具体教义都被误称为神授的。虽然康德认为只有基督教才是真正符合道德的宗教，但他的宗教观点仍然受到了普鲁士政府的官方谴责。

对康德的时代来说，同样激进的还有他 1795 年出版的小册子《论永久和平》（*Perpetual Peace*）中阐述的关于和平与国际合作的观点。代议制政府和世界联邦是他所提出的两个主导概念。在我们这个时代，最好是牢记这些观点。

正如我们看到的，康德哲学已经对休谟的问题给出了某 244
种答案，但付出了引入物自体的代价。在德国的唯心论运动中，康德的继承者们急于显示这一构想的缺陷，尽管他们自己对认识论的发展也是成问题的。

唯物论者曾经指出一种避免二元论的方式，在他们看来，心灵是某些特定的物质组织形式的伴随物。另一种可能性是把它颠倒过来，在某种意义上把外部世界看成心灵的产物。设定

费希特（1762-1814）

费希特写给席勒的信的一部分

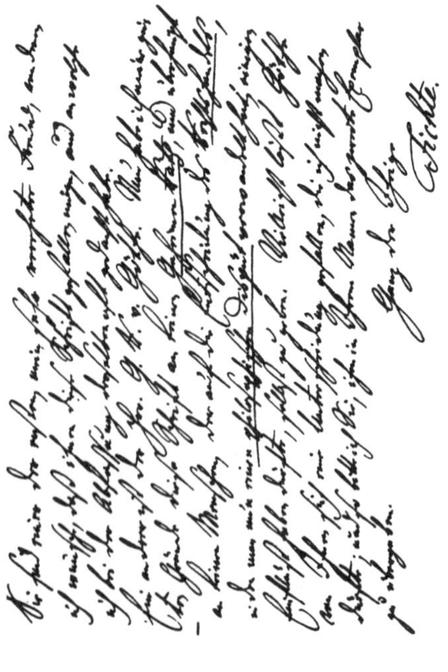

了物自体的康德一直不愿迈出这最后一步，费希特（Fichte）则有意迈了这一步。

费希特（1762—1814 年）家境贫寒，上学期间一直得到一位庇护人的慷慨帮助。此后，他靠当家庭教师过着朝不保夕的生活。他偶然读到了康德的著作，遂立刻去找这位大哲学家。康德帮助他发表了一篇论启示的批判性文章，该文旋即获得成功，费希特也成为耶拿大学的教授。然而，他的宗教观点不为当局所容，于是他前往柏林，并且在政府中任职。1808 年，费希特发表了著名的《对德意志民族的演讲》（*Addresses to the German Nation*），呼吁全体德国人抵抗拿破仑。在这些演说中，德意志国家主义表现得比较强烈。根据费希特的说法，“有骨气和身为德国人无疑是一回事”。我们不清楚他认为这是一个经验事实，还是一个恰当的词语？前者是一个可以讨论的议题；作为一个定义，它似乎就有点离谱了。

1810 年柏林大学创建时，费希特成为该校教授，去世前一直担任此职。1813 年解放战争爆发时，他派自己的学生同法国人作战。和其他许多人一样，他也曾支持法国大革命，但反对拿破仑对革命的败坏。

在政治思想上，费希特预示了马克思关于国家控制生产分配的社会主义经济的观念。但我们这里更感兴趣的是他旨在对抗康德二元论的关于“我”的哲学学说。在某些方面，“我”对应于康德的统觉统一性，在康德意义上是自主的、主动的。经验世界则是“我”的一种无意识投射，费希特称之为“非我”。正因为这种投射不是有意识的，我们才误以为自己受到一个外部世界的约束。至于物自体的问题则永远不会产生，因为我们所认识的只是现象。谈论本体是自相矛盾的，就像去认识根据定义就不可知的东西一样。然而，这种投射不仅是无意识的，而且也是无条件的。由于它不被经验，所以也不由因果性范畴来决定。作为一个自由过程，它源于“我”的实践性和道德性，这里的“实践”一词要以其词源学含义来理解。激发“我”的主动本原以这种方式同“我”的投射达成了协调。

这个带有幻想色彩的理论的确避免了二元论的困难。我们将会看到，它乃是黑格尔主义的先驱。这种理论的一个推论是，必定有可能从“我”中制造出一个世界。谢林就此作了第一次尝试，他的自然哲学后来启发了黑格尔。

和黑格尔以及浪漫主义诗人荷尔德林（Hölderlin）一样，谢林（Schelling，1775—1854 年）也是施瓦本人。他 15 岁进入图宾根大学，同黑格尔和荷尔德林成为朋友。他受到的哲学影响主要来自康德和费希特。由于少年英才、文笔优雅，谢林不到23岁就担任了耶拿大学教授。由此，他渐渐结识了浪漫主义诗人蒂克（Tieck）、诺瓦利斯（Novalis）以及弗里德里希·施莱格尔（Friedrich Schlegel）和奥古斯特·施莱格尔（August Schlegel）两兄弟。奥古斯特曾和蒂克将莎士比亚的著作译成德文，奥古斯特的妻子同他离婚后又嫁给了比她小12岁的谢林。谢林对科学很有兴趣，很了解最新的科学进展。25岁以前，他已经出版了《自然哲学》（*Philosophy of Nature*），对自然作了先验解释。在书中谢林并未忽视经验科学的实际地位，但他的确认为，这些发现必定可以从非经验的一般原则中演绎出来。这种尝试带有斯宾诺莎理性主义的色彩，而且结合了费希特的主动性概念。谢林试图导出的先验世界被设想为主动的，而经验科学的世界则似乎是僵死的。后来黑格尔采用了这一方法。对于现代读者来说，对科学问题作这种深奥难解的思辨简直无法理解。这些讨论中有大量冗长空泛之词和荒谬可笑的细节，诸如此类的原因后来使唯心论哲学名誉扫地。

谢林（1775–1854）

值得注意的是，谢林本人在晚年也渐渐拒斥了这种做哲学的方式。早期阶段之后，谢林的兴趣已经转向了宗教神秘主义。那时他的第一任妻子已经去世，他也同黑格尔闹翻了。1841年，谢林应邀为法国哲学家维克多·库赞（Victor Cousin）著作的德译本作序，他借机对黑格尔的自然哲学进行了严厉抨击。虽未指名道姓，黑格尔也已经去世，但其意图是非常清楚的。谢林在这里极力否认可以从先验原则中演绎出经验事实。至于他是否知道这样做会破坏黑格尔和他本人的自然哲学，那就难以确定了。

在费希特和谢林那里，我们都看到了后来被黑格尔用作辩证法的各种形式。在费希特那里，我们看到了“我”如何面临着克服“非我”的任务。而谢林的自然哲学中则有两极对立统一的基本概念，这一概念更加清楚地预示了辩证法。不过，辩证法还是源于康德的范畴表，康德解释说，每一组范畴中的第三项都是相互对立的前两项的结合。于是，单一在某种意义上是复多的对立面，而全体则包含了多个单一，它把前两个概念统一起来了。

黑格尔是德国唯心论哲学的集大成者。他从费希特和早年 246
的谢林那里获得启发，构建了一座哲学大厦，尽管不太可靠，但它始终有趣和有益。此外，黑格尔主义对德国和英格兰的整整一代思想家都产生了广泛影响。从总体上看，法国并未服从

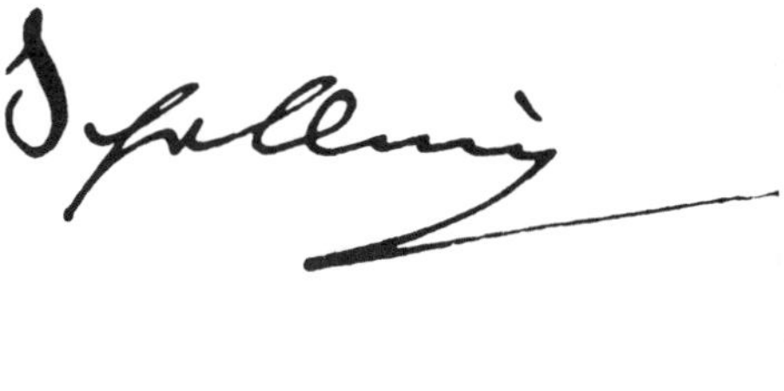

黑格尔哲学，这也许是因为原著过于晦涩，难以被译成清晰的法文。黑格尔的哲学尤其在马克思和恩格斯的辩证唯物论中保存下来，辩证唯物论为黑格尔哲学的站不住脚提供了一个很好的例证。

黑格尔（1770—1831 年）生于斯图加特，与谢林同时在图宾根大学就读。他曾任家庭导师若干年，1801 年和谢林一起去了耶拿。5 年后，黑格尔于耶拿战役前夕完成了《精神现象学》（*Phenomenology of Mind*）。法军胜利之前，他离开了耶拿，担任编辑若干年，然后又担任了纽伦堡一所文法学校的校长，在那里撰写了《逻辑学》（*Science of Logic*）。1816 年，他成为海德堡大学的教授，并且完成了《哲学科学全书纲要》（*Encyclopaedia of the Philosophic Sciences*）。1818 年，他就任柏林大学哲学教授，然后一直待在那里。他对普鲁士极为推崇，其哲学也成为官方学说。

黑格尔（1770-1831）

在所有哲学文献中，黑格尔的著作是最难懂的之一。这不仅因为所论话题的性质，而且也因为作者生硬晦涩的文风。虽然偶尔也有精彩的隐喻让人松一口气，但并不足以抵消整体的晦涩。为了力图理解黑格尔的目标，我们可以回忆一下康德关于理论和实践的区分。就“实践”一词的原义而言，可以说黑格尔的哲学坚持了实践至上的原则。因此，他非常重视历史和一切人类努力的历史性。至于在康德、费希特和谢林那里有所根源的辩证法，其合理性在黑格尔看来无疑源自对历史运动的起伏发展所作的考察。如前所述，尤其是前苏格拉底哲学的发展似乎就遵循了这种模式。黑格尔把这种方法提升到了历史解释原则的高度。现在，从两种对立要求辩证地演进到某种妥协的解决方案已经够用。但黑格尔进而指出，历史必须根据这一原则经历其各个阶段。不用说，只有扭曲事实才能做到这一点。认识到历史事件的模式是一回事，根据这一原则去演绎历史则是另一回事。谢林的批评既适用于自然哲学，也适用于这一点。

在某些方面，辩证法会让人想起苏格拉底努力追求的善的形式。善的形式对应于黑格尔所说的“绝对理念”。正如苏格拉底的辩证法通过推翻特殊假说而最终导向善的形式，黑格尔的辩证法也要上升到绝对理念。无论如何，《逻辑学》对此过
247 程作了解释。需要记住的是，对黑格尔而言，逻辑学其实与形而上学同义。因此在这个标题之下，我们看到了对范畴的一种解释，它们是通过正题、反题、合题的辩证演进过程相互构造出来的。该学说显然受到了康德对范畴的讨论的启发，也把“单一”这个范畴当成了出发点。然后黑格尔就走上了自己的道路，

构造了一长串有些任意的范畴，直至到达绝对理念。至此，我们转了一整圈，又回到了单一。在某种意义上，黑格尔把绝对理念看成完备性和可靠论证的一种保障。事实上，绝对理念成了“单一”的最高范例，所有差异都在其中消泯了。

至于导向绝对理念的辩证过程，它有助于我们更全面地把握这个令人费解的概念。黑格尔无法用简单的语言来解释这一点，其他人也做不到。但黑格尔这里依靠一个引人注目的例证（他的著作中充斥着这样的例证）：绝对理念的观念未得辩证法支持的人与得到辩证法支持的人形成了鲜明的对比。这就像祷告对孩子的意义和对老人的意义完全不同一样。他们都在背诵同样的语词，但这些语词对孩子来说只不过是一些噪音，而对老人来说却会唤起人生的回忆。

Georg Wilhelm Friedrich Hegel's
Vorlesungen
über die
Philosophie der Geschichte
Herausgegeben
von
Dr. Eduard Gans.
Dritte Auflage
besorgt
von
Dr. Karl Hegel.
Die Weltgeschichte ist nicht ohne eine Weltregierung verständlich.
Wilhelm von Humboldt
Mit Königl. Würtembergischem, Großherzogl. Hessischem und der freien Stadt Frankfurt Privilegium gegen den Nachdruck und Nachdrucks-Verkauf.
Berlin, 1848.
Verlag von Duncker und Humblot.

黑格尔《历史哲学》扉页

辩证法原则因此宣称，辩证进程到达终点的绝对理念是唯一的实在。在这方面，黑格尔尤其受到了斯宾诺莎的影响。因此，整体中的片断本身没有任何实在性或意义，只有与整个宇宙联系起来，它才可能有意义。于是，我们所能冒险接受的唯一命题似乎就是，绝对理念是实在的。只有整体是真的，任何部分都只可能有部分真实性。至于绝对理念的定义，黑格尔讲得如此晦涩，以致没有什么用处。但其主旨却非常简单。在黑格尔看来，绝对理念即自我思想的观念。

这件形而上学作品在某些方面对应于亚里士多德的神，是一个隐藏在自己思想中的冷漠而不可知的东西。在其他一些方面，它让人想起了斯宾诺莎那个等同于宇宙的上帝。和斯宾诺莎一样，黑格尔也拒绝接受任何形式的二元论。和费希特一样，他也从心灵开始，因此会以观念来论述。

黑格尔将这种一般的形而上学理论用于历史。它适用于历史的某些一般模式，这当然并不奇怪，因为黑格尔正是从历史中导出了辩证法原则。但如前所述，不应以这种先验方式来寻求对具体事件的详细解释。此外，历史中通向绝对理念的辩证过程为某种粗陋的国家主义宣传提供了机会。历史似乎已经在黑格尔时代的普鲁士达到了最终阶段。这正是黑格尔在《历史哲学》（*Philosophy of History*）里得出的结论。现在看来，这位辩证法大师的推导未免有些仓促和草率。

同样的论证模式也使黑格尔赞同以极权主义的方式来组织 248
国家。按照黑格尔的说法，精神在历史中的发展首先是德国人的任务，因为只有他们才理解自由的普遍范围。这里的自由并不是一个否定性的概念，而是必须与某部法典相联系。在这一点上，我们可以同意黑格尔的看法，但这并不意味着有法律的地方就有自由，就像黑格尔似乎的确认为的那样。如果是这样，“自由”就成了“遵守法律”的同义词，这与普通人的看法有些相左。黑格尔的自由概念中还有一则有价值的暗示。对于一个因为不愿承认砖头比脑袋硬就习惯性地用脑袋撞砖墙的人，我们可以说他固执己见，但不能说他自由。在这个意义上，自由就是如其所是地看待世界而不是心存幻觉，或者说就是把握必然性的运作，就像赫拉克利特已经预示的那样。不过在涉及普鲁士的特定法律时，似乎没有理由表明这些法律为什么在逻辑上是必然的。要想维护它们，就像黑格尔倾向于做的那样，只要命令无助的公民盲目遵从国家的法令就可以了。他的自由就是，让他做什么就做什么。

黑格尔在书房中

源于历史考察的另一个特征也启发了辩证法，因为它强调了对立力量之间的斗争。和赫拉克利特一样，黑格尔也非常重视斗争。他甚至指出，战争在道德上比和平更有优越性。如果国家没有敌人可以抗击，人们就会在道德上变得软弱和颓废。这里黑格尔想到的显然是赫拉克利特的名言，即战争是万物之父。他拒绝接受康德对世界联邦的构想，也反对维也纳会议所产生的神圣同盟。关于政治与历史的整个讨论都因为黑格尔对政治史的片面兴趣而被扭曲。在这方面，他缺乏维柯的宽广视野，维柯认识到了艺术和科学的重要性。只有从一种狭义的政治观点出发，黑格尔才会断言，外在敌人对于一个国家的道德健康至关重要。如果把视野放得更宽一些，我们就会清楚地看到，任何特定的社会中都有很多发泄渠道来表达其公民健康的尚武精神。认为国与国之间的差异必须通过战争来解决，这种观点假定了国与国之间不可能达成社会契约，它们在彼此交往中必定会崇尚权力。在这个问题上，康德表现出了比黑格尔更强的洞察。因为我们这个时代已经表明，战争最终会导致普遍毁灭。事实上，这等同于一次辩证法的完成，即使是最正统的黑格尔主义者也会对此感到满意。

黑格尔的政治和历史学说非常古怪，实际上与他自己的逻辑学也并不协调。因为辩证过程所导出的“全体”既不像巴门尼德那未经分化的“一”，也不像斯宾诺莎的上帝或自然，在那里个体变得越来越与宇宙合一，并最终融为一体。与此相反，黑格尔通过后来影响了杜威（Dewey）哲学的有机整体概念来
249 思考。根据这种观点，正是通过与整体相联系，个体才能像有机体的各个部分一样获得完全的实在性。也许有人以为这会使黑格尔容许国家内部有各种组织存在，但实际上并非如此。国家是唯一的最重要的力量。作为出色的新教徒，黑格尔自然会

宣称国家高于教会，因为这保证了教会组织的国家性质。对于罗马教会，且不说别的，仅凭其主要优点，即它是一个国际团体，黑格尔也会反对它。同样，黑格尔也不允许独立追求社会中有组织的利益，尽管根据他的有机论观点，他本应欢迎这类活动。至于无偏见的研究或沉溺于爱好，他也是反对的。可是，比如说，为什么集邮的人不能纯粹为了追求共同的集邮兴趣而在俱乐部聚会呢？值得注意的是，官方的马克思主义学说在这里保留了很大程度的黑格尔主义。一切活动都被认为必须直接有助于国家福祉。在这样一种制度下，如果一个集邮协会并不认为自己的工作有助于颂扬社会主义革命，其成员就会被粗暴地剥夺集邮或者做其他任何事情的权利。

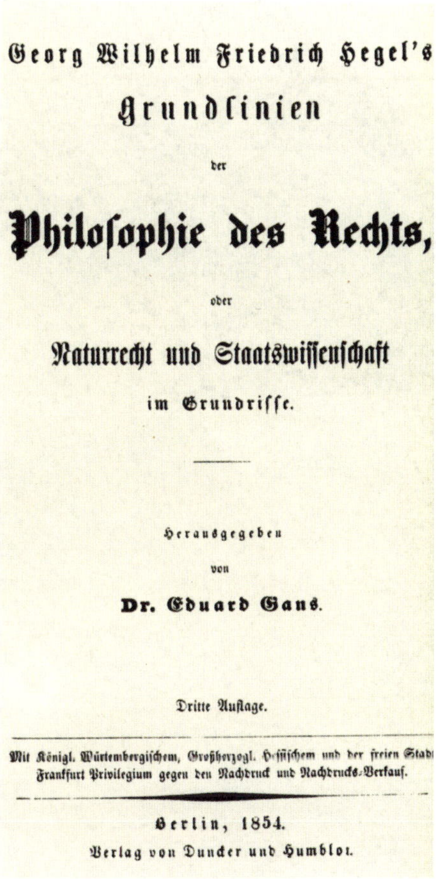
Georg Wilhelm Friedrich Hegel's
Grundlinien
der
Philosophie des Rechts,
oder
Naturrecht und Staatswissenschaft
im Grundrisse.

Herausgegeben
von
Dr. Eduard Gans.

Dritte Auflage.

Mit Königl. Würtembergischem, Großherzogl. Hessischem und der freien Stadt Frankfurt Privilegium gegen den Nachdruck und Nachdrucks-Verkauf.

Berlin, 1854.
Verlag von Duncker und Humblot.

黑格尔《法哲学原理》扉页

黑格尔的政治理论在另一个重要方面与他的形而上学并不一致。彻底运用他自己的辩证法原则本应使他看到，反对沿着康德建议的思路建立国际组织是没有根据的。政治上的“绝对理念”似乎就是普鲁士王国。当然，黑格尔对其结论的推导是假的。我们固然不能否认有些人真诚地相信这一命题，不过，虽然某些相信这类说法的人可能会感到安慰，但宣称它们是理性的命令就有些言不由衷了。通过这种方法很容易为世上任何偏见和暴行找到虚假的借口。

现在让我们回到辩证法，这实际上是黑格尔体系的核心观念。此前我们已经注意到，辩证法步骤包含三个阶段：先有一个陈述，然后有一个对立的陈述，最后把两者合起来。我们可以用一个简单的例子来说明。比如可以提出以下命题：黄金有价值。对题则是：黄金无价值。然后可能得到合题：黄金的价值依赖于环境。如果你碰巧在牛津街，那里有人愿意用三明治换你的黄金，那么黄金就有价值；但如果你带着一包黄金在撒哈拉沙漠中迷了路，你需要的是水，那么黄金就是无价值的。因此，我们似乎必须考虑所处的环境。黑格尔也许不认可这个例子，但这里它符合我们的目的。现在的论点是：合题变成了一个新题，同样的辩证过程将再次开始，直至我们理解了整个宇宙。这等于说，任何事物只有就其一切可能关联（即放在整个世界中）来考察，才能产生全部意义。

这里可以作几条评论。首先是辩证法的历史内容。当然在 250
某些情况下，肯定要通过某种妥协来调整不相容的要求。例如，我可以说我不愿缴纳所得税，而税务局自然会相反地坚持收税。最后，我们找到了一种折中的解决方案，使双方都能在一定程度上感到满意。这里没有任何神秘的东西。需要注意的是，妥协并非源于两种矛盾的要求，而是源于两种相反的要求。这一逻辑论点需要作某种澄清。如果一个陈述为真，另一个就必然为假，那么这两个陈述就是矛盾的，反之亦然。但两个相反的陈述完全可能均为假，尽管它们不可能都为真。因此在上面的例子中，妥协的解决方案揭穿了两种对立主张的虚假性。在真实的历史案例中，使辩证法发挥作用的是这样一个事实：从相反的要求中往往能够达成某种一致。当然，如果有关各方都没有足够的耐心来制定一个可接受的方案，那么游戏就可能变得更加激烈，最终是强者胜。在这种情况下，相反的要求在事后可能被视为矛盾的，但只能在事后才能如此，因为它的发生并非不可避免。公民和税务局虽然对纳税持有相反的看法，但并未非得拼出个你死我活。

黑格尔在演讲

其次，也许可以指出，思想的发展也遵循着类似的模式。在这方面，辩证法可以追溯到柏拉图对话录的问与答。这正是心灵在面对一个问题时的工作方式。一个论证被提出来，可能引出种种反驳。在讨论过程中，要么通过采取一种更精致的看法而做出调整，要么放弃原先的论证，因为经过反思可以发现必须接受其中某一反驳。这里，无论相互对立的陈述是矛盾的还是相反的，都有可能达成妥协。于是，赫拉克利特所说的“万物皆运动”和巴门尼德所说的“无物在运动”是相反的。但有人也许会说某些东西并不运动，以此来反驳赫拉克利特的观点，此时这两个陈述就是矛盾的。无论是哪种情况，我们都可以达成妥协：有的东西运动，有的东西不运动。

这便引出了黑格尔不愿承认的一个重要差异。矛盾是某种在话语中出现的东西。一个人可以和另一个人相矛盾，或者更确切地说，一则陈述可以和另一则陈述相矛盾。但在日常的事实世界里却没有矛盾。无论对语言与世界的关系持什么看法，一个事实都不可能与另一个事实相矛盾。于是，贫穷与富裕并不矛盾，而只是不同。由于黑格尔对世界持一种精神的看法，所以他倾向于粗暴地对待这个重要区分。此外，根据这个观点很容易看到，为什么辩证法不仅被用知识论的工具，而且被直接用来描述世界。用专门术语来说，黑格尔不仅为他的辩证法
251 赋予了认识论地位，而且还赋予了本体论地位。正是在这一基础上，黑格尔进而辩证地解释了自然。我们之前已经谈到谢林对它的反驳。除了以拉美特利的唯物论原则来取代黑格尔对心灵的偏执支持，可以说马克思主义者全盘接受了这种无稽之谈。

另一个源于辩证法的特殊偏见是黑格尔对“三”这个数的偏爱。一切事物似乎都以“三”出现，仅仅因为辩证法包含正题、反题、合题三个阶段。于是，但凡需要对事物进行划分，黑格

尔都会把它分为三份。例如，他的历史论述就只承认东方世界、希腊罗马世界和日耳曼人的世界，其余似乎根本不重要。为了对称，这样做当然也行，但作为一种历史研究方法，似乎就没有说服力了。同样，我们发现《哲学科学全书纲要》也有三重划分，分别对应于精神的三个阶段。首先是产生了逻辑的“自在”；然后，据说精神经历了一个自我疏离阶段之后处于所谓的“异在”状态，这第二个阶段在自然哲学中得到了讨论；最后，精神完成其辩证往返旅程之后又回到了自身。与此对应，存在着精神哲学。整个事情被构想为一种辩证的三合一。这种理论是如此荒谬，甚至那些尊崇黑格尔的人都不再试图为它辩护了。

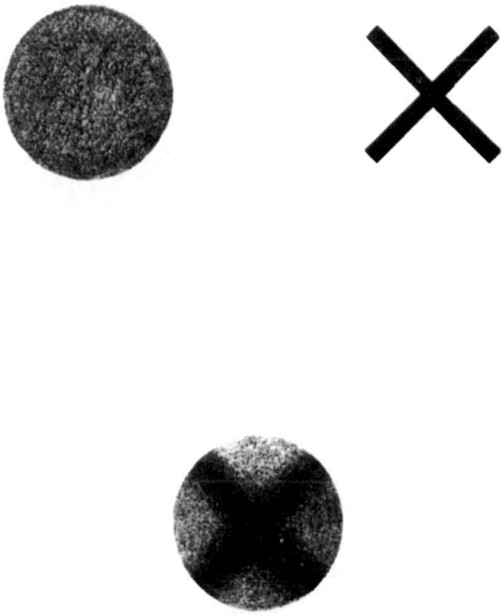

辩证法过程：一个正题与一个反题对立，产生了合题

不过在做出这些批判性的评论之后，我们绝不能忽视黑格尔哲学中有价值的东西。首先，就辩证法而言，应当承认黑格尔在这里展示了他对心灵运作的非凡洞察，因为心灵往往是以辩证模式演进的。作为对思想发展心理学的一个贡献，辩证法可以说是一种敏锐的观察。其次，黑格尔主义的确强调了维柯在一个世纪以前提出的历史的重要性。黑格尔对词语的使用不够精确，导致其论证打了折扣，这可能与某种诗意的语言观有关。于是，当黑格尔说哲学就是对其自身历史的研究时，我们必须从辩证法原则的角度来理解这句话。他其实是说，哲学必然按照辩证模式发展，因此，研究作为至高哲学原则的辩证法似乎就与研究哲学史一致了。因此，这是以一种非常间接的方式去说，要想正确地理解哲学，就必须了解它的历史。也许有人不同意这一点，但它并不是无意义的。黑格尔在表述中常常会利用语词的不同含义。他也的确认为，语言有某种内在的智能要高于其使用者的智能。奇怪的是，今天牛津的日常语言学派的哲学家们也持有非常相似的看法。

至于历史形势，黑格尔感觉绝对理念近在手边。因此应当建立哲学体系，在他看来，哲学体系总在事后产生。他在《法哲学原理》（*Philosophy of Law*）序言中最引人注目地表达了这一点：“米涅瓦的猫头鹰只在夜幕降临才起飞。”

黑格尔时代的柏林大学

黑格尔的哲学受到了一个在哲学史上反复出现的 般原则的启发：除非置于整个宇宙的背景中，否则世界的任何部分都不可能被理解。因此，只有整体才是实在。

前苏格拉底哲学家已经提出了这种观点。当巴门尼德说宇宙是一个不动的球体时，他就是在试图表达这个意思。当毕达哥拉斯学派的数学哲学家们说万物皆数时，也暗示了这种观念。后来斯宾诺莎则代表这样一种观点：只有整体才是最终的实在。数理物理学家们遵循毕达哥拉斯主义传统，在寻求一个可以解

《逻辑学》扉页，来自黑格尔的百科全书

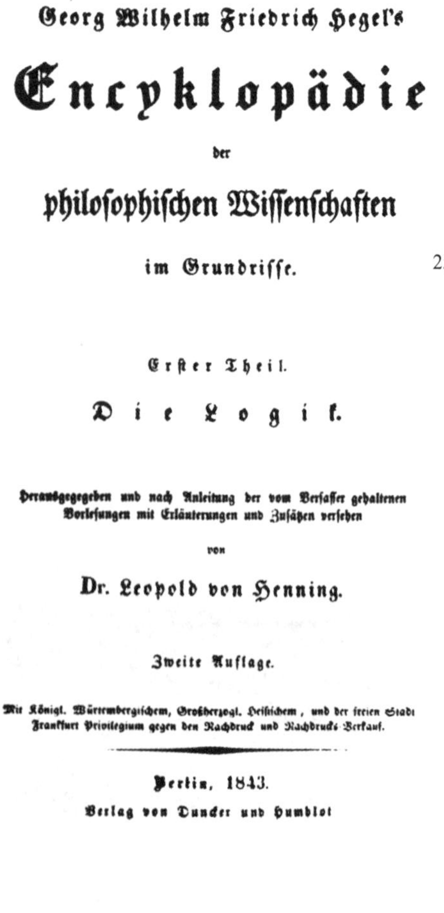

Georg Wilhelm Friedrich Hegel's

Encyklopädie

der

philosophischen Wissenschaften

im Grundrisse.

Erster Theil.

Die Logik.

Herausgegeben und nach Anleitung der vom Verfasser gehaltenen Vorlesungen mit Erläuterungen und Zusätzen versehen

von

Dr. Leopold von Henning.

Zweite Auflage.

Mit Königl. Würtembergischem, Großherzogl. Hessischem, und der freien Stadt Frankfurt Privilegium gegen den Nachdruck und Nachdrucks-Verkauf.

Berlin, 1843.

Verlag von Duncker und Humblot

释整个宇宙的最高公式时也为同样的信念所促动。牛顿物理学的惊人发展为此提供了一个例子，它以拉普拉斯那样的宇宙论为顶峰。要表明唯心论的宇宙体系站不住脚并不难，但如果不试图理解其意图就仓促地予以否定，那是很危险的。

有趣的是，唯心论体系在某个方面正确地描绘了科学理论的野心。科学纲领的确为我们系统地理解自然提供了越来越宽广的视野。迄今为止未被注意的相互关系被揭示出来，自然之中越来越多的事件被纳入理论体系。从原则上讲，这种发展是没有止境的。不仅如此，科学理论不允许例外，必须普遍适用。
253 因此我们也许可以说，唯心论体系是一种对整个科学的柏拉图主义观念，也是莱布尼茨所设想的那种神的科学。诚然，万物都以某种方式相互联系着，这是非常正确的，但如果认为事物是因为与别的事物有联系才发生变化，那就错了。正是在第二种情况下，这种看待科学的方式才未命中目标。同样，把整个事物都看成一种成品也是错误的，因为科学研究的一个独特特征就是没有止境。黑格尔的态度与 19 世纪下半叶的科学乐观主义密切相关，当时所有人都以为万物的答案就在眼前，但后来证明这只是一种幻觉。

但与此同时，胡乱做神的科学是无益的。无论如何，它都不属于这个世界，我们这个世界之外的世界不可能与我们有关。因此，唯心论体系是一个伪造的虚假概念。我们可以用一个例子来更直接地表明这一点。我有许多真的信念，比如纳尔逊纪念碑比白金汉宫更高，但一个黑格尔主义者却不会认同这一点。他会反驳说：“你不知道自己在谈论什么。要想理解你所谈的事实，就必须知道这两个建筑物使用的是什么材料，谁建造了它们，为什么要建造，如此等等。最终，你得了解整个宇宙，才有资格说你知道纳尔逊纪念碑比白金汉宫高是什么意思。”当然，这样一来的麻烦在于，根据这种说法，我在知道任何事物之前必须先知道一切事物，因此永远也无法开始。没有人会谦虚到声称自己彻底完全无知，何况这也根本不是实情。我的确知道纳尔逊纪念碑比白金汉宫更高，但绝不会自命像神一样无所不知。事实上，你可以知道某个事物而不知道与之相关的一切，可以恰当地使用某个词语而不掌握全部词汇。就像拼图游戏一样，黑格尔坚称，在完成整个拼图之前，任何一块拼图构件都是没有意义的。而经验论者则正好相反，认为每一块构件都有自身的意义。事实上，倘若没有意义，你根本不可能把它们拼在一起。

理性主义之于经验主义就如一幅有着不可分割部分的拼图之于一个孤立的部件

对逻辑体系学说的批判在伦理学上有重要意义。因为如果逻辑理论是正确的，那么在它基础上建立的伦理学理论也必定是正确的。但这个问题依然悬而未决。

黑格尔主义与洛克的自由主义在这里是完全对立的。黑格尔认为，国家本身是善的，公民本身并不重要，只要他们有助于整体的荣耀就可以了。而自由主义却认为国家要为其各个成员的个体利益服务。唯心论观点容易导致不宽容、残忍和暴政，自由主义原则则会促进宽容、体贴和妥协。

黑格尔的唯心论尝试把世界看成一个体系。虽然强调精神，254
但黑格尔主义在目标上绝不是主观主义的。我们可以把它称为一种客观唯心论。我们在前面已经看到，辩证法的体系构建后来受到了谢林的批判。在哲学上，这正是丹麦哲学家索伦·克尔恺郭尔（Søren Kierkegaard）激烈反对黑格尔学说的出发点。他的作品在当时几乎没有什么影响，但过了半个世纪左右却成为存在主义运动的源头。

克尔恺郭尔（1813—1855 年）生于哥本哈根，17 岁进入哥本哈根大学就读。他的父亲年轻时弃农从商来到首都，获得了极大成功，克尔恺郭尔因此没有了谋生的压力。他不仅继承了父亲的聪明才智，还继承了其沉思的气质。1841 年，他获得了神学硕士学位。在此期间，他曾与一位女士订婚，但无果而终。那位女士似乎对他所谓的神学使命并不欣赏。总之，他解除了婚约，完成学业之后去了谢林正在执教的柏林。从此以后，他致力于神学和哲学的思辨，那位与之订婚的女士则非常明智

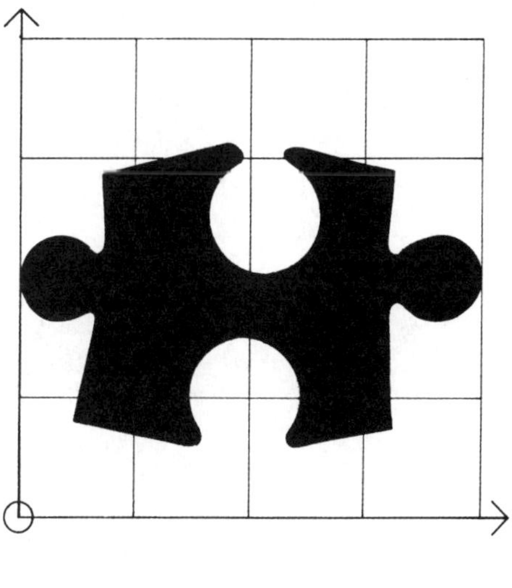

地嫁给了别人。

让我们回到谢林对黑格尔体系的批判。谢林区分了否定哲学和肯定哲学。用经院哲学的术语来说，否定哲学与概念、共相或本质等有关，它讨论的是事物的“是什么”；而肯定哲学则与实际存在或事物的“如此”有关。谢林认为，哲学必定始于一个否定阶段，然后移向肯定阶段。这种表述让人想起了谢林的极性原理和以下事实，即他自己的哲学发展就经历了这样一个过程。在这个意义上，谢林早年的观点是“否定的”，后期的作品则是“肯定的”。他对黑格尔的主要批判就是：黑格尔陷在否定领域中，却声称导出了肯定的事实世界。存在主义正是起源于这一评论。

索伦·克尔恺郭尔（1813-1855）

但这只是对黑格尔的逻辑反驳。在克尔恺郭尔那里，至少同样重要的是一种情感反驳。黑格尔的学说是一些枯燥的理论，很少给灵魂的激情留出空间。一般来说，德国唯心论哲学的确如此，甚至谢林晚期的思辨也是如此。启蒙运动已经倾向于带着一些疑虑来肯定激情，克尔恺郭尔则希望重新使激情在哲学上得到尊重。这符合诗人们的浪漫主义，对立于那种把善与知识、恶与无知联系在一起的伦理学。通过以真正奥卡姆主义的方式将意志与理性分隔开来，存在主义试图将我们的注意力引到人的行动和选择的需要，这不是源于哲学反思，而是源于意志的某种自发作用。这立刻使他能以非常简单的方式为信仰留出余地，因为现在接受宗教信念乃是一种自由的意志活动。

255 存在主义的原则有时被表述为：存在先于本质。换句话说，我们先是知道一个事物存在，然后才知道它是什么。这等于把殊相放在共相之前，或者把亚里士多德放在柏拉图之前。克尔恺郭尔将意志放在理性之前，认为对于人不应太过科学。科学处理的是一般的东西，只能从外部触及事物。与此相反，克尔恺郭尔认为“存在主义的”思维方式是从内部把握事物。他感到，如果以科学的方式来对待人，我们就忽视了真正重要的东西。个人的具体感受只能从存在主义角度来理解。

在克尔恺郭尔看来，伦理学理论过于理性主义，不允许人们独立安排生活。这些理论从未恰当评价过个人道德行为的具体特征。此外，找到打破规则的反例或例外情形总是很容易。基于这类理由，克尔恺郭尔敦促我们应把生活建立在宗教原则而非伦理原则的基础上。这符合备受尊崇的新教奥古斯丁主义传统。人只对上帝及其诫命负责，任何其他人都不能进行干预以改变这种关系。对克尔恺郭尔来说，宗教是一种存在主义的思考，因为它来自灵魂内部。

克尔恺郭尔在哥本哈根的出生地，右数第二座

克尔恺郭尔是一位热忱的基督徒，但他的观点自然会与丹麦教会的僵化制度发生冲突。他以经院学者的宏大方式反对理性主义神学，认为必须以存在主义方式来把握上帝的存在。在本质领域无论有多少证明，也不可能确立上帝的存在。因此，如前所述，克尔恺郭尔将信仰与理性割裂开来。

克尔恺郭尔对黑格尔的批判总体上看是有效的。然而，由此产生的存在主义哲学却不那么可靠。由于限定了理性的范围，它为各种荒谬的学说敞开了大门。在信仰层次上，它的确不仅受到尊重，而且广受欢迎。“信仰缘于荒谬”是接受启示的信仰者的一句倍受尊敬的古老格言，在某种意义上他们也许是对的。如果想行使你的信仰自由，你也可以紧紧抓住某个不同寻常的东西。

但不要忘了，低估理性和高估理性一样危险。黑格尔对理性评价太高，以致陷入了“理性能够产生宇宙”这样的错误。克尔恺郭尔则走向另一个极端，坚称理性无助于我们把握具体的东西，而只有具体的东西才真正值得认识。这种观点否定了科学的一切价值，与浪漫主义的核心原则相一致。尽管克尔恺郭尔激烈批判浪漫主义生活方式，认为它完全取决于变幻无常的外部影响，但他本人却是一个彻底的浪漫主义者。设定了存在主义思维模式的原则本身正是一种混乱的浪漫主义观念。

因此，存在主义对黑格尔的拒斥主要是拒绝承认世界本身 256
构成了一个体系。虽然克尔恺郭尔并未明确深入这一问题，但其存在主义实际上预设了一种与唯心论观点对立的知识的实在论。如果回到在叔本华的哲学中出现的一种比较精致的康德主义二元论，那么就会产生对黑格尔的非常不同的批判。

克尔恺郭尔漫画

阿图尔·叔本华（Arthur Schopenhauer，1788—1860 年）的父亲是但泽的商人。他仰慕伏尔泰，和伏尔泰一样推崇英格兰。1793 年，普鲁士吞并自由城市但泽时，叔本华一家移居汉堡。1797 年，叔本华去巴黎生活了两年。在此期间，他几乎忘了自己的母语。1803 年，他来到英格兰，进入了一所寄宿学校，在那里待了半年左右。这足以使他学会英语，并且对英格兰的学校感到厌恶。后来，叔本华经常订阅伦敦的《泰晤士报》。回到汉堡后，他半心半意地尝试经商，但父亲一死就立刻放弃了。他的母亲这时已经搬到魏玛，没过多久即成为一个文学沙龙的女主人，当地的许多大诗人和作家经常光临这个沙龙。事实上，她本人后来也成了小说家。但这时脾气不好的叔本华开始对她那种我行我素的生活方式感到不满。21 岁那年，叔本华得到了一小笔遗产，从此母子俩就渐渐疏远了。

这笔遗产使叔本华可以完成大学的学业。1809 年，他进入哥廷根大学，在那里第一次接触到了康德的哲学。1811 年，他转到柏林大学主修科学。虽然听了费希特的一些课，但叔本华对他的哲学表示轻蔑。1813 年，解放战争爆发时，叔本华完成了学业，但这些事情并未唤起他持久的热情。后来，他在魏玛与歌德结识，并且在那里开始研究印度神秘主义。1819 年，叔本华开始作为私薪讲师在柏林大学授课。他自信天赋很高，觉得如果隐瞒这一事实，不让其他尚未意识到这一点的人知道，是不够诚实，遂与黑格尔同时开课。由于未能把黑格尔主义者强有力地吸引过来，叔本华决定放弃授课，去法兰克福定居，并且在那里度过了自己的余生。叔本华自负、乖戾而虚荣，直到晚年才得到他渴望的名声。

《作为意志和表象的世界》，扉页

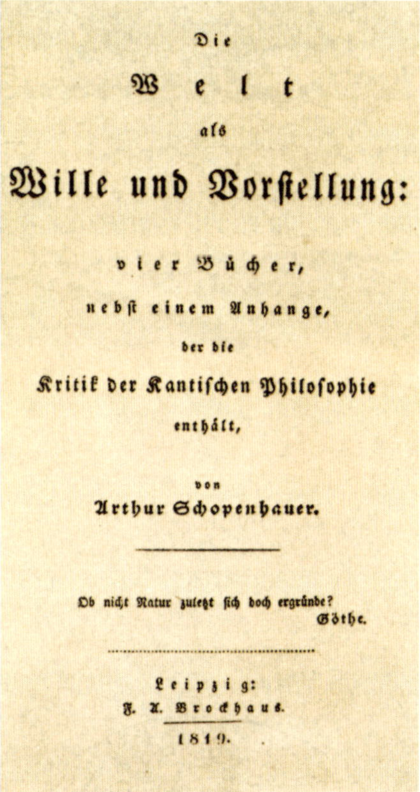

Die
Welt
als
Wille und Vorstellung:
vier Bücher,
nebst einem Anhange,
der die
Kritik der Kantischen Philosophie
enthält,
von
Arthur Schopenhauer.

Ob nicht Natur zuletzt sich doch ergründe?
Göthe.

Leipzig:
F. A. Brockhaus.
1819.

叔本华早年就形成了自己的哲学观点。1818 年，其主要著作《作为意志和表象的世界》（*The World as Will and Idea*）问世时，他才刚刚 30 岁。起初，这本书完全被人忽视。它提出了一种修正的康德理论，特意保留了物自体。但与康德不同，叔本华将物自体等同于意志。于是和康德一样，经验到的世界被认为由康德意义上的现象所构成，但引起这些现象的并非一系列不可知的本体，而是本体的意志。这与正统的康德观点非
257 常相近。我们看到，康德认为意志在本体一方。如果我运用自己的意志，那么经验世界中与之相应的就是我的身体运动。顺便还可以指出，康德在这里实际上并未超越偶因论，因为本体与现象之间不可能有因果关系。无论如何，叔本华认为身体是一种现象，其实在性存在于意志之中。和康德一样，叔本华也认为本体世界处于空间、时间和范畴之外。作为本体的意志并不服从其中任何一个。因此，意志是非时间和非空间的，这意味着它的独一性。就我是实在的而言，或者说就我的意志而言，我并不是独特的和分离的，那纯粹是一种现象上的幻觉。恰恰相反，我的意志其实就是唯一的宇宙意志。

叔本华把这种意志看成彻底的恶，认为它导致了必然伴随着人生的苦。此外，在他看来，知识并不像在黑格尔那里一样是自由的源泉，而是苦的根源。于是，叔本华并未展示出理性主义体系的乐观态度，而是展示出一种不可能有快乐的悲观看法。他还认为性是一种邪恶的东西，因为繁育后代纯粹是为苦提供新的牺牲品。与此相关的是叔本华厌恶女人，因为他觉得在这方面，女人比男人更加蓄意。

没有什么逻辑理由可以说明康德的认识论为何要与一种悲观主义观点相联系。叔本华天性无法感到幸福，因此就宣称不可能达到幸福。他那沉思阴郁的人生快要结束时，其作品得到了认可，经济状况也有所改善，他因此突然变得快乐起来。不过，仍然不能说理性主义者过分相信这个世界的善就是合理的。至少在理论上，像斯宾诺莎那样的思想家并不打算看到恶，而叔本华却走向了另一个极端，在任何事物中都看不到善。

青年阿图尔·叔本华（1788-1860）

根据叔本华的说法，必须到佛教神话中去寻找解决这种痛苦境况的方法。使我们受苦的正是我们的意志。通过麻醉意志，我们最终也许可以在涅槃或空的境界中得到解脱。神秘的入定使我们得以看穿代表幻觉的摩耶的面纱。这样一来，我们就可以渐渐把世界看成一体，获得这种知识之后便可以征服意志。但这里对一的认识既不像在埃克哈特大师等西方神秘主义者那里一样导向人与上帝的合一，也不会导向与斯宾诺莎的泛神论世界合一。相反，对整体的洞悉和对它的苦的感同身受为我们提供了一条通入空的道路。

与黑格尔派的理性主义学说相反，叔本华的哲学强调意志的重要性。后来许多哲学家都采纳了这一观点，尽管他们在其他方面鲜有共同之处。我们不仅在实用主义者那里，而且也在尼采的作品中发现了这种观点。存在主义也对与理性相对立的意志极感兴趣。至于叔本华学说中的神秘主义，倒处于哲学主流之外。

如果说叔本华的哲学最终试图提供一条摆脱世界及其纷争
的途径，那么尼采（1844—1900年）则走了相反的道路。总结尼采的思想内容并不容易。他并不是通常意义上的哲学家，也没有留下对其观点的系统论述。有人也许会在字面意义上把他描述成一个贵族人文主义者。他极力倡导最优秀的人即最为健康和强大的人享有至高地位。同时他还强调面对苦难要坚强，这与业已接受的伦理标准有所不同，尽管在实践中并不一定如此。许多人断章取义地集中于这些特征，以为尼采预言了我们这个时代的暴政。虽然暴君们可能从尼采这里获得某些启发，但要他对这些人的罪行负责是不恰当的，这些人对尼采至多只有肤浅的理解。倘若尼采能够亲眼看到自己国家的政治发展，他也会极力反对的。

老年叔本华

尼采的父亲是一名新教牧师，其家庭氛围也因此变得虔诚而正直。即使在尼采最具反叛性的著作中，也仍然有强烈的道德语气。尼采早年就显示出卓越学者的天赋，24岁就成了巴塞

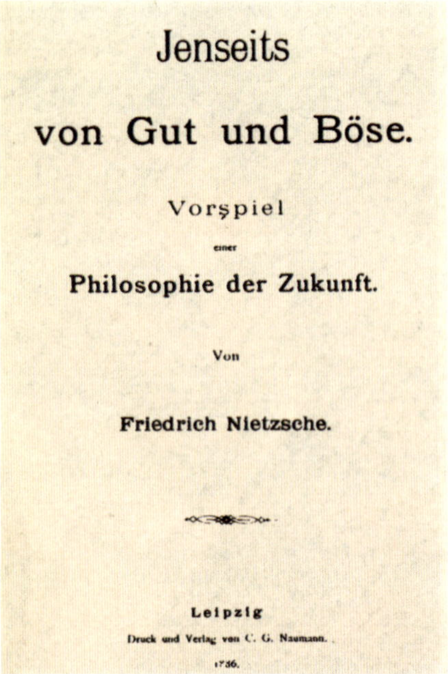
Jenseits
von Gut und Böse.
Vorspiel
einer
Philosophie der Zukunft.
Von
Friedrich Nietzsche.
Leipzig
Druck und Verlag von C. G. Naumann.
1886.

《善恶的彼岸》，扉页

尔大学的古典语文学教授。一年后，普法战争爆发。由于尼采已经成为瑞士公民，因此只能当一名军队卫生员。后来因染上痢疾，他被获准退伍回到巴塞尔。他身体状况一直不好，此后始终未能恢复健康。1879 年，他不得不辞去教授职务，尽管丰厚的养老金使他能够过上比较舒适的生活。尼采在瑞士和意大利度过了随后的十年。他继续写作，基本上孤独而默默无闻。1889 年，他在学生时代感染的性病导致他变得神志不清，直到去世精神都不太正常。

尼采的作品首先受了前苏格拉底时期希腊特别是斯巴达理想的启发。在第一部重要著作《悲剧的诞生》（*The Birth of Tragedy*，1872 年），尼采对希腊灵魂中的阿波罗心境和狄奥尼索斯心境做出了著名的区分。幽暗而易动感情的狄奥尼索斯倾向与对人类生存中悲剧现实的认识有密切相关，而奥林匹亚的万神殿则是一种可以平衡人生不幸的安宁景象。这源于灵魂的阿波罗倾向。可以把希腊悲剧称为狄奥尼索斯式渴望的阿波罗式升华。正如我们所看到的，亚里士多德在这些事情上也持有类似的观点。

从这种对悲剧起源的解释中，尼采最终提出了悲剧英雄的观念。与亚里士多德不同，尼采在悲剧中看到的不是一种间接感受到的情感净化，而是积极地接受生活本身。叔本华得出了悲观的结论，尼采则采取了乐观的态度。他认为通过正确地解
259 释希腊悲剧可以看出这种态度。但必须注意，尼采的态度并不是通常意义上的乐观主义，而是强有力地接受残酷的生活现实。和叔本华一样，他也认可意志的首要性，但他进一步把强大的意志视为一个优秀的人的突出特征，而叔本华却把意志视为万恶之源。

尼采区分了两种人及其各自的道德，即主人和奴隶。他在《善恶的彼岸》（*Beyond Good and Evil*，1886）一书中阐述了基于这一区分的伦理学理论。在主人道德中，善意味着独立、慷慨、依靠自己等；事实上，所有这些德性都属于亚里士多德所说的拥有伟大灵魂的人。相反的缺陷则是谄媚、吝啬和怯懦等，这些都是恶的。这里善与恶的对比大致等同于高贵与可鄙的对比。奴隶道德则基于完全不同的原则起作用。对它而言，善在于一种普遍的沉默，在于所有那些减轻苦难和奋斗的事物。它谴责主人道德中那些善的事物，称它们为恶而不是善。主人道德的善容易让人恐惧。对奴隶道德而言，所有引起恐惧的行动都是恶的。而英雄或超人的道德则超越了善和恶。

《查拉图斯特拉如是说》（*Thus Spake Zarathustra*）已经

以道德宣言的形式提出了这些学说，该书在风格上模仿了《圣经》的写作。尼采是伟大的文学艺术家，他的作品看上去更像诗意的散文，而不像哲学。

尼采最憎恶的就是随着新技术而发展起来的新型大众，他认为社会的正确功能是充当少数伟大人物实现贵族理想的温床。至于这可能给小人物带来的苦难，在他看来似乎是无关紧要的。他所设想的这种国家与柏拉图《理想国》中的理想城邦有许多共同之处。他认为传统宗教是奴隶道德的支柱。根据他的说法，自由者必须认识到上帝已经死了；我们必须为之奋斗的不是上帝，而是人的更高形态。尼采在基督教中发现了奴隶道德的常用例子，因为基督教悲观地希望在来世更好地生活。他还对奴隶道德做出了恭顺、恻隐等评价。正是由于瓦格纳后来倾向于基督教，尼采才对自己昔日仰慕的这位作曲家朋友发起了攻击。与英雄崇拜相伴随的是强烈地反对男女平等，他倡导把女性当作奴隶对待的东方习俗。我们发现，这反映了尼采本人无法很好地与女性相处。

这种伦理学说对不同类型的人及其生活方式作了大量有用的考察。如果是用于自身，使用某种无情的手段还能讲出许多道理，但为了少数人的利益而对多数人所忍受的苦难完全无动于衷，这就不太让人信服了。

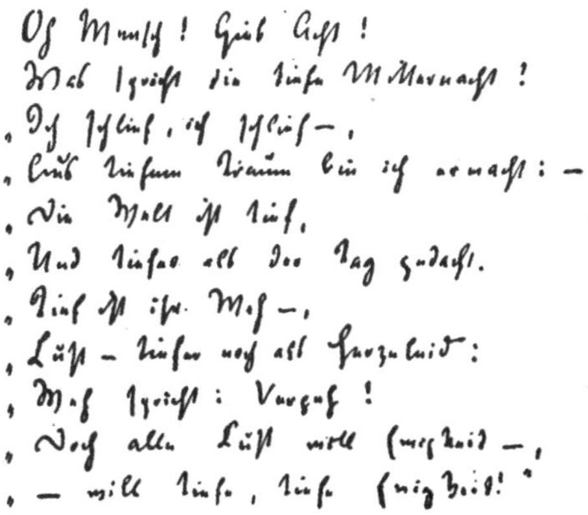

《查拉图斯特拉如是说》的手稿

尼采（1844-1900）

260 功利主义及之后

现在我们必须回到一个世纪之前，考察故事的另一条发展线索。随着世界物质环境的急剧变化，唯心论哲学及其批评者也得到了发展。这些变化是产生于18世纪英格兰的工业革命所带来的。起初，机器的引入是一个渐进的过程。织布机的构造得到了改进，纺织品的产量也增加了。蒸汽机的完善则是关键一步，为大量出现的工厂驱动机器提供了无限动力。用燃煤锅炉来产生蒸汽是最有效的方式，于是有了采煤业的大发展，尽管常常在非常严酷的恶劣环境下作业。从人的角度来看，早期工业主义的确是一个极为可怕的时期。

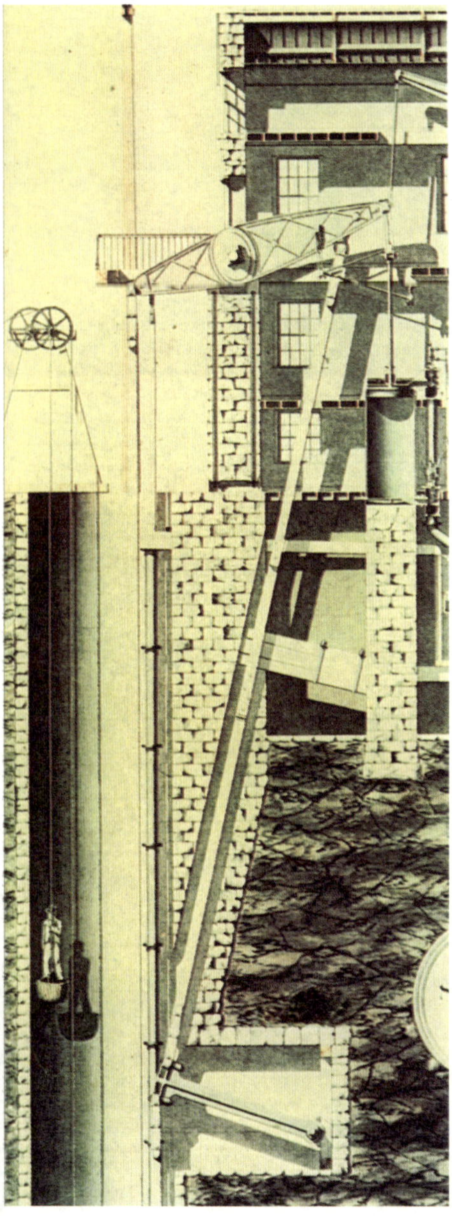

英格兰的圈地运动在18世纪达到了顶峰。数个世纪以来，公地正逐渐被贵族圈占留作私用。这给那些在一定程度上依靠公地收益过活的乡下人带来了苦难。然而直到18世纪，这种对其专有权的侵犯才导致大批乡下人流离失所，来到城镇寻求新的活路。这些人渐渐被吸收到新的工厂中。他们收入很低，遭到剥削，住在城镇的郊区和贫民窟，后者成为19世纪大规模工业贫民窟的前身。机器的发明首先使那些靠手艺吃饭的人感到极大疑虑，他们担心自己的技艺会变得多余。同样，机器性能的每一次改进都容易遭到担心自己饭碗被砸的产业工人的抵制。即便在今天，这种担心也依然存在。和19世纪的动力织布机一样，电动机械的引入也使工会疑虑重重。但就这个问题而言，悲观主义者总是错误的。世界上工业国家的生活条件并未下降，而是财富和舒适性有了全方位的逐步提升。必须承认，英格兰早期工业无产者的苦难非常深重。一些最严重的罪恶部分是出于无知，因为没有人遇到过这些新问题。建立在手工业和农民产权基础上的旧自由主义缺乏灵活性，不足以应对工业社会的新问题。改革虽然来得很慢，但最终还是纠正了这些早期错误。在工业主义发展较晚的地方，比如在大陆国家，困扰工业社会发展的一些麻烦就不那么严重，因为那时问题得到了更好的理解。

261 在19世纪初，科学与技术之间互动的趋势开始明显起来。当然，这种互动在某种程度上一直都存在。但是自工业主义以来，将科学原理系统地用于技术设备的设计和生产已经导致物质扩张加速发展。蒸汽机是新动力的源泉。19世纪上半叶见证了对相关原理的全面科学研究。而新的热动力学又反过来教给工程师如何制造效率更高的蒸汽机。

与此同时，蒸汽机开始在运输领域取代了所有其他形式的 262
动力。到了19世纪中叶，一张庞大的铁路网络正在欧洲和北美发展起来。同时，汽轮开始取代帆船。所有这些创新给人们的生活和视野带来了巨大改变。人总体上似乎是一种保守的动物。因此，人类技能的发展速度往往会超出其政治智慧。直到今天，我们也没有从这种失衡中恢复过来。

工业生产的早期发展重新唤起了人们对经济问题的兴趣。现代政治经济学作为一项研究本身可以追溯到亚当·斯密

（Adam Smith，1723—1790 年）的作品。亚当·斯密是哲学教授，也是大卫·休谟的同乡。他的伦理学著作秉承休谟传统，但总体上不如其经济学著作那样重要。他的声誉得益于《国富论》（*The Wealth of Nations*，1776）。这本书第一次尝试研究在一个国家经济生活中起作用的各种力量。一个特别重要的突出问题是劳动分工。斯密详细表明：如果把一件商品的制作过程分成若干阶段，每一个阶段由一名专业工人来完成，那么工业品的产量就会增加。他特别选择了制造钉子的例子，其结论无疑是基于对生产流程的实际观察。无论如何，此后不久劳动分工的原则被广泛用于工业，且已得到充分证实。当然，还必须考虑人的问题，因为如果专业化操作变得太过支离破碎，以致破坏了人对其工作的兴趣，那么最终受苦的还是工人。这个困难在斯密时代尚未得到很好的认识，如今，它对机器操作者产生的失去人性的影响已经成为现代工业的主要问题之一。

亚当·斯密（1723—1790），现代政治经济学创始人

在很长一段时间里，政治经济学研究一直专属于英国。18世纪法国的重农主义者的确对经济问题产生过兴趣，但他们作品的影响比不上成为古典经济学圣经的亚当·斯密的《国富论》。该领域接下来的一项重大贡献是后来被马克思所继承的李嘉图（Ricardo）的劳动价值论。

在哲学领域，工业主义的兴起导致了对浪漫主义者强烈反对的功利的某种强调。与此同时，与它在诗人和唯心论者那里所唤起的浪漫愤慨相比，这种有些乏味的哲学在社会事务方面带来了更多的必要改革。它试图引发的变革是零碎而有序的，革命远非它的目标。更为情绪化的马克思学说却不是这样，该学说独特地保留了源于黑格尔的许多不妥协的唯心论。其目标在于通过暴力手段全面改造现有秩序。

263 没有体会过工业无产阶级所受侮辱的人往往不会立刻注意到技术社会中人的问题。他们起初会认为，这些不愉快的事实也许是不幸的，但却不可避免。到了18世纪下半叶，当作家们开始提出所涉及的问题时，这种有些自以为是和冷漠的观点便遭到了动摇。1848年革命有助于使这些事实得到整个社会的关注。所掀起的骚乱作为政治手段并不成功，但的确使人对社会状况感到不安。英格兰的狄更斯和后来法国的左拉都在作品中讨论了这些问题，从而促进了对事态有更清醒的认识。

根治一切社会顽疾的良药之一是提供充分而适当的教育。在这方面，改革家们也许并不十分正确。仅仅教每一个人读写

早期的纺织车间

和计算，这本身并不能解决社会问题。但认为这些无疑令人羡慕的技能对于一个工业社会的良好运作是不可或缺的，那也是错误的。大量专业化的例行工作原则上可以由不识字的人来做。但教育也许间接地有助于解决某些问题，因为它有时可以使那些不得不忍受苦难的人找到改善命运的办法。与此同时，单纯的教育过程显然不一定会产生这样的结果，相反倒可能使人以为现存的事物秩序是理所当然的。这种类型的灌输有时非常有效，但改革家们正确地主张：除非能够广泛地理解一些关键的东西，否则某些问题就无法得到恰当解决，而这的确在某种程度上需要教育。

功利主义运动之名得自于一种可以特别追溯到哈奇森 264
（Hutcheson）的伦理学学说，他早在1725年就对其作了阐释。简要说来，该理论认为善就是快乐，恶就是痛苦。因此，所能达到的最佳状态就是使快乐最大，痛苦最小。这一观点为边沁所采纳，并且渐渐被称为功利主义。

纪念亚当·斯密《国富论》的钱币

杰里米·边沁（Jeremy Bentham，1748—1832年）最感兴趣的是法学，在这方面，他的主要灵感来自于爱尔维修（Helvetius）和贝卡里亚（Beccaria）。在边沁看来，伦理学主要是一种基础，用来研究如何以合法方式来促进最佳的可能事态。他领导着一群所谓的“哲学激进分子”。这些人非常关注社会改革和教育，普遍反对教会权威和社会统治阶层的特权。边沁不喜社交，性情温和，总是从不那么激进的观点出发。不过到了晚年，他虽依然羞怯，却成了一个坚持己见的无神论者。

边沁很关注教育，和那些激进派同仁一样，他也对教育的无限治疗效力抱有极大的信心。值得指出的是，在边沁时代，英格兰只有两所大学，只有公开宣称信奉英国国教的人才能入学。直到19世纪下半叶，这种反常才得以纠正。边沁意在帮助那些未能满足现行体制狭隘限制的人获得受大学教育的机会。1825年，他是一个帮助创建伦敦大学学院的团体中的一员。学生不会受到宗教审查，学院也没有礼拜堂。这时边沁已经与宗教彻底决裂。临终前，边沁规定将自己的骨架穿戴整齐，覆以蜡膜保存在学院里。本书中的这幅图片便出自该陈列柜，以永久纪念学院的创始人之一——边沁。

杰里米·边沁（1748-1832）

边沁的哲学基于可以追溯到18世纪初的两个重要观念。一个是哈特利（Hartley）曾经强调过的联想原则。它最终源于休谟的因果论，休谟用观念的联想来解释因果依赖性概念。在哈特利和后来的边沁那里，联想原则都成了心理学的核心机制。边沁提出的原则作用于经验提供的原材料，而并未利用属于心灵及其运作的传统概念工具。这便使他能对心理学给出决定论的解释，而根本不涉及心灵概念。事实上，这些概念仿佛已经被奥卡姆的剃刀剃掉了。巴甫洛夫（Pavlov）后来提出的条件反射理论正是基于联想主义心理学这样的观点。

第二个原则是前已提到的“最大快乐”的功利主义格言。这条原则与心理学有关，因为在边沁看来，人们力图去做的就
265 是为自己获得最大可能的幸福。这里的“幸福”与“快乐”同义。法律的功能就是确保在追求自身最大快乐的时候，任何人都不能妨碍他人的同样追求。这样便可以使最大多数的人获得最大的快乐。尽管有各种差异，但这就是功利主义者的共同目标。直截了当地说，这一目标听起来有些枯燥乏味和自以为是，但其背后的意图却远非如此。作为一种致力于改革的运动，功利主义所取得的成就肯定已经超过了所有唯心论哲学的总和，而且没有引起什么混乱就取得了这些成就。同时，最大多数人的最大幸福原则还能作另一种解释。在自由主义经济学家那里，它成了“自由放任主义”和自由贸易的一个正当理由。因为它认为在既定的法律下，如果每个人都能不受限制地追求自己的最大快乐，那么就会产生社会的最大快乐。然而，自由主义者在这方面有些过于乐观了。也许有人会以苏格拉底的方式认为，如果人们不厌其烦地告诫自己和估量其行为的后果，那么他们通常会看到，伤害社会终将伤害自己。但人们并不总是认真考虑这些事情，经常凭冲动和无知行事。因此在我们这个时代，自由放任学说已经渐渐受到一些防范措施的限制。法律就被看作这样的机制，它保证每个人都能够追求自己的目标，但又不

妨碍他人。

于是，法律被视为一种机制，目的是确保每一个人都能追求自己的目标而不致损害他人。因此惩罚的功能不是报复，而是防止犯罪。重要的是，某些侵犯虽然应受惩罚，但惩罚不应像当时的英格兰那样残忍。边沁反对不加辨别地实施死刑，当时稍有罪过也可能被随意处死。

由功利主义伦理学可以导出两大结论。首先，在某些方面，所有人似乎显然都对幸福有同样强烈的渴望，因此理应享有同等的权利和机会。这种观点在当时是比较新颖的，它成为激进派改革方案的核心信条之一。另一个推论是，最大的幸福只有情况稳定时才能获得，因此平等和安全就成了最重要的考虑。至于自由，边沁认为不太重要。在他看来，自由就像人的权利一样，比较形而上学和浪漫主义。在政治上，边沁主张仁慈的专制，而不是民主。顺便指出，这给他的功利主义带来了一个困难，因为显然没有机制能够保证立法者实际采取仁政。根据他自己的心理学理论，这也要求立法者总是基于全面的知识，富有远见地行事。但正如我们之前表明的，这种看法并不完全合理。这个实际的政治难题不可能被一劳永逸地消除。人们最多只能尝试永远不让立法者过于放任。

在社会批判方面，边沁与18世纪的唯物论是一致的，他 266
预见到了后来马克思主张的很多东西。边沁认为，现存的关于牺牲的道德是统治阶层为了维护其既得利益而有意采取的欺骗。它期待别人做出牺牲，而自己却置身事外。正是针对所有这一切，边沁才提出了他的功利主义原则。

虽然边沁生前一直是激进派的思想领袖，但这一运动背后的驱动力却是詹姆斯·密尔（1773—1836年）。詹姆斯·密尔的功利主义伦理观与边沁相同，他也鄙视浪漫主义。在政治问题上，他认为人们可以用论证来说服对方，在采取行动之前应当做出理性评价。与此相伴随的是对教育效力的过分相信。受到这些先入之见影响是他的儿子约翰·斯图亚特·密尔（John Stuart Mill，1806—1873年），父亲将教育学说无情地灌输给他。“我从未做过孩子，”约翰·斯图亚特·密尔晚年抱怨说，“从未玩过蟋蟀。”他3岁就开始学习希腊语，其后所学均与当时的年纪不相称。到了21岁，这种可怕的经历自然使他精神崩溃了。密尔虽然后来很关注30年代的议会改革运动，但并不像之前的老密尔和边沁那样愿意担任领导角色。从1865年到1868年，密尔是众议院中的威斯敏斯特代表，他继续强烈要求普选，并以边沁的方式走上了一条追求普遍自由的反帝国主义

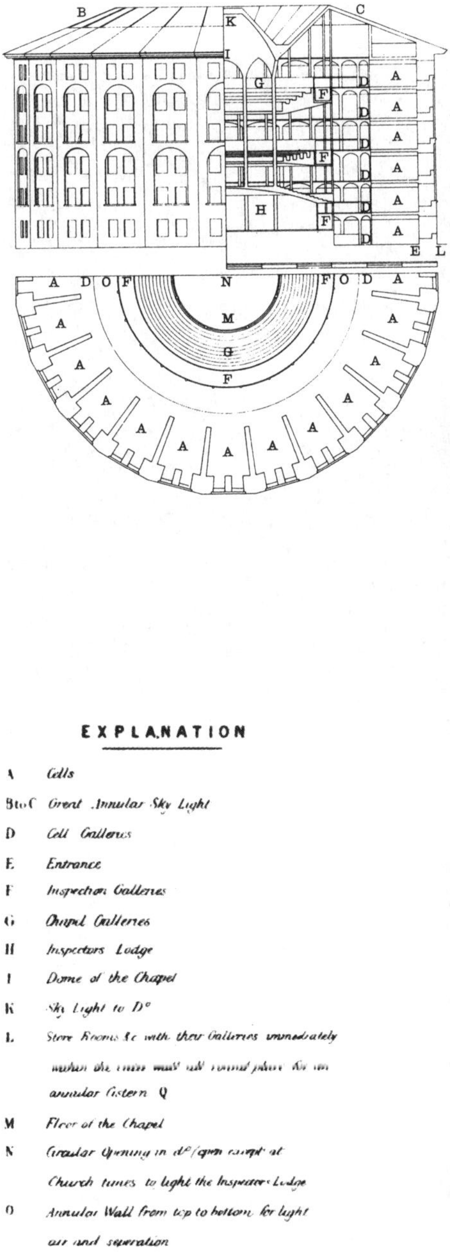

圆形监狱方案，边沁为一座监狱所作的设计

之路。

在哲学方面，密尔的观点几乎完全是派生的。最能牢固确立其声誉的莫过于他的《逻辑体系》（*System of Logic*，1843）一书。他对归纳法的讨论在当时是比较新的。支配归纳法的一套准则让人想起了休谟关于因果关系的一些规则。归纳逻辑中一个永恒的问题是如何证明归纳论证是正当的。密尔认为，归纳论证的根据就是我们观察到的自然的恒常性，后者本身就是一种最高的归纳。当然，这就使整个论证成为循环的，但密尔似乎对此并不担心。不过，这里还涉及一个至今仍然困扰逻辑学家的更一般的问题。粗略地说，这个困难在于，人们总觉得归纳法毕竟不如理应地那样值得推崇。因此，必须证明它是合理的。但这似乎又导向了一个并不总被认识到的潜在困境。因为证明本身就是演绎逻辑的事情。如果归纳是需要得到证明的东西，那它本身就不可能是归纳的。至于演绎本身，则没有人觉得必须去证明，自古以来它就备受推崇。也许唯一的出路就是让归纳与众不同，而不试图将它与演绎联系在一起。

约翰·斯图亚特·密尔（1806—1873）

密尔对功利主义伦理学的解释包含在《功利主义》（*Utilitarianism*，1863）中。该书几乎没有任何内容超出了边沁。密尔和也许可算作第一位功利主义者的伊壁鸠鲁一样，
267 最后也愿意认为某些快乐高于其他快乐。但在解释质上更高的快乐与量上更高的快乐有什么差别时，他实际上并不成功。这并不奇怪，因为最大快乐原则以及对快乐的计算隐含着消除质而赞同量。

在试图用论证来支持“快乐就是人们实际追求的东西”这一功利主义原则时，密尔犯了一个严重的错误。“能够证明一个对象可以看到的唯一证据，是人们实际上看见了它。能够证明一种声音可以听见的唯一证据，是人们听到了它；关于其他经验来源的证明，也是如此。与此类似，我以为，要证明任何东西值得欲求，唯一可能的证据是人们实际上欲求它。”但这是一种掩盖了逻辑差异的基于语词相似性的遁词。如果某物能被看见，我们就说它是可以看见的。在“值得欲求”的情况下，存在着一种模糊性。当我说某物是值得欲求的，我也许仅仅是指我事实上的确欲求它。当我对别人这样说时，我当然会假定他的喜好和我差不多。在这个意义上，说值得欲求的东西被人欲求是平凡的。不过我们说某种东西是值得欲求的还有另一种意思，比如我们说诚实是值得欲求的。这实际上是指我们应当诚实，正在作的是一则伦理学陈述。因此，

密尔的论证肯定是不可靠的，因为“可以看见的”和“值得欲求的”之间的类比很肤浅。休谟已经指出，我们不可能从“是”中推出“应当”。

但无论如何，很容易举出直接的反例来证明这一原则无效。将快乐定义为所欲求的东西是平凡的，不仅如此，说我所欲求的是快乐一般来说也并不正确，尽管欲求的满足的确会给我带来快乐。此外，在某些情况下，除了我有这个欲求，我所欲求的东西可能与我的生活并没有直接关系。例如，我们可能会希望某匹马赢得比赛，而没有实际下赌注。因此，功利主义原则很容易遭到一些严重的反驳。但尽管如此，功利主义伦理学仍然是有效的社会行动的来源，因为伦理学说宣称善是最大多数人的最大快乐。无论人们是否真的一直以一种能够促进这种普遍快乐的方式来行动，都可以持有这种观点。于是，法律的功能就是确保获得最大的快乐。同样，在此基础上建立的改革目标与其说是实现理想的制度，不如说是建立可行的制度，从而真正赋予公民以某种程度的幸福。这是一种民主理论。

与边沁相反，密尔是自由的热情捍卫者。在著名的《论自由》（*On Liberty*，1859）一文中，他对这方面的看法作了最佳阐释。他和哈丽特·泰勒（Harriet Taylor）共同撰写该文，1851年，哈丽特·泰勒在前夫去世后改嫁给了密尔。在该文中，密尔为思想和言论自由作了强有力的辩护，并建议限制国家干预公民生活的权力。他特别反对基督教自称众善之源。

到了18世纪末，预防接种一开始降低死亡率，人口便急 268
剧增长，这个问题开始引起人们的注意。经济学家马尔萨斯（Malthus，1766—1834年）对这个问题作了研究。他是激进派的朋友，也是英国国教的教士。他在著名的《人口论》（*Essay on Population*，1797）中提出理论说，人口的增长速度远远快于粮食供应的增长。人口以几何级数增长，粮食供应则只以算术比例增长。因此到一定的时候必须控制人口数量，否则便会出现大规模的饥荒。关于如何控制，马尔萨斯采用了一种传统的基督教观点。人们必须接受教育以学会“克制”，从而保持人口的低增长率。马尔萨斯婚后出色而成功地贯彻了这一理论，4年生了3个孩子。

尽管有这种成功，但现在看来，该理论并不像他所希望的那么有效。在这些问题上，孔多塞（Condorcet）的观点似乎更合理。马尔萨斯宣扬“克制”，孔多塞则提出了现代意义上的“节育”。在这一点上，马尔萨斯从未原谅孔多塞，因为在他

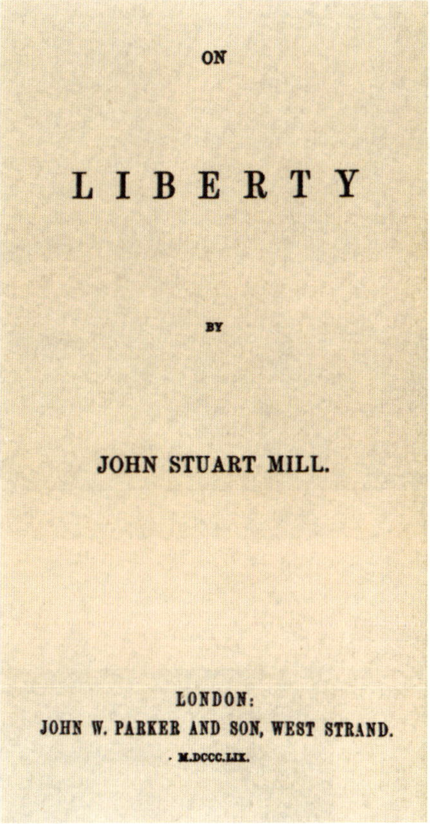
ON

LIBERTY

BY

JOHN STUART MILL.

LONDON:
JOHN W. PARKER AND SON, WEST STRAND.
M.DCCC.LIX.

密尔的小册子《论自由》，扉页

马尔萨斯（1766-1834）

严格的道德观中，这类方法是罪恶的。他认为人工节育与卖淫大致属于同一层次。

在这个一般问题上，起初激进派是分裂的。边沁曾一度支持马尔萨斯，而密尔则倾向于赞同孔多塞的观点。密尔 18 岁时曾因在一个工人阶级贫民窟散发节育小册子而被捕入狱。难怪他始终常关注自由这个一般主题。

但尽管如此，《人口论》仍然是对政治经济学的一项非常重要的贡献，它所提出的某些基本概念后来在其他领域也得到了发展。特别是，达尔文（1809—1882 年）由此导出了自然选择原理和生存斗争观念。在讨论生物的几何级数增长以及随之而来的斗争时，达尔文在《物种起源》（*On the Origin of Species*，1859）中说："具有多种效力的马尔萨斯学说适用于整个动植物王国，因为在这种情况下，不可能有粮食的人工增长，也不会在婚姻上保持谨慎的克制。"在为有限的生存手段而进行的自由竞争中，最能适应环境的生物将取得胜利。这就是达尔文的适者生存学说。在某种意义上，它只是对边沁主义者所说的自由竞争的拓展，但在社会领域，这种竞争必须服从某些规则，而达尔文的自然竞争却不受约束。用政治术语来说，适者生存学说启发了 20 世纪独裁者们的一些政治思考。达尔文本人不大可能赞同对其理论作这些拓展，因为他本人就是一名自由主义者，支持激进派及其改革方案。

269 达尔文工作的另一个原创性较少的部分是进化论。正如我们看到的，这可以追溯到阿那克西曼德。达尔文基于对自然勤勉的观察提供了大量事实细节。他关于进化的论点价值不一，但肯定比那些米利都哲学家得到了更好的支持。此外，达尔文的理论第一次使进化假说得到了更广泛的公开讨论。由于它通过自然选择原理用一种普遍的原始有机体来解释物种的起源，因此与现行宗教所主张的创世记叙事相对立，这便导致达尔文主义者与所有派别的正统基督徒之间发生了尖锐斗争。

李嘉图（1772-1823）

达尔文主义阵营的一个主要支持者是大生物学家赫胥黎（T. H. Huxley）。自那以后，这些争端便逐渐平息了下来。然而在争论最激烈的时候，人和高级类人猿是否有共同祖先这个问题却能激起强烈的感情。我倒怀疑这种说法是对类人猿的冒犯。不过无论如何，今天已经很少有人为此感到沮丧了。

始于激进派的另一条发展线索直接导向了社会主义和马克思。1817 年，边沁和詹姆斯·密尔的朋友李嘉图（1772—1823 年）出版了《政治经济学及赋税原理》（*Principles of Political*

Economy and Taxation）一书。在这部著作中，李嘉图提出了一种合理但备受忽视的租金理论，以及一种劳动价值论，认为商品的交换价值完全取决于花在上面的劳动量。这促使托马斯·霍吉斯金（Thomas Hodgskin）于 1825 年提出，劳工有权从其创造的价值中获得利益。如果租金付给了资本家或地主，这就只能是抢劫了。

与此同时，工人们在罗伯特·欧文（Robert Owen）那里找到了对其事业的支持。欧文曾把处理劳动问题的一些非常新颖的原则引入了他在新拉纳克的纺织厂。他怀着高尚的伦理观，宣称当时流行的对工人的非人道剥削是错误的。他的实践表明，即使支付体面的工资，也不加班加点，生意照样能够盈利。欧文是第一部《工厂法》背后的驱动力，尽管其条款远未达到他所期望的目标。1827 年，欧文的追随者们第一次被称为“社会主义者”。

激进派绝不喜欢欧文的学说，因为它似乎要颠覆业已接受的财产概念。而自由主义者更倾向于认可自由竞争以及由此可能带来的奖赏。欧文领导的运动产生了合作制，并且帮助促进了早期的工联主义。但因缺乏一种社会哲学，这些早期发展并未立即取得成功。欧文首先是一位热情相信自己主导观念的实践者。是马克思为社会主义提供了一种哲学基础。在这方面，马克思的经济学以李嘉图的劳动价值论为基础，哲学讨论则基于黑格尔的辩证法。这样一来，功利主义就成了最终表明更具影响力的理论的一块踏脚石。

摩泽尔河畔的特里尔城在历史上圣贤辈出。它不仅是安 270
布罗斯的出生地，而且也是卡尔·马克思（1818—1883 年）的故乡。就圣人资格而论，马克思无疑是这两个人当中更为成功的。这是有理由的，因为他是那场把他神圣化的运动的缔造者，而他那些同乡和圣洁的同事则只是其信条的现代追随者罢了。

马克思出身于一个转向新教的犹太家庭。他在大学时代受到了当时流行的黑格尔主义的强烈影响。1843 年普鲁士当局查禁《莱茵报》时，其记者工作突然终止。然后马克思去了法国，结识了法国的社会主义领导人。他在巴黎见到了弗里德里希·恩格斯，恩格斯的父亲在德国和曼彻斯特都办有工厂。恩格斯管理着曼彻斯特的工厂，因此使马克思接触到了英格兰的劳动和工业问题。1848 年革命前夕，马克思发表了《共产党宣言》（*Communist Manifesto*）。他积极参与了法国和德国的革命。1849 年，他遭到普鲁士政府的驱逐，流亡伦敦。除了几次短暂

达尔文（1809-1882）

达尔文和赫胥黎漫画

的归国之旅，他去世前一直待在伦敦。主要是由于恩格斯的帮助，马克思及其家人才得以维持生活。但尽管贫困，马克思仍然充满热情地研究和写作，为他觉得即将发生的社会革命铺平道路。

马克思的思想主要受到了三种影响。首先是他与“哲学激进派”的关联。和这些人一样，马克思也反对浪漫主义，追求一种自称科学的社会理论。他从李嘉图那里接受了劳动价值论，尽管对其作了不同的发展。李嘉图和马尔萨斯都曾基于一个默会的假设指出，现存的社会秩序是不可变的；自由竞争使工资维持在生存水平上，因而控制了数目。而马克思则从工人的角度出发，他们的劳动被资本家雇主所利用。一个人创造了超出其酬劳的价值，资本家为了自身的利益将这部分剩余价值搜刮走，劳动正是以这种方式遭到剥削。但实际上这并非个人的事情，因为它要求同时有大量的人和设备来从事工业规模的商品生产，因此应当通过生产制度及其与整个工人阶级和资本家阶级的关系来理解剥削。

卡尔·马克思（1818–1883），黑格尔的学生，社会理论家、革命家

这样便引出了马克思思想的第二个特征，即他的黑格尔主义。因为似乎和在黑格尔那里一样，在马克思这里，重要的也是整个制度，而不是个人。必须解决的是经济制度，而不是孤立的抱怨。尤其在这方面，马克思与激进派的自由主义及其改革完全相左。马克思主义学说与黑格尔主义哲学理论密切相关。这也许是马克思主义从未在英格兰真正流行的原因，因为英格兰人总体上对哲学不太感兴趣。

马克思的社会发展历史观同样源自黑格尔。这种进化观与马克思从黑格尔那里原封不动地接受的辩证法有关。历史进程以辩证的方式向前发展。这里，马克思的解释在方法上完全是黑格尔式的，尽管两个人所设想的驱动力有所不同。在黑格尔那里，历史进程是精神朝着绝对理念的逐渐自我实现。马克思则用生产方式取代了精神，用无阶级的社会取代了绝对理念。随着时间的流逝，既定的生产体系将在与之相关的各个社会阶级中导致内在张力。马克思所谓的这些矛盾产生了更高级的综合。辩证斗争所采取的形式是阶级斗争。这种斗争持续进行，直到在社会主义的情况下出现一个无阶级的社会。这个目标一旦实现，就没有什么可以斗争的了，辩证过程也就结束了。在黑格尔看来，人间天堂是普鲁士国家，而在马克思看来则是无阶级的社会。

弗里德里希·恩格斯（1820–1895）

在马克思和黑格尔看来，历史的发展都是不可避免的。两人都是从一种形而上学理论中推导出了这一结论。对黑格尔的

批判可以原封不动地用于马克思。马克思的看法显示出对某些实际发生的历史事件的高明评价，就此而言，并不需要一套逻辑来宣称推导出了这些历史事件。

马克思的解释在方法上是黑格尔的，但它抛弃了黑格尔所坚持的世界的精神本性。马克思说，必须把黑格尔颠倒过来，遂进而接受了 18 世纪的唯物论学说。唯物论是马克思主义哲学的第三大组分。但在这里，马克思同样对旧理论作了新的解释。且不说他对历史的经济解释中的唯物论要素，我们发现马克思的哲学唯物论并非机械论。马克思的主张更是一种可以追溯到维柯的能动性学说。在《关于费尔巴哈的提纲》（*Eleven Theses on Feuerbach*，1845）中，马克思用一句名言表达了这一观点：“哲学家只是以不同方式解释了世界，而真正的任务在于改变世界。”在这种语境下，他提出了一种很容易让人想起维柯原则的真理观，并且预见了某些形式的实用主义。在他看来，真理并非思辨的事情，而是必须在实践中加以证明。思辨进路与资产阶级的个人主义有关，当然是为马克思所鄙视的。他自己的实践唯物论则属于社会主义的无阶级世界。

Manifest
der
Kommunistischen Partei.
Veröffentlicht im Februar 1848.
London.
Druck von R. Hirschfeld, English & Foreign Printer,
46, Clifton Street, Finsbury Square.
1848.

1848 年《共产党宣言》

这种能动性学说已经由一般的唯心论学派尤其是黑格尔发展起来。对唯物论而言，马克思试图做的正是把握这种能动性学说。由于各种机械论学说都放弃了这一点，唯心论因此得以确立理论的这个方面；当然，要使它变得有用，必须先把它颠倒过来。维柯的影响可能并非完全有意，尽管马克思肯定知道维柯的《新科学》。马克思称自己的新理论为辩证唯物论，从而强调了其中的进化论要素和黑格尔主义要素。

由此可以看出，马克思主义学说极为复杂。辩证唯物论的 272
支持者声称它是一个无所不包的哲学体系。正如所预期的那样，这导致了大量黑格尔式的哲学思辨，其所针对的是最好留给经验科学去研究的事项。这方面最早的例子可见于恩格斯的《反杜林论》（*Anti-Dühring*）一书，他在书中批判了德国哲学家杜林的理论。然而通过量变引起质变、矛盾、否定和反否定的手段针对水为什么会沸腾所作的详细的辩证解释，和黑格尔的自然哲学一样不能让人满意。给传统科学贴上追求资产阶级理想的标签实际上是行不通的。

马克思很可能正确地认为，一个社会的总体科学兴趣在一定程度上反映了其统治集团的社会兴趣。因此也许可以说，文艺复兴时期天文学的复兴推动了贸易发展，增强了新兴中产阶级的力量，尽管也许不能轻易用一个来解释另一个。但这一学说有两个重要方面是不恰当的。首先，在一个科学领域中，特殊问题的解决显然不需要与所有类型的社会压力都扯上关系。当然，这并不否认有时候解决某个问题是为了回应当时的迫切需要。但一般来说，科学问题并不以这种方式解决的。这便引出了辩证唯物论解释的第二个缺陷，即未能认识到科学运动是一种独立的力量。此外，没有人会否认科学研究与社会上的其他事情有重要关联。然而随着时间的流逝，科学研究已经积累起自己的动力，确保它有某种程度的自主性。所有形式的公正无私的研究都是如此。因此，虽然辩证唯物论指出经济影响对于塑造社会生活很重要，但通过这一主导概念将问题过分简化则是错误的。

《资本论》扉页。马克思在大英博物馆撰写了这部著作

这在社会领域也引出了一些古怪的推论。你若不赞成马克思主义学说，就不被认为支持进步；那些未接受新启示洗礼的人便被称为“反动派”。从字面上讲，这就是说你在支持倒退，与进步为敌。但辩证过程确保你会适时地被消灭，因为进步终将赢得胜利。于是，这就成了用暴力来清除异己的根据。这里，马克思主义的政治哲学有一种强烈的救世主特征。正如一种早期信条的创立人所说，不支持我们的人就是反对我们。这显然不是民主学说的原则。

所有这些都表明马克思不仅是一位政治理论家，而且是一位鼓动者和革命檄文撰写者。马克思的作品常常义愤填膺，充满道德上的正直感，如果辩证法必然会走上其不可避免的道路，
273 那么这似乎是非常不合逻辑的。正如列宁后来指出的，如果国家正在走向灭亡，那么事先对其大惊小怪就是无意义的。然而，这个遥远的历史目标在理论上也许让人钦佩，但对于那些正在受苦的人却起不到什么安慰作用。因此，追求获得安慰的东西是值得尊重的，即使它与鼓吹用暴力手段推翻现存秩序的辩证历史进化并不很一致。当然，理论的这个方面似乎主要反映了19世纪工人阶级的绝望困境。这是马克思本人对历史所作经济解释的一个很好的例子，它通过主导的经济秩序来解释某一时期的观点和理论。该学说至少在一个方面危险地接近了实用主义，因为我们似乎正在废除真理，支持经济决定一切的偏见。如果我们现在就这种理论本身提出同样的问题，那么就不得不说，它也只是反映了某一时期的某些社会状况。但在这里，马克思主义暗中为自己破了例，因为它主张，按照辩证唯物论模式对历史进行经济解释是正确的。

在预示历史的辩证进化方面，马克思并不完全成功。他的确比较准确地预见到，自由竞争的制度终将导致垄断的形成，

这在很大程度上的确可以从传统经济理论中看出来。但马克思误以为富人会更富，穷人会更穷，直到这种“矛盾”的辩证张力强大到引发革命。这根本不是事实。恰恰相反，通过限制经济领域的行动自由以及引入社会福利方案，世界上的工业国家设计出调整方法以缓和激烈的经济斗争。真正爆发的革命并不像马克思所预言的那样发生在工业化的西欧，而是发生在农业的俄国。

马克思主义哲学是19世纪引入的最后一个宏大体系。其巨大吸引力和广泛影响不仅源自其行动纲领的革命性，而且源自其乌托邦式预言的宗教性。正如我们试图表明的那样，其哲学背景既不非常简单，也不像人们常常以为的那样新颖。对历史的经济解释只是最终源自黑格尔的若干一般历史理论中的一种。属于下一代人的另一个例子是克罗齐把历史看成自由史的理论。特别是，马克思主义的矛盾学说直接借用了黑格尔的理论，因此面临同样的困难。在政治上，它引出了我们这个时代的一些重要问题。今天，绝对相信马克思理论的国家支配了近半个世界。各国共存的可能性依赖于理论承诺的某种缓和。

马克思墓，海格特墓地

法国的奥古斯特·孔德（Auguste Comte，1798—1857年）274
继承了百科全书派的哲学运动。和哲学激进派一样，孔德也尊重科学，反对既定宗教。他着手对从数学到社会学的所有科学进行全面分类。和同时代的英格兰人一样，他也反对形而上学，尽管他们都对德国唯心论不甚了了。由于他坚称我们必须从经验直接给予的东西开始，尽量不要深入现象背后，因此他称自己的学说为一种实证哲学。“实证主义”的名称正是来源于此。

孔德生于古老的大学城蒙彼利埃。他的家人都是备受尊敬的政府职员。他的父亲是一位君主主义者和严格的天主教徒，但孔德很快就摆脱了父辈的狭隘视野。他在巴黎综合工科学校就读时，因参与了反对某位教授的学生运动而被开除。后来这件事妨碍了他的大学应聘。26岁那年，他出版了对实证主义的初步概述。从1830年起，《实证哲学教程》（*Course of Positive Philosophy*）六卷本陆续出版。在其生命中的最后十年里，孔德花了大量的时间来详细阐述一种实证主义宗教，以取代既定的信条。这种新的福音认为最高的是人，而不是上帝。孔德终生身体都不太好，反复出现的精神抑郁把他逼到了自杀的边缘。他靠当私人教师以及朋友和仰慕者的支持来维持生计，J.S.密尔就是其中一位。但孔德似乎对那些并非始终承认他是

奥古斯特·孔德(1798-1857)

《实证哲学教程》，扉页

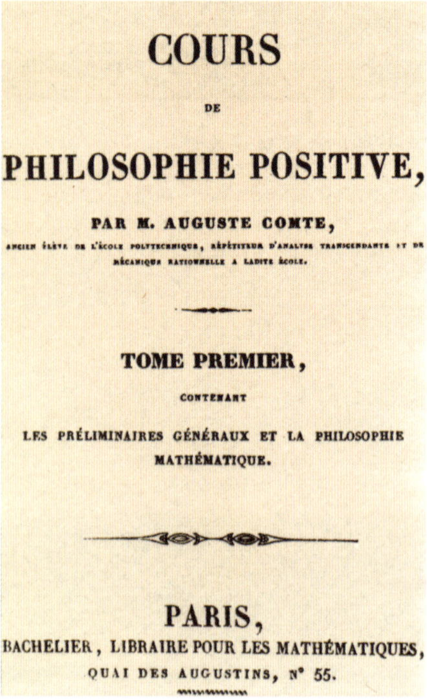

COURS

DE

PHILOSOPHIE POSITIVE,

PAR M. AUGUSTE COMTE,

ANCIEN ÉLÈVE DE L'ÉCOLE POLYTECHNIQUE, RÉPÉTITEUR D'ANALYSE TRANSCENDANTE ET DE MÉCANIQUE RATIONNELLE A LADITE ÉCOLE.

TOME PREMIER,

CONTENANT

LES PRÉLIMINAIRES GÉNÉRAUX ET LA PHILOSOPHIE MATHÉMATIQUE.

PARIS,

BACHELIER, LIBRAIRE POUR LES MATHÉMATIQUES,

QUAI DES AUGUSTINS, N° 55.

天才的人感到不耐，这最终导致他与密尔渐行渐远。

孔德的哲学特别与维柯有些相似，他曾研究过维柯的著作。他从维柯的理论中导出了历史在人类事务中高于一切。同样，这一来源还提供了人类社会历史发展的不同阶段。维柯本人曾经通过研究希腊神话而导出了这一观点。孔德接受了这样一种观点：社会始于最初的神学阶段，经由形而上学阶段，最终走向他所谓的实证阶段，从而把历史进程引向其固有的幸福结局。在这方面，维柯是更现实的思想家，他认识到社会能够而且的确从精致的文明时代重新退回到新的野蛮时代。罗马世界崩溃后的黑暗时代便是一个例子。我们的时代也许就是如此。孔德认为实证阶段受理性科学的支配，这就是孔德著名的发展三阶段理论。有人曾指出，这有些模仿黑格尔，但这种相似性是表面上的，因为孔德并没有用辩证法术语来设想从一个阶段到下一个阶段的发展，事实上，这三个阶段是完全偶然的。孔德与黑格尔的共同之处在于，他们都乐观地认为历史进程会达到最终的完满状态。正如我们所看到的，马克思也持有类似的观点。这是 19 世纪乐观主义的一个一般特征。

275 实证主义理论认为，所有科学领域都以三个阶段经历了这种进化。唯一已经彻底清除所有障碍的科学领域是数学。物理学中仍然充斥着形而上学概念，尽管我们希望实证阶段并不太远。后面我们将看到，马赫是如何孔德之后的 50 年里对力学做出实证解释的。孔德首先试图以一种全面的逻辑次序来安排所有科学研究领域。在这种努力中，他表现为百科全书派的真正传人。当然，这种次序观念极为古老，可以追溯到亚里士多德。等级结构中的每一门科学都有助于解释它后面的科学，但无助于解释它前面的科学。这样我们便得到了孔德的清单：首先是数学，然后是天文学、物理学、化学、生物学和社会学。

最重要的是排在最后的社会学。孔德本人创造了“社会学”一词来指称休谟所谓的这门“人的科学”。根据孔德的说法，这门科学尚未确立，他自认为是其创始人。从逻辑上讲，社会学是该等级结构序列中最后也是最复杂的研究，但事实上，我们所有人对自己生活的社会环境的了解都超过了对纯粹数学公理的了解。这便引出了我们在维柯那里看到的历史首要性的另一面，因为人的社会存在就是历史的进程。

社会存在的实证阶段激发了孔德的想象力，它具有一切乌托邦体系的共同缺陷。这里存在着孔德思想中明显的唯心论影响，尽管我们不太清楚他是如何受到这种影响的。在三个发展阶段中，每一个阶段内部都有一种逐渐统一的倾向贯穿于这三个阶段。在神学阶段，我们从泛灵论开始，将神的地位归于原始人觉察到的所有对象。我们由此前进到多神论，再到一神论。这种倾向总是朝着更大的统一。在科学上，这意味着我们力求把各种不同的现象归在某个单一的标题之下；在社会上，我们的目标是远离个人，走向全人类。这的确带有某种黑格尔色彩。实证的人类将会受到科学精英道德权威的支配，而执行权则委托给技术专家。这种安排与柏拉图《理想国》的理想城邦并无多少区别。

在伦理学方面，这个体系要求个人压制自己的欲望，致力于人类的进步事业。这种对“事业”的强调和对私利的排斥也是马克思主义政治理论的典型特征。可以预料，实证主义并不承认一种内省心理学的可能性。事实上，这遭到了明确否定，因为认知过程据说不可能认知其自身。这种说法旨在暗示，在认知情况下，认知者一般无法认知他自己的认知。就此而言，我们可以承认它是合理的。但实证主义把假说一般地斥之为形而上学，则是误解了解释的本质。

皮尔士（C. S. Peirce，1839—1914 年）的哲学与实证主义 276
完全不同。孔德把假说斥之为形而上学，而皮尔士则旨在表明，构造假说是一种具有自身逻辑性的重要活动。皮尔士的著作多而零散。他还常常与困难问题和新颖的见解角力，因此对他的立场不大容易形成清晰的看法。但皮尔士无疑是 19 世纪末最具原创性的思想家之一，而且肯定是迄今为止最伟大的美国思想家。

皮尔士生于马萨诸塞州的坎布里奇。他的父亲是哈佛大学的数学教授，皮尔士本人曾是那里的学生。除了两次教过若干年的课之外，皮尔士从未获得永久的学术职位。他曾在大地测量局担任过行政职务，其间除了科学著作，他还陆陆续续撰写了关于各种哲学话题的文章。之所以未获教授一职，与他漠视当时社会所要求的行为标准有关。此外，除了少数几位朋友和学者认可其天才，几乎没有人真正理解他。他没有因为这种缺乏认可而消沉下去，乃是凭借着一种使命感。在其生命的最后 25 年里，他虽然贫病交加，却仍工作到最后一息。

皮尔士常被视为实用主义的创始人，但这种看法需要加以严格的限定。当代实用主义并非源于皮尔士，而是源于威廉·詹姆士对皮尔士的阐释。之所以存在这种混乱，有多方面的原因。一方面，皮尔士本人的观点在其晚期作品中才变得清晰起来，而詹姆士则从更容易产生误解的早期表述入手。皮尔士试图与

	逻辑次序	认知次序
数字	1	6
天文学	2	5
物理学	3	4
化学	4	3
生物学	5	2
社会学	6	1

逻辑次序与认知次序相反

詹姆士归于他的“Pragmatism”称号撇清关系，遂把自己的哲学称为“pragmaticism”，希望这个不够优雅的新词能使人们注意到二者的区别。

从表面上看，皮尔士的一些早期著作对实用主义学说的表述形式的确允许詹姆士引出那样的推论。皮尔士将其对真理的定义与对研究动机的一般讨论联系在一起。研究产生于某种不满或不安，其目的据说是除去各种干扰影响，达到一种安宁状态。一个人在通往平衡的任一居间阶段所接受的观点就是他所能认识的真理。但一个人永远也不知道，新的证据也许并不要求他改变自己的立场。我们永远也不能保证自己未犯错误。皮尔士将这种关于研究的一般理论称为“可错主义”。与此相关，他说真理归根结底是使共同体平静下来的见解。从表面上看，这当然是荒谬的，因为即使我们相信 $2 \times 2 = 5$，相信地球马上会毁灭，我们以前的算术偏差也仍然是错的。也许的确有这种情况：如果我的所有邻居都相信这些，我也许会谨慎一些，至
277 少假装同意他们的看法，但那完全是另一回事。因此，必须在“可错主义”的语境下去理解皮尔士的陈述。

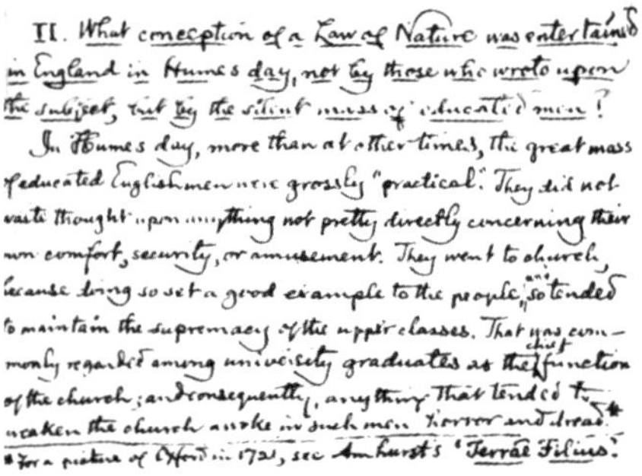
II. What conception of a Law of Nature was entertained in England in Hume's day, not by those who wrote upon the subject, but by the silent mass of educated men?
In Hume's day, more than at other times, the great mass of educated Englishmen were grossly "practical." They did not waste thought upon anything not pretty directly concerning their own comfort, security, or amusement. They went to church, because doing so set a good example to the people, and so tended to maintain the supremacy of the upper classes. That was commonly regarded among university graduates as the chief function of the church; and consequently, anything that tended to weaken the church awoke in such men horror and dread.*
* For a picture of Oxford in 1721, see Amhurst's 'Terrae Filius.'

皮尔士的文章手稿：休谟论神迹与自然法

关于任一特殊真理的意义，皮尔士坚称任何一个自称正确的陈述都必须有实际结果。也就是说，必须允许未来有可能出现某个行动，以及在任何情况下都能形成相应行动的倾向。一个陈述的意义据说就在于这些实际后果。詹姆士正是以这种形式接受了实用主义。但必须指出，皮尔士的观点在很大程度上是符合维柯关于“真理即做”的原则的。真理就是你能用你的陈述所做的事情。例如，如果我就一种化学物质做出了陈述，那么该物质经得起实验检验的所有属性就增加了这一陈述的意义。粗略来讲，这似乎就是皮尔士的意思。詹姆士从所有这些当中挑选出来的实用主义让我们想起了普罗泰戈拉所说的“人是万物的量度”，这与在维柯的理论中得到更好表述的皮尔士的意图相反。

在讨论假说的逻辑时，皮尔士做出了一项重要贡献。哲学家曾就假说提出过各种不同的假定，比如理性主义者可能倾向于认为，假说是演绎的结果，经验主义者则认为，假说是归纳的结果。皮尔士认为这些观点都不恰当。他说，假说是第三种截然不同的逻辑过程的结果。皮尔士以其惯用的引人入胜的方式将其称为“溯因推理”（abduction）。它等于尝试性地接受一个假说，因为它解释了某一特殊现象。当然，这种现象被解释是演绎的事情，但接受假说却并非如此。

和父亲一样，皮尔士也是一位卓有成就的数学家。他在符

号逻辑领域做出了若干项重要发现。他还发明了“真值表”方法以确定复合陈述的“真值”，后来的逻辑学家常常使用这种方法。此外，他还发明了一种新的关系逻辑。

皮尔士非常重视用图解来论证自己的体系，但论证规则非常复杂，其思想似乎没有流行开来。皮尔士的实用主义观点引导他强调了数学论证的一个常常未受重视的有趣方面。他强调构造在建立数学证明过程中的重要性。后来这些观点再次见于戈布洛和梅耶松。

皮尔士不仅彻底掌握了数学和当时的科学发展，而且非常熟悉科学史和哲学史。这种广博的视野使他能够看到，科学预设了一种实在论的形而上学基础。因此，他明确依靠邓斯·司各脱的经院实在论阐述了他自己的形而上学。他也的确认为实用主义与经院实在论密切相关。无论这是否是事实，它都表明皮尔士的实用主义与詹姆士的实用主义没有什么关系。

皮尔士生前一直影响不大，是威廉·詹姆士（1842—1910 278
年）对它的解释使实用主义成为一种有影响力的哲学。如前所述，这绝不会让皮尔士感到高兴，因为他的学说比詹姆士的实用主义更微妙，只是刚开始得到恰当的认可罢了。

詹姆士是新英格兰人，也是坚定的新教徒。这种背景对他的思想产生了影响，尽管他是自由思想家，对一切形式的正统神学都持怀疑态度。与皮尔士不同，他在哈佛大学长期担任著名的学术职务，是那里的心理学教授。1890 年，他的《心理学原理》（*Principles of Psychology*）出版，时至今日仍然是最优秀的心理学概述之一。哲学其实只是他的副业，但他却渐渐被视为美国哲学界的顶尖人物。他为人和蔼大度，而且强烈支持民主，这与他从事文学的弟弟亨利·詹姆士不同。他的思想虽然不如皮尔士的哲学深奥，但其人格和地位使他在哲学思想上影响要比皮尔士大得多，特别是在美国。

詹姆士的哲学有两方面的意义。我们刚才指出了他对传播实用主义的影响。其思想的另一个主要方面与他所谓的“激进经验主义”学说有关。该学说最早见于 1904 年发表的《“意识”存在吗？》一文。詹姆士在这里表明，传统的主客二元论阻碍了一种合理的认识论观点的产生。根据他的说法，我们必须抛弃“自我意识”作为一种与物质世界客体相对立的东西的概念。在他看来，对认知的主客解释是一种不自然的理性主义曲解，无论如何也不是真正的经验主义。事实上，我们没有任何东西超越了詹姆士所谓的“纯粹经验”。纯粹经验被设想为生活的具体完满性，与随后对它的抽象反思形成了对比。这样一来，

按照皮尔士的想法绘制的图解：
对三段论的一种阐释

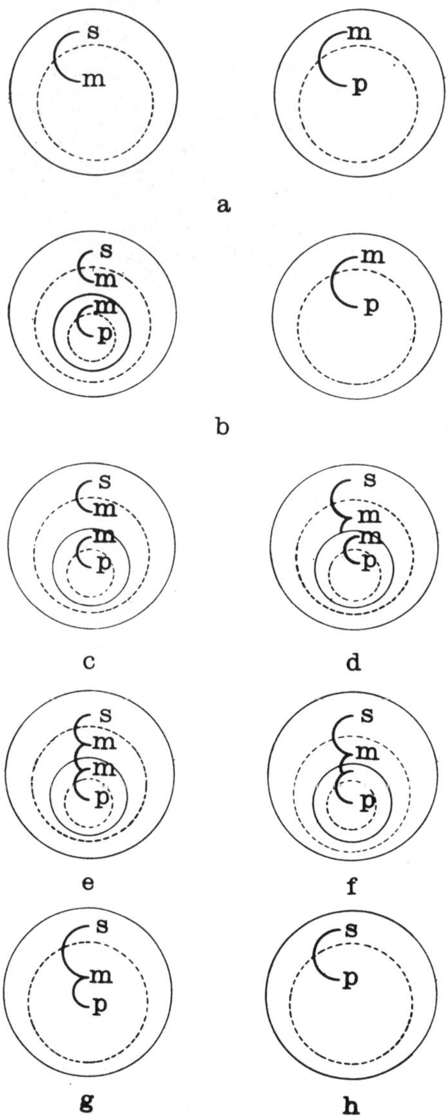

认知过程就成了纯粹经验不同部分之间的一种关系。詹姆士没有进而阐明这一理论的完整含义，但同意其说法的人渐渐用“中性一元论”取代了旧的二元论，认为世界上只有一种基本原料。在詹姆士看来，纯粹经验就是构成万物的原料。这里，詹姆士的实用主义破坏了他的激进经验主义，因为实用主义认为任何东西都会对人的生活有实际影响。只有形成了部分经验（即他所说的人的经验）的东西才是重要的。在这一点上，与詹姆士同时代的英格兰人席勒（F. C. S. Schiller）持有非常类似的观点，他称自己的理论为“人本主义”。该学说的困难在于范围过于狭窄，科学和常识无法始终视其为自己的一项主要任务。研究者必须把自己看成总是超出自己知识范围的世界的一部分，否则追求任何东西都是没有意义的。倘若我同世界的任何可能含义必然紧密相联，那我就可以高枕无忧了。虽然詹姆士批判旧的心灵与物质二元论是正确的，但他自己的纯粹经验理论却无法被接受。

威廉·詹姆士（1842-1910）

279 关于理性主义与经验主义的对立这个一般问题，我们必须提到詹姆士所作的一个著名区分。根据这种观点，理性主义学说往往会强调心灵而牺牲物质。它们是乐观的，追求统一，主张反思，忽视实验。詹姆士把倾向于接受这类理论的人称为“脱离实际者”；而经验主义理论则往往会更加致力于物质世界。它们是悲观的，承认世界的分离性，与思考相比更偏向于实验。支持这类观点的是“讲求实际者”。当然，不应把这种区分推得太远。实用主义学说明显是站在“讲求实际者”这边的。詹姆士在《实用主义》（*Pragmatism*，1907）一书中解释了他的理论，指出它有两面。一方面，实用主义是一种方法，詹姆士将其等同于经验主义态度。他谨慎地认为，作为一种方法，实用主义并不规定任何特殊结果，而仅仅是讨论世界的一种方式。大致说来，这种方法等于说，不能带来实际差异的区分是没有意义的。此外，他拒绝认为有任何议题已经得到了最终解决。这基本上直接源自皮尔士，事实上的确会为任何经验主义研究者所接受。如果不涉及更多的东西，那么詹姆士说实用主义仅仅是旧瓶装新酒是非常正确的。

然而，詹姆士却从这些值得称道的原则逐渐陷入了更加可疑的理论。实用主义方法促使他认为，科学理论是未来的行动工具，而不是对自然问题最终可接受的答案。不应把理论当成魔法师用来控制自然的神奇咒语。实用主义者坚持认真考察每一个语词，要求它具有詹姆士所说的“现金价值”。从这里再往前一步就可以得出那个实用主义的真理定义，即真理就是后果有成效的东西。杜威的工具主义真理观说的基本上是一回事。

在这一点上，实用主义本身成了一种最可疑的形而上学学说，难怪皮尔士要极力与之脱离干系。且不论眼下难以确定某个观点会产生什么后果以及这些后果是否有成效，在任何情况下都总有一些后果要么有成效，要么没有成效。无论如何，这都只能以一种普通的非实用主义方式来确定。通过说这些后果将在某种无法确定的程度上有成效来回避这个问题，也是不管用的，因为那样一来，我们将可以接受任何东西。詹姆士似乎也曾觉察到这个困难，他承认，如果有助于幸福，那么人就有接受某些信念的自由。宗教信念就是一个很好的例子。但这绝不是一个宗教信徒持有期信念的方式。他并非因为估计到这些信念将给他带来满足才去接受它们，而是恰恰相反：正是因为有了这些信念，他才感到幸福。

自哲学在希腊发端开始，数学就一直是哲学家特别感兴趣 280
的一个学科。近两百年来的进展明显证明了这一点。莱布尼茨和牛顿提出的微积分在18世纪促进了数学发明的大爆发。然而，数学的逻辑基础并未得到正确理解，被大量运用的都是一些基础相当不牢靠的概念。

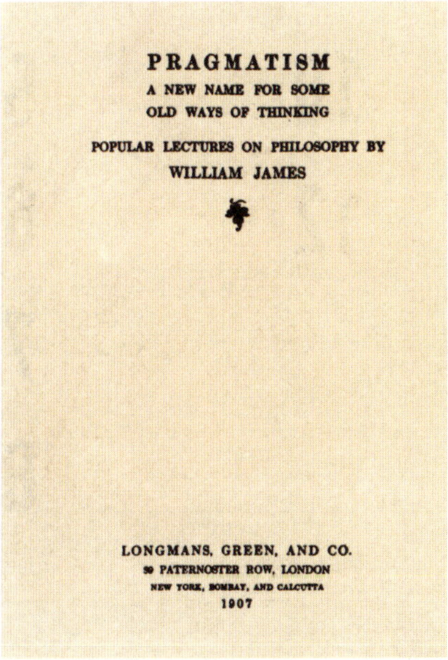
PRAGMATISM
A NEW NAME FOR SOME
OLD WAYS OF THINKING
POPULAR LECTURES ON PHILOSOPHY BY
WILLIAM JAMES
LONGMANS, GREEN, AND CO.
39 PATERNOSTER ROW, LONDON
NEW YORK, BOMBAY, AND CALCUTTA
1907

《实用主义》，扉页

在那个时代，数学分析非常重视“无穷小”概念。它被认为在新发明的微积分的运用方面扮演着至关重要的角色。“无穷小”被认为是一个既无大小、亦非有限的量，但又在渐趋于零。据信正是这种量在微分系数和积分的形成过程中起了作用。当然，无穷小归根结底是数学体系中最古老的概念之一。它可以追溯到毕达哥拉斯学派所说的“单元”，两者非常相似。我们已经看到芝诺是如何揭穿毕达哥拉斯主义学说的。在现代，对无穷小理论的批判性评论同样来自哲学家。贝克莱也许第一次指出了其中涉及的困难。黑格尔在讨论这些问题时也提出过一些有力的观点。但数学家们起初并未重视这些警告，他们继续发展其科学。当然，这样也没什么不好。不过，关于新学科的起源和发展，一个独特的事实是：过早要求过多的严格性将使想象力窒息，导致做不出发明。在一定程度上摆脱持久不变的形式性束缚往往会促进一个学科早期阶段的发展，即使这意味着有可能出一些错误。

然而，任何领域在发展过程中都会有一个不得不加强严格性的时期。在数学上，严格性的时期始于19世纪初。法国数学家柯西（Cauchy）率先提出了一套系统的极限理论。它与后来德国的外尔施特拉斯（Weierstrass）的工作相结合，使无穷

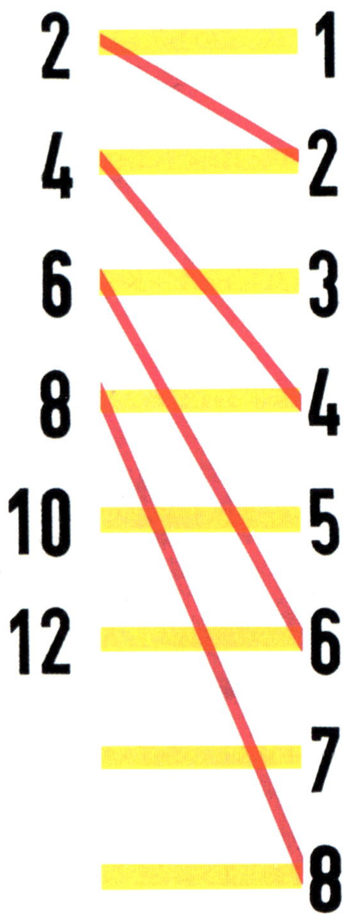

康托尔的悖论之一：有多少个偶数就有多少个自然数

小概念变得不再必要。而格奥尔格·康托尔（Georg Cantor）则第一次研究了隐藏在这些发展背后的连续性和无限数的一般问题。

从芝诺及其悖论的时代开始，数的无限性就一直在制造麻烦。如果回忆一下阿喀琉斯和乌龟的赛跑，我们可以这样来表述这场比赛令人困惑的一面：阿喀琉斯每到一个点，乌龟都占据着另一个点。因此可以认为，两者在任一时刻都占据着同样多的点。但阿喀琉斯显然覆盖着更多路面。这似乎违反了整体大于部分这个常识观念。但是当我们讨论无限集合时，情况就不再如此了。举一个简单的例子，作为无限集合的正整数数列包括奇数和偶数。如果去掉所有奇数，你也许会认为余下的数
281 是原来的一半。但余下的偶数却和原来的总数一样多。这个有些惊人的结论很容易证明。我们首先写下自然数数列，然后把每一个数加倍，相应地写下由此产生的数列。第一个数列中的每一个数在第二个数列中都有一个对应的项，或如数学家所说，两者之间存在着一种一一对应。于是，这两个数列有同样多的项。因此就无限集合而言，部分和全体包含着同样多的项。这就是康托尔定义无限集合时使用的性质。

在此基础上，康托尔提出了关于无限数的一整套理论。特别是，他表明存在着大小不同的无限数，但我们绝不能按照谈论普通数的方式来考虑它们。比自然数数列无限性更高的一个例子是实数数列，或有时所谓的连续统。假定我们把所有小数按大小顺序排列。然后取第一项的第一个数字、第二项的第二个数字，如此等等，并这样便生成了一个新的小数。它与我们已经假定为完整的原表中所有小数都不同。这表明根本不可能生成一个可数的表。小数数目的无限级比自然数更高。这个所谓的“对角线过程”后来在符号逻辑中也得到了重要应用。

到了19世纪末，另一个问题引起了逻辑学家极大的兴趣。自古以来，数学家就希望表明，整个数学是从单一的起点或至少是从尽可能少的起点出发的一种演绎体系。这是苏格拉底所说的善的形式的一个方面。欧几里得的《几何原本》便提供了所需的一个范例，即使他本人的处理是有缺陷的。

就算术而言，意大利数学家皮亚诺（Peano）提出了几条公设，可以从中演绎出其他任何东西。基本陈述共有五条，它们共同定义了级数的类，自然数数列便是其中一例。简要说来，这些公设规定，每个数的后继也是一个数，且每个数有且只有一个后继。数列从零开始，零也是一个数，但它本

身并不是某个数的后继。最后是数学归纳原理，借此可以确立数列中所有成员的一般属性。该原理是：如果某个数“n”的某种性质既属于它的后继，又属于零，那么它就属于数列中的每一个数。

皮亚诺公理：每个数的后继是一个数，每个数有且只有一个后继；0是一个数，但不是某个数的后继。最后是数学归纳原理

从皮亚诺时代开始，人们对数学基础问题产生了新的兴趣。在这个领域有两个对立的思想流派。一是形式主义者，他们主要关注一致性；二是直觉主义者，他们持某种实证主义看法，要求能够指出正在谈论的东西。

这些数学发展的一个共同特征是逻辑学家对其感兴趣。事 282
实上，逻辑与数学似乎正开始在这里融合。康德曾认为逻辑学是完备的，自康德时代起，对逻辑学理论的研究已经发生了巨大变化，特别是出现了用数学公式来处理逻辑论证的新形式。弗雷格（Frege，1848—1925 年）第一次对这种处理逻辑的新方式做出了系统说明，但他的工作在 20 年的时间里遭到彻底忽视，直到 1903 年我才使人们注意到了它们。长期以来，弗雷格在他自己的国家一直是一个名不见经传的数学教授。只是近年来，他作为哲学家的重要性才渐渐被认可。

弗雷格的数理逻辑可以追溯到 1879 年。1884 年，他出版了《算术基础》（*Foundations of Arithmetic*）。书中用这种方法更彻底地讨论了皮亚诺问题。皮亚诺公理虽然简洁，但从逻辑的观点看却并不令人满意。因为它提出数学的基础应当是这些公理，而不是其他一些陈述，这似乎有些武断。皮亚诺本人从未进而考虑这些问题。以最一般的形式来解决这个问题正是弗雷格给自己规定的任务。

弗雷格决定把皮亚诺的公理展现为自己符号体系的一个逻辑推论，这将立即消除武断性的缺陷，表明纯粹数学仅仅是逻辑学的一种延伸。特别是，有必要导出数本身的某种逻辑定义。皮亚诺的公理明显体现了把数学还原为逻辑这一想法。因为这些公理把数学的基本词汇限定为“数”和“后继”这两个术语。而“后继”是一个一般的逻辑术语。为把我们的词汇完全变成逻辑术语，我们只需对“数”做出一种逻辑解释。这也正是弗雷格所做的，他通过纯逻辑概念定义了“数”。弗雷格的定义与怀特海和我本人在《数学原理》（*Principia Mathematica*）中所下的定义差不多是相同的。他指出，一个数就是由与某个类相似的所有类组成的类。比如每一个由三个对象组成的类都是数 3 的一个例子，数 3 本身就是由所有这些类组成的类。至于一般意义上的数则是所有特殊数的类，因此是一个三阶的类。

弗雷格（1848 1925）

由这种定义可以得出一个出人意料的特征，即数不能相加。虽然你能把三个苹果和两个梨相加，得到五个水果，但却不能把所有三元组的类和所有二元组的类相加。但正如我们看到的，这实际上并不是什么新发现，柏拉图早已说过数是不能相加的。

对数学的讨论使弗雷格提出了句子的含义与指称之间的区分。要想解释“方程并不仅仅是空洞的重复”，就需要这种区分。方程两边虽然有共同的指称，但含义却有所不同。

283 作为一种符号逻辑体系，弗雷格的解释并未产生很大影响，部分原因无疑在于它复杂的符号。而《数学原理》中使用的符号在一定程度上源于皮亚诺的符号，事实证明要更加适用。自那以后，数理逻辑领域渐渐开始使用大量符号。著名的波兰逻辑学派发展出了其中最精致的符号之一，并因上一次战争而传播开来。同样，无论是符号还是在体系的基本公理数目都在简洁性上取得了很大进展。美国逻辑学家谢费尔（Sheffer）引入了一个逻辑常量，用它可以依次定义命题演算的常量。借助这种新的逻辑常量，有可能把符号逻辑体系建立在单一的公理基础之上。但这些都过于专业，这里无法详细解释。

在纯粹形式方面，数理逻辑不再是哲学家的关注对象。它由数学家来处理，当然，它是一种非常特殊的数学。哲学家感兴趣的是体系建立之前所提出的关于符号的一般假设所引发的问题。同样，哲学家也对构造符号体系过程中有时得出的悖谬结论感兴趣。

《数学原理》中对数的定义便产生了这样一个悖论，其原因在于“所有类组成的类”这个概念。因为“所有类组成的类”本身显然也是一个类，因此属于所有类组成的类。这样一来，它就把自身包含在其成员之中。当然，还有其他许多类并没有这种性质。由全体选民组成的类本身并不享有普选资格。当我们考虑由并非自身成员的所有类组成的类时，就出现了这个悖论。

问题在于这个类是否是它自身的一个成员。如果假定它是其自身的一个成员，那它就不是包含自身的类的例子。但是，为了成为自身的一个成员，它又必须是我们首先考虑的那种类型，即不是自身的一个成员。相反，要是我们假定所讨论的类不是自身的一个成员，那么它就不是一个不包含本身的类的例子。但为了不是自身的成员，它又必须像最初提出的问题那样是其自身的一个成员。无论是哪种情况，我们都将得出矛盾。

如果注意到绝不可站在与“类的类”完全相同的立足点上来讨论“类”，就像我们通常不会在国家层次上谈论人一样，就有可能摆脱这种困境。于是，我们显然不应像提出悖论时那样流畅地谈论属于自身成员的类。虽然人们已经以各种方式来应对有关悖论的困难，但在如何解决方面依然没有达成普遍的一致意见。但与此同时，这个问题已经使哲学家们再次感到有必要认真考察构造句子和语词的使用方式。

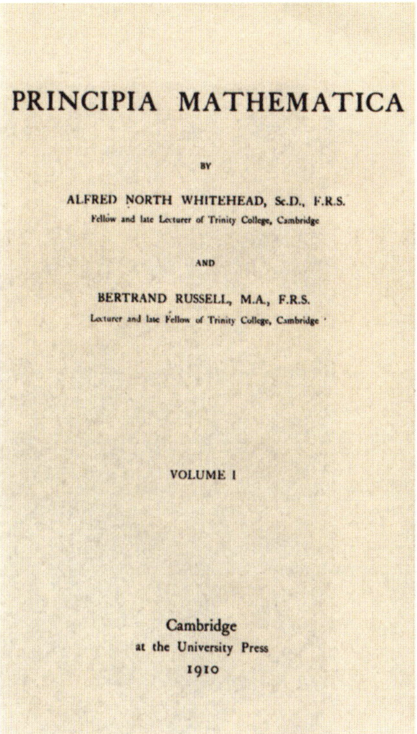

PRINCIPIA MATHEMATICA

BY

ALFRED NORTH WHITEHEAD, Sc.D., F.R.S.
Fellow and late Lecturer of Trinity College, Cambridge

AND

BERTRAND RUSSELL, M.A., F.R.S.
Lecturer and late Fellow of Trinity College, Cambridge

VOLUME I

Cambridge
at the University Press
1910

《数学原理》的两位作者

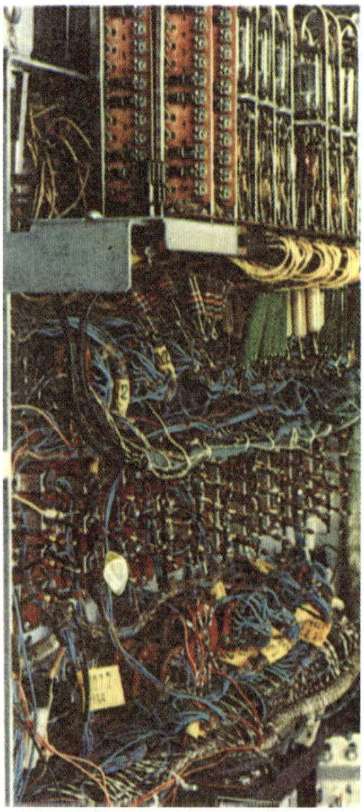

随着生活日益复杂，支配它的方式也是如此：上图为“电脑”的一部分

284 当代

在讨论过去七八十年的哲学时，我们面临着一些特殊困难。我们距离这些发展还太近，以至于很难以一种恰当的距离来超然地看待它们。遥远过去的思想家们业已经受后人批判的检验。随着时间的流逝，逐渐的自然筛选有助于我们做出选择。一个次要的思想家的确很难长期享有声誉，尽管的确也有重要人物遭到不公正的遗忘。

对最近的思想家做出选择，获得一种均衡的看法则变得更加困难。对于过去的人物还有可能看到其整个发展的各个阶段，而当代人物距离我们太近，以致我们很难有同样的信心去厘清事情的各个线索。的确，情况也只能如此。事后诸葛亮，渐渐理解哲学传统的发展，要相对容易一些。但若以为能从当代变迁的所有具体细节中导出它们的意义，那只是一种黑格尔式的幻觉。我们最多只能希望看到某些与更早的事件相关的总体趋势。

19世纪末的一些新发展影响了我们这个时代的思想氛围。首先，基于前工业时代的旧生活方式崩溃了，技术力量的巨大发展使生活变得远比以前复杂。至于这是好是坏，不是这里要讨论的问题。我们只是注意到，我们对时代的要求变得远为多样化，对日常生活的要求也比过去任何时候复杂得多。

所有这些在知识领域也有反映。以前，一个人有可能精通若干门学科，如今，哪怕是想彻底掌握一门学科也变得越来越困难了。知识领域分得越来越窄，这在我们的时代已经导致了语言的真正混乱。这种不健康的事态缘于当代技术社会的发展所带来的某些变化。在并不遥远的过去，不仅是某个国家内部，甚至在整个西欧，具有一定教育水平的人都有一种共同的背景。教育过去常常是一种特权，一种自那以后基本上被取消的排他性；而今天，唯一可容许的标准就是竞争力，这是另一种特权。自那以后，这种理解的共同基础消失了。专门化的需求和压力将年轻人逼入了狭窄的通道，以致没有时间去发展更广泛的兴趣和理解力。一个后果就是，致力于不同研究分支的人往往极
285 难彼此交流。

19 世纪还出现了另一种更为切实的语言混乱。因为在这个世纪，自古以来所有国家的学者共同的表达媒介衰落并最终
286 消亡了。从西塞罗时代到文艺复兴时期，拉丁文一直是学者、

思想家和科学家的语言。高斯（Gauss）在 19 世纪初还在用拉丁语撰写有关曲面的名著，但这已经比较罕见了。今天，任何领域的研究者若想了解自己专业的历史，都不得不掌握两三门其他语言。这已经成了一个大问题。到目前为止，尽管某种现代语言似乎终将起到拉丁语曾经起的作用，但这一难题尚未找到解决方案。

19世纪思想生活的另一个新特征是艺术与科学的分裂。如果与文艺复兴时期的人文主义者所显示的思想倾向相对照，那么这无疑是一种退步。这些早期思想家按照一种和谐与比例的一般原则来从事科学与艺术，而在浪漫主义的影响下，19世纪却强烈反对科学进步对人的侵害。科学的生活方式及其实验室和实验似乎禁锢了艺术家所要求的自由和冒险精神。奇怪的是，歌德已经以浪漫主义的语气强调说，实验方法揭示不了自然的秘密。无论如何，实验室与艺术家的工作间之间的对比描述了前面提到的分裂。

科学的严谨性：居里夫人在实验室

与此同时，科学与哲学之间也出现了某种分裂。在17世纪和18世纪初，在哲学上做出过重大贡献的人往往在科学问题上并不业余。然而到了19世纪，很大程度上是因为德国的唯心论哲学，这种哲学视野至少在英格兰和德国消失了。正如我们已经表明的，法国人之所以当时不太受德国唯心论影响，仅仅是因为他们的语言不太容易作这种思辨。因此，科学与哲学的分裂未给法国造成同等程度的影响。自那以后，这种分裂总体上继续发展着。当然，科学家和哲学家并非彼此完全忽视，但可以公平地说，他们常常理解不了对方在做什么。当代科学家研究哲学往往并不比唯心论哲学家研究科学更容易。

在政治领域，19世纪的欧洲是一个国别差异加剧的时代。18世纪对这些问题并没有同样的狂热态度。那时，当英法交战之际，英格兰的贵族仍然可以照例在地中海海滨过冬。战争虽然残酷，但总体上比较松弛，并不像过去一百年里的国家大战。和其他许多当代事务一样，战争变得更有效率了。到了今天，要使世界免于彻底毁灭，只能寄望于世界的统治者们永远无能。但若公共事务的领导权落入日后的某位阿基米
287 德之手，其战争武器是原子弹而不是枪炮，我们恐怕很快就发现自己没几天活头了。

不过，19世纪末并没有全面地预见到这些变化。恰恰相反，那时盛行着一种科学乐观主义，人们相信天国即将降临于世。科学和技术的巨大成就似乎让人觉得解决所有问题已经近在眼前。牛顿物理学就是完成这项任务的工具。但正是在这里，下一代人的发现沉重打击了一些人的信心，这些人认为，接下来只需把著名的物理学原理应用于特殊情形就够了。在我们这个时代，原子结构方面的发现已经动摇了19世纪末发展出来的那种自鸣得意的看法。

不过，这种科学乐观主义在某种程度上一直持续至今。用科学技术改造世界的前景似乎的确是无限的。与此同时，有一种疑虑日益增强，甚至专家们自己也不例外，那就是一个美丽新世界也许并不像它的一些热情支持者所设想的那样完全是一件幸事。人与人的差异可能在很大程度上会被消除，这是我们在有生之年很可能看到的一种不幸的平常事。这也许会使人类社会变成一部更为有效和稳定的机器，但它肯定会宣告一切思想努力的结束，无论在科学领域还是任何其他领域。这种梦想归根结底只是一种黑格尔式的幻觉。它假定存在着可以达到的终极目标，认为研究是一个趋向终点的过程。但这种观点是不可靠的；恰恰相反，研究似乎显然是无止境的。也许这种情况终将使我们远离乌托邦的臆造者们所梦想的那种目标。

科学控制的巨大范围引发了新的伦理性的社会问题。科学家的发现和发明本身在伦理上是中性的，但它们赋予我们的力量却能被善用或误用。事实上，这并不是什么新问题。使今天科学的影响更加危险的乃是现有破坏方式的可怕效能。另一个不同似乎在于现代科学的力量和控制可以被不加区别地用于破坏。自希腊时代以来，我们的确已经走了一条漫长的道路。一个希腊人在战时所能犯的最大罪行也只是砍倒橄榄树而已。

艺术的浪漫活力：莎拉·伯恩哈特在沙龙中

然而在提出所有这些警告之后，我们也许应该记住，很难以正确的眼光看待我们这个时代。此外，在整个人类文明史中，当一切似乎都要失去的时候，总有一些富有远见和事业心的人出来使局势恢复正常。但仍然可以说，我们正面临着一种前所未有的局面。在过去一百年里，西方经历了一次空前的物质变革。

科学与哲学的对立归根结底是孔德实证主义的一个结果。288
在这方面，我们看到孔德一心想排除建立假说的可能性。自然过程可以描述，但不能解释。在某些方面，这种纲领与当时普遍的科学乐观主义有关。只有当人们感到科学事业已经达到了某种程度的完备性且目标近在眼前时，才可能出现这样一种理论态度。值得指出的是，在谈到这个话题时，人们通常会断章取义地引用牛顿的一段话，从而造成曲解。在谈到光线的传播方式时，牛顿谨慎地说自己不杜撰假说。他并不尝试提出解释，但这并不意味着他无法解释。但我们也许会承认，像牛顿这样强有力的理论一旦创立，将在一段时间内得到充分运用，而不需要提出这样的假说。只要科学家们认为牛顿物理学能够解决一切重要问题，他们就很自然会坚持描述而不去解释。唯心论哲学家往往会以黑格尔的方式将所有研究分支纳入一个无所不包的庞大体系，而科学家则感到自己的研究不应被纳入一种一元论哲学。至于实证主义者要求仅限于经验范围和对经验的描述，这是有意诉诸康德及其追随者。为现象寻找理由，声称提供了解释，这等于僭越到了解释范畴不适用的本体之中。因此，这必定是一项荒诞不经的任务。

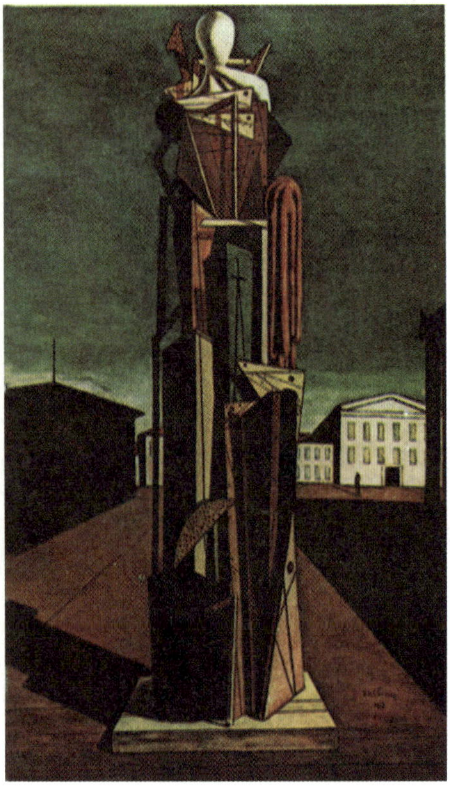

德·基里科的“伟大的形而上学家”，象征着对意义的寻求（纽约现代艺术博物馆）

这种科学理论进路是所有对研究活动的哲学含义感兴趣的科学家所特有的。需要注意的是，当这里援引康德的名字时，这些思想家的看法并非正统意义上的康德观点。因为正如我们所看到的，康德的认识论使解释范畴的框架成为经验的一个前提。而在目前的语境中，解释被称为非科学的，因为据说它超出了经验。因此不能说这些科学实证主义者已经很好地理解了康德。

这一群体中最著名的代表人物是马赫（E. Mach，1838—1916 年），他的《力学史评》（*Science of Mechanics*）为力学提供了一种实证主义解释。在解释过程中，它有意避免使用曾以某种方式进入牛顿物理学的经院哲学术语。像“力”这样的术语就是一个例子。我们看不到力，而只能说物体以某种方式运动。因此马赫便取消了“力”，而通过“加速度”这个纯粹运动学的概念来定义它。当然，马赫并非声称建立了一种更加强大的力学。实证主义者所做的其实是用“奥卡姆剃刀”来剃掉那些空洞的科学概念中明显多余的东西。这里我们无法详细考察这种删减操作有多大正当性，但坚持一
289 般的科学方法是重要的。将假说排除在外是误解了解释在科学中的功能。只要能够拯救现象和预测未来，假说就起到了解释的作用。如果假说本身不是研究对象，那么只要不违背事实，它就可以继续解释下去。但假说之所以能够解释，仅仅是因为它本身尚未得到解释。当假说本身需要解释时，它就不再能够解释，而是必须通过其他尚未得到解释的假说来解释它。这丝毫不难理解，你不可能同时解释一切。但实证主义者却误以为你根本不可能解释任何东西。倘若你真的决定抛弃所有假说，我们又将如何来做科学呢？余下的似乎只有培根的分类法。正如我们看到的，这并不能把我们带到很远的地方。因此，科学在继续发展这一事实便证明马赫等实证主义者的看法是错误的。对实证主义学说最直言不讳的批评可见于梅耶松（1859—1933 年）的著作。他的认识论在原

则上是真正康德式的，尽管不是在细节上。

在尝试为他们所鄙视的“形而上学”找到科学替代品的过程中，科学哲学家们常会陷入自己的形而上学困境。在某种意义上，这并不奇怪。因为虽然他们拒斥哲学家的形而上学思辨也许不无正当性，但却容易忘记科学研究本身就是在某些预设的基础上进行的。至少就此而言，康德似乎是正确的。比如像因果性这样的一般概念就是科学工作的一个前提。它不是研究的结果，而是一种预设，即使只是一种默认的预设，没有它，研究就无法进行下去。如果这样来看，后来出现在科学家著作中的那些新颖的哲学看法就不像它们初看起来那么令人鼓舞了。

由于赞成某种数学仪式，科学陈述和程序的意义往往被置于一边。科学发现已经在一定程度上推翻了僵化封闭的牛顿世界观，但科学家们并不试图扩大这种观点，而是总体上满足于借助数学理论来解决他们的问题，只要加以恰当解释，这些理论就会产生恰当的结果。计算和转换的中间阶段不再被理会，而是仅仅充当着一套规则。这种态度虽然并不普遍，却流传甚广；奇怪的是，它让人想起了文艺复兴晚期毕达哥拉斯学派及其追随者的数秘主义。

$$\nabla^2\psi+\frac{8\pi^2 m}{h^2}(E-V)\psi=0$$

理论科学的一个方程式，通常被解释为仅仅是对符号的操作

这些一般趋势在哲学本身当中产生了一种远离科学的运动。不仅欧洲大陆唯心论的复兴是如此，英国的语言哲学大体上也是如此。至于后者，在某种意义上，哲学的任务的确不是做出发现，而是评价被各方接受的不同谈论方式的价值。无论如何，这是哲学一直在做的事情之一。不过，不同的哲学观会在不同程度上帮助或阻碍科学研究的进步。

至于我们现在要来谈的哲学本身，源于欧洲大陆的唯心论 290
在 19 世纪末统治着英格兰的哲学舞台。在英国，雨水来自爱尔兰，唯心论则来自德国。然而，这个领域的领军人物并不完全属于黑格尔传统。在牛津从事研究和写作的布拉德雷（F. H. Bradley，1846—1924 年）批驳了唯物论，他力图达到的“绝对者”让人想起了斯宾诺莎的上帝或自然，而不是黑格尔的“绝对理念”。至于他在讨论中采用的辩证方法也不是黑格尔所谓的有机发展原则，而是一种属于柏拉图及其爱利亚派先驱的传统的推理工具。事实上，布拉德雷竭力反对黑格尔的理智一元论，后者倾向于把认知等同于存在，这种观点可以追溯到苏格拉底和毕达哥拉斯学派。布拉德雷试图探入理性思维及其范畴之下，到达纯粹感觉或经验的层次。正是在这个阶段，我们才能谈及

布拉德雷（1846—1924）

其著作《现象与实在》初版于1893年

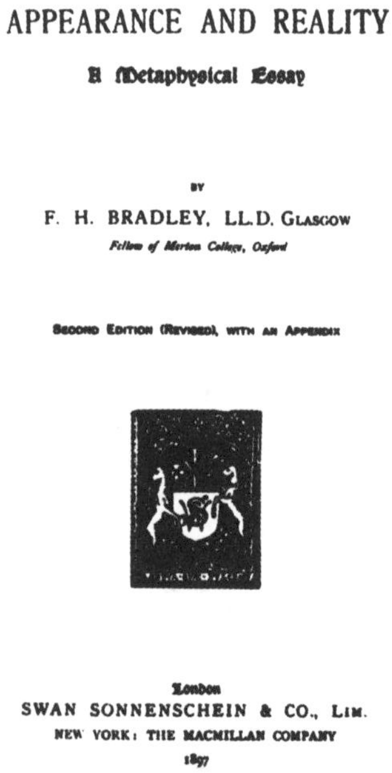

APPEARANCE AND REALITY

A Metaphysical Essay

BY

F. H. BRADLEY, LL.D. GLASGOW

Fellow of Merton College, Oxford

SECOND EDITION (REVISED), WITH AN APPENDIX

London

SWAN SONNENSCHEIN & CO., LIM.

NEW YORK: THE MACMILLAN COMPANY

1897

实在。思维总会歪曲实在，它产生的仅仅是现象，因为人们把一种陌生的分类和关系框架强加于它。因此布拉德雷认为，在思维过程中，我们不可避免会使自己陷入矛盾。这种学说在《现象与实在》（*Appearance and Reality*）一书中得到了阐述。

布拉德雷抨击思维的要点是，思维必然是理性的；正如他试图表明的，关系会使我们陷入矛盾。为了确立这个奇怪的结论，布拉德雷采用了柏拉图式的巴门尼德曾经用来反驳苏格拉底的分有论的第三人论证的形式。由于性质与关系既是迥然不同的，又是不可分的，所以我们应当能在任何性质中区分出严格属于性质和关系的两部分。但我们无法区分性质的不同部分，即使能，也会面临如何把这两部分重新联系到一起的问题。这涉及一种新的关系，第三人论证便由此进行。

这样一来，思维领域和科学便陷入了矛盾，因此属于现象而不是实在。布拉德雷在这里奇特地绕了一大圈，得出了与休谟相同的结论，尽管是基于完全不同的理由。但和休谟一样，他拒斥自我概念是因为它涉及关系。出于同样的理由，他也必须把现有宗教的上帝斥之为现象。

在以这种方式处理了现象之后，布拉德雷在“绝对者”中发现了实在，这里的“绝对者”似乎就是爱利亚派在一个比理性思维更直接的层次从内在体验到的“一”。在这个“绝对者”中，所有差异都得以统一，所有冲突都得以解决。但这并不意味着现象被废除了。在日常生活中，我们思考和做科学都要涉及现象。同样，人所做的恶也像现象一样牢固地扎根于日常世界。但在“绝对者”的层次上，这些缺陷似乎消失了。

源于黑格尔学说的另一种形式的唯心论可见于贝尼代托·克罗齐（Benedetto Croce，1866—1952年），尽管在这方面维柯的直接影响也许更重要。克罗齐并非学院派哲学家，他一生长寿，经济上独立。其国际地位使他未受太多折磨地活过了法西斯时代。战后，他曾在意大利政府担任多个职位。

克罗齐在历史和文学上著作甚丰。1905年，他创办了文学杂志《批评》（*La Critica*），并一直担任主编。其哲学进路的典型特征是强调美学，因为心灵在沉思一件艺术品时会涉及具体的体验。

和黑格尔一样，克罗齐也认为实在是精神性的。黑格尔的一元论根本不为英国经验论甚至康德的理论在认识论上的困难留出余地。但尽管黑格尔在强调辩证法时坚称心灵过程包含着对障碍的主动克服，克罗齐在这里似乎直接回到了维柯的“真理即做”。无论如何，他意识到了黑格尔学说的一些主要缺陷：一是把辩证法用于自然，二是把数值上的三分法搞得神乎其神。但最重要的是，黑格尔错在对唯心论体系的构想，对此我们已经给出了一些批判性的评论。这里还可以补充一点：辩证发展学说与实现最终目标是不太相容的。克罗齐保留了发展概念，但未接受黑格尔对它的解释。他采用了一种修正形式的维柯阶段论，而没有采用辩证发展的观点。维柯曾认为这些发展是循环的，万物最终都将回到同一个起点。正如我们所看到的，这可以追溯到恩培多克勒的观点。但克罗齐认为这些变化是渐进的，因此回到初始阶段时，心灵在此过程中已经有了新的洞见。

贝尼代托·克罗齐(1886-1952)

尽管拒斥黑格尔，但应当承认，克罗齐仍然在自己的著作中保留了相当程度的辩证法。他在《美学原理》中的说法让人想起了黑格尔的逻辑学。“谬误与真理之所以密切相关，是因为纯粹的、绝对的谬误是无法设想的；正因为无法设想，这种谬误才不存在。谬误以两个声音说话：一个肯定错误，另一个则否定错误。这是一场是与非的斗争，即所谓的矛盾。”这段话也被用来强调，克罗齐认为心灵适合实在。世界上没有什么东西是我们原则上发现不了的。任何无法设想的东西都不可能存在，因此，存在的东西一定可以设想。需要指出的是，布拉德雷的观点与此相反。他认为可以设想的东西必定因此而存在，其表述是：可能存在和一定存在的东西才存在着。最后，正是在黑格尔的影响下，克罗齐才把维柯描述为19世纪的理性主义者，而事实上维柯是17世纪的柏拉图主义者。

这篇文章（1913年）是克罗齐在得克萨斯州休斯敦大学莱斯研究所的就职演讲

PICCOLA BIBLIOTECA FILOSOFICA

BENEDETTO CROCE

BREVIARIO
DI
ESTETICA
QUATTRO LEZIONI

QUARTA EDIZIONE
CON AGGIUNTA DI DUE SAGGI
(RISTAMPA)

BARI
GIUS. LATERZA & FIGLI
TIPOGRAFI-EDITORI-LIBRAI
1933

19世纪末、20世纪初法国最有影响的哲学家是昂利·柏 292
格森（Henri Bergson，1859—1941年），他对科学作了完全不同的回应。他所属的非理性主义传统可以追溯到卢梭和浪漫主义运动。和实用主义者一样，柏格森也最强调行动。在这方面，他对哲学和科学研究中谨慎而冷静地运用理性感到不太耐烦。理性思想的一个主要特征就是力求精确。《方法谈》中的笛卡儿准则对此作了很好的描述。特别是，当我们试图在语言框架中把握飞逝的经验运动时，似乎阻碍了实在之流，而代之以对它苍白而静态的语词描述。这里我们碰到了赫拉克利特和巴门尼德的老问题。柏格森试图坚持经验之流的实在性，反对理性用僵化的形式来拙劣地模仿和替代世界。

至此，柏格森的问题让人想起了布拉德雷的问题，但这里的解决方案完全不同。布拉德雷的形而上学最终与他的逻辑学理论特别是与一种真理的融贯论密切相关，而在柏格森看来，逻辑本身就是必须克服的影响。在这个意义上，也许可以说布拉德雷是理性主义者，柏格森是非理性主义者。

与19世纪的唯心论和唯物主义一元论相反，柏格森的哲学又回到了一种二元论世界观。然而，把宇宙分为两部分并不就是之前的二元论。一个是笛卡儿所说的物质，另一个则是与理性主义世界的心灵部分有所不同的某种活力原则。活力和物质这两种巨大的力量参与了一场永恒的斗争，积极的生命冲动试图克服惰性物质所设置的种种障碍。在此过程中，生命力虽然受到了物质条件的一定影响，但仍然保持着行动自由的基本特征。柏格森之所以拒不接受传统的进化论，是因为其理性主义倾向不允许出现任何全新的东西。后来者似乎在某种意义上已经包含于前者，或者由前者所预先决定，这似乎破坏了柏格森赋予生命力的行动自由，他认为进化能产生真正新颖的东西，的确是创造性的。柏格森在其最有名的著作《创造进化论》（*Creative Evolution*）中提出了这一学说。他所要求的这种进化过程直接源自艺术创造的类比。正如艺术家在某种创造性冲动的驱使下采取行动，在自然界中运作的生命力也是如此。进化通过持续的创造性冲动来实现，这些冲动旨在获得迄今尚不存在的某些新特性。

昂利·柏格森（1859-1941）

进化过程已经使人成为理智超越本能的动物。柏格森认为
293 这是不幸的。事实上，在他之前卢梭也有这样的看法。人的理智倾向于禁锢其本能，从而剥夺人的自由，因为理智把它自身的概念约束强加于世界，从而给出了一幅扭曲的世界画面。事实上，我们已经距离把理智看成获得自由的力量的理性主义学说很远了。

最高形式的本能是直觉，直觉是某种直接与世界相协调的心灵活动。理智扭曲了世界，而直觉却能如实地把握经验。根据柏格森的说法，理智的麻烦在于它只能胜任非连续的物质世界。显然，这种观点与把语言看成一种非连续概念的框架有关。生活本质上是连续的，所以理智无法理解生活。这里，我们似乎必须依赖于直觉。在柏格森看来，理智与直觉的区分关涉空间与时间的类似区分。理智分解或分析世界，它以一种无时间的、梦一般的方式来运作。用我们之前关于理论与实践的对比来说，理智是理论的。它以几何方式来看世界，对它来说，只有空间而没有时间。然而生活却是一种在时间中流逝的实践的东西，这正是直觉介入的地方。通过理智所作的空间分析固然有一定意义，但却阻碍了我们正确理解生活。物理学理论中的时间并非真正的时间，而是一种空间隐喻。柏格森把直觉的实际时间称为“绵延”。但“绵延”是什么，却不容易解释清楚。柏格森似乎把它看成一种纯粹的经验，当我们不作理性思维，而只是任由自己在时间之中徜徉时，这种经验便主宰了我们。可以说，这种观念有些类似于克尔恺郭尔所提出并为后来的存在主义者所改造的存在主义认知模式。

柏格森的时间理论与他对记忆的解释有关。在记忆中，有意识的心灵会构想出过去与现在的某种交融。过去已经不再起作用，而现在则正在起作用。当然，这种言说方式假定的恰恰是柏格森在其他地方极力摈弃而支持绵延的那种数学时间。要使关于活动的陈述有意义，就必须把过去与现在分开。此外，赋予“记忆”一词的双重含义导致了一种简单的混淆。有时候，我们把记忆理解为此时此地正在作的回忆这一心灵活动，有时又把它理解为正在回忆的过去的事件。对心灵活动与其对象的混淆导致柏格森把过去与现在混合在一起。

柏格森总体上不喜欢为自己的观点提供理由，无论这理由是好是坏，这与他思想中的反理性主义倾向是一致的。相反，他喜欢依赖于某种诗意的解释。这虽然让人愉悦，但未必能使读者信服。事实上，这是任何旨在超出理性范围的格言都会面临的困难。因为一旦谈及接受的理由，就已经进入了理性领域。

也许最好是认为，柏格森的理论指出了经验的一些心理学 294
特征而不是逻辑学特征。在这个意义上，它与心理学理论的某些趋势是一致的。类似的思考也适用于存在主义。心理学领域的新发展是精神分析理论。但在开始简要讨论它之前，我们必须提及心理学中另一个在许多方面与此对立的趋势，即通常所谓的行为主义。

心理学的行为主义学派是实证主义的一个旁系。它否认旧的内省心理学的看似神秘的东西，宣称支持公开的行为。只有观察到的人们正在做的事情才是重要的。在我们用来描述行为的概念框架中，我们最多只能使用在特定情况下以特定方式来行动的倾向。这些可以公开观察到的东西可以用物理学家的实验方式来检验。对这种方法的一种简单拓展就是为心理事件寻求纯粹物理化学的和生理学的解释。于是，这种理论往往是唯物主义和实证主义的。这条发展线索中最广为人知的一个例子是俄国生理学家巴甫洛夫（Pavlov）对条件反射的研究。我们

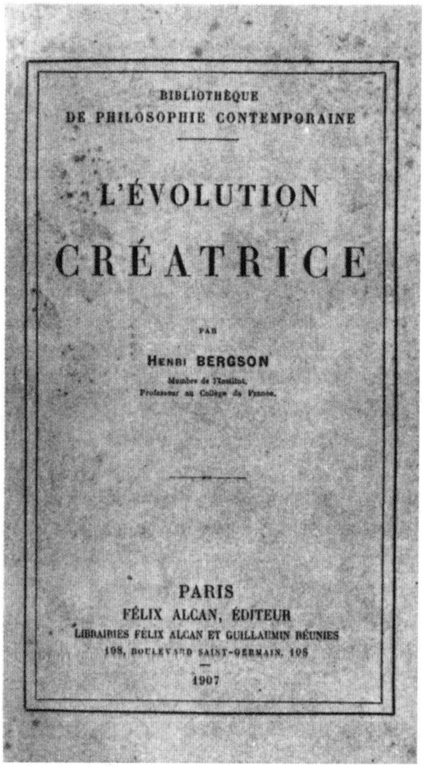

《创造进化论》扉页，柏格森最有名的著作

巴甫洛夫（1849-1936），俄国生理学家，研究条件反射

都听说过巴甫洛夫和他流唾液的狗。简单来说，这个实验就是在向动物提供食物的同时向其显示某种信号，比如屏幕上的某个图形。一段时间之后，只要出现这个图形，就足以产生我们期待提供食物会引发的生理反应。只要显示信号，动物就开始流唾液。这种反应即被称为条件反射。

据说这些研究表明，具体的可观察情形揭示了某些有关联的事件，这些关联在某种程度上可以通过加强的习惯来改变。从这一点上，这种解释以一种非常传统的休谟方式使用了联想主义心理学。但除此以外似乎还意味着，没有必要假定像思想这样的神秘的东西，可观察的相互联系的事件已经包含了我们所能说的一切。

这也许是对该案例的一种极端表述，无疑需要作一些限定。但就我们目前的目的而言，指出趋势就已经足够了。在哲学上，类似的发展可见于某些形式的语言学废除了传统意义上的含义，并以语言的实际使用或者在恰当场合以某些方式使用语言的倾向取而代之。据信我们也像巴甫洛夫的狗一样流唾液，而不是思考。

完全相反的进路可见于与西格蒙德·弗洛伊德（Sigmund Freud，1856—1939 年）联系在一起的心理学学说。他从生物学观点出发，最终提出了一种无条件包含隐秘之物的心理学。“潜意识心灵”的概念对他的理论特别重要。潜意识心灵就其本质而言是不可直接观察的。姑且不论这种理论是否可
295 靠，这里必须重复指出，无论如何它都是一种非常恰当的科学假说。那些出于实证主义偏见而拒斥假说的人无法理解假说在科学方法中的作用，但在弗洛伊德这里，关于潜意识心灵及其运作方式的理论却为心理学理论的若干重要发展提供了手段。首先是弗洛伊德关于梦的一般理论，即 1900 年出版的《梦的解析》（*The Interpretation of Dreams*）；其次是与前者有关的他关于遗忘的理论，1904 年出版的《日常生活的精神病理学》（*Psychopathology of Everyday Life*）对此作了通俗解释。

巴甫洛夫在实验室中

梦与醒的区别在于，梦允许某种自由和幻想，这些东西在我们清醒时是经不起周围事实的考验的，但做梦者的这种自由毕竟要比现实中的自由显著得多。这必定是任何关于梦的一般理论的结论。在弗洛伊德的著作中，总的假说是，我们在梦中实现了在日常生活中出于种种原因被压抑的愿望和欲望。我们这里无法深入讨论压抑机制和个人心理器官的详细结构，而只

需指出：做梦者以一定的自由来重新组合基于直接经验的各种要素以及白天乃至儿童时期受压抑的愿望。解释的任务就在于揭示梦的真正含义。这涉及对介入压抑过程的某些象征的认识，而压抑过程乃是为了掩盖某种令人不快的真相，或因为担心得不到支持而避免直言不讳。在作这些解释的过程中，弗洛伊德建立了一整套象征表，虽然必须承认，他本人在使用这些象征时要比其追随者更加谨慎。在治疗方面，必须强调弗洛伊德是一名医生，他认为揭示这些过程或对其做出精神分析有助于调节压抑所导致的神经失调。精神分析固然不足以治愈疾病，但没有它，甚至连努力都不可能。当然，治疗的知识观并不是什么新东西。正如我们看到的，苏格拉底已经有这种看法。当代语言分析学家也对哲学难题持一种非常相似的看法，他们认为这类似于可用精神分析来治疗的语言神经官能症。

西格蒙德·弗洛伊德（1856–1939），精神分析创始人。其著作《日常生活的精神病理学》1910年出到了第三版

至于遗忘，弗洛伊德认为它与一种类似的压抑机制有关。我们之所以遗忘，是因为在某种意义上害怕记忆。要想治愈我们的遗忘，就必须知道是什么东西使我们害怕记忆。

无论如何，弗洛伊德理论的价值在于认真尝试对梦做出一种一般的科学解释。在某些细节上，它当然并不完全令人信服。例如，弗洛伊德的象征表似乎就不能完全被接受。当然，最能使精神分析引起关注的莫过于对性行为和性压抑的坦率承认。与此同时，这也使之成为许多无知谩骂的靶子。

自19世纪末以来，美国哲学的主导力量一直是一种修 296
正的实用主义。这场运动的主要代表是约翰·杜威（John Dewey，1859—1952年）。他的祖上是新英格兰人，因此深受该地区古老的自由主义传统的影响。杜威的兴趣一直很广泛，不只局限于学院派哲学。他的主要影响也许是在教育领域。1894年，他成为芝加哥大学的哲学教授，此后他在教育学上著述甚多。如果在我们这个时代，传统意义上的教育与技术社会越来越需要的职业培训之间的区分变得有些模糊不清，那么这在部分程度上缘于杜威著作的影响。

Zur

Psychopathologie des Alltagslel

(Über Vergessen, Versprechen, Vergreifen, Aberglaube und Irrtum)

Von

Prof. Dr. Sigm. Freud

in Wien

Dritte, vermehrte Auflage

Nun ist die Luft von solchem S
Daß niemand weiß, wie er ihn
Faust, II. Te

S. K

BERLIN 1910
VERLAG VON S. KARGER
KARLSTRASSE 15

杜威的哲学中有三种核心观念把它与某些早期发展联系在一起。我们已经提到了实用主义要素。和皮尔士一样，杜威也认为研究是至关重要的。其次是对柏格森意义上而非实用主义意义上的行动的强调。正如我们看到的，实用主义者诚然也确信行动的重要性，但这里我们要回想一下，詹姆士误解了皮尔士，皮尔士所说的行动更像是维柯在提出“真理即做”时想到的东西。第三，杜威的理论中有黑格尔思想的许多要素，尤其

是他坚称，研究的终极目标是有机或统一的整体。因此，他把过程中出现的逻辑步骤视为通往整体的工具，如果我们把黑格尔的辩证法看成一种导向完备体系的工具，那么这种工具性的逻辑观与黑格尔的辩证法有许多共同之处。杜威追随实用主义学派，不愿受到传统真理观和谬误观的束缚，因为它们源自毕达哥拉斯和柏拉图的数理哲学。相反，杜威谈到了正当的可断言性这个源于皮尔士的概念。不过我们要补充说，皮尔士后来认为存在着一个能够解决任何问题的答案，无论距离获得还有多么遥远。

关于废除绝对意义上的真理这个一般问题，我们可以运用与普罗泰戈拉相联系的那种批判。假设有人宣称我是个讨厌的人，如果我以一种实用主义的语气问他这样说是否有正当的理由，他会如何回答呢？持这种观点也许的确对他有用，那样一来他大概会做出肯定的回答。但无论他说有还是没有，他都会立刻超出自己的实用主义原则，因为这不再是一个正当理由的问题。他根本没有想到二阶的权宜之计或正当理由；事实上，这直接导致了一种无穷倒退。恰恰相反，在回答是或否时，他暗中承认了一种绝对意义上的真理。即使他最终弄错了，这也不会改变。他也许自信地给出某种回答，最后却发现它是错的。要想给出任何回答，他都必须暗中接受某种绝对标准。这种批判不仅适用于实用主义的真理理论，而且适用于任何试图以其他标准来定义真理的理论。

约翰·杜威（1859-1952）

297 要想看清这种把逻辑纳入行动的努力来自何处并不难。从根本上讲，它就是柏格森所抱怨的：根据传统的客观逻辑观，世界上不可能产生任何全新的东西。激励这种理论的正是对新东西和社会扩张的要求。这里最终出现了人的各种活动与用语言和逻辑来表达它的固定框架之间的混淆。如果未能认识到这些标准，人就容易越出界限，忘记自身能力的有限性。

这里必须提到另一位重要人物，那就是我之前的同事怀特海（A. N. Whitehead，1861—1947 年）。前面说过，他是一位数理逻辑学家。完成《数学原理》之后，他的兴趣逐渐转向了当代科学所引发的哲学问题，并最终转向了形而上学。1924 年，他被任命为哈佛大学的哲学教授，实际上开始了新的职业生涯。他的晚年作品往往非常晦涩难懂。当然，说一本书难懂本身并不是批评，但我得承认，怀特海的形而上学思辨对我来说有些古怪。不过，我还是要尝试作一番简要描述。

怀特海认为，要想把握世界，我们就绝不能遵循伽利略和笛卡儿的传统，将实在分成第一性质和第二性质。这样下去只能得到一幅被理性主义范畴扭曲的图景。世界其实是由无数个鲜活的事件组成的，其中每一个事件都会让人想起莱布尼茨所说的单子。但与单子不同，事件是暂时的，它会消亡，产生新的事件。这些事件发生在各种对象上。我们可以把这些事件看成一种赫拉克利特式的流，把对象看成巴门尼德式的球体。当然，它们分别来看都是抽象；但在实际过程中，两者是密不可分的。

至于与实在的真正接触，则似乎需要一种内在的认知，即认知者与认知对象合为一个东西。这让我们想起了斯宾诺莎。怀特海的确主张，每一个命题最终都应结合它同宇宙体系的关系来看待。这显然是一种系统的唯心论，尽管它并不完全具有杜威哲学中的唯心论特征。杜威的整体观可以追溯到黑格尔，而怀待海的唯心论则与谢林后期的有机观念有更多共同之处。

怀特海（1861-1947）

非常简要地说，这似乎就是怀特海形而上学的主题。我不敢说它在哲学史上将占有什么地位，但我们感兴趣的是这样一种形而上学学说是如何从对某些一般科学问题的兴趣中直接产生出来的。事实上，我们已经在 17 世纪的理性主义者和 19 世纪的唯心论者那里看到了同样的东西。就科学理论试图把握整个世界而言，它所追求的目标类似于形而上学的目标。不同之处在于，科学更能解释难以驾驭的硬事实。

如果可以说 19 世纪比以往任何时代都更彻底地改变了世 298
界，那么过去 60 年也是如此，这一时期的转变甚至更为剧烈。第一次世界大战标志着一个时代的结束。

激励了数代人的主导思想是进步观念。世界似乎正在朝着一个更好、更文明的方向发展。西欧是发善心的主人，世界其他地方则在政治和技术上依赖于它。从某些方面来看，这种世界观并非没有道理。无论在政治上还是在驾驭工业所提供的物质力量上，西方无疑居于主导地位。支撑所有这一切的是极度的自信和上帝站在进步一方的感觉。工业社会的发展导致人口激增。在一个世纪里，英格兰的人口数量增加了 5 倍，但马尔萨斯的悲观预言并未成真。恰恰相反，由于工业社会开始克服其初始的问题，社会的一般生活方式逐渐变得更加舒适起来。

这些变化使人们普遍保有一种乐观主义情绪和对未来的信心。20 世纪所有重要思潮都有这种一般的乐观主义基调。功利主义、实用主义和唯物主义都受到它的感染。最明显的例子也许是马克思主义学说。它甚至将进步不可避免这一信念成功地保持到今天。只有这种政治理论一直坚持着自己天真的信仰，不过自那以后，世界一直动荡不安。就其缺乏弹性的教条主义和乌托邦观点而言，马克思主义是19世纪的遗迹。

在这样一种进步的气氛中，人们似乎觉得世界的基础很牢固。不仅富有的人这样想，就连贫困者也觉得自己的命运能够改善而且将被改善，这种希望最终的确没有落空。与此同时，教育的普及也可以用来表明人可以改善自身的状况，因为在这个新社会中，没有地位优势的人可以通过知识和技能出人头地。

在维多利亚时代，生活似乎坚固、稳定、可靠。世界井然有序而又稳定

在社会领域，这种竞争要素是新的。当然，商人之间的竞争和商业本身一样古老。但一个人可以通过自己的努力来改善自己，却是最近才出现的观念。中世纪的人普遍认为每个人的位置都是上帝指定的，擅自改动神所规定的秩序是有罪的。这些旧观点曾经遭到文艺复兴时期思想家的质疑，到了19世纪则被彻底抛弃了。

299 当然，我们这里描述的情况只属于工业化已经扎根的那些地区，包括英格兰和西欧的部分地区。不要忘了，这些区域只是地球可居住面积的一小部分。这些国家的大发展对世界历史的影响与其数量完全不成比例。不过，这在人类事务中并不新鲜。单就面积而言，古代波斯帝国比希腊版图大得多，但其影响却微不足道。

生活在这一时期并且受进步思想激励的人似乎可以满怀信心地谋划未来。安定的局势使人们有理由展望其整个未来职业生涯。与此同时，这些计划完全是个人的事情。正是通过一个人自己的不懈努力，才能获得地位和保障。至于贫困的人，则有道德高尚的有责任心的公民为其提供慈善和自愿帮扶。奇怪的是，朝着提供社会福利迈出的最初步伐竟然是俾斯麦迈出的，为了利用其社会主义反对派，他为工人们引入了一种健康保险。

这一时期的另一个显著特征是其总体上自由的政治观。人们理所当然地认为，政府从事的是一种边缘活动，其职责是对各种利益冲突做出裁决。至于干预工业或贸易的运行，甚至连想都没想过。今天，政府本身运营各种企业，则缘于马克思的学说影响了我们处理社会问题的一般进路。至于行动自由，在欧洲的大部分地区是完全不受限制的。和现在一样，当时俄国是一个例外。除了沙皇的帝国要求有护照，你无需任何证件就可以游遍西欧。与此同时，人们并不像现在旅行那么多。这部分是因为花费太高，限制了那些相对富有的人的行动。自那以后引入的控制措施表明，国际信任已经大大下降。

在政治领域，西欧自1870年以来已经享受了近半个世纪的和平。事实上，这种幸福的事态并非世界性的。非洲有殖民冲突；在远东，俄国败给了日本，后者努力吸取西方的技术文明，并已取得很大进步。不过对于生活在我们这里的人来说，世界似乎仍然还算和平。这就是60年前的情况。我们回顾它时，往往感到那时的人仿佛生活在梦境之中。

1914年至1918年的第一次世界大战摧毁了所有价值观和预想。尽管国家意识在19世纪已经显著增强，但那些差异一直隐藏着。如今它们导致了史无前例的世界性大屠杀。这场大灾难导致人们的进步信心锐减，怀疑气氛日渐增长，世界再也未能从中完全恢复过来。

在纯技术方面，第一次世界大战表明，武器的改进速度 300
远远超出了军人战术观念的发展。结果导致了一场大大削弱西欧的、结果难以预料的可怕的大屠杀。自1918年以来，法国局势的无力和不稳定在很大程度上就是这场杀戮的后果。与此同时，美国正开始扮演越来越重要的角色。俄国经历了布尔什维克革命，建立了一个远比沙皇帝国更为强大的新工业化社会。自维也纳会议以来，民族主义情绪一直在悄然郁积，现在表现为新民族国家，每一个国家都对其邻国保持疑虑。行动自由受到种种限制，直到今天，这些限制才开始再次放松。

送葬的队伍，出现于勒内·克莱尔的电影《间奏曲》(1924)：旧的价值观遭到嘲笑，稳定性烟消云散

情况已经越来越明显，欧洲各国两败俱伤的战争如果进一步发展，将会威胁到西方文明的存在本身。这正是1919年建立国际联盟的主要驱动力。美国总统威尔逊是为国家之间的和平合作奠定基础的这种努力的主要倡导者之一。然而，他的提议最终未获本国支持，所以从一开始就大大削弱了国际联盟的地位。与此同时，中央权力的受挫导致激烈而不妥协的民族主义空前高涨。国际联盟建立还不到20年，德国的国家社会主义独裁就导致了第二次世界大战，其规模和破坏性超过了历史上任何一次战争。更强大的武器装备和意识形态动机把军队之间的战争变成了全面战争。受其影响的不仅有士兵，而且还有平民。原子弹的威力在日本第一次得到彰

显。这种破坏力的终极后果已经使人类有了自我毁灭的可能。至于我们能否明智地抵制这种诱惑，则仍然有待观察。希望二战后取代了旧的国际联盟的联合国能够成功制止人类的相互毁灭。

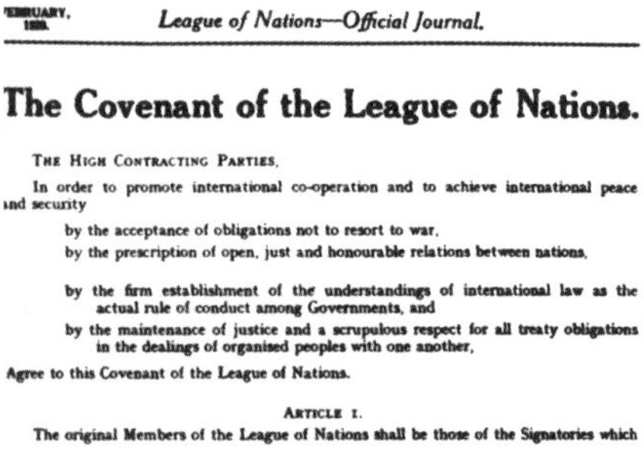
FEBRUARY, 1920. League of Nations—Official Journal.

The Covenant of the League of Nations.

THE HIGH CONTRACTING PARTIES,

In order to promote international co-operation and to achieve international peace and security

by the acceptance of obligations not to resort to war,

by the prescription of open, just and honourable relations between nations,

by the firm establishment of the understandings of international law as the actual rule of conduct among Governments, and

by the maintenance of justice and a scrupulous respect for all treaty obligations in the dealings of organised peoples with one another,

Agree to this Covenant of the League of Nations.

ARTICLE I.

The original Members of the League of Nations shall be those of the Signatories which

国际联盟的条款，这是第一次世界大战的产物

纵观整个历史，贸易和战争是推动技术发展的两种主要力量。近年来的事件已经显著表明了这一点。电子工程和通信工程的发展产生了现在一些人所谓的第二次工业革命。它对我们目前世界的改造甚至比基于蒸汽机的第一次工业革命还要激进。

同样，运输工具也经历了一场在 19 世纪做梦也想不到的变革。从罗马时代到铁路出现，旅行方式没有多大变化。自那以后，人类已经把伊卡洛斯的神话变成了现实。一百年前，人们还以为 80 天内环游地球是痴人说梦，而现在只用几十个小时就可以做到这一点。

301 这些意义深远的发展在某些方面已经超前于人类适应新环境的能力。首先，激烈的国际冲突已经危及 19 世纪盛行的安全感。人们不再可能以同样的方式长远地看事情。同时，国家行为已经严重侵犯了曾经属于个人的行动自由。这有多方面的原因。首先，工业国家日益复杂的经济生活已经使这些国家对各种动荡极为敏感。与中世纪相比，我们的社会远远不够稳定，因此有必要对可能颠覆政府的势力实施一定的控制；第二，必须提供某种平衡力量来抵消不可避免的动荡，因此国家需要介入经济事务；第三，国家提供的种种服务在一定程度上弥补了业已失去的独立获得的保障。这些变化与一个国家的政治制度几乎没有什么关系，而主要依赖于我们文明的技术。值得注意的是，在政治上迥然不同的国家，这些问题却非常相似。

组织在现代生活中的压倒性分量已经引发了哲学思想中新的非理性主义倾向。在某种意义上，这些思潮是对曾经激励过当代独裁政权的权力哲学的反动，也是对科学威胁人类自由的反动。

非理性主义的主要哲学分支可见于近年来在法国和德国的哲学中起主导作用的复兴的存在主义学说。对此我们将作一些简要评论。这里要注意的是，这种倾向中包含了各种往往彼此相左的学说。

在欧洲大陆，与存在主义学说相伴的是对传统形而上学的回归。英国哲学近年来主要沿着语言学道路发展。大陆哲学与

英国哲学之间的鸿沟空前巨大。事实上，它们甚至都不承认对方在实际做哲学了。

以上便是当代思想的粗略轮廓。在绘制草图的过程中，我们不仅可能扭曲真相，而且可能缺乏远见。在这一点上，没有什么解决办法。不过，我们可以指出一个一般结论。迄今为止，西方文明之所以能够主导世界，乃是因为它的技术以及产生技术的科学和哲学传统。目前这些力量似乎仍然发挥着主导作用，尽管无法解释为什么必然如此。随着西方发展出的技术传播到世界其他地方，我们的优势地位就衰落了。

大陆的存在主义哲学在某些方面相当令人困惑。事实上， 302
有时很难看出其中有什么东西可算做传统意义上的哲学。然而，整个存在主义运动的共同出发点似乎是，理性主义哲学无法为人类存在的意义做出合理的解释。理性主义者用概念体系所作的一般描述未能把握个体经验的具体特性。为了克服这个明显的失败，存在主义者求助于克尔恺郭尔所谓的存在主义思维模式。理性主义从外部处理世界，无法公正对待活生生的直接经验。必须从内部以存在主义的方式来把握世界。

对于这个明显的难题，可以给出不同的解决方案。首先，有人也许会指出，在这些思辨所要求的意义上，人生是没有意义的。生活的目的就是尽可能有趣地活着，至于隐秘的目的都是荒诞不经的。此外，存在主义思维模式这种观念本身有一个严重缺陷。如果你反思任何事物的存在，你想到的必定是某一类东西。存在本身就是一个错误的抽象。甚至连黑格尔也意识到了这一点。

这些激烈的论证无疑是有效的，但却容易妨碍我们看清这些思想家所要暗示的东西。因此，我们对存在主义必须持一种更为宽容的看法，尝试简要说明它力图表达什么。

卡尔·雅斯贝尔斯（Karl Jaspers，1883—1969 年）的存在主义哲学虽然拒绝接受唯心论的形而上学，但他所认可的三种存在仍然保留着一种黑格尔意义上的辩证法要素。雅斯贝尔斯因为年轻时对心理学尤其是心理病理学的兴趣而进入哲学，因此人处于其哲学研究的中心。在这个意义上，我们可以把他的存在主义称为“人文主义”，萨特曾用这一术语来描述他自己的哲学。不过与文艺复兴时期的客观人文主义不同，存在主义最多提供了一种主观人文主义。因此，存在主义哲学家使用萨特的格言是一种误导。

随着航线的增加，距离已经缩短

卡尔·雅斯贝尔斯（1883–1969）

在雅斯贝尔斯的存在论中，我们遇到了三个不同概念。层次最低的是存在于此的客观世界。所以客观世界的存在是一种从外部来把握的“存在于此”，它涵盖了科学领域的所有方面。但自我无法恰当地认识它自身的存在。事实上，适用于科学领域的客观存在妨碍了我们感受这种更高层次的存在，雅斯贝尔斯称之为“存在的我”或“生存”。这种存在模式不再对支配客观存在领域的理性范畴负责。据说“存在的我”或“个人生存”总是指向它自身之外。我们不妨用亚里士多德的术语来描述这一点：在雅斯贝尔斯看来，个人生存本身包含着各种不确
303 定的潜能。在努力超越自身的过程中，“我”与可被称为“超验”的第三种存在协调起来，这是一种包含了前两种存在模式的“自在”。虽然雅斯贝尔斯并不追求激励过唯心论者的那种目标，但他的三种存在显然构成了辩证过程的一个绝好例子。在这个意义上，它们必定落入了理性范围。正如我们之前看到的，任何试图在原则上剥夺理性的理论都会面临这个固有的难题。当然，指出人们既受理性支配又受感情支配这种常识性的真理是不错的。从原则上讲，这并不是对理性的限制。但若提出一种理性理论，又要试图使理性本身失效，就会出现令人难堪的矛盾。因为要对任何事物做出解释，就必须求助于理性。否认理性的能力就无法给出理论上的根据；我们无法言说，就只能保持沉默。在某种程度上，存在主义者也的确模糊地意识到了这一点，因此他们有时会提倡沉默，即使他们自己并不践行。至于雅斯贝尔斯，他意识到了困难所在，并承认理性毕竟是重要的，以此尽力作了改进。

基于这种对存在的划分，雅斯贝尔斯认为，本质上具有解释性的科学必定无法真正把握实在。因为如果允许对解释与解释对象做出区分，就等于暗中承认我们已经失败。其假设似乎是，所有陈述都是对事实的扭曲，仅仅因为陈述并不等于陈述对象。因此，由于陈述关乎其他某种东西，所以它们被认为是不充分的。需要注意的是，陈述在这里被认为本质上不充分，并不像唯心论认为的那样是因为它脱离了为其提供全部意义的其他陈述。

在雅斯贝尔斯看来，哲学属于那种超验或自在的存在模式。或者毋宁说，哲学就是个体进行超越的努力。至于个体的道德生活，则在个人生存的层面运作。正是在这个层面，人们才相互理解，体验那种自由感。既然自由处于理性范围之外，我们就无法对它做出理性解释，而只能满足于辨识它在某些情绪中

的表现。据说我们的自由感是与某种忧虑感或雅斯贝尔斯从克尔恺郭尔那里借用的“恐惧”感相伴随的。总体上我们可以说，理性支配着“存在于此”的层次，情绪则支配着“我存在”的领域。

雅斯贝尔斯的存在主义在超验层次上像克尔恺郭尔一样为宗教留出了余地，而马丁·海德格尔（Martin Heidegger，1889—1976年）更具形而上学色彩的著作则充斥着一种非常不同的腔调。他的哲学措词古怪，极为晦涩难懂。我们禁不住怀疑语言在这里是不是用得太混乱了。他的思辨中有一点很有趣，即他坚称无是某种肯定的东西。和存在主义中的许多其他观点一样，这也是一种被误作逻辑的心理学观察。

马丁·海德格尔（1889-1976）

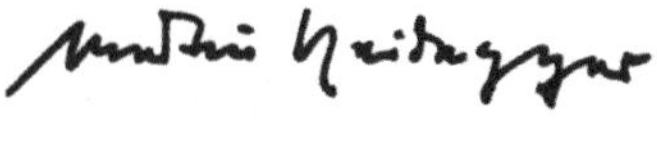

在法国，存在主义运动与文学有着更密切的关系。该运 304
动最著名的倡导者让－保罗·萨特（Jean-Paul Sartre，1905—1980年）不仅写了一部重量级的哲学论著，还写了多部小说。他的存在主义思想大都是通过这些作品中的人物来表现的，这些人物感受到了某种行动的召唤，这是存在主义的一个非常重要的方面。小说这种文学媒介为反思人类的困境提供了完美的工具。

在萨特那里，存在主义的人类自由观被推向了极端。人要持续不断地选择自己的命运。这些选择与传统或人生中先前的事件并无联系，仿佛每一个新决定都需要全身心地投入。害怕看到这一不幸真相的人试图通过对世界加以理性化来寻求保障。在这方面，科学家与宗教信徒是一致的，两者都试图逃避现实。但在萨特看来，他们都是错误的。世界并不像科学所认识的那样；至于上帝，则似乎从尼采时代起就已经死了。愿意如实面对世界本身的人的确会让人想起尼采的主人公。萨特正是从这一来源中导出了他的无神论。

萨特从根本上反对的是理性主义的必然观。这种观念可见于莱布尼茨和斯宾诺莎，并为唯心论哲学家所继承。我们还记得，这些思想家认为，只要采取足够宽容的态度，任何东西原则上都可被视为必然。于是，自由学说不可避免会采取我们在斯宾诺莎或黑格尔那里看到的形式。自由就在于同必然性的运作相协调。这种自由观一旦被拒斥，就像在萨特那里一样，其他观点似乎就是顺理成章的。如前所述，理性主义的必然观主导着理论科学领域。因此，只要我们接受存在主义的自由学说，就必须抛弃这种必然观。类似地，还必须抛弃理性主义神学，尽管萨特甚至尝试将它与无神论联系在一起。如果我们拥有萨特所认为的那种自由，我们就可以选择任何想要的东西。正如我们已经看到的，在这个问题上，不同的存在主义思想家其实已经做出了不同的选择。

在批判理性主义必然观时，存在主义注意到了一个重要观点。但它的哲学批判就类似于建立在心理学基础上的情绪化抗议。正是从一种压抑感出发，存在主义发起了对理性主义的反叛。这导致了一种对待事实世界的奇怪的个人态度，这个事实世界正是自由的一个障碍。理性主义者认为自由在于认识自然的运作，而存在主义者则认为自由在于情感的放纵。

让－保罗·萨特（1905–1980）

所有这一切背后的基本逻辑观点可以追溯到谢林对黑格尔的批判。从一般逻辑原理中是导不出存在的。任何正统的经验论者都乐于赞成这一批判。但由于前面已经谈了很多，这里
305 不必再作补充。事实上，如果在此基础上进而导出一种存在主义心理学，似乎就推翻了这个值得称道的批判。这也正是萨特理论的意图。在描述各种心理状态时有许多有趣、有价值的观察。但人们以这种方式行动和感受并不是“存在并非逻辑必然”的逻辑推论，否则就会既承认又拒斥谢林的观点。因此，虽然完全可以认为心理观察是准确的，但把这种材料变成一种本体论却是行不通的，而这正是萨特的《存在与虚无》（*Being and Nothingness*）一书的目标。虽然该书充满了诗意的模糊不清和语言上的夸张，但却是德国传统的佳作。它试图把特殊的人生观变成一种本体论，这在传统哲学家（无论他属于理性主义阵营还是经验主义阵营）看来似乎有些古怪，就如同要把陀斯妥耶夫斯基的小说变成哲学教科书一样。

需要指出的是，存在主义者也许会认为我们的批判话不对题。因为我们正在使用理性主义标准。我们不是在讨论存在主义议题，而是在理性主义逻辑的领域活动。也许是如此，但这种反驳也可以用来驳斥自己。这只是用另一种方式说，任何标准都是在理性领域起作用。语言也是如此。因此，利用语言来倡导存在主义学说是危险的。当然，我们也可以满足于某种诗意的抒发，每个人都会尽可能地从中受益。

与萨特的存在主义不同，加布里埃尔·马塞尔（Gabriel Marcel，1889—1973 年）的存在主义具有宗教倾向。在这方面，它有些类似于雅斯贝尔斯的理论。和所有存在主义思想家一样，马塞尔也特别关注个体及其关于特殊人类境况的具体经验。至于一般的哲学，马塞尔强调需要超越通常类型的从事剖析的反思。为了看清最完整意义上的实在，我们必须把被理性主义切

开的各个片段重新组合在一起。这种综合操作是通过马塞尔所谓的“二阶反思”来实现的。它旨在表达一种更为专注和更高形式的反思。“一阶反思”是向外的，而这种更高的“二阶反思”则是向内的自我审视。

马塞尔关注的一个问题是身体与心灵的关系，这源于他对人在特定现实背景下的困境的关注。他对笛卡儿二元论的批判让人想起了贝克莱对那些把视觉混同于几何光学的人的批判。我们也许可以说，心灵与身体的区分预设了一个隐喻，该隐喻认为心灵游离于身体之外，心灵与身体是两个迥然不同的东西。大体说来，这似乎就是马塞尔的观点，听起来非常合理。但他把问题的解决与进行综合反思联系在了一起，而我们却倾向于认为，这里稍作语言分析就能表明哪里错了。

马赫是产生于世纪之交的实证主义的代表人物之一。前 306
已提到他的力学著作。在随后 20 年里，他逐渐对符号逻辑产生了更大兴趣。这两种倾向结合在一起，形成了一场以石里克（Schlick）为中心的新运动。和马赫一样，石里克也是维也纳大学的教授。他所领导的群体被称为“维也纳学派”，他们的哲学后来被称为“逻辑实证主义”。

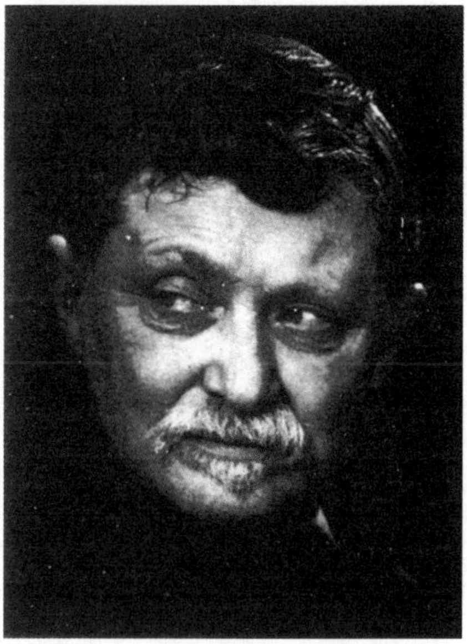
加布里埃尔·马塞尔（1889–1973）

如其名字所示，逻辑实证主义学说首先是实证主义的。它认为，我们的全部知识都由科学来提供，严格说来，旧式的形而上学全是空洞的废话。除了经验，我们不可能认识别的东西。如果不考虑本体，我们发现这与康德的思想有些相似。他们不仅强调经验观察，而且提出了一种与实验室科学家的传统实用主义有些关系的意义标准。这就是著名的可证实性原则。根据该原则，命题的意义就在于其证实方法。它源于马赫，马赫在定义力学术语时就使用了这种程序。

发端于维也纳的逻辑实证主义运动并没有在那里幸存下来。1936 年，石里克被他的一名学生杀害了。迫于纳粹政权的淫威，其他成员觉得有必要搬到其他地方定居。最终，所有人都去了美国或英格兰。卡尔纳普（Carnap）去了芝加哥，魏斯曼（Waissmann）去了牛津。与科学语言总体上的统一趋势相一致，该运动在战争前夕开始出版《统一科学国际百科全书》（*International Encyclopedia of Unified Science*）的首批论著。这套丛书由芝加哥大学出版社出版，其首任主编奥托·纽拉特（Otto Neurath）于 1945 年在牛津去世。就这样，逻辑实证主义渐渐从其故土移到了英语国家，在那里再次与古老的英国经验论传统联系起来，在某种程度上的确得益于这一传统。在英格兰，艾耶尔（A. J. Ayer）的《语言、真理与逻辑》（*Language, Truth and Logic*，1936）第一次使逻辑实证主义学说获得广泛关注。

实证主义运动都鄙视形而上学，尊重科学。但在其他方面，其成员在逻辑和科学方法问题上却有很大分歧。特别是，可证实性原则引发了若干种不同解释。实证主义运动的历史其实是围绕着对可证实性原则的地位和意义的讨论而发展的。

International Encyclopedia of Unified Science

Editor-in-chief Otto Neurath

Associate Editors Rudolf Carnap Charles W. Morris

Foundations of the Unity of Science

(Volumes I-II of the Encyclopedia)

Committee of Organization

Rudolf Carnap	Charles W. Morris
Philipp Frank	Otto Neurath
Joergen Joergensen	Louis Rougier

Advisory Committee

Niels Bohr	R. von Mises
Egon Brunswik	G. Mannoury
J. Clay	Ernest Nagel
John Dewey	Arne Ness
Federigo Enriques	Hans Reichenbach
Herbert Feigl	Abel Rey
Clark L. Hull	Bertrand Russell
Waldemar Kaempffert	L. Susan Stebbing
Victor F. Lenzen	Alfred Tarski
Jan Lukasiewicz	Edward C. Tolman
William M. Malisoff	Joseph H. Woodger

Copyright 1939 by the University of Chicago
All Rights Reserved. Published May 1939
Fourth Impression 1947

《统一科学国际百科全书》顾问委员会

对意义的可证实性理论的初步批判是，它面临着与真理的实用论一样的困难。假定我们已经找到了某种证实命题的方法，并且对这种程序作了一番描述性的解释，那么我们现在可以问：这种解释的意义是什么？这便立即导致了有待证实的意义的无
307 穷倒退，除非我们在某个阶段承认，命题的意义已经自明。但这样一来，最初的原则就被破坏了，于是我们可以说，我们能够立即直接辨识出意义。

实证主义立场的另一个困难是把一切哲学思辨都斥之为无意义的胡说，因为可证实性理论本身就是一种哲学学说。为了试图避开这一困境，石里克指出，可证实性原则其实根植于我们的行为中，用这么多笔墨来陈述它只是为了提醒我们注意自己事实上是如何做的。但如果真是这样，那么这一原则终究是可靠的，从而陈述了一种哲学立场。因为大家都认为，它并不是一则经验科学陈述。

石里克试图摆脱相继证实的无穷倒退。他认为，最终的意义源于自明的经验，而后者又把意义赋予了句子。卡尔纳普也寻求类似的目标，他试图建立一个形式逻辑体系，将认识论问题归于由确认相似性的基本关系联系在一起的原始观念。

这种处理方法基于对某种真理符合论的默认假设。作为一种对知识问题的解释，该理论的弱点在于，它要求我们置身事外来比较经验和句子。纽拉特意识到了这个困难，坚称一个句子只能和另一个句子相比较。根据他的说法，为句子提供支持的是一种“协议陈述”，他认为这种陈述与通常的经验陈述处于同一层次；也就是说，它们并不是必然的。卡尔纳普采取了一种类似的看法，但认为协议陈述是无可置疑的出发点，这带有一些笛卡儿主义的意味。无论是那种情况，这种处理问题的方法都会使我们以传统理性主义的方式得出一种真理的融贯论。

卡尔纳普最终把注意力转向了一种处理逻辑实证主义哲学核心问题的非常不同的方法。如果能够发明一种形式化的语言，

使得用它无法表述不可证实的陈述，那么采用这样一种语言就能满足所有实证主义要求。可证实性原则仿佛被嵌入了该体系的句法之中。然而，这种处理问题的方法也是不恰当的。一方面，意义问题不可能归结为涉及把语词组合在一起的句法结构。另一方面，构造这样一种体系需要假定所有发现都已经做出。在某些方面，这等价于黑格尔的体系，后者也基于类似的观点，即世界已经发展到其最后阶段。

维特根斯坦（Wittgenstein）虽不是维也纳学派的成员，但对逻辑实证主义者却很重要。他早期的逻辑理论对逻辑实证主义者的思想产生过极大影响。不过，逻辑实证主义在英格兰立足之后，给它带来全新转变的却是维特根斯坦后来的语言学发展。

奥托·纽拉特使用图形符号来解决沟通问题的一个样本

实证主义运动产生了若干不同分支，其中最重要的之一是 308
在过去几十年里主导英国哲学的语言分析学派。它和正统的逻辑实证主义都秉持一个原则，即所有哲学困惑都是乱用语言所致。因此他们认为，每一个恰当表述的问题都有一个清晰明确的答案。分析的任务就是表明“哲学的”问题产生于对语言的粗心误用。一旦这些问题的模糊性得到阐明，就说明它们是无意义的，因而也就得到了解决。因此如果得到恰当运用，可以把哲学看成某种语言治疗。

用一个简单的例子就能说明这种方法，但在这一点上我并不接受特殊论证。人们常常问自己，这一切是如何开始的？是什么发动了世界？世界是从什么起点开始运行的？我们不是要提供答案，而是先来认真考察一下这个问题的用词。问题的中心词是“开始”。在日常用语中，这个词是如何使用的呢？为了解决这个附属的疑问，我们必须考察一下使用这个词的通常情形。比如我们可能会想到一场交响音乐会，说它八点开始。开始之前，我们可能要进城吃饭，音乐会结束之后回家。需要注意的是，只有问开始之前和开始之后发生了什么才是有意义的。“开始”是时间中的一个点，标明了某个在时间中发生的事情的一个阶段。现在如果我们回到“哲学”问题，立刻就会看到我们正以一种完全不同的方式使用“开始”一词。因为我们并未打算问每一个事物开始之前有什么。的确，这样一来，我们就能看到问题错在哪里。寻求一个之前没有东西的开始就像寻求一个圆的方一样不可能。一旦看明白这一点，我们就不会再提这样的问题，因为它是无意义的。

维特根斯坦（1889—1951 年）对英格兰的分析哲学产

生了巨大影响。他曾与维也纳学派有过接触。和该学派的成员一样，他在希特勒德国的风暴来临之前也去了异国他乡，后来住在剑桥。1939 年在摩尔（G. E. More）退休后被任命为教授。1921 年出版的《逻辑哲学论》（*Tractatus Logico-Philosophicus*）是他生前出版的唯一著作。在这本书中，他提出一切逻辑真理都是重言式。在他的专业意义上，重言式是这样一个命题，它的对立是自相矛盾。这种意义上的重言式大致对应于“分析”这个更常用的术语。晚年维特根斯坦的兴趣从逻辑转向了语言分析。就现存的记录来看，他的观点可见于课堂笔记和去世后发表的文集。因风格独特而神秘，很难对他的思想进行概述。他晚期哲学理论的基本信条也许可以恰当地表述为，语词的意义在于对它的使用。

309 在陈述其解释的过程中，维特根斯坦引入了“语言游戏”这一比喻。按照他的看法，对语言某个部分的实际使用就像一场游戏，比如下棋，它有一些规则必须为下棋者所遵守，对允许的走法也有一些限制。维特根斯坦后来完全抛弃了他早年《逻辑哲学论》的逻辑世界。当时在他看来，　切陈述都可以分解为不可再分的简单最终组分。因此该理论有时被称为“逻辑原子论”，它与此前关于简单最终组分的理性主义学说有许多共同之处。正是以它为基础，人们才尝试设计一种能够完全精确地陈述一切事物的完美语言。维特根斯坦后来否认能够构造这样一种语言。我们永远也不可能完全消除混乱。

于是，通过学会玩各种语言游戏，我们便通过语词和语词的运用获得它们的意义。也就是说，我们需要学习一个词的“语法”或“逻辑”，这个专业术语在语言分析中得到了广泛传播。于是，如果未能很好地掌握语词的“语法”，就会引出形而上学问题。因为一旦正确理解了规则，我们就不会提出这种问题了。语言治疗已经治愈了我们的欲望。

维特根斯坦对语言哲学产生了极大的影响。然而在某种程度上，语言分析仍然沿着自己的若干条道路发展着，尤其是发展出了对语言区分的新的兴趣，无论这可能有什么疗效。一种新的经院哲学已经产生，和它的中世纪先驱一样，它正在陷入一条有些狭隘的轨道。语言分析的大多数流派都相信，日常语言是恰当的，困惑源自哲学上的错误。这种观点忽视了一个事实，即日常语言中充满了过去的哲学理论逐渐褪去的色彩。

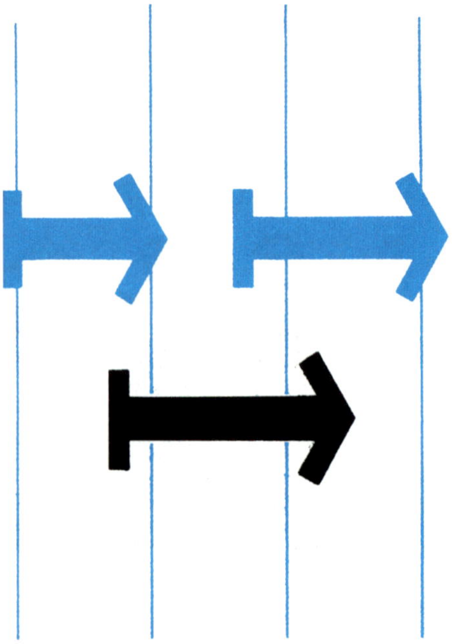

关于任何在时间中开始的事物，我们也许会问在它开始之前有什么

维特根斯坦《逻辑哲学论》中的一页

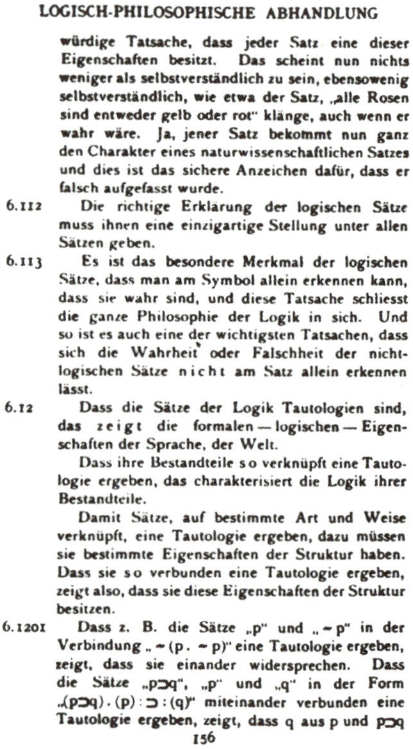

LOGISCH-PHILOSOPHISCHE ABHANDLUNG

würdige Tatsache, dass jeder Satz eine dieser Eigenschaften besitzt. Das scheint nun nichts weniger als selbstverständlich zu sein, ebensowenig selbstverständlich, wie etwa der Satz, „alle Rosen sind entweder gelb oder rot" klänge, auch wenn er wahr wäre. Ja, jener Satz bekommt nun ganz den Charakter eines naturwissenschaftlichen Satzes und dies ist das sichere Anzeichen dafür, dass er falsch aufgefasst wurde.

6.112 Die richtige Erklärung der logischen Sätze muss ihnen eine einzigartige Stellung unter allen Sätzen geben.

6.113 Es ist das besondere Merkmal der logischen Sätze, dass man am Symbol allein erkennen kann, dass sie wahr sind, und diese Tatsache schliesst die ganze Philosophie der Logik in sich. Und so ist es auch eine der wichtigsten Tatsachen, dass sich die Wahrheit oder Falschheit der nicht-logischen Sätze nicht am Satz allein erkennen lässt.

6.12 Dass die Sätze der Logik Tautologien sind, das zeigt die formalen — logischen — Eigenschaften der Sprache, der Welt.

Dass ihre Bestandteile so verknüpft eine Tautologie ergeben, das charakterisiert die Logik ihrer Bestandteile.

Damit Sätze, auf bestimmte Art und Weise verknüpft, eine Tautologie ergeben, dazu müssen sie bestimmte Eigenschaften der Struktur haben. Dass sie so verbunden eine Tautologie ergeben, zeigt also, dass sie diese Eigenschaften der Struktur besitzen.

6.1201 Dass z. B. die Sätze „p" und „~p" in der Verbindung „~(p. ~p)" eine Tautologie ergeben, zeigt, dass sie einander widersprechen. Dass die Sätze „p⊃q", „p" und „q" in der Form „(p⊃q).(p):⊃:(q)" miteinander verbunden eine Tautologie ergeben, zeigt, dass q aus p und p⊃q

156

前面给出的例子表明了应当如何理解日用治疗。这种分析肯定能够有效地清除许多晦涩而复杂的形而上学糟粕。但作为一种哲学学说，它却有一些缺陷。事实上，我本以为哲学家们一直在默默进行修正。今天之所以不愿承认这一点，是因为最近已成时尚的某种思想上的偏狭。一个更严重的问题是，日常语言被奉为一切争端的仲裁者。在我看来，日常语言本身完全有严重混乱的可能。至少像对待善的形式一样来对待日常语言，而不去问语言是什么，它如何产生、运作和发展，那么这是危险的。大家默认的假设是，日常使用的语言具有某种卓越的天才或隐藏的智能。另一条与之间接相关的假设则允许我们忽视所有非语言知识，这是它的追随者们肆意纵容的一种特许。

路德维希·维特根斯坦(1889-1951)

310 结束语

我们的故事已经接近尾声。现在，读者可能会问自己从中得到了什么收获。需要提醒的是，我们讨论的每一个话题都有汗牛充栋的书做过论述，本书只考虑了其中一小部分材料。不过，仅仅熟读一本书，无论其范围多么广，是不可能把读者变成专家的。事实上，读得再多也不会提高一个人对事物的理解。除获得信息之外，还必须对相关问题做出认真反思。这也是关注哲学史的一个理由，我们讨论的每一个议题都有专家提供大量更为详尽的著作。对外行而言，事实上也对于学者，有时务必要平心静气，综合考量。为此，他需要作一种既不过于庞大、也不过于细碎的考察，特别是要经过独立思考。我们的论述并非无所不包，无论是人还是思想，都必然会有所取舍。我们最多只能指望为一般思潮提供概貌。同样，历史背景材料也极为扼要和浓缩。本书无意向读者讲授历史，而是要时常提醒读者不要忘记产生哲学观点的背景。此外，本书还强调了西方文化传统从古希腊发展到今天的连续性。

也许有人会问，在这样一部历史中，我们为什么没有给通常所谓的东方智慧留出一席之地？对于这个问题，可以给出若干回答。首先，这两个世界是比较孤立地发展起来的，所以单独讲述西方思想是允许的。其次，这项任务已经足够艰巨，我们选择将范围仅限于西方。不过这样做还有一个更有说服力的理由。因为在某些关键方面，西方的哲学传统有别于东方心灵的思辨。除了希腊，任何文明都未能允许哲学运动与科学传统联袂发展。正是这一点赋予了希腊事业以独特的视野，也正是这两重传统塑造了西方文明。

弄清楚这种特殊关系是很重要的。在某个特定领域从事的科学研究与哲学并不是一回事，但哲学反思的一个来源却是科学。一般来说，当我们思考什么是科学时，我们是在讨论一个哲学问题。对科学方法准则的研究也是一项哲学研究。哲学家们关注的一个永恒问题是尝试解释世界的一般特征是什么。但我们这里要谨慎地作一个区分。以科学的方式来描述事实并非
311 哲学研究的固有目标。不尊重这一限制每每会使系统的唯心论者误入歧途。哲学所能提供的是一种看待经验研究结果的方式，是把科学发现纳入某种秩序的一个框架。就唯心论者仅仅尝试这样做而言，它完全在其固有界限之内。同时要指出，我们决定做科学时，已经置身于某种哲学世界观。因为我们所说的常

识态度其实就是关于事物本性的一般默认假设。引起人们对这种状况的注意，也许就是批判性哲学的主要价值所在。无论如何，注意到以下这一点都不是多余的：无论科学理论能使我们采取什么有利可图的行动，其目标都是陈述某种对于世界为真的东西。那些认为理论仅仅是抽象形式体系的人有时会忘记这一点，正如他们会忘记数是被用来计算的一样。

作为研究对象的世界并不是我们的创造。事实上，我们的确在创造自己的错误和幻觉，而且往往感到难以发现自己正在犯错。然而，使我们获得正确认识的并不是某种信念所提供的愉悦或安慰。一个人可能会认为自己拥有无尽的财富，因为这种想法能给他带来某种满足。虽然的确有人接受这种观点，但总体上银行经理和法庭往往并不赞同他们的看法。有时研究的结果是错误的，但这并不表明它们就是主观的。也许有理由说，错误至少需要一个犯错误的人。自然本身不可能犯错，因为她从不作陈述。只有人在表述命题时才会犯错。也许实用主义理论的一个动机就源自这个事实。因为如果错误在其与犯错者相联系的意义上是主观的，而且谁也不能保证不犯错，那么我们也许会觉得自己永远被封闭在主观见解之内。但这是完全错误的。说错误总可能潜入是一回事，断定我们从未正确则是另一回事。如果我说某种东西在实际如此时就是如此，那么就没有任何主观的东西进入这个判断。对错误来说也同样如此，如果我错了，那么我错了就是一个关于世界的事实。需要强调的是公正无私的研究的客观性以及所追求真理的独立性。那些坚称真理是某种易变的、主观的东西的人未能注意到，这样一来研究就是不可能的了。此外他们还误认为，研究者不可能只遵从自己的好奇心而完全不考虑其发现中的利益或用处。大家都承认，大多数研究并不是这种类型，但也有一些是例外。不能用实用主义观念来解释科学史。尊重客观真理往往能够限制那些源于主观主义偏见的无羁幻觉。

这便引出了哲学思辨的另一个主要动机。到目前为止，我们只提到了科学及其操作的一般原则，这些也是哲学研究的一个对象。但人作为社会动物却不仅仅对查明世界感兴趣，在世界中行动也是人的任务之一。科学关注手段，我们这里讨论的却是目的。人之所以面临伦理问题，主要是因为人的社会性。科学能够告诉人如何以最佳方式实现某些目的，但却不能告诉人应当追求什么目标。至于伦理问题，我们已经看到了处理它们的不同进路。在柏拉图那里，伦理与科学最终走到了一起。善即知识。如果真是这样，当然令人宽慰，但不幸的是，柏拉

当代人眼中的哲学家

图的观点过于乐观了。有时候，最有知识的人倒可能把这种知识变成罪恶。无论如何，不管一个人有多少知识，知识本身是解决不了应当做什么这个问题的。

然后是理性与意志的一般问题。如果拒绝接受两者有充分的可能达成一致，我们就只能像奥卡姆那样承认它们是独立的。当然，这并不意味着它们是完全无关。对于意志和激情来说，理性能够而且的确起着控制和引导的作用。但严格说来，对目的做出选择的还是意志。

此事实的一个推论是，我们无法为自己所追求的目标或采取的伦理原则做出科学辩护。只有从一开始就承认某个伦理前提，才能开始论证。因此，一个人可能会理所当然地认为，他的行动应当是为了维护自己的社会，或者是为了促进社会制度的某种变革。无论是什么伦理前提，在此基础上都可以产生论证来表明为什么应当采取某种行动。需要注意的是，如果没有一个含有“应当”的前提，我们就无法导出一个结论告诉自己应当做什么。

因此，伦理要求显然因人而异。在这些问题上，人们常常会有不同意见，这是很正常的事情。随之而来的问题是，能否找到一条有某种普遍效力的伦理原则？无论如何，要想让命令被接受，就不能让它依赖于制定者。由此我们得出结论说，如果存在着具有普遍的伦理原则，它就必须适用于整个人类社会。这并不等于说在所有方面都人人相同。事实上，非要这么说是愚蠢的，因为人与人在事实上就不相同。人们在机会、能力等许多方面都有不同。但就作伦理判断而言，把它们限制于某个特殊群体是行不通的。例如，如果主张人应当诚实行事，那么这就不应依赖于当事人的身高、体型或肤色。于是在这个意义上，伦理问题便产生了人的兄弟情谊观念。这种观点最早在斯多亚派的伦理学说中得到了明确表述，后来又被基督教所采纳。

大多数促进文明生活的原则都是这种伦理性的原则。我们无法用科学理由来解释为什么随意残忍对待他人是不对的。我
313 觉得那样做是不对的，而且设想这种看法被广泛接受。但至于残忍为什么不对，我却没有把握提出令人满意的理由。这些都是有待解决的困难问题。也许在未来某个时候，我们能够找到解决的办法。但同时也许可以建议那些持相反观点的人，他们应当问问自己，他们对这些问题的看法是否独立于主张它们的事实。那样一来，看似一般伦理原则的东西只不过是一种特殊的辩解罢了。

ὁ δὲ ἀνεξέταστος βίος οὐ βιωτὸς ἀνθρώπῳ

“对于人来说，未经审视的生活是不值得过的。”（《申辩篇，38a》）

如上所述，虽然真正的伦理原则不会因人而异，但这并不意味着人人相同。知识上的差别就是最明显的差别之一。我并不仅仅指见闻，而且也指能够清晰表达的知识。正如我们已经看到的，根据苏格拉底的观点，知识往往等同于善；我们已经批评这种理论过于理性主义。不过，这里绝不能忽视一个要点。苏格拉底坦率地承认，一个人的全部知识不过是沧海一粟。归根结底，人应当追求知识才是更重要的。善就是公正无私的研究，这是源自毕达哥拉斯的一条伦理原则。自泰勒斯时代起，独立于追求者的真理追求就一直是科学运动背后的伦理驱动力。诚然，这并未触及因使用和滥用发明所引出的伦理问题，不过，尽管我们应当正视这个问题，但把这些完全不同的议题混在一起是无助于我们理解这些问题的。

因此，研究者要面对双重任务。一方面，他需要尽最大努力去探求他的独立研究对象，无论最终结果令人欣慰还是沮丧，他都必须这样做。正如伦理原则对所有人都一样，研究结果也不会顾及我们的感情；另一方面，在伦理意义上还有一个对研究结果善加利用的问题。

还有一个问题是，应当如何理解追求真理是好事这样一条伦理原则。显然，并非所有人都有从事科学研究的能力，也不可能在所有情况下都能不作判断。人既要思考，也要行动。但有一件事是人人都能做的，那就是允许别人可以就自己不愿提出疑问的问题不作判断。随便说一句，这也表明从事公正无私的研究是与自由（可算作另一种善）相关的。宽容是研究在社会中得以繁荣的一个前提。言论自由和思想自由是自由社会的强大推动力，只有在自由社会中，研究者才能听任真理的引领。就此而言，每个人都能为这里的善做出贡献。这并不意味着我们所有人要对每一件事都持相同的看法，但它可以保证不会通过人为的限制来封闭任何道路。对于人来说，未经审视的生活的确是不值得过的。

本书作者(1872–1970)

索引

（索引中的页码为原书页码，即本书边码）

图书在版编目（CIP）数据

西方的智慧 / (英) 伯特兰·罗素著；张卜天译 .—北京：商务印书馆，2019（2025.8 重印）
ISBN 978-7-100-16842-7

Ⅰ. ①西… Ⅱ. ①伯… ②张… Ⅲ. ①西方哲学—哲学史 Ⅳ. ① B5

中国版本图书馆 CIP 数据核字（2018）第 264692 号

权利保留，侵权必究。

西方的智慧

〔英〕伯特兰·罗素 著
张卜天 译

商 务 印 书 馆 出 版
（北京王府井大街 36 号 邮政编码 100710）
商 务 印 书 馆 发 行
北京中科印刷有限公司印刷
ISBN 978 - 7 - 100 - 16842 - 7

2019 年 1 月第 1 版　　开本 787 × 1092　1/16
2025 年 8 月北京第 4 次印刷　　印张 20¼
定价：148.00 元